英语教学场论

阎佩衡 著

商务印书馆
创于1897 The Commercial Press

图书在版编目(CIP)数据

英语教学场论/阎佩衡著. —北京:商务印书馆,2020
ISBN 978-7-100-18276-8

Ⅰ.①英… Ⅱ.①阎… Ⅲ.①英语—教学研究
Ⅳ.①H319.3

中国版本图书馆 CIP 数据核字(2020)第 049518 号

英语教学场论
阎佩衡 著

商 务 印 书 馆 出 版
(北京王府井大街 36 号 邮政编码 100710)
商 务 印 书 馆 发 行
北京市十月印刷有限公司印刷
ISBN 978-7-100-18276-8

2020 年 7 月第 1 版　　开本 880×1230 1/32
2020 年 7 月北京第 1 次印刷　　印张 19⅛
定价:68.00 元

题记

秉父业承母德路不嫌远；

听天命观造化书莫言多。

金城

庚子孟夏

于半学屋

序　一

英语学习著述，坊间多有，此著尤可称道。

著述者佩衡君，沉潜于此道数十余年，因大疑而大悟，发为三十余万言煌煌巨作，名之曰《英语教（或为“斆”，音 xiào）学场论》（下简称《场论》），诚可赞也。

佩衡君所谓“斆学”，意在显示教与学之原始关系，义出“斆学半”①，谓“斆”与“学”原本相长，各事一半。“教学论”乃常规学名，缀以“场”字，显系扩容环境所内蕴之动力，涉义多方。

“斆”义为“教”，与“效”同义。金文《毛公鼎》“教”字即作“效”。循此理，则所谓教法学（教学论）遂依“场论”义理推衍为教“法”学。“法”字尤可玩味，暗通“人法地、地法天、天法道、道法自然”（《老子》第 25 章）之义。作者谓“教学半”实亦可作“学学半”，读若 Xiàoxué Bàn，意为“教”须去“法”学，更须去“学”学。此何义哉？

---

① 陈铁民等译注《十三经》（中）“礼记・学记”，原句“《兑命》曰：学学半”（三秦出版社，2004，第 894 页），意为：教的一半在学，第一个“学”字读 Xiào，写作“学”，实为“斆”，自然“斆”也可读作 xué，可见“斆”的本义就是“学”，乃何惧乎“教学半”？何在乎“效法学”？

观《场论》，知其主旨在乎论“学”，而不在论“教”——此与教育学、乃至教育心理学前沿理论可谓款曲相通。循此理，则“教学论”可衍为“学习论”；“教法”学（教材教法）更可衍变为“学法”学矣。

依作者此论，学习结果乃呈一函数关系。“学”生须“在场”，学习须假于场而发生：即有待于“心”（心理环境）与“物”（物理环境）交相作用（《场论》界定为“心-物”对话）之激活。此与皮亚杰发生论所谓个体组织环境和适应环境（生物的内部活动和外部活动）[①]相互作用原理颇为契合；换言之，即“心”理需要行之于“外”与“物”理活动施之于“外”“二外合一”式合作、合力。基于此理，则“教”非“上有所施、下有所效”（《说文》注），实乃下有所学、上有所效（《场论》疏）。准此“场”所辖《教学论》，则教师乃应作为环境角色（E，所谓“物中之人”）发挥作用，即潜移默化，影响学习、帮助学习、启发学习，而非囿于教训学生、教授学习、教习功课之类藩篱也。作者以此为基点，条分缕析，层层推演，佳论叠出。欲观其妙者，不妨展读原书，必得其趣。

数十年来，外语学习或教学类著述颇多，然佩衡君此作，可谓粲然恢弘、迥出于群公者。此书说理透彻，文献丰沛，结构严谨，语言畅达。其所论述，别开生面，实得语言学习法三昧，非只有英语学习沾溉于斯，即通常所谓外语学习，亦皆大获助益，正宜乎方家推广普及、利乐外语学界众生也。

---

① 皮亚杰：《发生认识论原理》，王宪钿，等译，商务印书馆，1997。详见此书“中译者序之三”。

佩衡君寄大作于舍下，命余为序。吾捧读之余，欣喜慨叹，惊为奇书，遂倾情引荐，属文另纸，望学界珍之、惜之。

是为序。

辜正坤[1]

丁酉年腊月十日

草于北京大学畅春园

① 辜正坤，北京大学外语学院世界文学研究所教授，博士生导师，国务院特殊贡献专家，现任国际中西文化比较协会会长，中国外国文学学会莎士比亚研究会会长，商务印书馆《英语世界》杂志顾问，兼任清华大学、南开大学、美国瓦西塔大学客座教授、北京东方神州书画院一级书画师。

序　二

学习的思辨、实践的认知、艺术的想象
——阎佩衡《英语教学场论》解读三得

英语教学在我国或许是一个最大的行业，数亿人卷入其中，或勤学苦练只争朝夕，或三尺讲坛奋驱教鞭，加之教辅图书铺天盖地，音像材料层出不穷，测试考级年复一年，公教家教各显神通，如此这般使中国的英语教学场景成为世界上的一大奇观！其中的教与学者，大多可能都怀有急效之心，希冀在尽可能短的时间内，以尽可能妙的方式方法掌握或帮助掌握英语的应试或运用。在这样的格局中，恐怕就很难形成对英语教学的深层次问题进行有系统的思考与探讨的氛围，这当然也是我国英语教学总体呈现浮躁的一个原因。

然而面对这样的英语教学现实，却有一人在特别冷静地观察与思考，在为我国英语教学现状的改观寻找一种理想的境界或途径。《英语教学场论》这个研究项目正是这种观察与思考的生动体现。项目的主持人具有一种我国英语教学研究者鲜有的潜质，他对我国英语教学的情势既能从高远的距离做一种抽象的纵览，又

能从具体的课堂情势提出重要的思考题目，达到宏观致远、微观致细的目的。宏观致远即是视英语教学绝非仅是一个技术性问题，而是涉及抽象认识论中的一个领域，眼光不远者断难会有有价值的作为；微观致细即是认识到，任何人要在英语教学研究上贡献有价值的思想、原则或方法，若无自身亲历三尺讲坛、与学生有亲密接触者是很难起步的。阎佩衡教授的《英语教学场论》就是以一种独有方式将这两个方面有机地统一了起来，从而为我国英语教学界的同仁提供了一份厚重的参考论述。设若一位英语教师能在当前的教学格局下，抽出时间静静地、耐心地阅读这篇长文，相信一定会受到某种启示，或许会因此对自己所从事的工作产生一种新的认知，进而思考：如果自己的英语教学工作要可持续发展，要真正为学生谋长远，还应当补做些什么，还应当再做些什么。

实事求是地说，阎文因其研究的性质而不易一下子读得透，其文本所蕴含的内容涉及多个学科，特别涉及人文与社科领域的诸多学问，要全面理解此篇长论当然要有一定的知识储备与学问兴趣。从传统上来说，这本来应是英文教师应当具备的条件，但是由于种种原因，我国现有英语教师群体普遍单科独进，知识面较偏窄是一个不容否定的现实。我本人在此也只能以有限的视野来粗谈一下我对阎文的理解，或可作为一种抛砖引玉，旨在进一步引起英语教学界同仁对此文的重视与研读兴趣，进而对各自的教学工作产生积极而带原动性的推力。

我以为，阎佩衡教授的《英语教学场论》首先是对英语教学问题作了一个哲学的思辨。这个思辨的最大特色就是，尽量汲取东西方哲学的相关智慧来认识英语教学场中的诸如“学”“效”与“习”

“得”等我们常常讨论到的问题。阎文在这方面的引证是大量的，甚至是纷繁复杂的，但是抓住主线，我们仍可体会到一个重要观点，即如果从哲学上来审视我们的英语教学问题，会使我们的思维得到拓展，看问题就会持一种高屋建瓴态势，登高望远就不会去计较短期的功利，就会慢慢地在工作中认识到“缓急效”与“去浮躁”的必要性，增强自身工作的定力。

其次，阎文虽然不乏深奥抽象的句段，但是从通篇看，讨论问题十分注意接地气，即始终将教学的实践环节纳入视野，任何抽象理念的论述总要伴随具体问题的关联解说，不尚空谈的用心十分明显。这篇长文包含了阎教授长期从教而获取的丰富实践经验。大量的课堂实例，众多的语言具体运用场景等，本身就是颇有说服力的材料。凭这一点，读者就可以看出，阎教授所论，不管涉及多少理论或术语，也不管带出多少看似有些玄深的概念，其最终的价值终究是要体现在后续的实际课堂、课本或与学生的互动之中的。退一步说，读者即便一下子不易消化阎文的理论部分的某些讨论，也可从其大量的实践举例中获取丰富的养料来滋润自己教学工作的田亩作物。由此，我也建议，读阎文或许可以倒一下序，即先从其大量的实例入手，进而再反过来观其哲理，这恐怕也符合由器而进道的原则。

再其次，也是我特别想强调的，就是阎文的艺术气质所带给我们的特殊感受或享受。艺术之最大价值莫过于其对人们想象力的激发。人类就会因被赋予想象力，才会从原始社会进化到现代高度发达的精神与物质文明。英语的教育与教学(其他各种教育与教学亦然)理想境界的达到也离不开艺术思维、艺术手法的支撑。

在这一点上，阎佩衡教授因其深厚的艺术修养或修炼而独具优势。他的画艺与书艺造诣已达臻境，其身上丰富的艺术细胞随时会在自己的思想各领域、教学各环节自然地无声地流淌出来，成为导引思维、吸引学生、陶醉课堂、激发美感的一种力量。我认为目前我国的英语教学缺少的正是这种艺术性与有像阎教授那样满身浸润艺术细胞的教师群。要不然，我国的英语教学场景将会变得多么生动迷人啊！

阎佩衡教授领衔的《英语教学场论》研究项目完成，值得祝贺。他在此书待付梓之时让我作序，给了我一个学习机会。读他的长文不仅让我长了见识，更使我体会到如下一点，即中国英语教学的现状若要有根本的改观，一定要从理念上来一个更新。为此，我们恐怕需要有更多的像阎教授那样的哲学视野宽阔、实践经验丰富、艺术修养深厚的学者型英语教师的成批涌现。这也是我，一名英语老教师所满心期待的。

何刚强[①]

2018年1月

① 何刚强，复旦大学外国语言文学学院教授，博士生导师，翻译系主任，《上海翻译》主编，中国译协资深翻译家，曾担任第一、第二届 MTI 全国教育指导委员会委员。

序　三

我跟阎佩衡教授相识相交已有二十来年了，记得 1996 年，我应邀去兰州参加西北民族学院（后改为西北民族大学）举办的一次英语教学研讨会。我在大会发言时注意到有一位中年老师，听得十分专注，在尔后的座谈讨论时，他话语不多，但同样全神贯注。在会后的交谈中，他在自我介绍时，特别强调他是“大西北人”，后来在我们通电话或写信时，他都以“大西北人”自诩或署名。在长期的交往中，我深感到他是一个真正的大西北人，具有大西北人的性格和气质，豪放、率直、真诚、睿智、粗犷而又细致，而最突出的是忠诚。对事业、对工作、对哺育和成就自己这块土地的无限热爱、无限忠诚。阎佩衡教授对祖国的大西北有着十分深厚的感情，这种深厚的感情突出地表现在他对待自己工作的热爱上，据我所知他毕业于西北师范大学英语专业，毕业分配至西北民族学院从事英语教学工作，几十年如一日坚持在教学第一线，为西北少数民族地区培养外语人才，诚如他自己说的“憨敦敦一个纯粹的教书人”。对教书他始终勤勤恳恳，孜孜不倦，精心备课，注重方法，认真施教，把讲好每一堂作为己任。他努力实践他信奉的教学理念：“教书，是一件‘修己达人，止于至善’的事；教师，教书育人，是在理论与实践之间搭建桥梁的人。"我曾见到他指导过的好几届研究生在毕业时写给他的临别感言。他们对阎教授的教学思想、教学态度、教学内容和教学方法都表示由衷的赞誉和感谢。有一名学生在谈到阎教授的教学态度时，曾提到他有一次去看一位钢琴艺术家的表演，在演奏结束时，他发现这位艺术家全身心的投入表演使他全身汗水淋漓，他感言他是用生命在演奏，继而深情地写道："我认为您(阎佩衡教授)亦是用生命在教学。您对学问的痴迷，对教学的痴情，对学生的痴心天地可鉴，日月可表。"学生对阎教授的教学思想和方法也备加赞扬，认为听他的课，不仅学到了知识，还开启了心智，终生受益。许多学生都提到，阎教授开设的《英语教学场论》课对他们帮助巨大，无论对于他们今后的学习，还是工作，乃至做人都产生了深远的影响。他提出的"假场效学"，以"教"助学，以及教育乃是"建构与经营环境"，"学贵问，尚信不如尚疑"等教学观点，具有独特的见解，启发思维。

因此，我可以毫不迟疑地说，这本即将出版的《英语教学场论》是阎佩衡教授长期从事英语教学的经验总结，是他教学观念和实践的结晶。我有幸阅读到这本书的书稿，他的立意、立论、阐述、推衍和定论，无不让我感触良多，受益匪浅。

首先，立意高尚，立论出新。作者在书的"绪论"中开宗明义提出当前英语教学中存在的三个问题：一是，反映在语言教学本体认识上的语言的旧理念，即过于注重语音、语法和词汇的教学而不能多角度、跨学科来考虑问题；二是，在教学关系上的主导与主体的执着坚持而忽视了个体的参与；三是，在教学实施过程中缺乏真正的相互作用。由此他提出解决这些问题的策略和基本思路，创立了“教学场”的概念,“心-物”对话,从一个“教”字出发,以“场”为背景,进而用“问津篇”“津梁篇”和“干预篇”三篇,逐一作详细的论述,既有理论的高度、哲学的视野,又有实践的指导意义。虽然作者谦虚地说:“至于‘创新’之事,本研究则尚不敢妄言……于是,便退而求其次——‘出新’……”,然而他的“教学场论”确实是匠心独运,有出新之处。

其次,博采众长,中西合璧。作者为撰写本书做了充分的准备,搜集和阅读了大量的中外文献资料,涉及十几个学科领域,仅是现近代西方教育史,作者便列出了从夸美纽斯到韩礼德(Halliday)和威多森(Widdowson)等重要的教育家、语言学家和英语教学专家。而中国这方面的专家和学者,从古到今,更是一览无余。根据我的粗略统计,全书的参考资料达500多种,洋洋大观。作者所做的注解也特别详尽,充分表明作者做学问的认真精神和广博学识,博古通今,学贯中西。

再次,结构严谨,自成系统。全书由绪论作开导,内分上、中、下三卷。每卷中有引言,下设章节和小结,最后有总论和后记。全书篇目完整,论述有序,自成体系,作者为之煞费苦心,殚精竭虑,难能可贵。

综上所述,我非常同意阎佩衡教授对他精心策划、苦心创作完成的力作《英语教学场论》所下的定语:“一部重新推衍兼组织英语教学理论及其实践的论著。”本书对于了解我国外语教学的历史和现状、存在的症结和问题,以及如何消解这些症结和问题,提供了一个新的思路和方法。我相信尽管这本著作篇幅较大,有些部分的叙述较为艰深,但如果耐心阅读,细心思考,勇于实践,定会有很多收获。

作者要求我为本书写序，尽管我从事英语教学有五十多年的经历，但是我对英语教学法的理论涉猎不多，更谈不上有什么研究，故想借老友阎佩衡教授提供的这个机会补上一课，也想以此作为我们之间二十多年友情的一个纪念，仓促写成此文。是为序。

姚乃强[①]

2018 年 1 月 28 日

① 姚乃强，解放军外国语学院教授，博士生导师，资深翻译家，《红字》《霍桑文集》《福克纳》的译者，《兰登韦氏英汉大学词典》《综合汉英词典》《商务英汉学生词典》的编译者。

序 四

今年四月初，我接到佩衡君的邮件，希望我为他潜心数载写成的专著《英语教学场论》写序，该书将由商务印书馆出版。我欣然接受他的邀请，原因有三：其一，我十年前，去西北民族大学参加全国英语写作教学研讨会，与仁君偶遇，学君的儒雅气质和淡泊名利令我折服，心生欢喜；其二，通读完30多万字的书稿，为他独到的旁征博引和深厚学养深深吸引，这部专著是他几十载潜心英语教学理论和实践的心血与结晶，其中有关“场”的概念和论述尤为新颖和独特；其三，阎君精通语言学和语言教育理论，文字功底甚好，一本教学论著，理论多元，东西融通，文笔酣畅，层层深入，娓娓道来，足见功底。

我以为，该专著的理论贡献和创新点有三：第一是“场”论，首次将物理学中的“磁场”和心理学中的“认知风格场”概念应用于语言教学，提出了外语学习的“场理论”。阎君认为，“场”是动态的，其内涵是学习在人与环境的对话中发生，对话在教与学的合一中完成；生长点是学习；一个“心”（心理环境）与“物”（物理环境）合而成就的“场”。第二是层次观，将英语教学分为形而上、形而中、形而下三个层次，并加以系统论述。而“场”则是形而上，虽无形，却无所不在，始终存在于学习者的心中，在心智不断与外部学习环境和因素的互动中决定着学习的发生。第三是二元辩证观，把英语教学看成是一个对立统一体，分为教与学、学与习、翻与译、心与志、事与业，二者相互作用，合二为一，对立统一，很好地体现出英语教学原则的精髓，令人折服。

该书将西方语言学和外语教学理论与东方哲学思想有机融合，在当下各种西学理论充斥我国外语教学和语言研究界的情形中，犹如一股清风，让人看见我国学者不人云亦云，孜孜追求本土创新和自我完善的勇气和毅力。我乐见其成，并极力推荐。是为序。

王立非①

2018年5月8日

① 王立非，对外经济贸易大学教授，博士生导师，博士后合作导师，《商务外语研究》主编，教育部高等学校英语专业教学指导委员会委员。

自　序

鄙人乃一介家学、院学兼自学所成全的书生。为官从政，终不染指，成一个安然的读书人；问事为学，著书立说，立一个纯粹的教书匠。学，缘疑问而有悟；书，上中下乃三行——成就一部关于英语学习的论著，计 30 余万字，名之曰《英语教学场论》，简作《场论》，分述如下。

一、问题推演

教学，原本是一个约定的称谓，本研究偏捻出个“斅学”的命题来，纯属教学的原始关系所致，依据是“斅学半”，意义是“斅”与“学”原始相长，各事一半；“教学论”原本是一个俗成的概念，本研究偏加上个“场”字的限定来，实为环境的内在动力所由，理由有舶来的，意义是多层的。

文字学中的“斅”，虽义为“教”，却读作 xiào，乃缘于“教”与“效”的同义——金文《毛公鼎》，即以“效”作“教”；接着，以往的教法学——《教学论》，随被《场论》推衍为教“法”学。前提是，“人法地、地法天、天法道、道法自然”（《老子》第 25 章）；理由是，“斅学半”，尚可写作“学学半”，亦可读作“学学半”（Xiào Xué Bàn），于是:“教”,不仅要去“法”学,还得要去“学”学,双管而齐下,谁又奈之何?

果真“教”非得贴近“学”不可的话,《场论》的责任就在于论“学”,而不在于论“教”——此一举,恰恰与教育学,乃至教育心理学的前沿行情相吻合,谁说是偶然?谁说是巧合?于是:以往的《教学论》,就被活生生推衍为《学习论》,以往的“教法”学(《教材教法》),就被活脱脱变成了“学法”学。

毋庸置疑,学习是“有条件发生”(conditional-genetic)的,而《场论》的条件则是学习者须在“场”功能的作用中完成自身行为的蜕变,其程式是:B=f(EP)①,其概念是:学习的结果是一个函数,学生得“在场”,学习得假于场而发生;其用意是:有待“心”(物理环境)与“物”(心理环境)相互作用的激活——《场论》的界定是“心-物”对话,不谋而合的是,这个对话恰恰与皮亚杰发生论的个体组织环境和适应环境,即生物的内部活动和外部活动②相互作用的原理相匹配;其前提是:“心”理需要的行之于“外”与“物”理活动的施之于“外”,所达成的“二外合一”式合作、合力;其特征是:“教”不再是“上有所施、下有所效”(《说文》注),乃变为下有所学、上有所效(《场论》疏)。可喜的是:在这个“场”所管辖的《教学论》(亦即《学学论》)中,教师是作为环境(E),所谓“物中之人”而发挥作用的,其角色是影响学习、帮助学习、启发学习、激活学习,而不

① 《场论》这一函数表达式B=f(EP),借自勒温:《拓扑心理学原理》,高觉敷译,商务印书馆,2004。详见高觉敷“译序”。

② 皮亚杰:《发生认识论原理》,王宪钿,等译,商务印书馆,1997。详见“中译者序之三”。

是教训学生、教授学习一类。如此,《场论》便无形之中与当下全球名校正在讨论的学习问题接上了轨。

这些,姑且作为对《场论》初衷的说明,留作考据好了。

二、文献涉猎

在空间上,不缺从夸美纽斯到杜威的国际视域;在时间上,不乏从《学记》到"场"概念的汉学关照,乃至在人事上,不欠从苏格拉底到杜威,从孔子到陶行知,再到蔡元培的内外关照,致使课题的设置严密而少疏漏,紧凑而不松散,从而每个章节都不吝参照文献的安排,几乎每个要紧处都不缺相关注脚的插入。

在方法上,几经大范围浏览,全覆盖扫描,重点地借用,个别地质疑,重新地假设,再度地构建,因而无论在结构、解构还是在建构的环节上都显得比较周密到位而不遗憾,又同时为支撑"假设"的求证提供了数字兼非数字的说服力铺垫。

三、求证格式

(一)形而上的梳理——应然之道

以"场"概念替代环境——"场"是动态的,环境是静态的,其内涵是:学习在人与环境的对话中发生,对话在教的"活动"与学的"行(为)"合一中完成;生长点是学习;方法论是效学;操作观是建构与经营环境,经营方式是"心-物"对话;对话空间是,一个"心"(心理环境)与"物"(物理环境)合而成就的整体——"场"。

以生态概念拓展"场"的外延,目的是:假于良性运作的生态环境"场",教学才足以先其天性、后其学习,取得"心-物"对话的实际效应。

以言语(language in use)活动充实语言(language out of use)结构,目的是:锁定语言使用的真实,贴近言语交际的实际。

借助于由心理习得经社会习得到社会-认知习得的学习途径,以及由内因决定论经外因决定论到内、外因共同决定论的哲学路数,完成由人格论经环境论到人与环境对话论(“场”论)的过渡及其形而上的演绎,从必然王国向自由王国推进。

借助于由他动经自动而互动的习得途径,完成由教师中心说经学生中心说到“心-物”对话说的建构,在偶然中追寻必然。

借助于由感性经理性而悟性的国学途径,构成由手经脑至心的学习流程,逼近学习本体的真谛。

借助于勒温内外合作的拓扑心理学原理,设计“心-物”对话的流程,既构成合作的必要前提,又构成对话的充分条件——既是合一的前提,又作整体的条件。

借助于格式塔心理学的“完形”概念及其动力心理学原理,除了勾勒一个环境的整体形象——生活空间(即心理动力之“场”)以外,还为“场”的激活找到了动力学依据,即个体心理张力系统。

于是,场力何缘?缘于个体的内部张力;场力何由?或由客“呼”而主“应”,或由物“激”而心“动”,兼以这个外呼内应、物激心动式心-物对话,构成“场”经营的动力心理学依据。

“场”的经营,既可以显性之手干预,又可以隐性之手诱导,所谓:宜教则教,不宜教则问,宜激则激,不宜激则候,火候要适当,时机要适宜。

以上就是《场论》十八“观”(从环境观到学问观)就教学之“应

然”的形而上推衍及其认知，其出彩在于：以往偏重教授，场论侧重学习；以往偏重有形之手的管，场论侧重无形之手的“放”；以往偏重教，场论侧重育；以往偏重教化，场论侧重养成；以往偏重学得，场论侧重习得。

场论认为：理论之于实践，在乎经由方法以矫正做法；实践之于理论，在乎经由操作而验证说法。足见，在乎矫正与验证之间是场论行文的原则；立于宏观与微观之际，则是场论谋篇的策略，目的只有一个，即打通理论与实践往来的通道。

（二）形而中的化约——使然之规

经由就形而上（理论）的“化约”（紧缩）而生发的半理论，即各类应用性规约、规则一类，相对接近于实践的操作，乃是理论到达（联系）实践的津梁，也是场论用功的地方，因而就是需要注意的地方。

关于“化约”的做法，不是源自别处而正是源自胡适关于为学的主张。化约不化约，大不一样——毕竟，由理论经化约而成的“半”理论，离实践近了许多，以致使形而上的理由不致沦为悬而空的虚言。换言之，化约，终不致使理论联系实际的初衷化为泡影。

足见，形而中的化约，上足以成就“致良知”之宏论，下足以成全“知行合一”之宏愿，惟运用之妙在乎一心耳。

（三）形而下的干预——固然之法

这是场论的方法论部分。课堂实践的干预方式，分为有形的和无形的，显然同老子以无为而为之的思想有关，但均在有意识的设计之内，不然“无形之手”就可能演化为消极不为之举。

基于经由梳理、紧缩而生发的理论、半理论，所设计的教学策略（做法），旨在直接从操作层面上验证理论、半理论（说法）的效果，这些策略是：

由听话经听音而会意的听力教学；

由结巴经跌撞而流利的口语教学；

由概念经命题而超越的阅读教学；

由短句经长述而成文的写作教学；

由得法经得体而得宜的翻译教学；

由参照经对比而入门的文化教学；

由感觉经反省而顿悟的艺术教学；

由表层结构（言内意义）经深层结构（言外意义）而外层结构（言后意义）的原理教学。

显然，全部策略都经过了作者所谓“三段”论的处理，因而不致产生悬而空之的舶来感，毕竟任何教学的“始”与“终”，都需要一个柔性的“过”与“渡”将二者融为一体，企望策略裨益于教学的实践，并兼有“法有固然”[①]的效应。

场论，在所谓听说读写译的教学之外，添加了文化、艺术及其教学原理的设计，不能不说是匠心独运。毕竟，离开文化的语言是僵硬的，离开艺术的言语是无趣的，离开原理的言语是讨厌的；毕竟，语言学习，初阶在“得法”，中阶在“得体”，终阶在“得宜”。

---

① “法有固然”，系（明）汤临初论书语，蕴含方法是“固然”而非“使然”的本意，实与明人求个性解放的表现相关，与“书有别才”相对应而用之。

四、基本结论

《场论》是一部重新演绎兼组织英语教学理论及其实践的论著，其基本路数是由形而上的普遍推衍经形而中的一般化约到形而下的策略设计，其目的在于摆脱西方外语教学理论及其方法的裹挟，独立解决英语教学中的本土问题。本书分上、中、下三卷，共十六章，前设绪论，后接总论兼后记，计三十余万字，是一部国内外均不多见的教学论专著，其主要特点是：

1. 将英语教学界定为某种“促使学习发生的方式”，走出“教”的定势，逼近“学”的路数，在“场”思维的架构中，将教学论化为学习论，不同于以往教学论的习惯做法。

2. 将教与学的主体-主导式（二主）关系，调整为教与学平行合作的关系，在教与学相向而行的“场”路径中把握教学。

3. 将教学环境设定为一个跨文化交际的大语境——“场”，将“场”在界内一分为二，构成“物”理世界和“心”理世界，以客“呼”主“应”的方式形成“心”与“物”的对话格局，旨在构成教的内容施之于“外”与学的需要行之于“外”的“二外合一”式相互作用。

4. “场”是学习之“缘”，是条件；“对话”是学习之“由”，是方式，因“缘”而“由”，学习有条件发生，其函数式是：B=f(EP)，其中B（行为蜕变）是因变量，E（物理环境兼其中的教师）和P（心理环境中的学生）是自变量。

5. 教师作为学习的外在环境——“会说话的书”，以激活“场”功用的方式影响学习，其基本方式是“教学”——效法学习，其终极目的是帮助学生学会学习。

6. 效法学习，初衷在于：改变语音-语法-词汇一根筋的做法，在多维度、跨学科、跨文化的视域中谋求问题的解决，改变教的生态，养就学的兴趣、习惯，避免主导沦为主输、主体流为主听的尴尬及其副作用，以学习的方式实施教学，始终为“场”效应的发生储备能量。

基本估计：

（一）将教学界定为激活学习的方式，将教学论辩正为学习论，以“场”的建构和经营兑现这一界定，完成这一学习，是一个经由论证的方案。

（二）将形而上的理论化约为原理性格律、规约及规则一类半理论，有效地接近教学实践，为理论联系实际提供必要条件，是一个新举。

（三）基于《场论》的理论、半理论应用，设计听说读写译兼文化、艺术乃至教学原理的基本策略，对显性教学的实施有直接的效用，对隐性学习的延伸有明显的同化作用。

总之，《场论》克服了以往教学论徒有相互作用的局限，摆脱了理论联系实际的窘境，从理论、半理论和实践三层面回答和解决问题，其效益、效应是明显的①。

阅历了由应然经使然而固然的长途跋涉，《场论》所图呈现的乃是：

一个学习的范式，一个解决学习问题的方案——一个理论联

① 《场论》的阶段性成果，有的在国际（英美等国）、国内会议上交流，有的已付诸发表，反响均不错。

系实际的模型。

附言:《场论》,如果离开历届硕士生的声援、勉励、反证兼反馈,如果没有辜正坤、何刚强及姚乃强诸同仁的伯乐般推崇,也许连成书都难;脱稿后,范鹏、张忠教授、程越、张稷、张亚杰先生见之,乃钟爱有加,遂推之荐之,终由商务印书馆审之度之而出版;长期关注过《场论》生长的,还有来自英国与美国的挚友 William Candler、Anthony O'Keeffe、Eric Gilder,以及何烨、王立非及王立平教授、袁世英先生兼小弟阎佩纶及妻子张瑞芳、爱婿王建光、爱女阎晶。自然,还有直接为《场论》的面世付出努力的商务印书馆同道。付梓之际,谨一并感之谢之而后安。

是为自序。

阎佩衡

2018 年 6 月 6 日

于陇上半学屋

目　录

中 卷

下 卷

绪 论

英语教育的著述汗牛充栋，要立于书林，就得独辟蹊径；英语教学的流派不计其数，要形成体系，必得自讨苦吃——况且，言之易，行之难，奈之何？

一、英语教学及其场对策的勾画

20世纪七八十年代，教育学研究在将其关注点由“怎么教”的问题转移到“怎么学”的问题上之后，师范院校所开设的《教材教法》便随之调整为对《教学论》的接纳。随后不久，语言教学研究也随之完成了由对教学方法的单一关注到对教学理论涉猎的基本转型，这便是英语教学必然提升“学法”，必须降温“教法”的学术背景。

长期以来，我国的英语教学在很大程度上不是在效法洋“人”，就是在效仿洋“法”的语境下进行的，恰如梁漱溟先生所喻：近百余年“中国所受变于西洋者太大，几尽失其故步”[①]耳，因而真正解决问题的说法及其做法不是没有，而是（实在）不多。

---

① 此语见梁漱溟：《中国文化要义》第一章“绪论”，学林出版社，1987，第2页。

(一) 基本问题的估计

据研究者的把握，英语教学的问题有三：

一是，反映在语言（教学）本体认知上的语言（语音、语法和词汇）法度“一根筋”的理念，无意中造成了不能多角度、跨学科斟酌问题的偏执，无形中养成了仅仅在“得法”的层面，而不能从“得体”“得宜”的高度学习语言的定势思维。在教学论的视域中，有学者（著名教学论专家王策三先生）曾直截了当地说“教学就是教学”[①]，这大概是说教学的概念并不足以为别的推理及命题所取代——因为，教学就是教学嘛。其实，教学是什么呢？本研究姑且斗胆地设想：教学是某种足以促使个体学习发生的“方式”或者“手段”。

二是，反映在教学关系上的主导与主体（“二主”）式执着的坚持，无意中造成了学习者个性心理上的情感“过滤”，无形中养成了个体无从参与其中的教化式教学习气。其实，所谓主导与主体式划一律，表象上是主体与主导的分别，实际上总流为“主输”与“主受”的分工。

三是，反映在教学实施过程中的情况则是，徒有相互作用之名，未有相互作用之实，终究造成“教”与“学”各执其端的尴尬，乃至于雷声大而雨点小的结局。

就这样，在一贯“怎么教”的生态“气候”中，“怎么学”的生机、习惯及其效应总是处在为人（教师）所抑制的状态之中，难以收到预期的功效而积“习”难返。

① 王策三：《教学论稿》，人民教育出版社，1985，第 90 页。

(二) 基本策略的制定

在“一根筋”思路的执着不足以解决问题时，得改用“多根筋”思路的方式，以便灵活地斟酌教学中的问题；在演绎的方式行不通时，得改以归纳的方式介入；在“线”性思维的单向度做法不足以解决问题时，得改用“体”性思维的多向度审度以企解决问题；在“分析”型路线走不通时，得改用“整体”型架构谋求问题的解决。总之，“言之不足，故嗟叹之；嗟叹之不足，故咏歌之；咏歌之不足，则不知手之舞之，足之蹈之也”[①]，是耶？非耶？

(三) 基本思路的形成

在“整体”及其“平行”(而不是“二主”)教学观念的规约下，在“场”思维的框架中，参照物理学、心理学、语言学及其应用语言学乃至二语习得、教育学、社会学、文化学诸学科的相关说法及其做法，辨明学习者同“语境”——人与环境的本真关系，进而澄清学习赖以发生的“缘”和“由”，随基于诸多范畴的斟酌，并依据勒温心理学的基本原理建构一个英语教学可资依赖的“语境”——“心”(心理环境)和“物”(物理环境)“合一”的动力(学习)“场”，旨在最终以这个所谓环境教学之“场”的方式，通过“二‘外’合一”式“‘心’(主观)‘物’(客观)对话”的兑现，解决英语课堂“教”与“学”相互作用的问题，以企裨益于英语课堂教学的理论建设与实践效果。

① 语出《毛诗序》，笔者以为此说恰同多元化、多维度、跨学科乃至跨文化的思维及其方法之所蕴含也。于是，我们尽可以：“语言”之不足，则“文化”之；“文化”之不足，则“哲学”之；“哲学”之不足，则“科学”之；“科学”之不足，则“艺术”之——如此这般，奈若何？

(四) 基本做法的拟定

通过多视角、跨学科的审度，将英语教学纳入一个(应有)的科学化学科体系中，并在将教与学的关系调整在“平行”对话的轨道上之后，以一个教学之“场”的方式谋求教与学相互作用的兑现，随之便顺理成章地将教学过程演绎为：在一个整体环境——“场”中，使“心-物”对话经由一个“二外合一”式平衡-不平衡-平衡的动态(即：个体由“平静”经“亢奋”而“平静”的“平行-不平行-平行”的往复运作)过程，将教与学始终保持在一个“知其教而守其学”及其“知其学而守其问”式的学习氛围之中，使教者以“教以当学”，令学者以“学以当鉴”，二者始终处在共同“效学”的状态之中，以资为教与学的相互作用提供可持续进行的必要条件，以资在名至实归的相互作用中求得英语教学的实际发展。这便是本研究所持的教学环境的建构与经营观及其“场”对策的基本勾画。

(五) 基本参照的考虑

在基本理论及其方法的参照上，本研究除了不得不关照言必西方的规约外，还必须时而回归对本土哲学及其理念的偏爱，偶尔还得走走“以字通词，以词通道”(戴震语)的文字学路线，其目的则无非是想在跨文化意识及其能力的养成中尽可能渗入一点本土文化的色彩，以便最终获得一点“多歧为贵，不取苟同”(蔡元培语)的效果，从而区别于以往所追求之英语及其语言交际能力培养的单一目标，又从而尽可能避免跨文化交际中的本土文化“失语症”(Chinese Culture Aphasia)，即中国文化不能平等参与跨文化交际之被动局面的继续发生而已。

（六）学习状态的预设

在关于学习状态的建设上，本研究在始终保持“假于物，自得之”推求的前提下，在个体学习的方式上，除了主张“以‘手’学习，以‘脑’学习”的手脑兼用方式外，还特别强调“以‘心’学习”抑或“以‘身’学习”的方式，即推重以“心得”和“体验”的方式学习，以企在“假于物”的学习环境中，养成“自得之”的学习常态，以资最终成就学生身心发展的结局。

这里需要注脚的是，在本研究的视域中，如果以“手”学习是为了学识的入门，以“脑”学习就是为了学识的认知；而如果以“心”学习是为了学识的顿悟，以“身”学习就是为了以“身”体验学识的结果。足见，“手”学、“脑”学和“心”学抑或“身”学①乃是学习的不同程序或者阶段。由是，本研究便推演出了自己的学习流程，即由“手”经“脑”至“心”的学习流程。

（七）逻辑起点的确定

在逻辑起点上，既无以从学科的概念及其定义出发，也不便由学科的内容详略切入，只好自那些似乎跨出了学科规矩的“范畴”介入，只得从能量最大的元素——“学习”入手，企望衍生出一个不

① 王阳明的“心学”为日本学者冈田武彦先生引申为“身学”，其意义抑或就在这里：“体验”而不是“实验”，乃是东方式的“实证”法则。另外，王阳明弟子徐爱、钱德洪等所辑《传习录》和《大学问》也要关注一下，其中《传习录》为《阳明全书》首篇，分上中下三卷，记载“致良知”“知行合一”等论点的问答；《大学问》则是王守仁哲学语录，系他对门人所提有关《大学》几个问题的解答，辑为《阳明全书》第二十六卷，其主要观点是：以“致吾心之良知”解《大学》的“格物致知”之要义，同时提出了“以天地万物为一体”的思想。如果需要由此涉猎王阳明的“心学”，这些都是研究其思想的重要资料。

取苟同的教学方案来。

(八) 行文路数的选择

在行文路数上,本研究的基本策划是:

于宏观——“形而上行”,以求通“学”,这就是对教学理论认识的梳理和诠释,形成诸如整体观、平行观、生态观、对话观、合一观、语文观、语用观、语境观、语法观、学习观一类的说法;

于微观——“形而下行”,以求明“术”,这就是对教学方式、方法及其策略的抽象和升华,形成诸如“由‘听话’经‘听音’到‘会意’的听力”“由‘结巴’经‘跌撞’到‘流利’的会话”“由‘概念’经‘命题’到‘发展’的阅读”“由‘短句’经‘长述’到‘成文’的写作”以及“由‘言内’经‘言外’到‘言后’的翻译”一类的做法;

于“中观”——“形而中行”,即在上行与下行之间补之以媒介,以通理论与实践之津梁,这就是对理论的“应用化”——“化约”、化简,以求对“虚”的“实”化、就“隐”的“显”化——以资将抽象的理论应用化、原则化、规约化,从而使形而上的说法便于矫正形而下的做法,形而下的做法便于验证形而上的说法。

这就是本研究由“形而上”经“形而中”而“形而下”的行文板块设计。

(九)成果形式的确定

作为本研究成果的文本,则是以上卷——形而上行(问津篇),中卷——形而中行(津梁篇),下卷——形而下行(干预篇)三卷式格局出现,以尝试回答英语教学是“怎么回事”“怎么样”及“怎么办”的基本问题。

以上便是研究者所持的英语教学主张及其所推崇的英语教学方式之所缘、所由及其所图之所在。于形势，不得已，强名之，名之曰：《英语教学场论》，便是；抑或曰：一部多元化、跨学科的英语教学参照录，无他。

二、英语教学及其场构思的原委

（一）基本问题的引子

研究者曾就中国学生学习英语的问题，私下征询过外国朋友真实的感触，其对白（据记忆整理）大略如下：

问：Erm, Bill, could you really tell me the truth about how our, our students' English-learning is or, erm, is about, mhmmmm...yeah?

答："Well... ok, urm ... it's so hard to say, acturally... it seems, it seems to me that when they're speaking, mhmmm... urm, they seem to be actually reading or something, it is in my eyes exactly, well... when they're reading, so what I mean is, when they're reading, urm...they seem to, to, as if they are to be actually reciting, oh, am I ok, I think I am, do you think so ..."

区别在哪里呢？或许，可以这么说：如果人家是在语流中"说话"的话，我们则是在语法上"造句"。自然，在学习的初期"造句"的必要性还是有的，可是如果长此以往，就成了问题。毕竟，我们学生的"话语"调调不真实，语气不自然，总跟人家有距离——看似"得法"，实不"得体"，安能"得宜"？

于是，如果说我们教学的问题在于把语言学习搞得"硬邦邦"

的——“语法”化(too much grammaticized)而没有了生机，那么我们要解决的问题就在于：让“硬邦邦”而“语法”化了的东西重新地“活生生”起来，从而使之成为“生活”化而富有真实趣味(true-to-life)的言语，不是吗？

(二)基本方案的演绎

鉴于教育、教学的研究问题早已从“怎么教”转向“怎么学”，从“教授”“教学”转向“学习”乃至“学习学习”的问题，本研究对学习路数的设定便由此而变成了一个：“假于物”而“自得之”的本然之道；由是，作为辅助学习的教学，则自然而然地成为一个何以“善‘假于物’”兼“使‘自得之’”的应然之器。因而，关于学习问题的解决则自然地变成了一个“假于何物”“自得什么”的问题。

因而，要让“硬邦邦”的东西重新地“活生生”起来，就得解决足以使语言“活生生”起来的必要条件，而这一必要条件的根本必然在于建构一个足以学成“语言”的“生态环境”，这个环境便是本研究赖以解决问题并设定为教与学整体环境的“场”——借助于这个语言学习的生态环境，我们便足以使“硬邦邦”的语言重新地“活生生”起来，而不致将语言“活生生”地掐死在我们自己的手里。

就这样，关于“场”的策划，一个足以推之谓生态建设的基本方式，便不能不成为笔者谋求解决语言学习问题的预案，因为“她”将不能不成为场中的学习可以依赖的所假之物。

至此，“场”论要回答的问题就成为：

一是，“场”的建构——环境由什么构成、怎么构成？

二是,“场”的运作——处于环境之中的“人”是什么角色、怎么同所在之“场”——“环境”交互作用,处好关系? 而“场论”本身实际上已经足以作为一门关于人与环境的关系学而存在。

于是,作为语言环境之“场”的建构及其经营才是“场论”要回答的问题,而本研究的基本假设则不能不建立在办教育、搞教学,就是建构与经营环境的立足点上。

1. 环境的初衷

依据本研究的设计,这个作为(语言)生态语境的“场”,乃是一个“心”(心理环境)与“物”(物理环境)合而成就的“整体”,在这个整体之中乃是“心”与“物”的交互作用,成就着“教”与“学”的终极效用。

2. 环境的内涵

“场”的建构与经营,旨在假“物”之所“用(人为)”兼“心”之所“能(天性)”,将学习的事情办好,回答以“心”为“体”,以“物”为“用”[①]的问题,解决以“物”之方式,助“心”之养成,亦即“假”于“物”之功用,养就“心”之化成的问题。显然,“场”原本就是一种解决问题的方式,旨在假以“场”的手段,解决“教”与“学”中的问题。

毕竟,“假”的规律,必得“先其天性,后其学习”,还得先其 I-语

---

① 如果“体”是指根本原则的话,“用”就是指具体方法,见《辞海》“体用”词条,第1856 页,如张之洞《劝学篇 · 会通》以为“中学为体,西学为用”,就是主张用西方科学技术来辅助中国封建名教,本研究的设想则是以“场”的方式来辅助“学”的成就,企望“用”有“通会”的蕴含,“体”有“领悟”的感受而已。

言(机制),后其E-语言(结构)[①]等。由是,就“假于物”及其“养其心”的备注就是:

(1)“假于物”之“物”是一个包括个体之外一切客观存在的外在之“物”,包括:

① 始假其所“能”(天性),如利用“机制”——普遍语法(universal grammar)一类,引发学习的可能;

② 中假其所“知”(基础),或以隐性知识、显性知识或相关知识,引发学习的兴致;

③ 终假其所“需”(动机),并以“活动化”的方式施之于外,令其心理的需要“行为化”而行之于外;

④ 教师乃“物”中之人,场中之“物”,终归成为“心”的必“假”之“物”。

(2)“养其心”之“心”(心理环境)则包括:

① 其所“能”(天性)——心理机制,包括普遍语法(universal grammar)一类;

② 其所“知”(基础),诸如隐性、显性和相关知识一类的预备性知识;

③ 其所“需”(动机),诸如兴趣、兴致一类;

④ 学生亦“场”中之人,“心”之所在,自然有待“物”之化成了。

---

① I-语言,即乔姆斯基(N. Chomsky)所涉及的internalized language(内在化语言),专门语言研究机制的问题,属于普遍语法的范畴;而I-语言相对E-语言,externalized language(外在化语言)则是涉猎语义、语用及其结构的研究。这是乔姆斯基对语言的一种分类法,有利于认识语言研究的不同范畴。

（3）方法：

“场”，从根本上讲，就是本研究为英语教学所设置的一个大语境，因而“场”内的一切都是在这个大语境的氛围中进行的，所以语境化英语教育就成为场论所采取的基本方式——“语境化”输入法（situated input）[①]。本研究关于“三维语境”的（初步）策划就是解决“语境化”问题的一个基本思路，其初衷就是令语言的教学乃至语言的使用尽可能真实起来，因为解决语用真实的问题归根结底就是解决语言的生态环境问题，以便让语言的教学乃至语言的使用真正地“活生生”起来。

3. 环境的运营

环境运营的方法论依据是：

始假于“物”理环境之功用，令外在“物”（物理环境）的“影响”“活动化”，施之于“心”，谓之“施之于‘外’”；

中假于“心”理环境之功效，令在内“心”（心理环境）的“需要”“行为化”，付诸“行”，谓之“行之于‘外’”；

终而达成“二外合一”式合力效应，此之谓“场”运作之格律所在。

（三）基本路数的端倪

如果“由是而知焉”[②]是我们要走的路，由已知而推知未知便

① 参阅杨连瑞、张德禄等：《二语习得研究与中国外语教学》，上海外语教育出版社，2007，第209—226页。

② 这是孔子关于什么是“道”的注疏，即“所谓道，由是而知焉”；另一版本则是“所谓道，由是而之焉”，二者都“通”，意思是道，是一个足以引导人们由“是”（“此”）通向“焉”（“彼”）的东西。

是我们得采取的方法，而由此岸及彼岸则是我们要实现的目标。于是，我们要做的事情便是寻找某种到达彼岸的“船舶”、方式，不是吗？

对于某个教学论而言，这种方式或者这条船舶则无非是一套足以推论假设的说法（理论）和一套证明假设的做法而已。毕竟，果真经由了一次理论之“辩正”及其实践之“验证”后，我们便足以因为得到一个自圆其说的结论而心安理得，不是吗？

于是，我们所要经过的路线或者我们所要采用的方式就可以用以下的图式来表示：

“天（道）”←彼岸←“微茫”（indistinct；blurred，hazy）←道←宏观（macroscopic，macrocosm）←形成一种说法←（回答“是什么”的问题）本体论←形而上←抽象化理论←（BRIDGE）中观（mid-croscopic，mid-crocosm）（解决理论“应用化”的“媒介”问题）→实践→具象化→形而下→方法论（回答“怎么办”的问题）→留下一套做法→微观（microcosmic，microcosm）→“微妙”（excellent mysterious，profound；delicate，subtle）→此岸→“人（事）”

显然，这里所图寻找的是一个关于“在乎‘天道’辩正与‘人事’验证之间”的学习路子；或是一个关于“天命之谓性，率性之谓道，修道之谓教”（《中庸》语）的教事之道。

（四）基本注脚的必要

1. 把握宇宙的奥秘，是需要一种“宇宙感”的。根据林耕青教授的体悟，这种“宇宙感”应该表现在两个方面：一是对无穷时空的

“微茫”之感；二是对生化天机的“微妙”之感。笔者以为：这里的前者——“微茫”就是对宏观世界的把握，而这里的后者——“微妙”则是对微观（microcosm）世界的拿捏，如果前者是指“怎么回事”的本体，后者就是指“怎么办”的方法。

2. “形而上”与“形而下”，是中国古代哲学的术语。《周易·系辞上》说：“形而上者谓之道，形而下者谓之器。”笔者认为，“法则”（这里指“道”）是无形的，称为形而上；而器用之物是有形的，称为形而下。清代学者戴震说：“形谓已成形质，形而上犹曰形以前，形而下犹曰形以后。”（《孟子字义疏正·天道》语）以未成形为形而上，已成形为形而下。《易传》提出这一对概念后，在中国哲学史上逐渐被哲学家引申为表述抽象和具体、本质和派生物的范畴①。

3. 《易经·系辞》又云：“形而上者谓之道，形而下者谓之器，化而裁之谓之变，推而行之谓之通”②，此亦我中华哲学之智慧所在，仅以数字便能道明理论（“道”）与实践（“器”）关系之所在，揭示理论何以接近实践之妙用，这就是：“化而裁之”，使之“变”——变而“易”之，（使之）“近”乎“器”？近而行之，（岂不）“通”乎“事”?!是故：“形而中”者在乎“变”，变而通者始为“用”；终究：推而行之即可“通”，行而“通”之事可成，不是？

此，实乃我中华——“道”“器”“变”“通”之智慧所在者也，是耶？非耶？

---

①② 参见俞长江等：《四书五经100题》，北京燕山出版社，1992，第179页。

4. “一阴一阳之谓道”(见《周易·系辞上》),是中国“易学”表述矛盾法则的命题。认为事物都有阴阳两个方面、两种力量,而且两个方面、两种力量相反相成、相互推移而不可偏废——正是这两个方面、两种力量揭示着事物的本性,也正是这两个方面、两种力量构成了事物内部运动的基本法则——无论是天道还是人事,都“显”为此道[①]。

而对正反两个方面的把握乃至对反正两种力量的安排,则是成就一个“说法”及其“做法”的基本路数——因为,任何一种事物都需要在两个“相反相成”的对立面的运筹中才可以成就的,而不是仅就事物某个单一因素的分析中就可以完成的。这便是中国“易学”的妙用所在。

5. “器”,有形,故谓之“形而下”(可谓“器之显”),其基本路数是:“因为这么做,所以这么说”,是经验型的——经验是着眼于过去的,因而其结论是已知的,是寄希望于他人的,其结局则一定是守成,本研究弃之;“道”,无形,故谓之“形而上”(所谓“器之隐”),其基本路数是:“因为这么说,所以这么做”,是理论型(非经验型)的,因而其结论是未知的,是寄希望于自己的,其境界则一定是出新,本研究取之。

6. 按照佛家的诠释:“人生就是(我们)自己,宇宙就是我们生活的环境。”(净空语)于是,“修行”(行为的改变),就是通过处理好我们自己和环境的关系,将“修炼”(学习)的事情办好,这是一件很有启示意义的事情。因为,这同拓扑心理学关于人与环境关系公

---

① 参见俞长江等:《四书五经100题》,北京燕山出版社,1992,第178页。

式所揭示的原理是基本相同的，这个公式是：B＝f(S)或者 B＝f(PE)，其中“B”是指人的行为，“S”是指人所处的情景，“f”表示函数。可见，在前一个公式中，行为直接就是人所处情景的函数；而在后一个公式中“P”就是人，“E”则是环境，因而行为就等于人与环境的函数①。显然，这两个公式同行为主义刺激反应的原子论公式是完全不同的。

7. 寄希望于形而上之“道”——“器之隐”，而不寄希望于形而下之“器”——“器之显”，并不意味着本研究不需要经验、方法及其策略一类，而是企望经验、方法及其策略一类（所谓“器之显”），有望终“显”于我们自己的“道”，终“见”于我们自己之手。

8. 美国物理学家卡普拉（Frank Capra，1897—1991），在其《物理学之道》中说，“在中国哲学中，道只是隐含着场的概念，而气却明确地表达了场的思想”②。因而，古人说：“‘道’者‘器’之‘隐’”③；我企望“‘场’有‘器’之‘用’”（阎佩衡，2009）。

由是，基于“做学问就是‘格’清事‘物’之内在关系”（阎佩衡，2006）的推演，本研究拟在“场”思维的视域中，从教学观、平行观、语言观、语文观、学习观、对话观、合一观、生态观、关系观、转化观、自然观、教书观诸多方面演绎教学及其规律的问题，以便会通英语

---

① 这里的两个心理学公式 B＝f(S)兼 B＝f(PE)，见勒温：《拓扑心理学原理》，高觉敷译，商务印书馆，2009。详见此书“译序”部分。

② 见卡普拉：《现代物理学和东方神秘主义》，朱润生译，四川人民出版社，1984，第 176 页。

③ 《周易外传》曰：“形而上者隐也，形而下者显也”；《中庸章句》认为形而上是未成形的器，即器之隐；（清）戴震认为：“形谓已成形质。形而上犹曰形以前；形而下犹曰形以后。”见《简明社会科学词典》“形而上”条，上海辞书出版社，1982，第 430—431 页。

教学的基本路数，并从“说法”和“做法”两个层面为当下英语课堂教学的实施提供一个可资参照的方式，其具体策划是：

始由范畴出发，解决通识的问题，以企达到“会通”，回答“怎么回事”的问题，谓之“上卷”，是一个基于“教”与“学”之今与昔的多角度、多方位的理论梳理；

中经应用“化约”，解决过渡问题，以便实现“通畅”，回答“怎么样”的问题，谓之“中卷”，是一个基于“教”与“育”之长与短的由理论“化约”为半理论的应用化规约、规则一类；

终而设计一套“策略”抑或方式、方法，解决“干预”问题，以图实现“效果”，回答“怎么办”的问题，谓之“下卷”，是一个基于理论和半理论（规约、规则等）及“学”与“习”之缺与失所设计的策略及其方式、方法一类。

最终完成一个由上、中、下三卷组成的、足以统筹英语教学全过程的理论性方案——《英语教学场论》。

三、英语教学及其旧理念的反省

“授之以‘渔’，而不授之以‘鱼’”，这是自古就有的金科玉律，也是“传道、授业、解惑者”所长期奉行的座右铭。如今，还是那么回事吗？还有那么灵验吗？还是那么靠得住吗？或许，这些都是需要我们重新斟酌的问题。

（一）一味的教与独白

以往的教学，基本上是教师的“独白”式讲述，而在教学的管理上则是以各种方式来维护这种“独白”的权威，以便：或授之以“鱼”，或授之以“渔”。在这种方式的架构下，学习者却在很大程度上都在充当着某种“独白”性“知识”接受器的角色。

于是，在原本是解决问题的课堂里，每每都是一片“鸦雀无声”，哪里还有什么活生生的气氛可言？就这样，学生们儿时的“好奇心”被泯灭一光，哪里还有什么“出新”的可能？

萧伯纳(George Bernard Shaw，1856—1950)说得好：“You cannot teach a man anything; you can only help him (to) find it within himself(学，不可教也，只可助也)。”或许，这便是外国版的“假于物”兼“自得之”的表达方式之所在。不然，则可以扪心自问：我们胸中所有的“成竹”——所谓“鱼”(知识与技巧)一类，哪一条是老师现成地教给？我们手上所得的方式与方法——所谓“渔”之类，哪一种又是从老师那里“现成”地取来？平心而论，哪种都不是。原来，“鱼”和“渔”都不是可以授予、可以传递的东西。毕竟，“经验”与“方法”的得来都需要通过自我的认知兼加工，乃至重新的检验才足以变成属于自己的东西。或许，这才是孔子所谓“学而时习之，不亦说乎”的本义之所指。

可见，独白及其所维持的权威，本来就是有问题的。因为“教，应该是一件不得已而为之的业；而学，则应该是一件不经意乃发生的事”(小言，2006)。于是苏格拉底的“产婆术”，就是“教”不是问；孔老夫子的“叩两端”，则是问不是教，是耶？非耶？

在现代教育的意义上，学生和老师的关系应该是两个平等的、平行的“对话”主体，而其教与学的方式则应该是：围绕某个具体的问题情境，从各自的立场阐发不同的观点，以资达成知识的融合(却未必要求完全的一致)和信息的对流。因为，只有足以融合的知识才是有新意的，只有经由对流的信息才是新鲜的，只有新鲜的东西才是与出新的概率联系在一起的。这就是现代意义上的对话(式)教学观,是我们所应该赞同的教学方式,不是吗?

回眸历史,在20世纪80年代初,教育学上曾有过一次大的转折,那就是:把研究的重点从(教师)"怎么教"转移到(学生)"怎么学"上来,即通过"学"的方式来研究"教"的方式,以便将"教"的方式建立在"学"的基础之上,使"教法"有一个较好的"学法"根据,从而最终"教会学生学习"。这便是我们教学工作的"塑造"观,也足以称得上我们教学工作的方法论,其"理论"依据便是:"教是为了不教"(叶圣陶语),"学是为了会学"(阎佩衡,2005)。

到了20世纪90年代,乃至21世纪初的今天,我们发现:我们并没有教会学生学习,甚至连我们自己也不会学习了。因为我们面前的世界变了,计算机和网络技术改变了我们面前的一切,知识迅速增值、信息"短期爆炸";有学者(王蒙,2014)说,网络的来势异常迅猛,大有改变知识生产方式的味道。

学习者所需要的不再是"一本书式的照本宣科",而是迅速获取相关领域全部(最新)信息的有效"路径",其中更多的是逼近"标准答案"的方式(路子)而不是获得"标准答案"的方法。因为,所谓"标准答案"本身就是一个需要从根本上质疑的东西。

有人将这种时代性的变化称为"哥白尼式"的革命,它所呼唤的是一种辐射型的求知方式,以便最大限度地获取可用知识。

于是,知识的传输方式也发生了相应的变化,"传道、授业、解惑"已不再是唯一的信息源泉;况且,学习尚兼有发现和创新(知识)的义务和责任。

显然,只有那些有助于学生寻找和选择、获取并加工信息的

“教”才是必要的；换言之，只有在学生尚未掌握思考和学习的方式以前，教师的“教”才是必要的，而且“教”的方式也肯定不再是“授予”“传递”式的“独白”。就这样，“独白”及其“塑造”的方式与方法都流于不大灵验的边缘了。

不灵了？我们便得“三省吾身”了，不是吗？

是“授之以鱼”呢还是“授之以渔”？似乎都不是，因为我们既没有“鱼”（经验）也没有“渔”（方法），况且“授予”的“方法”本来就是有问题的。

（二）一起的学与影响

于是，问题就成了“抓鱼”还是寻找“抓鱼的方法”。笔者的选择是后者，因为这个方法比较靠谱，有后劲儿。而且，无论是“抓鱼”，还是“抓鱼的方法”，都需要和学生们一起来完成。

至此，我们的方法论就成了学会学习——和学生们一起学习，以便找到“抓鱼的方法”，（从而）为（学生的）“抓鱼”服务，其理论根据则应该是：“学是为了会学。”（阎佩衡，2006）

“抓鱼”，是为了“抓到鱼”，“抓到鱼”是需要方法的；然而要紧的是，方法（却）不是可以授予的；况且，能够授予的东西充其量不过是经验而已，经验虽然可贵，却不可靠，也未必科学。

经验（包括书本上的知识）都是属于人家的东西，只有思想才是属于自己的东西。因而，只有学会了思考才可靠，只有具备了思想才足以解决问题。思考、思路及其思想，乃是认知加工的资本，足以帮助我们将别人的东西消“化”为自己东西。

显然，学生真正需要的应该是，“建构”好自己学习及其思考的方式，以便最终“建构”好他们自己学习的思想。需要留意的是，这个“建构”是靠学生的“自主”性并在其“自主”的过程中完成的，而不是靠老师的“他主”性并在“输入”的谋划中实现的，这就是建构主义学习理论(constructivism)的内涵。也正是在这个意义上，能够帮助学生“建构”好他们学习思路及其方式的老师，便是称职的老师。

就这样，教师的“教”，不得不“调整”到学生的“学”上来。好在，这样做还可以将“教”与“学”重新地“统一”起来，使之(又)“变”成同一件事的两个方面。使人始料不及的是，这一结论偏偏应验了《学记》中的说法，那就是《兑命》所谓“教学半”[①]。毕竟，“教事”的另一“半”，本来就是“学”，唯有自身的“学”才能“教”会我们怎么“教”，或许还能教给我们更多的东西呢，足见我们不得不“知其教，守其学”(小言，2006)。

在某种意义上，“教”就是“学”，而“学”的最佳境界却是当好自己的老师，以便组织好课堂里的学习，和学生们一起学习。将“教”引申为“学”，和学生们一起学习，是“教”的开放性所在。因此，“塑造”型教学就不得不变成“服务”型教学，即开放性教学。如果“塑造”二字还有必要存在的话，那便是“塑造自我”，影响他人。

足见，最靠谱的办法是“学”，最能产生能量的元素仍然是“学”。有人说，这是一种客套的说法。不，这是事实，而且是一个足以同规律媲美的事实，是时代使然的事实，是教育本然的规律，自然是不必客套的。

---

① 这是中国古代教育学《学记》中的教育和教学观，意思是说唯有教育和教学这件事的一半在于学生、在于学习。

后信息社会，有一条规律：“凡是你相信的，就都会存在的。”于是，只要相信自己会学习，我们就一定能学好学习；只要相信自己的学生会学习，他们就一定能学会学习；只要我们学会了学习，我们就无时无刻不在学习，乃至于时时刻刻都在学习，甚至连做梦都可能在学习。这就是我们的学习论，这就是我们的出发点。

那么，学习是什么？我们姑且将它设定为：寻找能量最大的元素，以便最大限度地“辐射”所有（有用）的“知识”（信息）；一旦找到了能量最大的元素，我们就可以举一反三、反十、反百，乃至于反千，从而迅速地获取相关领域的“全部”（相关）信息，以资“选择”，以资“加工”，因为经由“选择”和“加工”之后的知识就一定是新鲜的东西，至少是同新鲜有关的素材。

于是，学习的功夫便在于发现能量最大的元素，因为能量最大的元素是最不容易“爆炸”的，它们足以供给我们使用较长的时间。

可见，我们的战略思想该从“实践出真知”的基点上挪动一下，挪到“思考出真知”上来，我们的战略目标也该从培养“会考试的人”的初衷上挪动一下，挪到培养“会学习的人”上来。相信随之而来的就一定是教师角色的变化，从“外在依附”型向“内在生成”型转变。否则，我们将会离开素养教育的本义，又从而离廾现代教育的轨道。

至此，我们的教育方法论就应该调整为：同学生一道，用文化去培养感觉，用感觉去发现问题，用问题去激活思维，用睿智去解决问题。

至于，教材——教学所需的素材，自然也（应该）是开放型的、随时可以调整的东西。因为，这样会增加发现新“元素”的概率，何况以静态（不变）的教程去反映动态（变化）的知识世界本来就是有局限性的。

如果需要给这里的反省加上一个注脚的话，或许我们有理由说：

如果以往教学论的范式是教人以从“做”到“会做”的经验，即从别人怎么做那里学会自己该怎么做的本事；本研究的出发点则是：示人以“从‘想’到‘会想’，从‘会想’到‘会做’的路子，以便先想后做，想好再做，想中做，做中想，最终既学会想又学会做”。其基本考虑是：只要会想，就一定能做；只要能想得来，就一定会做得好。于是，西方人便有了“Thinking globally，acting locally（大处着想，小处着手）”的为学格律。显然，“想”才是顶重要的事，况且在心理学上，“事”并不是做得越多越好，那样反而会耽误事的。

于是，教学的追寻便应该是：更多地让学生“会学”什么，而不是一味地“教”他们“学会”什么。关于教学的理论则应该是一个“始于学习，终于学习”或者以学习的方式解决学习问题的《学习学》。

（三）普遍的问与真谛

笛卡尔（Rene Descartes，1596—1650）在反对经院哲学的基础上，提出了必须革除因袭旧见的做法，主张实施“普遍怀疑”的原则——以“理性”的尺子审度一切的知识。他说：“要想追求真理，我们必须在一生中尽可能将所有的事物普遍地怀疑一次，”而唯有“我在怀疑”这一事实是不能怀疑的——继而提出了“我思故我在”

的著名命题[1]。无巧不成书的是，这同后来尼采(Friedrich Nietzsche，1844—1900)的主张——“It is precisely here that one has to begin to learn anew”，竟如出一辙。其实，在我中华的先贤那里，则更是如此，朱熹(1130—1200)说：“大疑则大悟，小疑则小悟”——毕竟，“尽信书，则不如无书”(孟子，约前 390—前 305)。既如是，“学习者何？曰：学习者，假于所知(学)，行于所疑(习)者也”(阎佩衡，2009)。

如是，在学生的毕业手册上，谁都可以写上“一路走好！”的颂词。毕竟，一个教师需要打心底去反省的是，学生的学习，是不是真正地“走”上了“路”。不然，还谈什么走好，走不好？

晓得这一点，应该是一个教师的天职之所在，良知之所存。毕竟，课堂也是一个足以“得英才而教育之”的地方。

① 参见《简明社会科学词典》“笛卡尔”词条，上海辞书出版社，1982。

— 形 而 上 行 —

上卷

辩正篇

——基于教与学的今昔

寻本然之所在，问应然之所由；

企宏观之会通，图辩正之效用。

引 言

纷繁而奇妙的世界，常常令人叹为观止，如果疑而问之：宇宙的运作何以如此规律，事物的变化何以如此有序，乃至于我们无从知晓是什么力量在维系着它们的存在，又是什么力量驱使着它们的运动？人类，曾仰观天域，俯察人文，假天象以明人事，借科技以察事理，或归结为“以太”之运动，或归结为太极之“气”的运作，或归结为上帝之意志，或归结为佛祖之安排——终究，西方的科学将一切都归结为“场”；谁料，东方的哲学所蕴含的依然是“场”[①]。显然，科学与哲学在这里“会师”了，真的颇有点儿因殊途乃同归的意味。毕竟，“道出东西情理中，法在远近意料外”（小言，2006）；莫非，实现这个由道而法的穿越，只可意会，不可言传？非也。

---

① 依据美国物理学家卡普拉（Frank Capra，1897—1991）在其《物理学之道》中的观点，“在中国哲学中，道只是隐含着场的概念，而气却明确地表达了场的思想”，见卡普拉：《现代物理学和东方神秘主义》，朱润生译，四川人民出版社，1984，第 176 页。依据辜正坤先生的说法，“中国文化更多地趋向于向场论方向发展，于是其哲学、医学、美学、政治、经济……几乎都呈现出以‘场’特点为主要特点的现象。这样的文化往往多综合性、整体性。反之，西方文化则更多趋向于向原子论方向发展，于是其哲学、医学、美学、政治、经济……几乎都呈现出以‘原子’为主要特点的现象”，因而“这样的文化往往多分析性。这样的区别很容易把握，也很方便我们很快找出中西文化的本质特征”，见辜正坤：《中西文化比较导论》，北京大学出版社，2007，第 88—89 页。

一、假于物与自得之

有道是，“(凡)耳之闻也借于静，目之见也借于昭，心之知(智)也借于理”[①]，说的是：要听清楚，就必须静下来；要看清楚，就必须有慧眼；而要想清楚，则必须探明“理”——因为，只有“理”明白，才会“做”清楚。

可见，只有静下来“想”，才会“想”明白——而且只有站得高，才看得远，才想得明，才做得好；其实，西人所谓的 Thinking globally，acting locally(大处着想，小处着手)，说的也是这个道理——足见，“殊途”是足以“同归”的。

为什么(一定)要这样做呢？因为，“君子，生非异也，善假于物也”[②]；而且，“假于物”讲究的就是一个“善”，因为“吾尝终日而思矣，不如须臾之所学也；吾尝跂而望矣，不如登高之博见也。登高而招，臂非加长也，而见者远；顺风而呼，声非加疾也，而闻者彰。假舆马者，非利足也，而致千里；假舟楫者，非能水也，而绝江河”[③]。既如此，何乐而不为呢？

不过，“理”虽如此，其在乎“教”与“学”者，却须做到“‘枉而直之，使自得之；优而柔之，使自求之；揆而度之，使自索之。’盖圣人之教化如此，欲其自得之”。因为，“自得之，则敏且广也”[④]。难怪

① 此为《吕氏春秋》语，笔者以为言之极是。

② 此为荀子《劝学》语，言之甚妙，见《古代散文选》，人民教育出版社，1962，第107页。

③ 同上。

④ 此为东方朔《答客难》语，因同教(与)学之道甚合，特引用之，见《古代散文选》，人民教育出版社，1962，第244页。

乎“学”，足以使人“不亦说乎”。

以上便是国人之“假于物”与“自得之”，说的是：只要“假于物”，便足以“自得之”。自然，如能“善假于物”，便可“使自得之”；这里，仍然可以用西人之 Thinking golobally，acting locally 指代，因为“想”绝不是空想，而是“假”于他“物”（something global）而“想”，“做”自然是做自己企图中的“事”（something local）了，所以就一定会“自得之”的。可见，只要想明白了，就会做清楚了；反之，想不清楚，是做不明白的。

本研究的基本思考是：教育是在环境的建构与经营中造化人的灵魂及其智力的；经营是在人与环境的“对话”中进行的；“对话”是在学习内容的活动化与个体心理的行为化之间，依赖“媒介”——“‘活动’与‘行’合作”的能量来维持并在这个流程中完成的。因而，教育的基本方略便在于：“假于‘活动’，假于‘行’”，教育的方式便在于“使之活动，使之行”，而教育成功的妙诀却在于追寻“活动”与“行”的合作与合力；其策略的重心则在于：将“活动化”的内容“施之于外”，使“行为化”的需要“行之于外”，以便达成“二外合一”的终极效应。这便是本研究关于“心”（心理环境）与“物”（物理环境）的相互作用观，或可谓“心”与“物”的对话观。

这些都是本教学“场”论发自端倪的斟酌，多年前便开始了。是否真有些许的参照之功用呢？

二、辨历史与问当下

中国，乃是世界上最早就有文字记载的教学（论）思想或者教学之道的少数几个国家之一，只是由于其形而上的“器之隐”所代表的“道”未能适时地在同现、当代科学观的结合点上被“化约”为足以矫正实践的方法论和相对直观、实用的原则、方式、方法及其策略之类，而不易表现为其形而下的“器之显”所反映的功用来，乃至于在历史步入近现代之后，总是在英语教学的战略及其战术上不得不表现为随“洋”逐“人”的被动局面。对于这一点，有识之士是心知肚明的，因而也是有充分估计的，否则我们就得永远跟着“洋人”的脚步走路。

在近现代世界教育史的谱系上，一般的认知是：最早把教育作为一门独立学科树立起来并为之构建框架的是夸美纽斯（Johann Amos Comennius，1592—1670），把教育作为近代问题提出来的是洛克（John Locke，1632—1704），以文学作品的形式把教育变成一个思想体系的是卢梭（Jean-Jacques Rousseau，1712—1778），在卢梭及裴斯泰洛奇（Johann Heinrich Pestalozzi，1746—1827）的基础上真正把教育变成一门独立科学的则是赫尔巴特（Johann Friedrich Herbart，1776—1841）。之后，教育家们便开始了在心理学的视域中考察教育问题的历程。

而在世界教学论的范畴中，继夸美纽斯的《大教学论》之后，在近代教学论的发展历程中，美国的布鲁纳（J. S. Bruner）提出了认知结构教学论，苏联的赞科夫（1901—1977）提出了发展性教学论，德国的瓦根舍因（Martin Wagenschein）和克拉夫基（Wolfgang Klafki）提出了范例教学论，而以上他们所共同构成的则是世界颇具影响且三足鼎立的教学论基本格局，各自为教学树立了各不相同的勾画设计和基本方案，史称近代三大教学论。

自然，在三大教学论之外，还应该对欧美及其他国家教学论发展的支流情形同时有所关注，这些处在支流的教学论基本分布是：

1. 源自美国的还有：

- 斯金纳(B. F. Skinner)的程序教学理论；
- 布卢姆(B. S. Bloom)的掌握学习教学论；
- 加涅(R. M. Gagne)的学习阶层论；
- 奥苏伯尔(D. P. Ausubel)的有意义学习教学论；
- 罗杰斯(C. R. Rogers)的非指导性教学论；
- 凯勒(F. S. Keller)的个人化教学系统理论；
- 阿特金森(R. C. Atkinson)的最佳教学策略；
- 托兰斯(E. P. Torrance)的创造性教学理论；
- 格拉泽(R. Glaser)的个别化教学设计模式；
- 班杜拉(A. Bandura)的社会学习理论等。

2. 源自苏联的有：

- M. A. 达尼洛夫、Ъ. Л. 叶希波夫、M. H. 斯卡特金的教学过程积极化学说；
- Ю. К. 巴班斯基的教学过程最优化理论；
- Л. H. 兰达的教学控制理论；
- B. B. 达维多夫、Д. Б. 艾里康宁的发展理论思维学说；
- Л. Я. 加里培林、H. Ф. 塔雷津纳的按阶段形成智力操作学说；
- Ю. B. 沙罗大和 Г. И. 休金娜的形成精神需要和认识兴趣学说；
- M. И. 马赫穆托夫、A. M. 马丘什金的问题教学理论；
- H. A. 敏钦斯卡娅、Г. C. 科斯丘克的分化教学学说；

- B. X. 沙塔洛夫的纲要信号教学；
- Ⅲ. A. 阿莫纳什维利等的合作教学理论；
- C. H. 雷先科娃的远景——超前教学等。

3. 源自其他国家的有：

- 德国：韦尼格（E. Weniger）的教学计划理论，海曼（Paul Heimann）、舒尔茨（Wolfgang Schulz）和奥托（Gunter Otto）的柏林教学论学派，弗兰克（H. G. Frank）和库贝（F. V. Cube）的控制论意义上的教学论，温克尔（R. Winkel）等的交往教学论；
- 保加利亚：洛扎诺夫（G. Lozanov）的暗示教学理论；
- 南斯拉夫：弗·鲍良克（Viadimir Doljak）的《教学论》[①]；
- 波兰：奥根（W. Okon）的教学过程理论；
- 英国：劳顿（D. Lawton）的文化分析主义课程思想；
- 日本：广冈亮藏的教学最优化理论，等等。

以上关于教学理论的梳理，基本上是就教学理论史的一般情形而言的。

在当代英语教学的架构中，美国和英国都注意从英语学习的过程入手，或者从应用语言学角度深入英语教学的各个领域的研

① 弗·鲍良克（Viadimir Doljak）：《教学论》，叶澜译，福建人民出版社，1984。此书对教学目标的论述颇有特色，认为教学论是研究关于人的“教养”规律的科学，而“教养”则包括知识和能力两个方面，是这两方面的统一。鲍良克对“教养”的分析，实际上就是对教学内容及其目的所划分的基本分类。本“场”论的教学方法观，主张“以‘场’的建构和经营”实施教学，因而也是一个倾向于“养成”的《教学论》。这个“养成”观应该是直接秉承中国传统的养成做法的，中国传统的养成教育多讲究“心”灵的修养、人格的修为，偏重于教育、教学的“化成”而不是“教化”的功用。

究（如 M. A. K. Halliday 和 H. G. Widdowson 等），或者干脆直接介入关于第二语言习得的研究（如，L. Selinker，1967；Bialystok，1978；S. D. Kramshen，1982；R. Ellis，1986，1990；等等），以图解决英语教学中的各种问题。

在输入方式的关注上，如果说美国多注意外语教学的外部社会条件的研究（如 D. Hymes 等）的话，英国则多推崇以语言使用为目的的交际法（如 M. A. K. Halliday 和 Cook 及 Seidlhofer 等）实施教学。

如果从质疑的视域中关注英美的英语教学或者第二语言及外语学习研究的话，二者的缺憾恐怕都在于它们的英语教学及其学习研究基本都是以英语母语文化语境为背景的前提下进行的，因而由英美输入的语言教学及其第二或者第三语言习得理论、假设及其模式等，对于我们以英语作为外语或者第二、第三语言学习的课堂教学，只能产生有限的参照与借鉴作用而不具备直接照搬、照用的可能性，因为没有哪个“老内”足以为“老外”筹划一个完全解决问题的理论、假设或者模式。这一点应该是毋庸置疑的。

苏联的教学研究则过多地将其哲学化、理念化，致使教学过程机械而单一，并且常常将方法论同具有方法论意义的一般理论混为一谈或者放在一个层次上对待，甚至有用马克思主义理论替代教学研究方法论的倾向，因而除了具有少许可资借鉴的地方之外，也是不堪重用的。

同理，其他国家或地域关于英语教学及其学习的说法和做法，除了可供在必要时参照外，均不宜直接拿来付诸实施。

足见，恰如美国逻辑学家兼数学家科特 · 哥德尔（Kurt

Gödel,1906—1978)所言:“不参照一个比所处系统更大的公理系统,任何命题都是不足以被证明的。”[①]换言之,企图走自身证明自身的路线,或者用从实践到经验(所谓“理论”)再到实践的路子去解决问题,大概从来都是枉然的。

三、找问题与拟方案

从某种意义上讲,迄今为止,我国的教学研究基本上仍是循着凯洛夫划定的内部教学框架探索过来的。其基本特征是把教学当作一个超脱于社会的封闭系统而进行内部结构的静态分析和描述,诸如教学过程、教学规律、教学原则、教学内容、教学方法、教学组织形式与技术手段等,很难有跳出这一框架或静态思路的,这(仍然)是我国教学论研究的主流[②]。在研究者看来,这一主流的存在,足以从一个侧面揭示我国教学论研究的始与终、缘与由及其然与所以然,乃至于问题之所在。

按照笛卡尔(Rene Descartes)关于近代科学所固有的假设,在所有被分割的问题全部解决之后,系统就可以恢复原状或者重新组合起来了。换言之,被分割问题之解加起来的总和就是原始问题的最后答案。

谁想到,即便在如此严密的预设之后也会出现意料之外的情形。

恩格斯曾经指出,这种思路留给人们习以为常的做法是:将事

① 参见相关脚注即可。

② 这里的基本观点,参见石鸥:《教学过程:飘忽的声音和流动的本质——兼论教学语言》,《湖南师范大学学报》(社会科学版),1997年第3期,第73页。

物和过程孤立起来，抛开联系孤立地考察问题，结果造成了近几个世纪以来特有的局限性，这就是形而上学的思维方式①。

鉴于此，本研究的基本思路便从这里切入：

如果人是某种特定环境的产物，那么无论是作为科学的教育还是作为艺术的教育就都是通过人与环境的“交涉”发挥作用的，而作为教育产品的受教育者则一定是这种“交涉”的结果。

笔者以为，人与环境的“交涉”方式至今仍然是一个有待研究的理论问题，因为“徒有相互作用”而无具体方式②仍然是不足以解决问题的。

本文的假设是：“交涉”应当是以“客呼主应”（客即教育客体，主即教育主体，指受教育者）的“对话”方式发生的。

笔者就这一“交涉”的介入是：

1. 将教育看作一个整体存在的环境系统，并将这个系统拟定为一个教学共振的“场”，然后又将它“一分为二”，划为“心理环境”和“物理环境”（“心理环境”指主体的内部世界，“物理环境”则指包括教师及同等角色的人在内的人与物所构成的外部世界，即教育客体）；

2. 在“心”与“物”（心理环境和物理环境）二者之间设置一个媒介——“活动”[这个活动被界定为外部世界（教育内容）的活动化与内部世界（个体心理内容）的行为化的“合二而一”，即“活动与

① 这里的基本见地，参见吴小鸥：《教学场论》，湖南师范大学出版社，2007，第1—2页。

② 有关以往《教学论》关于“教”与“学”相互作用的评述，可参见张楚庭《教学论纲》第四章“教学规律”之第二节“两种论说的比较”中有关内容。

行的合一”，以资与美国杜威的“活动”说及苏联列昂节夫的“活动论”相区别]。

研究证明，(正是)由于教学内容的活动化——施之于外，与内部需要的行为化——行之于外，所构成的“二外合一”——合力，在内、外“共振”的切合点(即“固定点”)上“切割”着“场”，教育环境才得以激活，相互作用才得以发生。

换言之，是媒介“活动”与“行”二外合一的效力促成了“心”与“物”之间的对话，而不是“教师-教材-学生”三位一体的静态存在自然地发生了主、客观世界的相互作用。

结论：“活动与行的合一”是教学发生效应的唯一标志，教学正是以这种客呼主应(“二外合一”)的“对话”方式求得活力和效益的。

这个教学观的推演所生成的方法论则是：“使之活动，使之行”；其操作流程是：“活动-行-合一”(对话)；其执行原则是：始终把对话保持在“心与物”的切合点上；其流程(方案)的优化在于“活动”设计的合理性(科学性)及其执行方式的灵活性(艺术性)的和谐统一。

这就是笔者关于教学环境的经营观——“心与物的对话”说，而试图把“教师-教材-学生”三者构成的平面型流程改变为“心-对话-物”所构成的立体三维型环境则是本研究的初衷。

在一分(把“场”一分为二)二合(把“活动”与“行”合二而一)中构建理论框架(见上卷第五节：“学习‘场’的‘对话’原理示意图”)的同时，笔者对环境的建设(包括教师素养的建设)做了必要的阐述，对教学环境的相关补白——如艺术的补偿、心志的养成等方面，均做了必要的涉猎。至于，就学习路线的设计则是“在乎矫正与验证之间”,“矫正”说的是理论对实践的功用,而“验证”指的是实践对理论的反馈,二者的联通则是通过理论的化约及其实践的升华来实现的。

需要指出的是,在教育的方法论上,如果说儒家的主张偏重于“教”的话,道家的建树则偏重于“化”,本研究则试图将“教”与“化”的功用融合在“场”中,以便用客“呼”主“应”的对话方式解决英语教学的问题。这便是“场”论的终极追寻所在。

(明)徐光启以为:“欲求超胜,必先会通”。有学者认为,会通就是兼收并蓄,融会贯通,其学术格律是“坚实”“会通”和“创新”[①]。本研究则认为:“读书就是参照”(阎佩衡,2005),因而提出“参照”“质疑”“出新”的基本路数,似乎缺少了一个“会通”的程序,其实只要“参照”之广度和深度都够坚实,学术便会自然“会通”,而“质疑”则是学术的根本品质,毕竟“尽信书,则不如无书”(孟子语)。至于,“创新”之事,本研究则尚不敢妄言,因为那需要站在巨人的肩膀上才足以奏效,是一件谈何容易的事情;于是便退而求其次——“出新”而不“创新”了,因为只要能有一丁点儿“新”的意味,便足以自慰了。

① 见《江山语言学丛书》之盛林著《〈广雅疏证〉中的语义学研究》一书“总序”,上海人民出版社,2008。

第一章
教与学相依为用之场蕴涵

如果以往教学的相互作用失之于不能在一个“教”与“学”相互兼容、共理一事的氛围中相向而行、协同而进的话，本研究所要建构并经营的就是一个相互融入、相互渗透而同行并进的整体性生态环境，以供“教”与“学”共生、共存、共发展，并通过对这个整体环境之“场”生态功用的激活，来完成“教”与“学”的实质性“对话”。其方式是：将教学内容“活动化”施之于“外”，令学习需要“行为化”行之于“外”，假两者所达成的“二外合一”式协同、合作乃至合一所形成的合力，完成“教”与“学”相互作用的终极效应。

这里立论的逻辑是：人的发展，乃是人与环境相互作用的函数。在场内，这个相互作用表现为“心”与“物”的沟通、对话——“教”与“学”的协同与合作，这个函数的呈现方式是心“缘”物“由”——客“呼”主“应”，而“场”则不过是激活这个对话或者形成这一方式的前提、条件和环境而已。

第一节　建构与经营之间的环境观[①]

在教育史的谱系上，人们一般的共识是：最早把教育作为一门独立学科树立起来并为之构建框架的是夸美纽斯；把教育作为近代问题提出来的是洛克；以文学作品的形式把教育变成一个思想体系的是卢梭；在卢梭以及裴斯泰洛奇的基础上真正把教育变成一门独立科学的则是赫尔巴特。之后，教育家们便开始了从心理学的视角探讨教育问题的征程。

在我国，关于教育问题的"推敲"乃是：或见之于"诸子百家"的学说，或录之于诸大书院的"教规"；近代还出现了像蔡元培、陶行知等那样闻名于世的教育思想家，之后的研究也推出了许多的人物和见地。

本研究试图通过环境教育思路的重新构建，在环境的重新组织中寻找问题的答案，企望最终能回到以优异的环境造化人格与智慧的路子上来。

一、环境的辩正

就像花朵需要主人的养护、浇灌以保证它的茁壮生长那样，以往的东西常常需要凭借多学科的滋养、多维度的润色以使之重新显现出生命的活力来，这或许是一个规律性的东西。那么，当我们

---

① 这里的主要观点，曾于 1995 年以"教育新观念——教育功用的心理学透视"为题发表在《兰州大学学报》(社会科学版)第 23 卷上；笔者的环境教育观又以"环境教育管窥"为题转载于 1996 年的《甘肃年鉴》上，第 167—173 页。

给传统的环境教育赋以“用”环境的方式来教育的意义时，“环境”的概念是否应该随之而加以延伸、扩大或者重新建构呢？

“孟母三迁”作为教育史上的美谈，说的是人对环境的主观选择，是对孔子“择其善者而从之，其不善者而改之”思想的直接秉承。这里的主观存在对客观环境的选择所揭示的只是个体对环境被动适应的一面，因而就应当不是(“用”)环境教育的本意。

所谓“不言之教”，就老子本来的用意而言，说的仍然是环境的功用或者说是“师”的示范(即身教)作用。这里的“不言”并不等于“不教”，只是以“不言”的方式在“教”而已。然而，如果外在的影响总是处于一种“不言”的状态，“师”的功用就会流于一种听之任之的现象而不能收到“圣人有独至，不言而化成”(孟子语)的教益。

意大利最早的人文主义教育家维多里诺认为，美丽而优雅的环境是可以帮助学习的。于是，他便把他称为“快乐之家”的学校设立在一所滨湖的郊外宫殿之中，学校的四周尽是田野、公园一类的景物。这就是后来许多教育家所图仿效的第一所“自然学校”。自然，维多里诺也因此闻名于世。自然环境是怎么帮助学习的呢？维氏并没有对此做出必要的描写，但是我们仍然可以推测到乃是通过教育所不能尽言的默化作用来实现的。可见，教育家们所图借用的乃是环境对人的“感染”作用。由于这种作用常常是在静态下自然而然地发生的，所以通常被习惯地称为“潜移默化”。换言之，“自然”环境乃是通过人对环境的潜在意识或者印象来帮助学习的。换言之，在这种状态下，人只能下意识地去感觉或者感受“自然”，未必能自觉地反省或者反观自己所感觉到的东西。

人的发展乃是环境之所由，这一点是毋庸置疑的。然而，环境的作用是否仅在于外在的“自然”及其特设的环境的存在，换言之外在的“自然”及其特设的环境终究怎么样作用于人的发展乃是一个需要进一步探索的问题，因为教育、教学毕竟不能全然地依赖自然而然的“潜移”和“默化”来解决问题。

如果我们把教育、教学的环境看作是一个“场”，那么教育就应当是通过这个“场”的功能而作用于人的发展的。这里的“场功能”无疑应当是在人与环境的“交涉”中得以发生的。“交涉”应当是一个相互作用的概念，而相互作用常常是以动态的方式发生效应的。不可否认，“默化”也是一种相互作用的方式。只是，这其中忽略了主体的自我反省、反观和认知，因而“默化”就只能以静态的方式听之任之地作用于人。过分地依赖“默化”，环境的作用就会始终处于一种任其自然的状态而淡化教育的功效。如果环境对人的影响总是处于一种默然的或者听之任之的情形，环境就可能沦为一种熟视无睹的外在物而失去预期的功用，从而使处于环境中的人随意地发展乃至可能走向其意愿的反面。可见，在人与环境的“交往”中并不存在那种主观所预期、客观所赋予的必然的因果关系。然而，我们尚可以揣摩或者感觉到人与环境之间所隐含并引起个体行为变化的某种“媒介”的存在。这个“媒介”性的东西，应当就是在人与环境的“来往”或者“交涉”中起着“向导”作用的东西。

这个“媒介”究竟是什么呢？我们不妨以推理的方式加以揣摩。既然“交涉”或者“交往”是一种相互“来往”的“交道”，那么“交涉”或者“交往”的双方就必然以某种方式相互接触或者接近，以便使“交涉”或者“交往”成为现实，而人与环境的接触或者接近必定以某种行为或者活动的方式进行，否则，人与环境的“交涉”或者

“交往”就无从发生实质性的“来往”或者“交道”，因而也就无“交涉”可言，无“交道”可打。可见，如果说行为就是“接触”或者“接近”的前提的话，活动则构成“交涉”或者“交往”的方式。显然，“交涉”或者“交往”必须借助于某种行为或者活动才会得以实现，问题在于这种行为或者活动又因什么而引起呢？“交涉”的一方是“人”，另一方是环境或者“物”。而作为教育、教学内容载体的环境或者“物”，肯定是没有行为和活动可言的。可见，问题就一定出现在“人”那里，而这个“人”，一定是接受教育、教学的个体及其施加教育、教学的群体。个体的行为常常是由一系列的心理反应促成的，而环境或者“物”作为静止的东西却往往未必会引起这种心理的反应，因而也就未必促成个体的行为的变化从而达成人与“物”的“交涉”。可见，个体的行为变化尚需要一个“激活”或者“引发”它的“刺激”（活动），才足以实现其与外在环境的“交涉”或者“交往”。那么，这个足以“激活”或者“引发”个体行为变化的“刺激”或者活动又来自何方呢？

原来，在作为“交涉”另一方的环境中还应当有一个“人”，这个“人”就是处于“物”（物理环境）之中、足以“激活”或者“引发”个体行为变化的群体，正是这个群体依据教育、教学方案所设计并执行的“活动”，“激活”或者“调动”着个体的“行为”——行为变化。显然，“物”（物理环境）的作用有赖于“活动”的发生而作用于“心”，“心”（心理环境）的“行为”有赖于“需要”的“激活”而呼应于“物”。这便是“心”与“物”或者人与环境相互“来往”的“交道”——相互“交涉”或者“交往”的方式。

当我们将“心”与“物”相互“来往”的“交道”——相互“交涉”或

者“交往”的方式拟定为“对话”的时候，这里个体的“行为”与群体的“活动”①所共同参与的“对话”，就成为引起“对话”的中介。可见，唯有“‘活动’与‘行’”的“合作”“合一”，才足以促成“心”与“物”的“交涉”或者“交往”。换言之，离开了“‘活动’与‘行’”的“合作”“合一”，个体与群体的相互作用便无从发生。

不难推见，在教育、教学中，正是这个群体的“活动”与个体的“行为”的“对话”充当着我们追寻已久的、在乎人与环境之间的“媒介”，因为正是这个群体的“活动”激活了个体的“行为”，并以“‘活动’与‘行’”的“合作”“合一”的结局沟通了“心”与“物”的“交涉”。

有趣的是，从以上的推论中，我们所察觉的是：人与环境的“交涉”似乎终究变成了人与人的“交往”，因为作为环境中的人（群体）在将环境所承载的教育内容策划为方案并付诸执行（即化为“活动”）的同时，便替代了环境从而直接与作为个体的人打上了“交道”。可见，作为教育、教学环境的“场”乃是由“人”（群体）所策划并实施的“活动”以“（客）呼”的方式“切割”另一个“人”（个体）的“行（为）”并使之“（主）应”而发生效应的。换言之，在人与环境的“交涉”或者“交往”中起向导作用的“媒介”乃是一种“‘活动’与‘行’”的“合作”“合一”式“对话”——人与人的“交往”总是以言语

---

①　本研究所涉及“活动”的内涵，乃是教育和教学内容的活动化，既有别于杜威的“活动论”，又有异于列昂节夫的“活动说”，其设计要领在于将教育和教学的内容转化为活动，并以“活动”的方式“干预”个体的学习；而“行”所专指的则是个体“心理（活动）”——内部需要的“行之于外”，其把握关键却在于以外在“活动”的方式引发内在心理的需要并转化为行为——“行之于外”，从而与外在“活动”达成合一；“合一”意味着合作，“合作”才会产生“对话”。显然，“对话”既是教育、教学的功用所在，也是教育、教学的方法所在。

的方式进行的，这似乎暗示着人与环境的“交涉”也是以某种“对话”的方式进行的。

本研究所图构建的教育、教学环境乃是一个由“人-媒介-环境”所组成的三维之“场”。笔者之所以在人与环境之间引入一个“媒介”，乃是为了寻找一个沟通人与环境（“交涉”或者“交往”）的“固定点”，并试图以“对话”在这个“固定点”上引起的“切割”作用，持续地激发教育环境的“场”效应，从而求得教育、教学的最佳效益。

因而，我们的教育环境在这里就应该是一个立体的而不是平面的、动态的而不是静态的、综合的而不是单一的育人之“场”。于是，笔者就不得不对环境的一般概念作如下的延伸、限定和规范。

首先，应该将社会环境和学校环境分而置之。本文所涉及的仅仅是学校教育的环境，而且是在教育与教学“合一”的前提下展开讨论的。

学校的教育环境是一个物理环境和心理环境“整”而“合”一之“场”，在这个“整合”中，一切可以直观的、外在的客观存在均谓之物理环境；一切非直观的、内在的主观存在均谓之心理环境。详而言之，对于任何一个具体的人，他以外的任何人与物所构成的就是其物理环境，而其自身内在的心理结构、认识结构、思想方法及其生活经验乃至行为习惯等所构成的则是其心理环境。

依照本文的逻辑，“人与环境的交涉”是通过媒介的作用以对话的方式发生的，在将教育环境分割为物理环境和心理环境之后，这里的推论则是：“交涉”乃是物理环境之“活动”与心理环境之“行（为）”的“合作”“合一”所发生的效应，其发生方式是“对话”；而教育的终极功用则是通过“心-物”之间的“对话”（相互作用）求得人的发展的。足见以往的失策在于将教材甚至也将教师作为媒介去处理教育与教学中的问题。

在“心”(心理环境)与“物”(物理环境)的相互作用中,起决定作用的乃是内在的“心”,外在的“物”只构成个体发展的必要条件。换言之,个体的发展乃是在“心”与“物”的“对话”中通过个体心理结构的“折射”得以实现的。决定“对话”效应的是“心”,不是“物”。

教育的终极目的在于通过物理环境的设计去促进心理环境的建设,或者通过外在“物”的合理借用去养成个体自然而健康发展的内在心理结构。因而,理想的物理环境和健康的心理环境之和谐统一必然造就理想的、健康的人,而不是相反。

二、环境的功用

本研究的基本思路是:教育的终极目标在于塑造知、情、意综合发展的人,这个塑造是在个体与环境的沟通的前提下以二者相互作用的方式完成的,这个沟通则是借助于相互作用的“激活”在“对话”的过程中实现的。如果说相互作用的激活在于“对话”的质量,那么“对话”的持续则在于环境的建构;如果说“激活”是在“媒介”——“‘活动’与‘行’的合一”上做文章,那么建设则是在环境——“心”与“物”的结构上打主意。因为,教育的追寻终究在于:以理想的、外在的“物理结构”养成健康的、内在的“心理结构”。

如果说心理环境的塑造在于“使之活动,使之行”的话,那么物理环境的建设则必然在于“使之完善,使之美”。物理环境乃是教育内容及其方式的物质载体,是教育的工具性“构成”。离开了设施、设备、教具、教材乃至教师之“器”所谓硬件和软件的完善和完备，教育就会徒有良苦用心却无从下手，而“器”的完善、完备，尤其是教师的建设，图书、校园、教舍的建设还应当在美的原则中执行，因为美的东西容易引发感觉的反省，激活想象的力量，即引发“心”与“物”的对话。

教育环境既然是一个内外世界相互作用之“场”，作为内部环境的知、情、意世界就必然对作为外部环境的物质产生有所指标性的要求，反之外部环境也必然对内部世界的心理结构发生制约性影响，因为相互作用的两个方面不是相互适应，就是相互影响，这是毫无疑问的。

从环境建设的意义上讲，如果教育的外在“活动”应该在知、情、意的斟酌中设计，教学的内容应当在知、情、意的需要上安排，那么教育、教学环境的外在构成就必须在内在心理构成的需要上设计、建设，这是毋庸置疑的。

如果说物理环境的建设在于设计与安排的匠心独用，那么心理环境的养成就在于“对话”——“‘活动’与‘行’的合一”的策划运筹。“心”的养成乃是“物”的建树赖以见效的地方，因而也是务必用功的地方。尽管我们已经从物理环境的维度将它归结为何以“使之活动，使之行”的策略建设的问题，然而它仍然是一件谈何容易之事，既需要心的功力，又需要诚的鉴证。

在宏观上，教育与教学原本就是同一件事，或者同一件事的两个方面，只是两者的侧重点有所不同而已，而且如果将两者的实施都纳入环境之“场”的范畴，则两者都需要以“活动”的方式作用于“心”而使之“行”。

正是由于这个“活动”的介入，“场”的激活才成为可能，也正是在这个“激活”的意义上教育才成为塑造灵魂的手段。如上所及，“激活”意味着外部的“活动”与内部活动的“行”之于外的“二外合一”，因为唯有引起个体与外部世界“对话”的教育、教学活动才是有效的“活动”，唯有合理的“活动”才会引起“二外”合作的“对话”。足见教育与教学是借合理的“活动”在激活“对话”的过程中塑造人的灵魂的。于是，“使之合理地活动，使之有效地行”就不能不成为教书育人之人的看家本领与基本功所在。

个体与外部世界的“对话”有赖于“活动”而发生，然而个体又总是以挑剔的姿态“质疑”着，或者以“未必”的态度“折射”着“活动”的实施。这种挑剔的苛刻性在于：既要求“活动”的话题接近个体原有心理的基础使之有话可说，又要求“活动”的方式适合于个体的胃口使之愿意去说。这样，“心”才会“行之于外”。如果以“‘活动’与‘行’合一”为标志的“切割点”揭示着“物”之情的话，“原有基础”则探测着“心”之理；只有在“心”之理与“物”之情“合一”的情况下，“活动”的设计才会取得最佳的效应。

对于学校教育来说，课堂教学所构成的是一个个子环境，其教学过程自然是在人与物之间借“活动”的能量以“对话”的方式进行的，一个使个体动有所寻、静有所思、情有所激、志有所长的“活动”，一定是一个成功的“活动”、一次有效的“对话”。

在教育的环境之“场”中，教师既是“活动”的设计者、“对话”的组织人又是物理环境中活生生的“教材”；教为环境之功，“学”（有别于学生的学，偏指使之学的“学”）乃心理之用，这就是一个教师身份的“二重性”。一重也好，二重也罢，都与“心”与“物”的建设直接相关。

“物”的建设，是指向“心”的发展的。美国教育把“知”的开发作为独一无二的法宝，因而教育家、心理学家们（如布鲁纳等）都是专门致力于认知结构研究的；苏联的心理学虽然也涉及知、情、意三种心理过程的研究，不过他们对“情”“意”的涉猎似乎尚有别于国人的需要；而我国的教育，从上古就讲究“教”与“化”、“化”与“成”、“成”与“乐”、“乐”与“学”的相互关系。笔者相信，在人文的建设上，毕竟是我中华的底蕴深。

三、功用的激活

既然环境教育的终极目标是促进人的心理发展，而且这种发展又是通过心理环境与物理环境的“交涉”以“对话”的方式实现的，那么教育工作者的天职就在于最大限度地引起这种交涉性的“心”与“物”“对话”，使之在“活动”与心理环境之“行（为）”的“合作”“合一”的“切割点”上发生教育之“场”的最佳效应，令环境之“场”持续地处于“激活”的状态下，以资求得个体心理的健康发展。

如上文所及，“交涉”意味着相互作用，然而，“徒有相互作用等于空洞无物”（列宁语）。那么，“交涉”赖以产生效益——“对话”所由发生效应的奥妙在哪里呢？

我们已经把教育之“场”设想为作为心理环境的人、作为交涉“媒介”的“对话”——“活动”与“行（为）”的“合作”“合一”[①]以及作为物理环境的他人与他物三者所构成的三维空间，并且也阐明了

① 本教学论以“活动与行的合一”的结局，专指个体学习的实际效果，因而它所反映的就是场论学习观的核心，而“学习”则应该是一个教育心理学概念，无须赘述。

处在“场”中的人与物以及人与人之间的交涉性“对话”只有在动态的情况下才会发生效应的道理。需要交代的是，“交涉”的主体乃是“人”，因为离开了人的参与，三维空间中就没有“对话”及其效应可言。可见，关键在于“动”，问题却留给了“人”。

环境养成的对象是人。那么，人又是什么？他又是怎么和环境打上交道的呢？我们不妨从心理学的视角上加以审度。

人的心理世界，乃是知、情、意三种要素合成的空间。知，就是认知结构；情，就是情绪、情感；意，自然就是意志活动了。心理现象既有一般规律可循，也有微妙之处可察。“知”的合理可以促成“情”的升华，从而强化“意”的发展；“意”的强化可以增进“知”的丰富，从而保证“情”的健康；“情”的健康则既可以增进“知”又可以强化“意”。三者相宜必相益，三者相悖则自然相害了。不过，“知”常常管理着“情”和“意”，“情”总是调整着“知”和“意”，“意”则往往补偿着“情”和“知”，这些都是“心”的常理和常情之所在。从这里，我们似乎还可以揣摩到一个定义性的东西：在“心”的意义上，“人，乃情、知、意的合金耳”（小言，2006）。从某种意义上讲，正是这个合金式的内心世界构成了本文的“心理环境”，也正是因为这个心理基础的存在为人的塑造提供着可能（人的养成乃是灵魂的养成，因为“灵魂”原本就是“心理”的意思）；离开了这个基础，人就会表现出他的生物性来，从而使教育失去其大前提。

心理乃是主观世界对客观世界的能动反映。这个约定性所揭示的常规告诉我们，心理的发展乃是在内在世界与外在世界的相互作用中通过知、情、意的“折射”而实现的。内在的东西只有在被“激活”并且行之于外的情况下才会给相互作用提供契机。那么，

“知情意”何以被“激活”呢？乃是借教育的“活动”；何以行之于外呢？乃是借“行”的机会；何以有“行”的机会呢？乃是借“需要”的力量（“需要”在心理学上被认为是引起动机的原因）；何以有“需要”的力量呢？乃是借“‘活动’与‘行’”的“合一”的“对话”。可见，内心世界只有靠“场”中的“活动”才会被“激活”，“知情意”只有在“需要”的支配下才会付诸“行”；因而，行之于外的“行”就是在“需要”的基础上被“‘活动’与‘行’”的“合一”调动起来的“知情意”行为。足见，“活动”与“行”是一对难舍难分的孪生姊妹——二者的“合作”“合一”构成了本研究“心-物”对话的媒介；换言之：物理环境中所化成的“活动”乃是以心理环境所必须的“行”为理论配偶的。于是，“行”与“活动”，便在这里天作之“合”了。这个“合”，乃是笔者的谋“合”，也是教育的撮“合”——这个“合”给教育提供着机遇。

教育追寻的，乃是人内在质量的提高。这个质量的提高需要借助于外在“活动”的手段去实施，而外在的“活动”只有在引起内在的心理反应并使之与外在的“活动”发生“合一”的情况下才可能发生实际的效应。这里的一内一外的“合一”正是本文中“交涉”之所寻；外部的呼唤需要引起内部的应答，这里的一呼一应所产生的不正是一种微妙的“对话”效果吗？因而，“呼应”正是笔者谓之“人与环境对话”的佳境所在。

“交涉”旨在引起“对话”，因为内在的“知情意”只有在“需要”的敦促下通过“行”才能和外在的“活动”发生“合一”性的“交往”，或者说外在的“活动”无法在离开对“动机”的牵引而同内心世界打上实质性的“交道”。换言之，舍弃了引发“动机”的“活动”，“物”便无所“呼”；离开了“需要”支配的“行”，“心”就无所“应”——“行”流于无源之水，“活动”就成了无本之木，“行”与“活动”的合作就不复存在；果真无“呼”又无“应”，“交涉”便会失去它的本意，相互作用自然也就随之东流了。可见，“对话”乃是相互作用的条件，“呼应”则是“行与活动合一”的前提。因而，离开了“呼应”，便无所谓“对话”；舍弃了“对话”，“合一”便无效应可言。“场”，就会因为失去“行与活动”之合力的“切割”而变成静止的东西，失去效应。

“活动与行的合一”乃是一个先由外及里，再由里及外，最终达成一个“二外”——“活动”施之于“外”与“行为”行之于“外”之合作(合一)性“对话”流程的。换言之，外在“活动”的展开，是为了“激活”内在的“知情意”而使之“行”之于外，以达成与外在“活动”的“合一”；“合一”就是合作，合作便形成合力。显然，一旦求得了“合一”，“场”便得以“激活”；一旦形成了合力，“场”就得以“切割”；“场”的“激活”在于内部世界的“外行”——然而，问题却在于这个“外行”得在“内动”的心理中去求得。

如前所述，“行”是在“需要”的敦促中——在“动机”的支配下才得以外现的，无论是“需要”还是“动机”都具有被动的性质，因为它与心理的内部“折射”现象有关。“需要”是一种“品味”(即心理认知)的结果，而动机则是对这种心理“品味”所做出的某种反应，两者都是“内动”的；作为外现的“行”是“需要”所引发的“动机”支持着的某种行为表现，因而是“外动”的。“外动”乃是个体能动性的反映，而“能动”所内含的则是内心世界对外部“活动”的判断或者检验，其方式是：或加以认知，或进行体验，或实施抑制。问题的复杂性在于这个判断或检验的结果却未必认同或者迎合外在“活动”的设计，因而就未必“行”之于外，以资与外在“活动”构成“二外合一”性的合作。显然，正是这个能动的“折射”的过程往往给“活动与行的合一”造成麻烦，常常使“对话”失去合作的效应。然而，又正是这个未必合作的“折射”从另一方面反映出“对话”的内涵，使对话更趋于“生活”的真实。可见，“交涉”性的“对话”应当商量着来，合作性的事情应当“讨论”着办。

既然“‘活动’与‘行’合一”式“交涉”的实质是“对话”，“对话”又是在里应外合的“交涉”中获得效应的，那么“对话”所引起的效应就一定是我们所追寻的“场效应”。因为只要“对话”得以展开，“场”就处于激活的状态；一旦“交涉”因故中断，“场”便流于静默的态势。如果说启动“对话”的关键在于里应外合的“固定”，那么操作“对话”的原理就在于“行与活动”的“共鸣”。

如果“对话”是一种里应外合式的“交涉”，那么“合作”则必然是一种交涉性的“对话”；如果“交涉”仅暗示着相互的作用，那么“对话”却执行了对立的统一；如果行之于外的“行”所借以反映的是心理环境的话，那么施之于外的“活动”所借以包含的就是蕴藏在物理环境中的教育内容，而作为“行与活动”的“共鸣”所代表的“对话”则必定以中介的身份把心理环境和物理环境联结为一个为之所激活的整体之“场”；如果说“‘行’与‘活动’合一”的原则构成了“对话”的重心的话，那么“活动”化对物理环境所蕴涵内容的包容则作为对“‘活动’与‘行’的合一”原则的补充而免去了“活动设计”的担忧；如果说“行”总是以“主体”的角色左右着“对话”的进行，同时又为“活动”的把握提供着反馈的话，那么“活动”则总是以“主导”身份审度着“对话”的内容和形式，同时调整着自己处在

“场”中的角色。这些便是由外及里、由里及外的“二外合一”式“对话”流程所揭示的内涵。

“行”的源头在于“心”,“活动”的把握在于人,二者的相逢总是在“对话”之际,二者的“成交”总得在商议之后;“活动”总是包含着“物”之理又兼管着心之情,“行”总是反馈着“物”之情又反映着“心”之动。足见:要“合一”“合作”,非经由“心”与“物”的“对话”协商、协同不可。

承担“活动”的人乃是教书育人之人,付诸“行(为)”的人则是接受养成之人。所以,教事也好,学事也罢,总免不了在人与人的“对话”中进行;难,是免不了的,只要“不难煞人也”就好,或许这就是“以人为本”的本义所在。前者既是“活动”的设计者又是“活动”的组织人,是“场”中最活跃的人,难为难为他自然是情理之中的事;后者既是“读书”的人又是“读人”的人,是“场”中最要紧的人,难为难为他也是不足为怪的事。如果要给二者制定一条纪律的话,那便是:都需要在“行与活动合一”的原则下做人、做事。

至此,研究者便完成了以“‘活动’与‘行’的合一”为“固定点”(或者“媒介”)的“对话”,并将以教与育、教与学、学与习为系统的学习总揽于一个“心”与“物”的对话流程之中——终究完成了一个以“对话”为中介、以“心”与“物”的合作为前提的“场”方式的勾画。如果需要给教育下一个定义的话,那便是:教育者,教也,育也。毕竟,教与育的合作者,“教育”也;如果需要给学习下一个定义的话,那便是:学习者,“假于‘行’”以企“自得之”也;如果还需要将教学合而谓之的话,那便是:“假于‘活动’”而使其“自‘行’之”。毕竟,“活动”与“行(为)”的“合一”,才是合作、才是合力;毕竟,“心”与

“物”的合作,才是对话、才是协同,才是教育及其教学可资借用的资源和方式——“场”。

自然,“对话”尚可在无以引发的情形中进行。毕竟,那便是心与物的“默言”,道理却千载不易:心愈明白,物愈高深;物愈高深,心愈向往。其实,悟性本身就是一种“对话”的结果,只是它以思考与醒悟为媒介罢了;其实,思考与醒悟的结局就是以“‘活动’与‘行’的合一”为前提的,只是这个“对话”是在“心”理世界中进行的而已。可见,教与育、学与习及教与学的发生,是有取师不同,方式各异的情形的。

总之,“激活”的标志在于:

“物”(物理环境)之功用在于:令外在“物”的“影响”“活动化”,施之于“心”,即所谓“施之于外”;

“心”(心理环境)之功用在于:令内“心”的“需要”“行为化”,付之于“行”,即所谓“行之于外”;

终达成:“对话”之“二外合一”式(合作)效应。此所谓“场”运作之妙诀所在者也。

小结

在教育、教学的方式、方法上,如果说孔子的主张是偏重于“教”,老子的主张则是偏重于“化”,两者合而成就的却是我们传统所称谓的“教化”;之后,教化又被演化为今日之所谓教育,其实“育”的本义仍然是“化”。本研究则试图将“教”与“化”的功用融合在“教”与“育”的环境之“场”中,以人与环境的“对话”方式解决原有的“教”与“化”问题。

力求把教育的做法建立在心理学基础之上，以便借心理结构的架构阐明“怎么教育”的问题；力图把教育的功用和“知情意”的反应融合在内外环境的相互作用之中，以便构成塑造工程的人本氛围。企望只有一个，那就是：一旦个体被置于这个环境之“场”的熔炉中，既“使之活动，又使之行”，“对话”就会发生相应的效应，教育就会收到预期的效益。一言以蔽之，置于熔炉而化成，乃是本研究的人格建设观之所在。

从知、情、意的视角上推论，本书并不涉及社会意义上的德、智、体问题。其考虑是：如果说“德智体”是教育所求之“果”的话，那么“知情意”则是方法所寻之“由”；抓住了“由”之所在，“果”的获得不就尽在不言之中了吗？于是，本研究偏重于（英语）教学的文章便尽做在了“由”上，何况“场”本来就是一个方法论的问题。

本节的结论是：教育是在环境的建构与经营中解决问题的。建构，常常是一个心理学问题，因为人的建设常常是一个“心”理结构的修养问题；经营，是在人与环境的“对话”中进行的，“对话”是在“‘活动’与‘行’的合一”中成功的。因而唯有科学与艺术的融合，乃是环境建构与经营的妙诀，一旦将知识升华为智慧，发展就必然走向出新。

借“天象”，明“人事”，这是《周易》所谓“道”之所在；其实，“理”之所存，也是这样：依据规律，办好事情。此，亦所谓“天人合一”者也。

“心-物”对话则：借“物”，所谓善“假于物”；明“心”，所谓使“自得之”。在操作上则：使“物”的内容“活动化”，施之于“外”；令“心”的需要“行为化”，行之于“外”，最终实现“二外合一”的教学效应。

其目标是：寻找“能量最大的元素——‘学习’”；

其过程是：激活“能量最大的元素——‘学习’”的能量；

其方法是：置之于“环境”而“经营”——调动“心”（心理环境）与“物”（物理环境）的相互作用——“对话”，并在“对话”中求取教学效果的最优化。

以上便是本研究之环境观所在。

参考文献

1. 彼得罗夫斯基. 普通心理学（第 1 版）[M]. 朱智贤，译. 北京：人民教育出版社，1981.
2. 布鲁纳. 教育过程[M]. 邵瑞珍，译. 北京：文化教育出版社，1982.
3. 曹天予. 20 世纪场论的概念发展[M]. 上海：上海世纪出版集团/上海科技教育出版社，2008.
4. 曹日昌. 普通心理学（第 2 版）[M]. 北京：人民教育出版社，1980.
5. 戴本博. 外国教育史[M]. 北京：人民教育出版社，2001.
6. 夸美纽斯. 大教学论（第 2 版）[M]. 傅任敢，译. 北京：人民教育出版社，1984.
7. Л. Д. 朗道，E. M. 栗弗席兹. 场论（第 1 版）[M]. 北京：人民教育出版社，1959.
8. 李岗. 论交际语言场[J]. 西南师范大学学报（哲学社会科学版），1988(4).
9. 毛礼锐. 中国古代教育史（第 1 版）[M]. 北京：人民教育出版社，1979.
10. 南京师范大学. 教育学（第 1 版）[M]. 北京：人民教育出版社，1984.
11. 王炳照. 简明中国教育史[M]. 北京：北京师范大学出版社，1985.
12. 王天一. 外国教育史（第 1 版）[M]. 北京：北京师范大学出版社，1985.
13. 吴式颖. 外国教育史简编（第 1 版）[M]. 北京：教育科学出版社，1988.
14. 西稹光. 语境研究论文集[M]. 北京：北京语言学院出版社，1992.
15. 阎佩衡. 英汉与汉英翻译教学论（*A Conversational Framework for English-Chinese and Chinese-English Translation*）[M]. 北京：高等教育

出版社，2007.
16. 赞可夫. 教学与发展(第1版)[M]. 杜殿坤，译. 人民教育出版社，1985.
17. 张楚廷. 教学论纲[M]. 北京：高等教育出版社，1999.
18. 邹瑞平. 教育心理学(第1版) [M]. 上海：上海教育出版社，1983.
19. Kramsch，C. 语言教学的环境与文化(*Context and Culture in Language Teaching*). 上海：上海外语教育出版社，1999.
20. Laurillard，D. *Rethinking University Teaching：A Conversational Framework for the Effective Use of Learning Technologies*[M]，2nd ed. London & New York：Routledge/Falmer，2002.

第二节　教授与学习之间的整体观

20世纪七八十年代，教育学“完成”了两次“学术”研究上的大转型：

一是，在宏观战略上，教学研究由着重研究“怎么教”的问题转向了着重研究“怎么学”的问题；换言之，由原来对“客体”(教师)的研究转向了就“主体”(学生)的考察。

显然，教育哲学家们已经完成了“外因决定论”必须向“内因决定论”过渡的理性思考，这个过渡的好处是它有助于将我们的思路逐步地调整到内外因“合一”解决问题的轨道上来，从而使我们有可能进一步逼近教事和学业发展的一般规律。

二是，在微观策略上，就教学核心问题的处理，由对“教学法”的直接涉猎转向了对“教学论”的逐步介入(1983)；换言之，由对“器”的直接引进转向了对“道”的本体探索。

显然，我们的教学已经尝够了只知其“由”——然，不问其“缘”——所以然的苦头。其实，研究者完全可以将这一转型描写为一个由“知其然”向知其“所以然”的理性过渡，因为只有这样，我们的认知才可以比较接近人类求取进步的天然之道。

需要特别留意的是，以上两个转型的意味在于：

- 从客体研究转向主体研究；
- 从教学过程的研究转向学习过程的研究。

一言以蔽之，既然现代教学研究的大趋势已经不可逆转地向我们走来，将以往对如何“教书”的研究，转向当下对如何“学习”的深入，便必然成为我们不得迟疑的抉择。

由此，本研究可以推论的是：

就像传统的“教授”必然走向“教学”一般，也正如以往的《教授法》[①]必然转向《教学法》那样，以往就“教学”的研究必然走向对“效学”(效法学习)的探索，而对“效学”实质的研究又必然走向就“学习”本体的深入。显然，我们的教学研究所走过的应该是一条由“教授”而“教学”，由“教学”而“效学”，(进而)由“效学”而深入“学习”的路子。于是，关于《教学论》本体的研究便必须要转向对《学习论》本质的探讨。这便是研究者对教学论的内涵发展及其方向或者趋势的基本估计。

一、学习概念的变迁

在整个20世纪，教学发展的长长短短似乎都在揭示这样一个事实：人们对学习的不同认知，始终都在制约或者左右着人们对教

① 教授法，是我国旧时曾经长期沿用的教学概念之一，它应该是同“传道、授业、解惑”的教学理念直接相关的教学方法，《辞海》相关词条未收入这一概念。

学实践的处理。

20个世纪上半叶，在“学习就是反应的强化”的学习观盛行的时期，行为主义理论始终都占据着主导地位，似乎学习只在乎操练，因为反复的操练可以促进习惯的形成。

但是，行为主义在过于强调死记硬背的同时，却在有意无意中忽略了人脑的基本作用，从而将人的有意义学习排斥在外，表现出以单纯操练解决问题的偏执，因而不久便遭到了理论上的质疑和实践上的淡出。

接着，在20世纪六七十年代，认知主义心理学家提出了“学习，就是知识的获得”的新概念，认为在获得知识的过程中，个体是对输入信息加工者，学习的关键在于认知结构的重组，从而将学习设定为一个复杂的内部信息的加工过程。于是，学习的目的就被确定为不断获取新的知识，而学习的结果则表现为形成反映客观事物整体关系的认知结构的改变。然而，认知主义在揭示人的学习本质的过程中，由于过分地强调了内部机制的决定作用，从而无意中忽略了对外部因素的涉猎，表现出内因决定的偏见和矫枉过正的局限，因而社会派说它有将人的学习孤立化、简单化的嫌疑，似乎学习仅在乎内部认知结构的加工，因为只有内部加工才是人学习的本质所在。

而“社会主义”（即社会派）的学习观认为：学习，只是一个内化的过程。学习者通过用语言参与社会交际活动而获得语言和文化知识，这些知识又转而（内化）成为个体脑内活动的依据。笔者以为，如果说“社会主义”（即社会派）的学习观所强调的是学习者在同社会交往活动中外在知识的内化过程的话，认知主义则是更多地将注意力集中在课堂学习中外在知识的内化(所谓输入)结果,即主体所形成的认知结构上而已,二者的区别应该只在乎获取乃至占有语言文化知识的范围的大小及其方式的不同罢了。

自20世纪80年代以来,随着社会由工业化社会经信息化社会向知识化社会转型的到来,知识的建构性、社会性、情境性、真实性、复杂性及默会性等本体特性不断凸显,新的知识观必然酝酿成新的学习观。这是知识的运用、发展及出新的必要前提和时代需要。于是,与此相适应的是,人的学习必须具有自我建构的性质、社会交流的性质乃至直接参与的性质等,以便于与时代同步发展,否则就会流于同时代的格格不入而可能被淘汰出局。这可以视为建构主义学习理论所由产生的时代背景。

依据建构主义学习理论的主张,知识不是通过(教师的)的传授(方式)而获得,而是学习者在一定情景(如社会文明背景)中,借助别人的帮助,利用必要的资料,通过意义建构的方式获得的。因此,强调学习环境中的情景设计必须有利于学生对所学内容的意义建构。因为,在建构主义学习理论中,获得知识的多少取决于学习者依据自身经验构建相关知识意义的能力,并不取决于学习者记忆和背诵所学内容的能力,这一点将会为理论与实践的发展所证实。

于是,关于二语(外语)习得的研究,就不得不将注意力转移到社会因素对语言学习和发展的影响上来,以便兼从社会因素的视域中关照语言学习的问题。就这样,二语习得研究中,便出现了社会-认知(socio-cognitive)的双关视域。换言之,语言学习便由此走上了内因、外因兼而斟酌的路子,因为学习的发生与发展,需要借助于内外因素的沟通，在协同、互动和对话的过程中进行。

正是在此背景的催生下，阿特金森（Atkinson）在向认知派质疑的基础上，找到了二语习得研究的新视野——社会认知方式（socio-cognitive approach），并就此从认知和社会的两个视域中考察二语习得或者外语学习的实质及其过程，以资冲淡单一认知研究在二语习得领域中的统治地位。

由于在整个学习的过程中，阿特金森的社会认知说强调学习者的实际参与（因为没有实际的参与就不会有学习的实际发生），以企通过与真实环境的协商和互动（在本书中，笔者是以"对话"的方式替代这种学习者同真实环境的协商和互动的）建构意义、获取知识，有学者（刘姬，2009）认为阿特金森将认知派与社会派有机地融为一炉，并且在实际教学的意义上同时扩展了"教师"和"课堂"两个概念的内涵与外延。研究者以为，正是在这一点上，阿特金森对二语习得研究的贡献是举足轻重的。

二、环境作用的发展

如果我们再从心理学的发展去考察问题，仍然足以得出几乎完全相同的结论来。其实，从本质上讲心理学就是一门研究人的行为变化规律的科学，而要研究人的行为变化规律就离不开对人与环境关系的考察——在关于人与环境关系的问题上或者在关于人的行为变化规律的研究中，我们看到的情形是：

勒温的环境论（动力场），正是以人在环境中的行为变化为研究对象的，其文字表述是：行为是人与环境交涉的结果，其行为公式是：B（行为）＝f（PE）。这个公式的内涵是：行为是人与环境的函数，其中 B 代表行为，P 代表人，E 代表环境，f 代表 function（函数）；这一公式的另一表述方式是 B=f(S)[①]，其中，S 代表生活空间，B 即行为，f 是生活空间的函数。可见，B=f(PE) 就是 f(S)，表示相同的概念，即人的发展乃是内外环境相互作用的结果。

于是，集中到一点，本研究的基本任务便是如何解决好内因和外因相互作用的问题。换言之，便是何以通过客观与主观的“对话”方式，在一个足以促进心物对话的环境中，解决好人与环境相互作用的问题。

有学者（巴斯[A. R. Buss]）指出，勒温以上表述的历史功绩在于：它替代了行为主义刺激-反应的原子论公式，同时又同联想主义严格地区别开来，因为对于前者，“没有需求和准需求，习惯是不能导致行为的”；而对于后者，联想则好比火车的前后车厢的联合。虽然它们都是行车的重要部件，而遗憾的是它们并没有推动行车的动力。

而且，（依据巴斯的分析）在纯粹的环境论者看来，行为则是环境的函数，用公式表示就是：B=f(E)；在纯粹的人格论者看来，行为决定于人，用公式表示就是：B=f(P)；在纯粹的认知论者看来，环境乃是人依照其认知结果及其结构而创造出来的东西，用公式表示就是：E=f(P)；相反，在纯粹的社会学论者看来，人及其个别差异的变量决定于环境，即：P=f(E)[②]。显然，勒温的公式恰好是环境论的 B=f(E) 和人格论的 B=f(P) 之合二而一。换言之，人

---

① 参见勒温：《拓扑心理学原理》，高觉敷译，商务印书馆，2009.

② 参见 A. R. Buss, *A Dialectical Psychology*, New York: Irvington Publishers, 1979, pp. 162-163。

的行为既不能由环境所独立决定，也不能由人的意志所独立改造，因而人与环境只能是一对互相依赖的变量。

于是，在看到人是环境之产物的同时，必须懂得环境又是由人来建构和经营的。自然，在人与环境或者环境与人之间，任何一方都不能单独解决问题，而只能在人与环境或者环境与人的协同中解决问题。这便是本研究所宜采纳的相互作用观。

可见，如同二语习得研究的基本历程一样，心理学也走过了由内因决定论经由外因决定论到内外因共同决定问题的道路，这是经得起哲学意义上的逻辑推敲的。

至此，研究者的推论是：

如果本“教学论”所图找到的“能量最大的元素”是“学习”，那么，本“教学论”所谋实现的终极目标便是：何以激活这个能量最大元素的能量。如果本“教学论”所图发现的就是一个个体行为变化的规律，本“教学论”所图设计的便是这个行为赖以变化的环境及其环境的经营方式。这个环境便是本研究所图建构的“场”，而这里的“经营方式”则不过是本研究所图寻找的“场”的运作方式而已。

问题在于，我们都是一般的人，然而（教育）教学偏偏不是一般的事，这一点应该是毋庸回避的。因为，回避了这一点，乃是不堪从事（教育）教学的；毕竟，一般人要从事不一般的事，从来都是一件不容易的事。

三、教学研究的推移

20 世纪 80 年代初期，教育部在批准将师范院校的《教材教法》课程更名为《教学论》的同时，已经将《语言教学论》方向的理论及其实践研究直接归属于教育学的统辖(科)范畴。

于是,作为教学论下位学科的《英语教学论》的理论任务就被拟定在:除了既要从语言学的视域中把握语言教学的特殊规律外,还要从学生认知心理学的视域中把握语言教学中主体认知心理的一般规律;进而,更重要的任务还在于从多学科、跨语言的视域中汲取对语言教学有益的各种养料,以便最终将英语课堂教学的事情办好。

国内外研究英语教学及其理论者颇多,其方法多样,其角度各异,但是直接以教学论方式问世者,国内外却并不多见。

国外的英语教学研究,不是在单一的语言学结构中进行,就是在二语习得研究的框架下组织的;因此,其研究结局便不是以教学法的方式产生,就是以第二语言或者第三语言习得理论、假设或者教学模式的姿态出现。

在国内,有关教学论的一级学科的著述,有李秉德等所著《教学论》(1991)、王策三所著《教学论稿》(1985)、刘克兰编著《教学论》(1988)、路冠英等编著《教学论》(1987)等。另外还有:李定仁等著《教学论研究二十年》(2001)、吴杰编著《教学论:教学理论的历史发展》(1986),以及张楚廷的《教学论纲》(1999)等教学论的相关著述先后问世。

但有关分科教学论或者教学论的二级学科——“英语教学论”的著述却较少,便于查到的有:王立非的《现代外语教学论》(2001)、杨连瑞等的《英语教学艺术论》(2003)和隋铭才的《英语教学论》(2001)等。其编写体例的表现形式则是,有的偏重教育学,有的偏重语言学,有的还兼顾了心理语言学、社会语言学、应用语言学和对比语言学的描写方式（如王立非等）；较多的则是像王宗炎先生的《语言学和语言的应用》（1998），胡文仲的《英语的教与学》（1989），以及胡春洞的《英语学习论》（1996）等侧重于某一方面的英语教学理论与实践研究成果。

至于有关英语教学的分科教学论或者可以称之为三级学科教学论的成果，则并不多见，便于查找的仅有阎佩衡的《英汉与汉英翻译教学论》（高等教育出版社，2005，2007）等。

这些不能不说是英语教学理论及其实践研究中尚且存在的缺憾。

关于教学论的宏观研究，学术界比较一致的看法是：以往教学论的编纂似有拼盘之嫌，而现代教学论需要从概念到原理，从内容到形式进行高层次的抽象和整合，以解决其结构缺失的问题。有人主张首先完成其理论体系的重建；有人主张首先完成学科体系的构建；有人则认为首先解决理论与实践脱节的问题；还有人提出生长点的问题，认为生长点才是教学论发展的关键所在；如此等等，不一而足。

不过，比较一致的认知是：单凭教育学范式的涉猎，是不足以解决问题的。实际上，"现代教学论的范畴及其理论体系建构"命题的提出，其所针对的就是以往教学论形态的实际缺陷，其所呼唤的则是某种现代形态教学论的尽早出现。

四、本土方案的推论

本书认为：一个比较完整的教学理论应该是一个"说法"和一个"做法"经由"应用化"程序的"化约"（胡适用语）而整合在一起的

一个理论整体。其中，“说法”足以通过理性的推演矫正“做法”，“做法”足以通过实际的操作验证“说法”。因为，一种“说法”必须经由一个“化约”的程序才能接近教学实践，形成一种“做法”，从而直接在实践中发生作用。显然，在“说法”和“做法”之间，就一定需要一个既接近“说法”又接近“做法”的应用性“媒介”将二者联系起来，以便将原隐于“说法”中的“做法”原则，比较“直观”地显现出来，从而使“说法”原则足以催生某个现实的“做法”，以便直接应用于教学的实际过程。这便是本书所谓“应用化”程序中的“化约”或者媒介作用，即将一个“说法”通过理性的推演简约为一个接近并足以指导实践的原则、规约或者规则性的东西，从而促生某个具体的“做法”，以资付诸教学的实践。

如果“说法”是一套关于英语教学是“怎么回事”的道理，那么“做法”就应该是关于英语教学该“怎么做”的方式。道理是抽象的，方法是具体的，二者之间的距离是不堪回避的。于是，要将“说法”和“做法”连成一个有机的整体，二者之间必须借助于一道“津梁”的联系，这个“津梁”就是上文所谓的应用化程序，通过这个程序便足以将抽象的道理“化约”为相对直观的规约、原则、方式乃至方法等，以供教学据此设计或者策划课堂中应用的具体“做法”，以便使“说法”(道理)在教学过程中发生实际的作用。此正所谓本研究关于理论联系实际流程的基本格式所在。

在这里，如果说宏观上的抽象是一种“复杂”的说法(理论)的话，中观上的过渡或者津梁就是一种“化简”了的程序性东西，其目的全在于保证微观上的做法具有“知难”而“行易”的效果，这就是本研究的基本思路。换言之，这就是本研究所持的理论与实践之关系观，或者说这就是本研究关于理论何以联系实际的方法论。

笔者认为，英语教学论（无疑）应该是这样一个讲述教学"应该怎么样"的道理，并通过一个"化约"式程序的推演性过渡，告诉教学"实际怎么做"的理论性东西，即上文所谓一个由宏观的"说法"，经中观的"化简"而接近微观的"做法"的整体设计。

在研究者看来，要建立这样一个理论性的东西，需要找到新的生长点，需要确定新的范畴，需要摸索新的路子，以资构成新的体系（结构）。换言之，本研究需要在一个新的生长点（学习）的基础上，构建一个教学论的下位学科——英语教学论，以便较好地完成英语教学从理论到实践的过渡问题，从而直接回答和应对高等学校尤其是民族高等院校英语教学中的基本理论和实际问题，同时用作英语教育方向硕士研究生的教材，这应该是一件当务之急的事情。

五、教学历史的推演

我国的英语教学，从同治元年（1862 年），即从奕䜣奏请设立同文馆[①]，初立英文馆培训译员之日算起，已经整整走过了一个半世纪的历程。这段历史，虽称不上悠久，却也不能说很短。

英语教育的本质及其方式，英美有说法，中国有做法。不过，我们的做法多半都是沿袭了欧美传统的。

---

① 同文馆于 1862 年经恭亲王奕䜣提议在北京开办，外国人遂称其为翻译学院或者外语学院。它原初设计为一所联合教习西文和华文的学校，故有"同文馆"之称。参见徐中约的《中国近代史》（上），第 273—274 页。

仅仅效法人家，即便单从逻辑上推演，也是不足以从根本上解决我们自己的问题的，因为人家是不大可能在他国的语境中，替我们构划或者设计出一套关于英语教学的说法和做法的。这应该是一个不争的事实。

据多方研究的报告，至今英语教学的成果已经颇多，但是英语教学的问题仍然不少。于是，即便是一个普普通通的教书先生，都应该直面事实，反省自我，以便拿出自己比较可行的对策来。

在本研究的视域中，教学论的目标必定在于教学，其方式必然在于既行"论"，又作"证"，两者合起来，就会构成一个关于"教"与"学"所由发生的道理。自然，经由"论"与"证"所得到的最终结局便是本研究所追寻的关于教学是"怎么回事""怎么样"及其"怎么办"的说法和做法。

教学研究的问题常常在于：我们并不清楚地知道其问题之所在，因而常常不知道何从下手，虽然我们常常会感觉或者意识到事情并没有办好；即便如此，还不能说严重，而如果竟以为自己做得蛮好，乃至洋洋得意，那便离"愚昧"不远了。

关于教学的讨论很多，关于教学的定义也就很多，笔者实不敢，也不必妄加评说。不过，再高不过的主张，也只能是一家之言；自然，再低不过的教学，也不能说它不是教学。

本文只是依照最初的假设——"执教，就是经营环境"，将教与学作为一个须臾不可分离的"整体"社会心物现象来对待、来处理，因为教与学一旦被分而治之，教与学的概念便不复真实，因而就无所谓教学了。

毕竟，教与学的关系只能在一个相互依存、不可分离的整体之中斟酌，这个整体就是研究者所假定的教学之"场"，诚如爱因斯坦所言，"场，是（一个）相互依存事实的整体"。这便是本研究的基本出发点！

显然，本书中的教学环境，即本研究所拟定的教学空间，亦即本书所设定的教学之场。

于是，在我们将"教"之于学的客观外在环境设定为"物"理环境的同时，作为"学"之于教的主观内在环境便必然以"心"理环境的面目而对应存在；而当我们在这个"心"（心理环境）与"物"（物理环境）的"宇宙"中讨论问题时，"场"又成为这个"心物宇宙"的代名词。

我们的"心"与"物"正是一个借助于"活动"与"行"合一的"媒介"作用，将二者——"心"（心理场）与"物"（物理场）连接成为一个既相互依赖又相互作用的"整体"空间，名曰：教学空间（学习的"生态环境"）——"场"，以资凸显研究者"大制不割"——"知其教，守其学""知其学，守其问"式的教学相互作用观。

教与学既然是在一个整体内相互依存又相互作用的一对事物，就应该被看作是同一个事物（整体）的两个方面，二者之间就不必也不应该分什么主次，别什么内外了。其实，这个观点已经不是什么新鲜的东西了。早在 1999 年就有人提出，虽然"外因与内因是不同的'因'，却同时为'因'"；而且，当我们将"教学活动视为一个整体时，教师已不是外因"，因为"少了这个'因'，那就不是教学了"。自然，这是在将教师看作是"教学活动的基本要素之一"的前提下讲的。显然，"如果缺少了教师这一要素，那么教学过程的其他特殊性也就难以存在”了[①]。

于是，同教学相关的问题都应该在这个前提之下进行讨论。比如，在同一个整体之中，如果教的职能在于“知其教而守其学”的话，那么学的本分就一定在于“知其学而守其问”，两者犹相辅而相存，似相反而相成。其实，二者原本就是一个统一于“学问”之事的两个方面。

足见，这里的“场”，是一个揭示人与环境关系的整体，一个“心”（个体的心理结构）与“物”（外在环境的物理结构）之间的对话空间。因而，我们的“场”在很大程度上是作为某种分析和处理教学问题的方法而存在的——“教”与“学”之事，唯以“场”（即以“不教”）为之，而不是以“教”（即以“灌输”）为之。因为，在“场”内，“其学，在于‘假于物，自得之’；其教，在于善‘假于物’，使‘自得之’”（小言，2012）。

显然，在“场”的语境中，“教”原本是一个不得已而为之的“干预”，因为“教，是为了不教”（叶圣陶语）；而“学”则应该是一件不经意而发生的“事情”，毕竟“学，是为了会学”（小言，2012）。

总之，我们以“场”的方式，试图阐明的乃是“人”（主体）与“环境”（客体）的关系；或者，不如说：“场论”，原本就应该是一种关于人与环境相互作用的学问。

六、整体两翼的缘由

相对于主体“心”的世界或者心理世界来说，外部世界就是一

① 参见张楚廷：《教学论纲》，高等教育出版社，1999，第 73 页。具体见第五章第五节“学生的学习过程”之“学生学习的特殊性”相关内容。

个“物”的世界或者物理世界;反之,相对于客体“物”的世界或者物理世界来说,内部世界则是一个“心”的世界或者心理世界。依据“凡以知,人之性;可以知,物之理”的原理,如果将“心”的世界或者心理世界拟定为“可以知”之“人之性”的话,那么“物”的世界或者物理世界就一定是“凡以知”之“物之理”①。显然,二者所构成的必然是一种心“缘”物“由”的表里关系,这便是我国先哲对教学或者对学习原理的基本论断。足见,古人的教学理论原本就是“教学半”②,而古人的教学方法论原本就是“天命之谓性,率性之谓道,修道之谓教”③。

---

① “凡以知,人之性;可以知,物之理也”,《荀子·解蔽》语,大意是:人性具有认识的能力,而客观事物具有被认识的道理。

② 许慎《说文解字》(段玉裁注,三篇下,教部,127上)说,“敎,觉悟也。学记曰:‘学,然后知不足,然后能自反也。’知不足,所谓觉悟也;又曰:‘教,然后知困;知困,然后能自强也。故曰教学相长也。’《兑命》曰:‘教学半,其此之谓乎?’《兑命》(上):教字谓教,言教人乃益己之学。教人谓之学者,学所以自觉,下之效也;教人所以觉人,上之施也。故,古统谓之学也。”足见,古将“敎”与“学”统而谓之学,合而为一,此说极是;笔者随推而谓之曰:“知其教而守其学”乃至于“知其学而守其问”,以资显示“敎”(教)与“学”之所以成为“整体”的蕴含,进而揭示:教,足以“觉悟”之(所谓“教而觉之”,或:教而使之觉);学,足以“自觉”之。笔者以为:其所蕴含者,必是教学同构而合一之深义及其教学相向而同行之关系。

③ “天命之谓性,率性之谓道,修道之谓教”,《中庸》语,大意是:“人的自然禀赋叫作‘性’,顺着本性行事叫作‘道’,按照道的原则修养叫作‘教’。”见纪江红:《四书五经》“中庸”卷“译文”,北京出版社,2005,第18页。其实,这里的“教”,应该读 xiào,恰如《兑命》所记之“敎(xiào)学半”(意为:“教和学各是学问的一半”,参见纪江红主编《四书五经》“学记”篇,第266页)中之前一个“学”(xiào)所读之音,足见:“学”仍有“效仿”之意味,“效仿”什么呢? 自然是效仿“学”习;而“教”的“说文解字”是“上所施,下所效也”(见许慎:《说文解字》,中华书局影印,1963,第69页)。足见,古之“教学”,原本就有教学相效之意,其所依者许慎《说文》所解“敎”(xiào)之意“上所施,下所效也”。于是,将“教学半”之“学”,推演为“下所‘行’,上所‘学’(效)也”,其逻辑自然也是通顺的。

其实，如果再将“教学半”中的“教”与“学”两“半”合二而一，笔者便完全可以觉察出古人意念中的教学原本就是一个“整体”，而且这个“整体”似乎原本就包含着“场”的意味；进而，我们还可以觉察到古人关于“先其天性，后其学习”（盛唐张怀瓘语）或者“性是天，习是人”（晚唐吴融语）的心“缘”物“由”乃至“‘天’‘人’合一”的学习观来。

从段玉裁注《说文解字》（三篇下，教部，127 上）可以查到：“斅，觉悟也。学记曰：‘学，然后知不足，然后能自反也。’知不足，所谓觉悟也；又曰：‘教，然后知困；知困，然后能自强也。故曰教学相长也。’《兑命》曰：‘教学半，其此之谓乎？’《兑命》（上）：‘斅之谓教，言教人乃益己之学。教（人）谓之学者，教所以修道，学所以效也；教（人）所以觉人，上所以施也，下所以行也。故，古统谓之学也。’”足见，古之先贤将“斅”与“学”，统而谓之学，合而为一，实在高明之极；笔者随推而谓之“知其教而守其学”（小言，2009）乃至于“知其学而守其问”（小言，2009），以凸显其将“斅”（教）与“学”统而谓之“一”，合而成“整体”的蕴含，兼以揭示：教，“所以‘以学’觉人”，上所施也；学，“所以‘由学’自觉”，下所效也。故“教”与“学”“古统谓之学也”的道理，从而由教之“学所以自觉”，将“教”诠释为“效学”，即：教，所以使“自觉”也，亦即：上之所以“效学”也；由“学所以自觉”，将“学”诠释为“效教”，即：学，所以“自觉”也，亦即：下所以“效师”也，随将教学之关系自然地由教之“主导”及其学之“主体”调整到二者“平行”而“觉悟”的轨道上来，以便使“教”与“学”足以在同一个方向上相向而行，“平行”而动。以便实现“教（人）所以觉人，上之‘效’学故；学所以自觉，下之效‘师’由”（小言，2009）的良性循环。

足见，教学原本就是一体两翼之整合，而不是两元二分之宾主；教与学是一个相互依存、不可分离的整体——“整体”乃是教学存在的本真状态：整体是教与学关系赖以存在的“方式”，整体是教与学相互作用赖以发生的前提。这是一个符合爱因斯坦“场”概念的推论。毕竟，“场是（一个）相互依存事实的整体”。

或许，正如教学概念的发展一般——由混沌的、未分的、不明确的、明确的直至整体而不分离的，教学关系的延伸也得走出一条由师徒的、上下的、教师为中心的到学生为中心的、平等的，再到二主的、直到平行而不相悖的路来。

小结

从教授出发，追寻教学；从教学推演，回归学习；从“学而时习之”的推论，回复“学”与“习”的两范畴；从“教学半”（“效学”）的追溯，终归“教”与“学”各一半的“整体”，这便是本书所追寻的“学”缘“教”由，或者“心”缘“物”由的一体两翼教学观。其生长点是学习，其方法论是“效学”，其操作观是“经营环境”，其经营方式是“心-物”对话，其对话空间则是一个“心”（心理环境）与“物”（物理环境）“相互依存（事实）的整体”——“效学”之“场”。有道是：“学不际天人，不足以谓之学”（宋代邵雍语）；“场”论则主张：教不“效”其学，不足以谓之教；“学”不至于“习”，不足以成其“说”（yuè）。此权作为本研究的教育学拿捏便是了。

参考文献

1. 布鲁纳.教育过程 [M].邵瑞珍,译.北京:文化教育出版社,1982.
2. B.英海尔德,H.辛克莱,M.博维尔.学习与认知发展[M].李其维,译.上海:华东师大出版社,2003.
3. 晨梅梅.探索与变革:转型期的英语教学[M].北京:商务印书馆,2004.
4. 辞海(教育、心理分册)(第1版)[Z].上海:上海辞书出版社,1980.
5. 辞海(缩印本)(第1版) [Z].上海:上海辞书出版社,2010.
6. 戴本博.外国教育史[M].北京:人民教育出版社,2001.
7. 方展画,颜丙峰.后现代视野中的高等教育[J].教育研究,2003(8).
8. 弗·鲍良克(Vladimir Doljak).教学论(第1版)[M].叶澜,译.福州:福建人民出版社,1984.
9. 胡德海.教育学原理[M].兰州:甘肃人民出版社,2004.
10. 卡尔·波珀.猜想与反驳(*Conjectures and Refutations*) [M].杭州:中国美术学院出版社,2003.
11. [捷]夸美纽斯.大教学论[M].傅任敢译.北京:人民教育出版社,1984.
12. 李秉德.教学论[M].北京:人民教育出版社,1991.
13. 裴娣娜.从传统走向现代——论我国教学论学科发展的世纪转换[J].教育研究,1996(4).
14. 施良方.学习论——学习心理学的理论与实践[M].北京:人民教育出版社,2000.
15. 王嘉毅,李秉德.论教学论[J].教育研究,1996(4).
16. 王道俊.关于主体教育思想的思考[J].教育研究,1992(11).
17. 王策三.教学论稿[M].北京:人民教育出版社,1985.
18. 王立非.现代外语教学论[M].上海:上海教育出版社,2000.
19. 吴也显.教学论新编[M].北京:教育科学出版社,1991.
20. 西桢光正.语境研究论文集[M].北京:语言学院出版社,1992.
21. 邢秀茶.学与教的心理学[M].北京:高等教育出版社,2004.
22. 阎佩衡.英汉与汉英翻译教学论(*A Conversational Framework for English-Chinese and Chinese-English Translation*)[M].北京:高等教育

出版社,2007.
23. [苏]赞科夫.教学与发展[M].杜殿坤,译.北京:人民教育出版社,1985.
24. 张楚廷.教学论纲[M].北京:高等教育出版社,1999.
25. 张健翔,王松涛.新教育:为学习服务[M].北京:教育科学出版社,2002.

第三节　主导和主体之间的平行观

从根本上讲,教学论要解决的问题,一是回答教与学的关系究竟怎样的疑问;二是解决学习所赖以发生的“心”(“缘”)与“物”(“由”)对话是怎么发生的问题,前者与构成教学的整体氛围相关,后者则同教(与)学的“相互作用”相关。因为,教学如果不能形成一个整体性环境,教与学就不便于形成合力;而在这个整体中如果不能激活相向而行的教学对话,教与学之间的相互作用就是一句空话。

上一节,笔者已经完成了由教授到学习——由“教”而“学”的教育学演绎,并且在“教”与“学”一体两翼的前提下,将教(与)学统一在同一个“平行”且相向而行的路线上,这是必要的,也是必须的。

一、教学关系的演绎

教与学的关系,是教学研究中的重要课题,这个关系处理得恰当与否,直接影响着教与学的结果,这绝不是无病呻吟、说说而已的事情。纵观教育、教学的发展史及其关于教与学关系研究的历史,我们既可以看到以教师为中心的见地,也可以找到以学生为中心的主张。

追溯起来，以学生为中心(student-centered)的主张应该是以卢梭、杜威等人为代表的学术流派所推崇的主张。在他们看来，人的发展是一种自然而然的过程，因而教师就不能主宰这一过程，在这一过程中教师只能像“自然(的)仆人”一样，服务、服从于这一过程。

而以教师为中心(teacher-centered)的主张则应该是以赫尔巴特等人为代表的学术流派所推崇的主张。他坚决反对启蒙时期(18世纪)问世的自然主义教育思想，认为把人交与自然，或者引向自然，让人在自然的锻炼中自然地成长是一件蠢事，因而随主张教事自始至终都必须在教师的严格指导下进行。

毕竟，现当代的教学研究早已回避了以上两个极端，并且最终将教与学的关系调整到“以学生为主体”兼“以教师为主导”的“二主”方向上来了——既顾及了学生的地位，又顾及了教师的功用。乍看起来，无论是在理论上还是在逻辑上，几乎都已经面面俱到，无懈可击了。

不过，正如在关于教学本体问题的讨论上一样，教学“是什么”的定义，古今中外不乏其论，研究者实不敢妄加质疑，随性评议，因为从教学理论(宏观)的层面上讲，任何一方的见识都不过构成了一家之言而已；从教学实践(微观)的层面上说，即使多么不理想的教学，任何人也不必责备它们不是教学罢了，不是吗？于是，在关于教与学的关系问题上，一如上文所及，乃是要有尽有、所及尽及，并无本研究的插针之处。可见，在这里过多地品头论足也是不必要的。

问题在于，当本研究将教与学置于同一个“整体”的时候，我们所看到的情形是：无论“主导”与“主体”的“合”而“共”事，还是“内因”和“外因”的分而论道，都难免有点设计者一厢情愿的味道。

如果“教”与“学”的关系，既不作“外因”，也不称“内因”，那么“教”与“学”所构成的就一定是一个完全的“整体”；如果“教”与“学”的关系，既不是以教师为中心，也不是以学生为中心，那么与其说二者的关系是平等的，不如说两者的关系是平行的，因为平行意味着目标的一致，平行才足以对话，平行才可以互动，而只有对话才足以引起“教”与“学”的互动，互动才足以“激活”“教”与“学”的相互作用，并从而求得教学的实际效果。显然，“平行”具有相向而行的意味，因而要比形式上的“平等”更好一些。

当我们将教与学或者学与教的存在以“心”与“物”对话的方式纳入一个作为相互依存事实的整体之“场”的时候，研究者惊喜地发现“心”（心理环境）与“物”（物理环境）只能处于“平行”并且相向而行的状态，而不是别的状态。因为在实践中，教与学的关系一旦流于主导与主体式的“二主”执着，所谓主导与主体式的划一，虽然在表象上只是主体与主导的分别，而在实际上则常常流为“主输”与“主受”的分工，并且往往在无意中造成教学过程中个体心理上的情感“过滤”，同时常常在无形中养成个体无以参与其中的教学习气。

于是，既然教与学的关系可以是“平行”的，保持“主导”与“主体”的区别就是不必要的，或许也是不平等的；既然是不必要的、不平等的，就是不应该更多提倡、更多推广的。因为一旦将教与学置于同一个整体，事物便无所谓内外，不分为主次，何况不管教离开学还是学离开教，教学的概念都是不复成立的。而且，一旦两者都作为同一个整体的要素出现，主体与主导乃至于“内因”和“外因”的区分便自然成为不合逻辑的存在①。既然是不合逻辑的，那就是不必保留的。

这里的推理虽然无情，这里的结果却似乎有理。

至此，基于“执教，就是经营环境”的假设，本场论则顺理成章地从环境（关系）经营的立场上立论，一开始就将“教”与“学”作为一个须臾不可分离的“整体”（社会）现象来对待、来处理，因为“教”与“学”一旦为人们所分而搁置，偏而对待，教学之事业便不复新颖，以致教学之概念便不复新意。随之，教学之研究便不复必要；随后，又将教与学同置于一个“平行”相处、并肩相存，且相向而行的格局之中，因为“教”与“学”一旦两者“相交”而行，相悖而做，教学之过程便不堪期待，乃至教学之效应便不堪设想，教学的管理便不成体统。

维持这一教学关系观的好处在于：如果教学或者师生二者的工作方向是相同的，工作关系是平行的，工作方式是“对话”的，心理过程是平衡的，教学就不至于因为流程中的先后之分、主客之见、高低之评等客观现象的存在而导致诸多的负面效应，因而使教学的效果尽可能地发生教学所预期的正能量。

因为在这样的教学关系中：教师足以变成“特殊”的学生，扩大自身的学习视野；学生足以成为“特殊”的老师，施展自身的“督教”功用。于是，本研究中的教与学或者师与生的关系就可以用如下

① 关于“内因”和“外因”区分观的利与弊，可以参考《教学论纲》第五章第五节“学生的学习过程”之“学生学习的特殊性”一节相关内容。张楚廷：《教学论纲》，高等教育出版社，1999，第73—74页。

的方式表述：先生实为先于后生而学的“学生”，后生实为后于先生而生的“教师”。需要提醒的是：这里就教学相长的蕴涵，既不是客套，也不是谦让，而是需要教与学两个方面、两种努力实实在在地树立起来、保持下去的教学风格或者教学默契。

因为教育、教学是一件“客观”性的事业，不是一件“主观”化的事情。换言之，教育、教学实在不是一件指令人家“应该怎么样”，甚至指导人家“必须怎么样”的事情，而是一件“假于”某种客观之“物”及其主观之“心”的影响力，逐步使人家明白或者领悟“他”或者“她”“原来应该怎么样”乃至于“实际应该怎么做”的事情。

于是，教育、教学者就不必总是以“训人”“教人”，或者“授人”“给人”的“救世”面目出现，而必须始终以商量、询问和探讨的方式、姿态，同受教育、受教学者一起进入那个“本来怎么样”及“实际怎么做”的教学状态、角色或者情境。

在中外教育史上，无论是孔子还是苏格拉底的做法都足以发人深省——孔子往往以其独特的“叩(其)两端”之方式“考问”而不是“考试”其弟子；苏格拉底则常常用独到的“产婆术”“追问”而不是“逼学”于学生。这是一个教育史上有目共睹的事实，这里给人们最重要的提醒是：在两处，都没有留下“教”的痕迹；对两者，都没有嗅到“训”的味道。其实，在本然的意义上，一个人的学习，不大可能是由另外一个人去主导、主授或者主赐的，因为教育、教学所图给予学生的绝不是苹果一类的东西。

自己的学习，只有用自己的主见和努力去自己“做主”，才有望成功，而指望另一个人主导或指令的学习，偏偏不一定有效。足见，主导及其指令性方式往往会导致教育心理上的副作用乃至偏离个体自由的、自然的、符合天性的发展轨迹。

于是，留给本研究的问题便是：一旦我们按照老子所谓“大制不割”的哲学，以合二而一的方式令“教”与“学”回归那个原始的整体，即从同一事物两个不可分割的侧面考虑问题，并遵守一个所谓“知其教，守其学”及其“知其学，守其问”（小言，2009）的原则，即从“整体”的视域中讨论关于教学的问题，又会得到什么样的结论呢？

二、平行并进的必然

场论所拟定的“心”与“物”对话方式，目的在于解决“主客观（的）沟通”[①]和“合一”，即人与环境沟通的问题，因而必须有一个“教”与“学”平行运作的前提，因为“沟通”需要“平等”，平等必然平行。自然，“教”与“学”过程的平行不一定平衡；但是，“教”与“学”碰撞（对话）的结局却一定是平衡的，因为教学内容的活动化和学习心理的行为化在“场”语境中所达成的“二外合一”效果一定是平衡的。换言之，只要“对话”是以教学内容活动化“施”之于外（“使之活动”）和学习需要“行”之于外（“使之行”）的方式进行的，那么“二外合一”的结局就一定是平衡的。

需要注脚的是，本研究之所以需要将以往的教与学的关系由“主导-主体”调整为平等-“平行”且相向而行的水平，实乃是因为“二主”关系的实施所导致的上有所“授”，下有所“受”的结局，终究

① 参见丁镇远：《中国书法理论史》，上海古籍出版社，2009，第 30 页。

不能令人满意，而这一调整的目的又无非是为了尽力将教与学在乎“活动”与“行”之间的对话保持在同一个方向上，从而给“教”与“学”的“协同”提供一个必要条件而已。

如上节所述，令人们宽慰的是，在华夏的经典著述中并没有出现过过于偏执的主张。我们所见到的无论是《兑命》还是《学记》，都采用了“斅学半”或者“惟教半学”的说法，都含有半学半教、半教半学及其教学相长、教学相随的思路。这或许正是中国文化“致广大而尽精微，极高明而道中庸”的微妙之处。

于是，如果“教”与“学”的关系，既不是以教师为中心的，也不是以学生为中心的，那么，与其说“教”与“学”的关系是平等的，不如说“教”与“学”的关系是平行的，因为平行意味着目标的一致，平行才可以互动、平行才足以对话，而只有互动和对话才足以“激活”“教”与“学”（二者）的相互作用，从而求得教学的实际效果。

小结

总之，将“教”与“学”分而治之，或重于教，或偏于学，既不符合教学是什么的本然之道，也不符合教学关系应该怎么样的应然之理（道），而“主体”与“主导”的事实又不尽如设计者所企望的那样理想。研究者权（且）将“二主”关系的主张调整到教与学的平行观上来，以适应“场”中“对话”的要求，以期化解“心”与“物”沟通的障碍，并且直接便于本课题的逻辑推演及其文字叙述。这些，权作本研究关于教与学关系的基本考虑。

参考文献

1. 布鲁纳. 教育过程[M]. 邵瑞珍,译. 北京:文化教育出版社,1982.
2. 戴本博. 外国教育史[M]. 北京:人民教育出版社,2001.
3. 方展画,颜丙峰. 后现代视野中的高等教育[J]. 教育研究,2003(8).
4. 韩礼德. 汉语语言研究(*Studies in Chinese Language*)[M]. 乔乃森·韦伯斯特,编,胡壮麟,译. 北京:北京大学出版社,2007.
5. 何克勇. 民族高校英语教学研究[M]. 北京:中央民族大学出版社,2007.
6. 胡克英. 教学论研究[M]. 北京:教育科学出版社,1981.
7. 卡普拉. 现代物理学和东方神秘主义[M]. 朱润生,译. 成都:四川人民出版社,1984.
8. 夸美纽斯. 大教学论[M]. 傅任敢,译. 北京:人民教育出版社,1984.
9. 鲁子问. 英语教学设计(*Instructional Design for TEFL*)[M]. 上海:华东师范大学出版社,2008.
10. 吴也显. 教学论新编[M]. 北京:教育科学出版社,1991.
11. 阎佩衡. 英汉与汉英翻译教学论(*A Conversational Framework for English-Chinese and Chinese-English Translation*)[M]. 北京:高等教育出版社,2007.
12. 杨连瑞. 二语习得研究与中国外语教学(第1版)[M]. 上海:上海外语教育出版,2007:209—226.
13. 赞科夫. 教学与发展[M]. 杜殿坤,译. 北京:人民教育出版社,1985.
14. 张楚廷. 教学论纲[M]. 北京:高等教育出版社,1999.
15. Falchikov, N. *Learning Together: Peer Tutoring in Higher Education* [M]. London & New York: Routledge/Falmer, 2001.
16. Laurillard, D. *Rethinking University Teaching: A Conversational Framework for the Effective Use of Learning Technologies*, 2nd ed. [M]. London & New York: Routledge/Falmer, 2002.
17. Nicholls, G. *Developing Teaching and Learning in Higher Education* [M]. London & New York: Routledge/Falmer, 2002.

第四节　个体与环境之间的生态观

如果教育教学之天职果真在于何以将人潜在的能量变为现实的能力，那么教育教学及其工作者的所有努力就在于为完成这一从能量到能力的转换创设一个必要的方式，并通过这一方式的运筹完成这个天赋的使命。

毕竟，教育教学必须以对个体生命成长的关注为工作的基点，以对个体人格发展的关怀为使命的起点；毕竟，教育教学必须依据个体自然生命的天性去完成其自然化、社会化兼人文化的人格养成。这一点是不容置疑的。

一、生态概念的推衍

按照达尔文(Charles Robert Darwin，1809—1882)生物进化论的原理，物种变化的前提乃是对其生存环境的适应，换言之，一旦物种的生存环境发生了变化，物种的生长就会发生相应的变化——进化。从这里，我们是否可以大胆地设想：如果将人的潜在能量向现实的能力的转变，亦看作是一种环境作用的结果，那么教育教学的理论就会变成一种类似于物种进化的社会性理论。于是，教育教学要为人的潜能实现所做的一切便在于：建构和改造个体所处的生存空间，并通过就这个空间的运筹、经营，从而实现个体潜在的能量向现实能力的转变。

达尔文理论，也曾深深地吸引过严复的注意力，不过吸引严复注意的，与其说是达尔文的生物学说，不如说是这个学说所强调的人的因素，尤其是在物竞天择形势下人的潜在能力之发挥。因此，严复便开始从社会达尔文主义的视域审度了当时中国的问题及其在世界中的地位。在严复看来，中国和近代西方的根本区别，在于两者对人的潜在能量的不同态度。因而，在英国为人类潜力的发挥而培育了思想、价值和提供了适当的环境后，其国民的才能、智慧及其道德水准就自然而然地提高了[①]。在研究者看来，严复之所以能够从社会学的视域中汲取达尔文学说的营养，恰同心理语言学与社会语言学结合，构成了社会-心理语言学的视域一般，亦同二语习得的认知学派与社会学派合一，产生了社会-认知学派的建树一样，必然造就后来者居上的局面；亦恰同哲学之由内因决定论经外因决定论到内外因共同决定论所走过的路线一般，都具有醒世的功用。可见，不管是生物达尔文主义还是社会达尔文主义，均主张在物体生存空间中内外因素的“共同”作用下完成其进化或者转化的过程，这或许应该是一个规律性的东西。

然而，作为社会科学的教育教学要让潜在的能量变为现实的能力，却是一件谈何容易的事情。

弗洛伊德(Sigmund Freud，1856—1939)曾以“冰山”作比喻，告诉人们潜在物的情形。自然，他所指的是“潜意识”在心理结构中的所在位置。因为，在弗洛伊德看来，潜意识乃是人类行为的原始动力，遗憾的是这种动力却像绝大部分潜没在水下的“冰山”一般，难以为人们所探明。秘密，都是蕴藏在冰山之下的，要将隐藏

① 这里的观点，参见徐中约：《中国近代史》(第6版)，计秋枫、朱庆葆译，世界图书出版公司北京公司，2008，第423—428页。

在冰山之下的“潜能”发掘出来，教育教学之难度足见一斑了。

海明威（Ernest Hemingway，1899—1961）谈论创作，也有一个“冰山理论”。他说：“一个散文作家对他想写的东西心里很有数，那么他可以省略他所知道的东西。读者呢，只要作者写得真实，就会强烈地感觉到他所省略的部分，就好像作者已经写出来似的。冰山在海里移动很是威严壮观，这是因为它只有八分之一露在水面。”正是这种以少胜多的省略原则，即“冰山理论”，使他成为了开创一代文风的大师（这种例子在《老人与海》中比比皆是）。海明威正是用简洁的文字和鲜明的形象，通过物体、情景或事件把环境、气氛、人物、行动和情绪浓缩在一幅幅画面里，从而使读者身临其境，得出自己的结论——发现海面之下八分之七的冰山里所蕴含的深刻思想[①]。这便是海明威的冰山理论的基本蕴含。

其实，在教育教学的视域中看问题，每一个活生生的个体都是一幅生动的作品，只是其所呈现给我们的要远比他隐藏起来的少得多，或许我们所能看到的还要比八分之一少，而其潜在于“冰山”之下的恐怕还要比八分之七多。然而，教育教学的功用正在于以其“少”见其“多”，以其“少”胜其“多”，而这一切，都需要在个体所在的生存空间中解决。既然教育教学都需要在个体所在的生存空间中解决问题，这个空间就不应该是一个普通的空间。那么，这个个体赖以生存的空间应该是一个什么样的空间呢？

既然是个体赖以生存的空间，那么它就应该是一个良好的生态环境，借助于这个生态环境所提供的外部条件，教育教学才

① 参见董衡巽：《海明威谈创作》，生活·读书·新知三联书店，1985，第3—4页。

可能以小见大，以少胜多，进而修好“天命之谓性，率性之谓道，修道之谓教”（《中庸》语）的教事，从而办好“先其天性，后其学习”的学事。

按照佛家的诠释，“人生就是（我们）自己，宇宙就是我们生活的环境”（净空语），因而修行就是改变自己的行为，就是通过处理好我们自己和环境的关系，以便将修行的事情办好，足见这是一个很有意义的启示。因为，这里所讲的道理同拓扑（完形）心理学关于人与环境关系的函数式所揭示的原理是基本雷同的。这两个函数式分别是 B=f(S)和 B=f(PE)，其中 B 是指人的行为，f 表示函数，S 是指人所处的情景，P 就是人，E 则是环境，可见这两个函数式的含义是一样的，行为均是人与环境的函数[1]。更可贵的是，这两个公式的内涵同行为主义刺激反应式原子论公式的概念是完全不同的——在行为主义的公式中乃是刺激决定着反应，而在拓扑（完形）心理学的人与环境关系式中，一切都决定于人与环境的相互作用。两者是不可同日而语的，前者只要外部刺激就可以获取被刺激者的必然的行为反应，似乎与外在环境如何无关，而后者则必须借助于环境的帮助，而且还要在“内部环境”（心）与“外部环境”（物）相互沟通的前提下，行为变化才可能发生。显然，前者只适用于动物的学习，后者才适用于人类的学习，因为人类的学习必须借助于环境生态作用的养护。换言之，舍弃环境生态的养护，“行为的变化”是不可能发生的。

---

① 这里的两个心理学公式 B=f(S)兼 B=f(PE)，参见勒温：《拓扑心理学原理》，高觉敷译，商务印书馆，2009。

二、生态含义的延伸

如前所及，英语教学的问题常常在将语言搞得死僵僵、硬邦邦，没有生机，没有活气，而本研究要解决的问题就是要让硬邦邦、死僵僵的东西富有灵气，重新活起来。基于此，解决语言生态环境的问题，便成为本研究必须回答的问题。

语言的生态环境既是一个语言应用的生态问题，也是一个个体学习的语境问题。按照本研究的假设，这个生态性语境就是研究者拟建构的教与学赖以发生的整体空间——"场"，只有在这个外设的生态化空间中，静态的、硬邦邦的语言材料才足以在言语活动中变作动态的、活生生的语用事实，而不至于将语言掐死在我们自己的手里。

换言之，语言的语境问题也就是学习的生态问题，因为在现实中，个体的心理（mind-cognitive）、生理（body-physical）以及外在环境（world-social）总是处在一个相互关联、相互作用的状态下的一个生态连续系统（ecological circuit）之中的，因而个体的认知、行为和学习都发生在这个连续系统之内，同时还必须借助于这个连续系统的客观生态功能而发挥各自的主观能动作用。显然，个体的发展正是依赖于这个生态连续系统的存在而求得效应的。或许，这正是本研究"'假于物''自得之'"教学观的生态学意义所在。

于是，本研究所拟定的"三维语境"所图解决的问题，归根结底就是一个使语言的课堂教学乃至语言的实际使用真的"真实"起来的问题，而果真"真实"起来的问题归根结底乃是一个解决语言的"生态语境"的问题。因为只有在一个良好的生态语境之中，语言的教学乃至语言的使用才会真正地“活生生”起来。

那么，本研究所要外设的这个生态化空间——“场”，应该是一个什么样的学习语境呢？如前所及，“场”是一个适合于“心”（心理环境）与“物”（物理环境）“对话”的“生活空间”①，是一个个体学习赖以发生的所假之“物”，即所谓之“生态语境”。

正是在这个意义上，“场”乃是一个以教与学的“对话”赖以发生的动态的教学环境。

小结

个体赖以学习的地方，应该是一个良好的“生态”空间。这个“空间”，即前文所建构的环境，即前文所假设之“场”。这里是从不同的视域中讨论同一个问题，而所突出的则是环境——“场”之“生态”性问题，因为只有借助于这样一个生态性的优良环境，即“场”所提供的外部条件，教育、教学才可能以其“少”见其“多”，以其“少”胜其“多”，将“先其天性，后其学习”的学事和教事办好。

参考文献

1. 布鲁纳. 教育过程[M]. 邵瑞珍，译. 北京：文化教育出版社，1982.
2. 戴本博. 外国教育史[M]. 北京：人民教育出版社，2001.
3. 方展画，颜丙峰. 后现代视野中的高等教育[J]. 教育研究，2003(8)：68—72.
4. 胡克英. 教学论研究[M]. 北京：教育科学出版社，1981.

① “生活空间”(life space)，是勒温拓扑心理学“场”理论中的概念，这里借指教学场中个体的生存环境，即语言教学及其应用所赖以执行的生态语境。

5. 夸美纽斯.大教学论[M].傅任敢,译.北京:人民教育出版社,1984.
6. 阎佩衡.英汉与汉英翻译教学论(*A Conversational Framework for English-Chinese and Chinese-English Translation*)[M].北京:高等教育出版社,2005.
7. 赞科夫.教学与发展[M].杜殿坤,等译.北京:人民教育出版社,1985.
8. 张楚廷.教学论纲[M].北京:高等教育出版社,1999.
9. Falchikov, N. *Learning Together: Peer Tutoring in Higher Education* [M]. London & New York: Routledge/Falmer, 2001.
10. Laurillard, D. *Rethinking University Teaching: A Conversational Framework for the Effective Use of Learning Technologies*, 2nd ed. [M]. London & New York: Routledge/Falmer, 2002.
11. Nicholls, G. *Developing Teaching and Learning in Higher Education* [M]. London & New York: Routledge/Falmer, 2002.

第五节 心理与物理之间的对话观

环境既以"心"(心理环境)与"物"(物理环境)两境而拟定,整体必以"心"与"物"两翼而合成,以至于学习之"场"则必以"心"(心理世界)与"物"(物理世界)两界而成就。于是,"心"与"物"的关系、"心"与"物"的"对话",遂成为不能回避的课题。如是,只好假于心理学的佐助了。

一、心与物之沟通

按照格式塔心理学的观点,心灵和外在事物之间蕴含着(一种)异质同构的关系,但是这种"异质同构",并不轻易地为个体所自觉,因而"心灵"(主体)与"事物"(客体)之间便需要某种非心非物或亦心亦物的东西作为"媒介"以资"沟通"心灵和事物(即主观与客观)的联系,以便促使“物”理结构顺利地得到“心”理结构的对应性反应。这便是“格式塔”(德语 Gestalt,意为完整的结构)赖以“完形”的动力学原理,自然也是本研究“心”(心理环境)与“物”(物理环境)对话(“交涉”)的动力学依据,而这里的“心”理结构就“物”理结构的对应性反应则无疑是作为主观行为和客观活动“合二为一”的结局——所谓非心非物或亦心亦物的“媒介”对心灵和事物——主观与客观的“沟通”。

可见,格式塔就是某种客体外在的结构(或者关系)经由某种“中介”的作用在人的心理结构(或者关系)中所产生的对应性显现。但是,这个“对应”却既不是单纯的客观事物,又不是单纯的主观意象,而是一种非心非物、亦心亦物的存在。换言之,那就是一种叫作“格式塔”的东西——一种经由主观意识“改造”过的客观存在。

显然,“格式塔”的形成——“完形”,或者经由主观意识所“改造”的存在,是以“心”(主观)与“物”(客观)的“沟通”或者联系为前提的,而这个作为“心”与“物”“完形”的形成或者“沟通”的结果,便是格式塔心理学所蕴含的所谓“整体”概念的内涵——一个“非心非物,亦心亦物”之整体,而这个整体的形成或者“完形”需要在某种特定的氛围或者特殊的语境中去实现,这个氛围或者语境便是本研究所拟定的“场”。

强调在整体而不是在部分(即零件或者要素)相加的总和中,考察物理世界和心理世界二者之间真实存在着的某种神秘的对应性同构关系,乃是格式塔(完形)心理学所揭示的方法(论)所在,也是笔者所图察明并应用于课堂教学的原理所存。

从格式塔的视域来看问题，一切事物的存在都表现为（某种）力的结构，因而虽然物理世界和心理世界的元素构成不同，但两者在力的结构（概念）及其原理上却是完全相同的。

因此，一旦在物理世界和心理世界的力结构中，构成某种相互对应的趋势并为某种动力性媒介所沟通时，主体就会进入一种物我化一、身心相融的境界，或者处于一种客体主体化和主体客体化的相互“渗透”的状态。在这种物我化一、身心相融的状态下，“心”与“物”或者主观与客观的存在是平等互动或者平行相随的，在这里并不存在所谓主导或者主次的（明显）区分，否则二者是不可能产生“化一”般或者“相融”式的效应的。

笔者以为，这种主客交融、物我合一的状态，及其心物相通的价值取向，在形而上的意义上应该是以“天人合一”的人文假设为其先导的，因而在实践上便有望比较客观地诠释天地宇宙、万事万物与人类“合作”的相互关系，又从而将研究者引向对这种合作关系的自觉追寻，并最终为本研究的“二外合一”式心物关系提供心理学的理论支撑。

在格式塔（完形）心理学中，人类借以达成这种物我化一或者心物相通状态的过程，蕴含着一种相互渗入的动力学趋势，这种动力学趋势又足以促成某种“场”的“共振”，而这种“场”的“共振”效应却正是作为整体的教学之“场”所图获取的“二外合一”之效应。换言之，这种物理世界与心理世界的“异质同构”所引起的“共振”性“场”效应乃是教学活动所求之不得的“言后意义”（perlocutionary meaning）——“效果”。

换言之，格式塔所揭示的逻辑是：当一定的“心理”存在受到一定“物理”存在的直接或者间接“碰撞”时，人的大脑与客观事物之间就会发生某种异质同构的“共振”，这种共振的强度决定着心物互动的趋势，影响着心物互动的质量。显然，从理论意义上讲，教学所追寻的“顿悟”，其实就是这种内部“格式塔”和外部“格式塔”一瞬间的嵌合[①]。

于是，从物理世界和心理世界的对应关系上考虑，如果说“学”的实质是规划、设计、建构或者改造心理世界的“内部结构”，以资同外部世界的真实结构相互对应、相互沟通的话，那么“教”的真谛恰恰就在于以恰当的方式（活动）“激活”学习者“内部结构”的“张力”，以便借“心理”的“紧张”之“力”[②]，使“心理世界”与“物理世界”在力的结构上相呼应、相沟通，从而达成两者“异质同构”式“合作”或者心物“合一”式嵌合。

在以上的假设中，如果说物理世界和心理世界的“异质同构”式“合作”或者心物“合一”式嵌合，是以（物）客“呼”（心）主“应”或者外呼内应的方式发生的，那么促成这种心物“同构”或者内外“合一”的方式或者“策略”就一定是足以促成这种“同构”或者内外“合一”的媒介。本研究将这种方式或者“策略”设定为足以促成教的活动与学的行为“合一”（合作）的（心物）“对话”。

“对话”之所以必要是因为：五官对无生命事物或抽象式样所发生的感触（情绪、情感和认知），并不是主体自身由内心投射到外

① 这里的基本观点，参见薛永武：“从格式塔视域看《乐记》中的心物同构”，《中国文化研究》，2008年第4期，164—169。

② 这里的“心理紧张”之“力”，是借勒温关于“心理紧张”概念的分割而用，兹谨识。

物中去的，而是外在事物特有的（组织）结构通过某种特殊的方式所激起的主体生理电力式样的心理对应物（阿恩海姆语）——反应，这同移情说的观点是恰恰相反的；然而，这偏偏是格式塔心理学原理给本研究所提供的重要启示。

用阐释学的观点来看，这里所说的“心理对应物”，就是主体的“前心理结构”对客观世界的对应性反应或者“理解”。自然，这里的对应性反应或者理解，尚有待于主体以自己的方式进行第二次“表达”，以便完成主体“心理反应”——“翻译”，即学习的全过程。

有研究证明，在主体兴趣或者注意力的关照下，客观事物足以激起人的大脑皮层中特定的电力式样，并与某种人类认知、情感和意志（本身）所具有的生理电力式样同形或者同构，因而这种事物式样就足以促成人类特有的情感表现。

足见：是“物”影响了“心”，而不是“心”改变了“物”，也正是在这个意义上教育、教学才是必要的、可行的。至于之后（学习之后）的“心”改变“物”，便是主体对自己理解的表达过程，那就同创造或者出新相关了①，因而就当另文叙述。

正因为这样，在研究者看来，勒温在其所创立的拓扑心理学研究中，将对动力的研究与动机以外的因素相联系，或者将个体的发展与外在环境因素联系起来的做法，便恰如社会语言学将个体的（语言）学习同社会语境（因素）结合起来一般，也恰同社会-认知派将二语学习同真实的参与结合起来一理，三者无一例外地遵循了哲学上从内因决定论经外因决定论而走向内外因共同决定论的基

① 同第 92 页注释①。

本路子，这个路数反映在学习理论的发展历程中就有了从自动型学习经他动型学习到互动型学习的基本格局。这应该说也是一个自然科学和社会科学需要共同遵守的规律性的东西。

于是，问题就在于：既然（首先）是“物”影响了“心”，而不是“心”改变了“物”，那么这个影响力之“力”，又从何而来呢？“力”（dynamic & dynamics），是人类一切活动的启动器，自然也应该是本研究心-物“对话”的发生源。

二、心缘物由之道

作为格式塔的代表人物，勒温的心理学原本就是一个动力学体系，因而有人（利维拉，J. Rivera）曾将勒温的研究称为“格式塔对行为动力学的直接贡献”，甚至直呼为“意向动力论”，有人（波林，Edwin Garrigues Boring，1886—1968）则干脆将勒温其人称为“动力心理学家”。

勒温首先提出了“张力”（tension，有人译为“紧张”，笔者注）的概念，认为当个体产生某种动机（或需要）时，其身体内部就会生成一种张力系统。在这个系统中，张力会随着动机的实现（或者需要的满足）而减弱；反之，如果需要不能得到满足，动机就会受阻，从而引起张力的增强。

勒温的第二个概念便是“行为动力”，认为推动行为的力量乃是需要和意志[①]。在心理学中，“动力”一词含有力、能量和活动（以及行为）的意义，而且其中还应该包括所有引起有机体行为变

① 参见宋书文等：《心理学词典》，广西人民出版社，1984，第229页。

化的内在(或潜在)的(各种)因素(申荷永,2011)或“力”量在内。换言之,“动力”本身应该就是一个结构或者“关系”的概念,因为它同时需要以某种特定的结构或者关系来激活或者引发。需要注意的是,在不同的心理学家那里,“动力”概念的内涵是不同的。在弗洛伊德的精神分析那里,动力是一种潜在的意识(欲)或者所谓“里比多”(力比多)的东西;在麦独孤(William McDougall,1871—1938)所倡导的“目的心理学”那里,动力主要是本能及其策动行为的目的[①]——显然,“弗”“麦”二氏的心理学在哲学上都属于内因决定论的范畴。

而在勒温那里,动力的概念则完全可以概括为一种心理的张力(紧张)系统,系统意味着某种结构,而结构的实质则是一种“关系”,在这个关系系统中勒温不但注意了需求和动力的关系,而且还强调了各种内在动力在同一个系统中的交互作用,以资揭示:没有关系,就没有相互作用,没有相互作用,就没有动力发生的命题,及其个体内在动力(心理场)与外在环境(物理场)之间的关系。笔者以为,这个命题及其关系所蕴含的乃是勒温的格式塔思维方式,即“场”思维方式。因而,勒温的动力便是场力,而这个场力便是场论所寻找的动“力”所在。

既然“张力”是一个系统,一种关系,“力”又发生在这个“系统”或者关系之中,足见“系统”本身就是(一种)“关系”,一种内在的关系,而这种内在关系——“格式塔”,尚需要某种外在的关系——

① 参见《辞海》缩印本“麦独孤”词条。辞海编辑委员会:《辞海》,上海辞书出版社,2010,第1261页。

“格式塔”来“激活”之，因为如上所及，乃是外在“物”影响着内在“心”，而不是内在“心”改变着外在“物”。换言之，产生于内在系统（关系）的“力”原本是由某种外在因素所引发的“力”。

原来，“‘力’在于关系——外在关系（格式塔）与内在关系（格式塔）的（相互）关系——这个内外关系之整合，便是研究者所图建构的学习之‘场’”（小言，2009）。因为，这个“关系”系统（“场”）揭示着主观内在动力与客观外在因素之间的关系，换言之，这个“关系‘场’”揭示着人与环境关系之关系。显然，本研究所追寻的学习之“场”原本就是一个完整的“关系”系统——“场”所代表的整体。从某种意义上讲，在场中，调动“力”就是调动关系；经营“力”，就是经营关系。

于是，“场”便不能不是一个关于人与环境关系的符号，而场论便不能不是一个关于人与环境关系的关系学。关系，意味着相互作用，离开了关系，就离开了相互作用，而离开了相互作用，就离开了动力的渊源，离开了人与环境关系的本源。这，便是“场”论所见的相互作用之原理所在。那么，在这个“关系”中，力是何以发生的呢？

恰如人们不能否认宇宙的存在一样，“场”的存在是一个毋庸置疑的客观事实——“场”的存在是不灭的，然而“场”的运作及其质量却有赖于“场”动力的“筹措”“安排”和“激活”。

“动力”，既然是决定有机体行为的内在（潜在）因素，这个潜“力”或者能量就应该是心理活动所引起的力量或者所发生的能量，因而它应该是包括动机在内的东西，这是不言而喻的。与弗洛伊德、麦独孤的生理学本能所引发的动力概念不同，勒温的动力是在一个心理“紧张(张力)”系统(关系)中发生的，在这个系统中勒温不但关注了需要和动力的关系，而且还强调了各种内在动力在这个系统中的相互作用，更重要的是勒温的“紧张”(“张力”)系统中还包含了个体内在动力与环境外在因素的关系。因为，勒温的动力概念是客观因素所引起的主观(能)动“力”的释放；本研究则在将这种外在关系所引发的内在关系之“力”拟定为“心”(心理环境)与“物”(物理环境)相互作用前提的同时，也将其看作(主体)内在环境“心”与(客体)外在环境“物”相互作用的结果。目的是就此找到“场”教学观的心理“动力”学的支持，从而取得学习之“场”动力渊源的理论依据。

离开了内在动力的作用，外在环境就是无能为力的；而离开了外在环境的“牵引”，内在动力则是无从发生的。这个外“牵”内“动”式的相互作用，便是学习“场”借外在“内容”的活动化“施”之于外与内在“需要”的行为化“行”之于外所达成的“二外合一”赖以发生的根本原因，也是学习之“场”借以发生“场力”的基本方式。

勒温认为，只要个体内心存在一种内在的需求，就意味着个体心理存在一种处于紧张状态的系统，系统借助于这种“张力”的释放为心理活动及其行为提供动力(能量)，而为这种因需要而“紧张”、由“紧张”而释放的状态提供机会的则一定是外部(环境)影响的作用，勒温则将它解释为外部“目标”的吸引。

显然，紧张系统乃是个体心理活动及其行为表现“力”之所以发生的内因——源发处，即本研究所谓的心“源”或者内“缘”。

勒温通过实验证实了“一种目的或一种意向，可以形成一种准需求，从而滋生具有动力学意义的紧张系统”。勒温（接着）说：“只要需求未得到满足，一种与目标相连的力便存在，并引导着朝向目标的行为（活动）。”

勒温的预见是：一件需要完成的任务，就是一个准需求，并且会随之引发相应的心理紧张；一旦工作完成，紧张就会消除；而一旦工作受阻，心理紧张就会继续，并且继续影响个体的心理活动及其行为。勒温的学生蔡加尼克的实验证明了这个假设：被试者对未完成的工作的回忆量平均为68%，对已完成的工作回忆量为43%，而这个发现则被称为蔡加尼克效应。由此，勒温便认为：“一种目的或一种意向，可以形成一种准需求，从而滋生具有动力学意义的紧张系统。”显然，引起个体“需要”、引发系统“紧张”的外部目标、任务才是个体心理活动及其行为表现“力”之所以发生的外因——引发器，即是本研究所谓物“由”或者外“由”。

因而，本研究所谓教学内容的“活动化”，常常就是教学工作的任务化、“目标”化，并且以“活动”的方式施之于外，以滋长个体内在的“需求”（“紧张”）并以“释放”（“张力”）的方式“行为化”，从而使“需要”行之于外，达成教学所追寻的“二外合一”。

波林也曾注意到，勒温的紧张（tension）一词，是与注意（attention）和意向（intention）有关的；如上所释，笔者则以为这里还应该再加上一个环节——“释放”（release），并进而强调：（或许）这一概念——“释放”的应用，仅仅是为了标志某种动力心理学意义的实际存在而已。因为这里所要强调的乃是一个过程的概念，一个动态的流程，而不是静态或者静止的步骤（step）。而且，“释放”本来就是心理需要在“行之于外”的过程中不可缺少的一个行为。

注意，在勒温的动力理论中，行为或心理活动的目标也是具有一种力的功能的。因为，目标会变成个体的内在“需要”，以动机的面目出现而化为某种“内驱力”的，勒温将这种足以引起“内驱力”之“力”称为“引拒值”(valence)，认为正的引拒值具有吸引力，负的引拒值则具有排拒力，所以人的行为便可以在由于内在需要及其紧张所吸引的同时，还可以由于目标本身的负引拒值所排拒，所以在需求的强度增加时，与需求相关的目标引拒值也会增加；自然，引拒值的增加，又会反过来增强需求的强度。

可见，在勒温的动力理论中，人与环境是密切相关的，于是他的“(心理)紧张系统”中就必然将人与环境的关系——紧张与目标的相互作用包含在内，从而构成或心“缘”物“由”、或人“缘”与境“由”、或内“缘”与外“由”的(相互)依存关系。这里所形成的同样是外在环境(目标)的“牵引”和内在环境(需要)的“驱使”合而成就的“二力合一”之趋势。显然，“紧张系统”仍然是一个“内”“外”因素所合成的结构——“心理场”，即“心”理环境。于是，这个“心理场”或者“心”理环境尚需要同外在的“物理场”或者“物”理环境共同构成人与环境的关系之“场”，即勒温所谓个体的(整个)“生活空间”(life space of person)。内在的“心埋场”或者“心”理环境及其外在的“物理场”或者“物”理环境，在勒温的心理学中有时也被称为“心理宇宙”和“物理宇宙”，而二者的合成则被称为物理现实的联合(the togetherness)[1]，亦即“生活空间”。

① 参见勒温：《拓扑心理学原理》，高觉敷译，商务印书馆，2009，第69页。

既然“场”是一个“心”(心理场)“缘”与“物”(物理场)“由”的关系体系,那么“场”论就必然是一种关于何以取得“心”“缘”与“物”“由”效应的关系学,这便是勒温心理学所还原的人与环境关系的实质及其动力学原理给予本研究最基本的理论支撑。

由是,内在动力何来?盖“由”外在环境(目标)的“牵引”而生成,谓之“由”;外在的“活动”何以引发“牵引”的“力”?盖“缘”内在环境(需要)的“释放”而表现,谓之“缘”。此,实乃客(观)“呼”,主(观)“应”之“合作”“合力”者是也;此之谓相互作用所以发生之奥秘,此之谓“二外合一”所由产生之缘由。

所谓客之“呼”,就是将外部环境的内含“活动化”并“施之于外”,其所根据的基本理论是苏联列昂节夫(Leontiev, Aleksei Nikolaevich, 1903—1979)的“活动理论”(又不尽相同),其所涉及的具体问题却完全是一个关于教学(干预)方式的策划及其具体策略的设计,其所呈现的方式就是将需要执行的教学方案“活动化”,其实质是一个“由外而内”、由浅而深、由深而入的教学感召力(influence);至于主之“应”,就是内部环境的动力释放,则基本依据勒温的理论设计,其流程应该是由紧张(tension)而注意(attention),由注意(attention)而意向(intention),由“需要”在目标的“牵引”下而“释放”(release),其表现方式就是“行为化”并“行之于外”,其实质是一个由内而外、由静而动、由动而放的心理动力释放。显然,由“活动化”的“施之于外”与“行为化”的“行之于外”两者所合成的结局——“二外合一”,即“二力合一”,才是心-物“对话”——“场”运作的最终追寻。换言之,由于(外部)刺激而“紧张”,由于(内在)紧张而释放,由于(向外)释放而合一,由于(内外)

合一而合力之动力学方式，乃是勒温心理学给予本研究学习“场”的动力学原理及其“场”运作的动力学方式所在。

本研究的“二外合一”设计，之所以需要一个“内外合作（合力）”的方式来实现，乃是因为静态的心理结构（“知情意”），需要一个动态的“紧张系统”来启动，而内在心理的“紧张”化则需要由外在“目标”的“活动化”来“诱导”，来“牵引”。正是在这些基本问题上，勒温的“动力心理学”原理支持着学习“场”运作的基本假设，而本研究则借勒温的内部“紧张系统”和内外合一的“生活空间”，建构了本研究相互作用的基本方式——关于学习的“心-物”对话之“场”。于是，勒温关于人与环境关系的动力心理学便不能不成为“场”论赖以支撑的基本理论。

三、紧张系统与生活空间

在勒温的动力理论中，“紧张系统”是一个内在的系统，表现为一种“力”的趋势，勒温用“引拒值”（valence）表示这一趋势。这是一种由于外部“目标”的影响而发生的心理现象，是一个有待经由“行为”的驱使才足以“行之于外”的心“力”，而这个“行为”却不能单靠外在“目标”的吸引而实现，因而在本研究的设计中这个“行为”是靠“目标”（内容）的“活动化”来“牵引”（或者“激活”）的，就像相互作用不能单靠目标的默化而发生一样，心理不能单靠目标的吸引而发展，因为人的心理只能在“活动中发展”（列昂节夫语），而“活动”是需要在另一个空间中进行的，这个空间就是一个“心理宇宙”和“物理宇宙”合成的“生活空间”。这个由两个“宇宙”合成的“空间”在本研究中则是以“心”理环境和“物”理环境合而成就的“场”所取代的，因为那里才是相互作用赖以发生的地方。

勒温的“紧张”(tension)，始终都是处于一种内在(系统)的态之中，因而要理解“紧张”，就必须理解这个内在系统的意义，从而对需求与紧张、紧张与目标、目标的吸引力与排拒力(三对范畴)的关系以及各种“力”的相互作用都有所了解。因为紧张是一个内外合力(相互作用)造成的反应，而不是个体单方面“给力”而造成的结果——离开了外部的“目标”的“牵引”，内部的“紧张”是无从发生的。

值得注意的是，在内部系统中，引拒值动“力”也是有“正”“负”之分的。正的引拒值具有吸引力，负的引拒值具有排拒力，因而“心”(缘)与“物”(由)所发生的动“力”就会相应地具有“吸引”性和“排拒”性。

勒温的高明在于，他是将促成行为的动力作为一种关系来处理。其实，如上文所及，“力”本来就是某种关系的产物或者说“力”的本质在于关系，同时将动力的本质则概括为包括人与环境在内的各种“力”相互作用所结成的心理紧张系统。显然，这便是勒温的动力观区别于他人的地方。在勒温这里，“力”是一种关系，它所揭示的原理是：力，在于关系，或者“力”需要借助于某种关系而发生；力，又得依赖某种关系而存在，以便使“力”的发生变为现实。这个“关系”就是勒温所谓的个体的“生活空间”(life space of person，LSP)，亦即心理动力“场”。

在勒温看来，人本身就是一个复杂的能量系统，它是由认知、情感、欲望、意志等系统构成的“心理宇宙”同外部由准物理、准社会和准概念事实[1]等组成的“物理宇宙”构成个体独特的生活空间。这个生活空间便是个体行为赖以发展和改变的心理动力场(psychodynamics field)，也正是在这个心理动力场中，个体的行为(B)便假于“物理宇宙”，并通过内在“心理宇宙”(P)和外在“物理宇宙”(E)二者的相互作用而发展、而变化，勒温则假于 B＝f(PE)＝f(S)[2]的公式表示个体行为变化的规律，并用以描写行为是人与环境的函数或者行为是心理生活空间的函数这一事实，从而揭示了人与环境关系中所蕴藏的秘密。

勒温的老师卡西勒尔(Ernst Cassirer，1874—1945)说，勒温的紧张系统说是在苛勒的场论的基础上提出来的。勒温乐于借“紧张”一词的蕴含来叙述动力发生的道理，恰同弗洛伊德喜欢借用日常生活的用语一般，勒温比弗洛伊德高明的地方只在于他给这些用语的意义赋予了科学的分析和实验的证明而已。勒温认

---

① 在勒温用以衡量客观存在对个体行为影响的标准中有一个原则，那就是：只有“实在的才是有影响的”。于是，依据这个标准或者原则，勒温在描述个体的心理环境(生活空间)时，便总是以是否对于个体当下的状态发生实际影响的事实为依据。因此，在勒温的逻辑中，那些客观外在的一般物理事实便必然地被推演为“准”物理的事实，一般的社会事实便相应地变成准社会事实，而一般的概念事实便顺理成章地变成了准概念的事实。自然，(心理)生活空间中所有准物理、准社会以及准概念的事实，也不必完全代表其相应的客观的物理、社会以及概念的事实，(因为)一个人的生活空间之内的“准”物理事实的改变常常是物理环境客观变化的结果，而且“准”社会事实对一个人所发生的影响也未必一定要通过知觉的过程。足见，虽然在一般意义上，物理环境的变化是心理环境变化的必要条件，但是有时心理环境的变化却可能是物理环境变化的直接结果。这里的确有一点在“心”言心，而不是在“物”言“物”的味道了。我们只需将它看作“心-物‘对话’”中的特殊个案就是了。这些观点，参见《拓扑心理学原理》附录：有关拓扑心理学的几个理论问题。

② 在勒温的公式中，既然 B＝f(PE)＝f(S)，那么 P＋E＝L(L 即 S，亦即“生活空间”)，详见马罗的《勒温传》(英文版)，第 37 页。

为，一个人就是一个复杂的动力场，其一切行为都会在一定的时间内依据这个场的情况而发生变化。既然"紧张"发生在人在需求或欲望之际，"紧张"的产生与解除就一定构成人心理活动的动力和原因。这或许正是勒温特别重视意志、需求和人格等主观因素的内在"动力"所缘[①]。这或许也正是教育者所经常讨论的"将外在需要转化为内在需要，将客观意志转化为主观意愿，将外'物'的'目标'转化为内心的'冲动'一类的心理机制所由"。或许，只有解决好这个外在向内在、客观向主观及其外"物"向内"心"转换的"心理机制"问题，教学所追寻的"二外合一"才会有变为现实的必要条件。显然，对一个完整的学习情景——教学场而言，"紧张系统"绝不是一个可有可无的组件[②]，而是一个非此莫属的构件。

四、几个概念与心物完形

1. 勒温借"心理宇宙"和"物理宇宙"所合成的"生活空间"，即是本研究假"心理环境"兼"物理环境"合而成就的学习之"场"。

2. 学习之"场"，原本就是一个心理动力之"场"（psychodynamics field)，因为按照勒温的设计，在这个心理动力之"场"——"生活空间"中，包括着在一定时间内决定个体行为及其心理活动的所有"准"事实，因而在这个"决定个体行为及其心理活动的所有'准'事实"中，就必然包括了个体"生活空间"中源于心"缘"与物"由"、"客"呼与"主"应或者外"牵引"与内"释放"所引起的一切"活

① 勒温：《拓扑心理学原理》，高觉敷译，商务印书馆，2004，第 255 页。

② 同上注，第 2—11 页。

动”与“行为”的“准”事实。于是，这个“生活空间”，便不能不是本教学论借以实施“使之活动”“使之行”并达成“‘活动’施之于外与‘需要’行之于外”式“二外合一”的教学空间——学习“场”，而为了理解并预测个体行为的变化，研究者就必须把个体及其环境看作是一种相互依存变量的集合体——整体，这也是勒温心理动力场思想的基本原理。

3. 既然“紧张系统”构成了“心理宇宙”的内在动力之“缘”，从而使“心理宇宙”成为一颗“能动”之“心”，那么作为外在动力之“由”的“物理宇宙”则必然成为一个“使动”之“物”。

4. “能动”之“心”和“使动”之“物”所合成的“生活空间”就是一个人与环境相互依存的整体世界，一个内、外合作的（动力）“关系”之“场”——心理动力之“场”。

5. （正是）因为“能动”之“心”和“使动”之“物”之间的交涉——“对话”发生在这个心理动力之“场”中，教学（活动）才足以酝酿“激活”对话的机遇，以资取得个体行为变化的学习效应。

6. 在这个心理动力之“场”中，教师正是通过“能动”之“心”和“使动”之“物”的相互作用来“建构”和“经营”教与学的环境的，其追寻是正引拒值（吸引力）的最大化，以及负引拒值（排拒力）的最小化。这是不言而喻的。

这里在涉及本研究人与环境关系的时候还必须补充一句，那就是蕴含在“场”中的“心-物”对话，其“心”，就是指个体内存的心理世界，同勒温的“心理宇宙”相对应，其动力则源自“紧张系统”，且以个体心理需要的“行为化”的方式“行之于外”，从而为教学提供(释放)契机;其“物”,则是指包括教师[①]在内的所有外在的“准”物理世界,同勒温的“物理宇宙”相对应,并以教学内容的“活动化”的方式“施之于外”,以资为“对话”提供(预备)概率,从而为“二外合一”的教学结局铺设前提。

勒温的动力心理学,正是通过对心与物“宇宙”关系性的诠释,将人与环境的关系纳入动力心理学的视域,并在区别于其他实体性生理解释的同时,为本研究之场的“心”与“物”对话观——相互作用观,提供了可靠的理论支撑——因为只有构成(内外)互动之“关系”,才能获得(实际)发生之“动力”,否则“动力”的产生便成为无源之水,无本之木。又正是在厘清“心理宇宙”和“物理宇宙”之相互关系的同时,勒温的“动力学”才具有了(社会)教育学的意义,也正是在这个维度上勒温的“动力学”为本研究“能动”之“心”与“使动”之“物”合成的“生活空间”之场“动力”的发生提供了直接的动力心理学支持。从学科发展的意义上讲,乃是从生理学的实体内因论经心理学的个体内因论到拓扑心理学的心物关系论的范畴转变,亦即从实体经个体到内外关系的视域转变,为本研究教学场论的客“呼”主“应”观提供了理论依据。

同勒温的行为公式直接相关的,就是他为生活空间所提出的一个动力学原则。这就是:“实在的(才)是有影响(力)的。”换言之,有影响(力)的才是实在的,或者只有实际发生的才是影响个体发展

① 在本研究的“心-物‘对话’”场中,教师是以环境的方式“影响”学习的,因而教师就是所谓“物理环境”中的必要成分。况且,按照勒温的设计,在这个心理动力之“场”(生活空间)中,包括着在一定时间内决定个体行为和心理活动的所有事实,足见这个设计是符合勒温的理论的。

的。于是，在学习之“场”中，便只有对“能动”之“心”发生影响的“使动”之“物”才是有效的，或者只有对个体之“行”发生影响的“活动”才是有效的。换言之，不能促成“二外合一”的“对话”是没有影响（力）的，因为“教”的意义在于是否对“学”发生了实际的影响力。

只有“实在的才是有影响的”，乃是勒温用以衡量客观存在的基本标准。因而，勒温在描述个体生活空间的时候，便仅以是否对于个体当下的状态发生实际影响的事实为凭，而那些其他客观外在的事实便必然被顺理成章地推演为“准”物理事实、“准”社会事实及“准”概念事实，等等。勒温在“事实”的前面，加上一个“准”（quasi）字，用以指代那些可能而尚未对个体发生影响的事实。显然，教学所借之“事实”，乃“准”事实；教学所借之社会，乃“准”社会；教学所借之概念，乃“准”概念，因为它们同对个体心理环境发生实际影响的事实是有距离的、有区别的。正是在这个意义上，教学所假的外在“事实”就需要经“活动化”而“施之于外”，并在个体内在需要“行为化”——“行之于外”的情况下，谋求客“呼”主“应”式“二外合一”所达成的教学影响力。可见，在人与环境的交往中，心理宇宙与物理宇宙的实际交涉是有前提的，因为勒温设计中的物理宇宙是一个“准”物理宇宙，因而它对于心理宇宙而言，还不能成为“实在的”“有影响的”事实。换言之，相对于心理宇宙，物理宇宙只是一个潜在的“宇宙”。足见，心理宇宙要实现同物理宇宙的直接交涉，尚需要一个“中介”（程序）的佐助。依据上文的推演，这个“中介”（程序）的功能便是变“准”物理宇宙为“实在的”“有影响的”物理宇宙。因为处在“准”物理宇宙——“场”中的“事实”，在“活动化”并“施之于外”之前，还属于“准”事实的范畴。可见，“准”事实的“活动化”并“施之于外”的“使动”乃是变

“准”物理宇宙为“实在的”“有影响的”物理宇宙的关键。不过“活动化”所完成的只是“物”的作用，即所谓客“呼”的作用。那么，作为相互作用另一方的“心”的作用又何在呢？依据上文的逻辑，“心”的作用则一定是个体心理需要的“行为化”——“行之于外”的“能动”。由是，“活动化”与“行为化”合作了；“施之于外”与“行之于外”合一了；“使动”与“能动”合力了；客“呼”与主“应”达成了。一句话，心“缘”与物“由”兑现了，心理宇宙同物理宇宙的直接交涉才完成了。毕竟，“对话”的实现、“交涉”的完成有赖于“活动化”与“行为化”的合作，有赖于“施之于外”与“行之于外”的合一，有赖于“使动”与“能动”的合力。

至此，本研究便完成了心理环境与物理环境相互作用之“媒介”的构建，这个“媒介”便是内外合作、心物合力式活动与行（为）的“二外合一”。显然，这个“媒介”是一个既亦心亦物又非心非物的东西，即精神与物质合一的东西。认识这一点是重要的。

自然，（心理）生活空间中所有准物理、准社会及准概念的事实，也不必完全代表其相应的客观的物理、社会及概念的事实，（因为）一个人生活空间之内的“准”物理事实的改变常常就是物理环境客观变化的结果，况且“社会事实对一个人所发生的影响也未必一定要通过知觉的过程”。这就是说，虽然在一般意义上，物理环境的变化构成心理环境变化的必要条件，但是有时心理环境的变化也可能直接导致物理环境的变化。这里，的确有一点在“心”言心，而不是在“物”言“物”的味道，只是不能作为一般趋势来对待就是了①。

---

① 以上观点，参见《拓扑心理学原理》附录中有关拓扑心理学的几个理论问题。

生活空间——心理动力场中的(所有)事物(因素)都存在着对个体行为变化潜在的影响力,但并不是(所有)事物(因素)都会对个体行为变化发生实际的影响力。可见,勒温的生活空间——心理动力场既不是纯粹的生物环境,也不是考夫卡(Kurt Koffka,1886—1941)意识中的行为环境。生活空间——心理动力场只以对人的行为发生实际影响的事物为存在标准,将"心"与"物"融为一个共存的整体,从而表现其作为整体所具有的格式塔性质——"心"与"物"的相互关照,因而其中任何一方的变化都应当引起另一方相应的变化,但其变化必然与整体相关,因为当"主"与"客"融为一体而表现为完形或者整体的时候,二者是不分主次甚至内外的。显然,"主"与"客"二者的关系便只能是平行的,并且表现为动力方向上的相向性。这一点,正好为本研究作为"主"体与作为"客"体的学生与教师关系"平行"观,提供了理论的诠释,同时又与"场"中论"心"与"物"经"二外"——"行之于外"与"施之于外"而"合一"的假设相呼应。

勒温的动力学研究是在整体观的统筹中展开的,勒温就行为和"心"力的关系研究是在生活空间——心理动力场的关照下进行的。换言之,正是这个动力学整体连同其心理动力之场一起成就了勒温的场论——人与环境的心理学。本研究则试图:假于"客"与"主"合而成就的"整体",通过"物"与"心"经由"二外"——"施之于外"与"行之于外"而"合一"所形成的"合力",以"对话"的方式建构学习之"场"——"物"与"心"或者"客"与"主"的关系学,所谓《英语教学场论》。可见,本研究之学习"场"只能是一个"动力之场",只是其"动力"(或者"场力")的发生需要借助于以心-物"对话"方式所激活的相互作用来兑现而已。

这样，勒温的行为公式便同样可以在本研究之个体“生活空间”——“心”与“物”之“场”中发生效应了。因而研究者便可以断定：发生在这个生活空间中的行为（身心）变化便既是人与环境的函数，亦是生活空间的函数；其公式仍然是：B＝f(PE)＝f(LS)(Behaviors＝function〈people·environments〉＝function〈life space〉)；其中所隐藏的，自然是研究者追寻已久的个体（身心）发展奥秘，兹以下图揭示这个“空间”——“场”的工作原理：

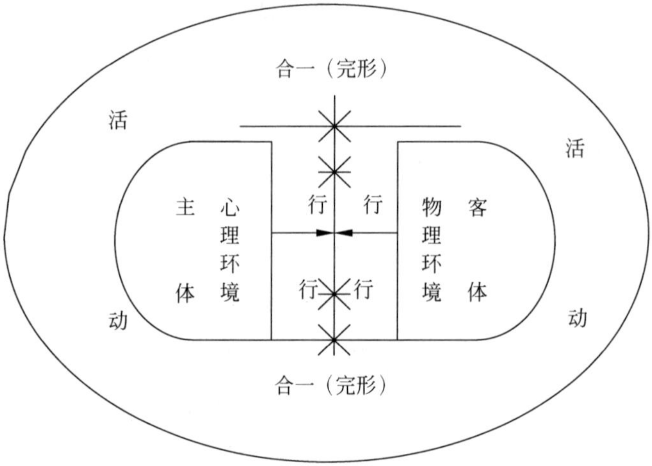

图1　个体“生活空间”（“场”）中的心物“对话”示意图

说明：

(1) 环境在场内一分为二：

心理环境与物理环境（心理场与物理场）；

(2) 主客在界外合二而一：

客体物理内容“活动化”→活动（“施于外”）→“呼”同主体心理活

动"行为化"→行("行于外")→"应"→二外合一→对话(注:非合一则未必对话);

(3) 中央交点为切割点(或称切合点或固定点);

(4) ←→表示主体、客体以一"呼"一"应"的方式交涉,即"对话"。

注:

① 关于环境在"场"内一分为二:

学校教育的环境是一个整体的、系统的育人场合。研究者将这个场合拟定为"场"(以便为环境划定一个基本范畴;这个范畴是一个教育者与受教育者共同作为的氛围),又在"场"的界内将环境一分为二,区别为"心理环境"(主体)与"物理环境"(客体),如图所示。

这里对"物理环境"(客体)的扩展是:一个包括教师及同等角色的人在内的一切外在"事实"——客观存在的"物",这个"物"指教育内容的"物化",其中的人被拟定为"物中人";与此相对应,主体的"心理环境"则被紧缩为:主观存在的"心",从而把人与环境的关系界定在"心"与"物"的交涉之间。

② 关于主客("心与物")在界外合二而一:

目的在于,令以主体的内部世界而存在的"心"与以客体方式所承载的教学内容"物"交相融合,而不仅仅是主体(本身)与客体(本身)的交处一室,这才是"整体"的本质。

勒温曾用"人与环境的心理学"来表述他的动力心理学理论,或许本研究者可以借"教与学的关系学"来表述这里学习之"场"的对话原理。勒温说,一旦介入人与环境的关系,"我们的注意中心也就从客体转向了过程,即从状态转向了状态的变化",而"从状态转向了状态的变化"所需要的是个体行为变化的动态过程而不是静止的情形，因为一旦“超越”（离开）了“过程”，就谈不上个体的发展；一旦离开了“变化”，便谈不上生命的发展。

勒温认为，在任何心理过程中，内在的力与外在的力都会由动力过程（本身）来改变，因而动力的意义便完全体现在这一过程之中。勒温的心理学总以“朝向目标的行为”研究而著称，本研究的设计则是：假以“使动”之“物”的活动化牵引的“能动”之“心”的行为化，来完成这一经由“二外合一”而“合力”的动力过程。

基于勒温对动力模式的理解和解释，动力模式是一个“准稳定（平衡）的过程”，并且正是由于稳态的失调引起了有机体紧张状态的产生（平衡被打破），从而促使有机体再一次通过适应性行为与外部世界“协同”——“对话”来获得新的平衡。显然，只有当需求打破了原有的心理平衡，才会引起个体的心理紧张，也正是“由于某一点上的平衡状态被打破了，因而朝向另一种新的平衡状态的过程便开始了”。法国生理学家贝纳德在1859年提出了著名的有机体内外环境论，认为生理学环境同社会学环境不同，并提出了内环境相对稳定的假设——在生理学的意义上，内部环境是保持相对稳定而不受外部环境影响的，这种情形被界定为一种相对稳定的心理状态。然而，稳定的状态并“不是表示某种固定不变的事物或一种停滞状态，而是一种可变而又保持相对恒定的情形”。正是基于贝纳德“内环境”及其（相对）稳定的概念以及勒温关于动力模式的诠释，本研究拟定了学习“场”之“平行（平衡）-不平行（不平衡）-平行（平衡）”，即“活动-行-合一”的动态运作流程，以资显现个体（心理）“紧张系统”的工作状态。

其内涵是：在原有“平行”教学关系中处于“准稳态”的内在（心

理)“需要”,由于外在环境“活动化”并“施之于外”的“激活”(牵引)而“行之于外”,在经由“二外合一”式“对话”的“协同”之后,再度取得“准稳态”——“平衡”,并同时恢复原有教学关系的“平行”状态,从而完成一个“平行(平衡)-不平行(不平衡)-平行(平衡)”,即“活动-行-合一”的周期。教与学的“协同”——“对话”,正是在这一周而复始的“准稳-失稳-准稳”的运作流程中求取效应的。换言之,这就是本研究学习之“场”——个体“生活空间”所图反映的“教”与“学”——“客”与“主”,或者“心”与“物”相互作用——“对话”的真实内涵及其实际表现,并以“平行(平衡)-不平行(不平衡)-平行(平衡)”,或者“活动-行-合一”的方式来表示这一周而复始的心理动“力”运作流程。

这一流程所图描写的事实是:在学习“场”——个体的“生活空间”中,一旦离开了“教”与“学”,或者“客”与“主”,或者“心”与“物”的相互作用——“对话”,“教”作为环境的“影响力”便不复发生——影响“力”是潜在的,而个体心理“需要”是“隐形”的,只有在这个“准稳定”(平衡)状态被打破并与外在的“牵引”协同“合一”之后,才可能回复再一次的“准稳定平衡”状态,从而又为下一个过程的开始做好准备。正是这一流程的周而复始促成了个体心身的不断“蜕”变,并最终达成“长迁而不返其初,则化亦”的教学效果。勒温将这一心理变化的动力过程视为一个生命发展的过程,于是本研究依此追寻的行为“蜕”变,岂不就是一个身心发展的生命历程?

五、行为公式与心物函数

1. 人的尝试和环境的功效会因案例而不同，毕竟“每一个心理事件都取决于人的态度及其环境的作用”两个内、外迥异的“场”因素而不仅仅由其中任何一方所独立决定，其公式是：B(行为)＝f(PE)；其功绩在于：替代了行为主义刺激-反应式原子论公式，又同联想主义的推论严格地区别开来。显然，这是一个心理学意义上的整体情境，即：人(P)和环境(E)合而就的“场”；其演绎是：在“场”中，人的发展乃是心-物“对话”的函数；其延伸是：在“场”中，人的发展乃是“二外合一”的必然、客“呼”主“应”的结果、内外“完形”的结局。毕竟，在“场”中，个体行为的变化乃是同“心理的事件”的发生直接相关的——“行为”的变化或者每一个“心理的事件”的发生都取决于个体的状态及其所处的环境，其结局可能是：或“境”虽相同而人不同，或人虽相同而“境”不同，都可以引起不同的行为；即便是同一个人，在不同的时间对相同的环境，也会表现出不同的行为来；即便是同一情境，也会出现意识不同、反应各异的结果。这都是行为就是人与环境函数的真实反应①。

2. 只要在生活空间中的事物(因素)，都会对个体行为发生影响，都可能成为生活空间的必要组件。因而，本研究对“场”中存在的界定是：除了将个体的心理存在界定为“心理环境”外，所有心理存在以外的物理存在——人与物，统统划归于“物理环境”，人是会说话的“教师”，物就是不会说话的“教师”，以便将所有“影响力”都

① 参见《拓扑心理学原理》1942 年版译序。

计算在内。

3. 作为“心理动力场”的生活空间，是一个“主”与“客”，即“心”与“物”合一的整体，以是否对个体的行为发生实际影响为标准，表现其整体的格式塔性质——其中任何一方的变化都可能引起另一方的变化，并且都同整体的功用相关。“场”中，个体的任何变化都视为物理影响“施之于外”与心理尝试“行之于外”的“二外合一”对个体的行为变化的实际影响“力”所在，以便将“人与环境”的关系包含其中，以便将“场”的意义尽含其中——“力”在场中发生，“力”因场而发生。

4. 在(心理)“生活空间”中，物理环境是相对封闭的情境，因为(外部)环境不可能将外部世界所有的影响都包含其中；而心理环境则是(相对)开放的情境，因为它随时都可能受到“境”外的影响。

5. 在某种意义上，在“心”与“物”对话中，乃是“人”的态度而不是环境的作用决定着行为的变化——“性格决定人生”所指的或许正是心理环境在某种程度上的决定作用，而不是物理环境所发生的客观影响。因此，如果真的需要个体在某种外部“压力”的驱使下接受某种事物的影响，除了让他进入状态之外并没有别的方法可以使用。

6. 环境，并不是指纯粹的客观环境，而是一个具有人文意义及其影响的情境；环境，也不是考夫卡所谓由地理环境场所代表的物理场或者行为场及其他场所[①]，而是可能对个体发生影响的所有事物组成的整个情境或者客观存在。因而，“教师”就是学习

① 参见宋书文等:《心理学词典》，广西人民出版社，1984。详见“考夫卡”词条。

“场”中物理环境的必要成分。

小结

在科学发展的历程中，如果相对论（爱因斯坦）的功绩在于证明了“场”的存在，那么进化论（达尔文）的功绩便在于拒绝了“外因主宰”一切的方法论，从而暗示了社会达尔文主义之“假设”的存在；在语言学的进程中，海姆斯等的社会语学的设定打破了乔姆斯基心理语言学的一统天下，从而揭示了社会认知语言学视域的必然规律；在心理学发展的长河中，勒温走出了弗洛伊德“力比多”主宰行为变化的权威领域，从而宣示了“人”与“环境”关系的相依为用；其实，所有这些却并没有走出哲学上“由‘内因决定’经‘外因决定’到‘内外因共同决定’问题”的基本路数。那么，关于教学的假设，是否可以走出“教”的定势而逼近“学”的路子，并且假于由“人格论”经“环境论”而“场”论的路线，试着走一条区别于以往的路子呢？文至于此，才似乎有了点眉目。

由“心物关系”经“紧张系统”而“生活空间”，所描写的乃是勒温心理动力“场”的理论。

在心理学领域，如果说弗洛伊德是内在论，勒温则是内外合作论，其合作流程是：先由外而内，以“物”牵动“心”，即由紧张（tension）而注意（attention），由注意（attention）而意向（intention）；后由内而外，以“心”随从“物”，即由意向（intention）而行为（behaviour），由行为（behaviour）而释放（release），“前”与“后”相反而相成，相向而同行，这便是勒温“朝向目标的行为”的心理动力“场”理论。这一理论，对教学“场”而言，既构成了必要前提，又成为了充分条件——既是“完形”的前提，又是“整体”的条件。毕竟，“心”与“物”也需要在相反而相成、相向而同行的流程中完成它们之间的“对话”。

于是，这里所呈现的情形便是：格式塔的心理学确定了“整体”（“完形”）的理念，而（勒温的）动力心理学则除了勾勒了一个整体的形象——“生活空间”之外，通过“心理动力场”的理论，同时为这个作为“整体”之“场”的“激活”找到了它的动力心理学“渊源”，这就是个体内在的心理“张力（紧张）系统”。

正因为如此，利维拉(J. Rivera)曾把勒温的研究称为“格式塔对行为动力学的贡献”。那么，场“力”何“缘”？盖缘自个体之“紧张系统”；场“力”何“由”？或由“‘外牵’而‘内动’”，或由“‘客呼’而‘主应’”，或由“物‘激’而心‘活’”，如此而已了。

参考文献

1. 布鲁纳. 教育过程[M]. 邵瑞珍，译. 北京：文化教育出版社，1982.
2. 曹天予. 20 世纪场论的概念发展[M]. 上海：上海世纪出版集团/上海科技教育出版社，2008.
3. 晨梅梅. 探索与变革：转型期的英语教学[M]. 北京：商务印书馆，2004.
4. 陈菊，熊宜勤. 论对话教学的交往性特征[J]. 广西师范大学学报（哲学社会科学版），2007(1)：110—113.
5. 丁子江. 思贯中西（思索者文丛）[M]. 北京：中国工人出版社，2003.
6. 高觉敷. 西方近代心理学史[M]. 北京：人民教育出版社，1982.
7. 高宣扬. 后现代论[M]. 北京：中国人民大学出版社，2010.
8. 胡化凯. 爱因斯坦坚持场纲领的原因[J]. 大学物理，1999(8)：30—35.
9. Л. Д. 朗道，E. M. 栗弗席兹. 场论（第 1 版）[M]. 北京：人民教育出版社，1959.

10. 勒温. 形势心理学原理[M]. 高觉敷,译. 台北:正中书局,1944.
11. 勒温. 拓扑心理学原理[M]. 高觉敷,译. 北京:商务印书馆,2004.
12. 皮亚杰. 发生认识论原理[M]. 王宪钿,译. 北京:商务印书馆,1997.
13. 盛炎. 语言教学原理[M]. 重庆:重庆出版社,1990.
14. 申荷永. 论勒温心理学中的动力[J]. 心理学报,1991(3):306—312.
15. 申荷永. 勒温心理学的方法论意义[J]. 心理学通讯,1990(2):39—42,63.
16. 施良方. 学习论——学习心理学的理论与实践[M]. 北京:人民教育出版社,2000.
17. 石鸥. 教学过程:飘忽的声音和流动的本质——兼论教学语言[J]. 湖南师范大学学报(社会科学版),1997(3):73—78.
18. 吴小鸥. 教学场论[M]. 长沙:湖南师范大学出版社,2007.
19. 邢秀茶. 学与教的心理学[M]. 北京:高等教育出版社,2004.
20. 薛永武. 从格式塔视域看《乐记》中的心物同构[J]. 中国文化研究,2008(4):164—169.
21. 张健翔,王松涛. 新教育:为学习服务[M]. 北京:教育科学出版社,2002.
22. Kramsch,C. 语言教学的环境与文化(*Context and Culture in Language Teaching*)[M]. 上海:上海外语教育出版社,1999.
23. Laurillard, D. *Rethinking University Teaching: A Conversational Framework for the Effective Use of Learning Technologies*, 2nd ed. [M]. London & New York: Routledge/Falmer, 2002.
24. Lewin, K. *Field Theory in Social Science* [M]. New York: Harper & Brother Publishers, 1951.
25. Lewin, K. *A Dynamic Theory of Personality* [M]. New York: McGraw-Hill Book Company, 1935.
26. Lewin, K. *The Principle of Topological Psychology* [M]. New York: McGraw-Hill Book Company, 1936.

第二章
学与习[1]交相促进之场内外

如果以往语言教学的偏颇在于，多在语内、言内、文内及其法内、境内用功的话，场论的言语教学就得斟酌多于语外、言外、文外及其法外、境外用功的问题，以期通过多层面、多向度的考察，跨语言、跨文化的演绎，在一个“场”内外氛围、“境”内外因素的制约中求得学习问题的解决。如果以往的学习还常常多在乎始于概念之“学”的汲取，场论的学习则必然多关乎始于问题之“习”的验证，以期通过参照性、质疑性的学习，令“学”而时“习”之的结局自然而然地“不亦说乎”起来。

① 学习，是本研究中一个全关重要的概念，因为场论已经将研究的视域确定在“学习论”或者“学习学”的框架之中，而将“学”与“习”分而置之，并以(一对)范畴的角色对待，以资确定学习研究的两个重要变量，以便同以往教学论三要素、四要素乃至多要素的做法严格区别开来。之所以这样处理的理由是:《论语》句“学而时习之，不亦说乎?”，其古意解释应该是:“学”，学修己的道理和为人的知识;“时”，古意是“适时”、合时，切时;“习”，古意:“实习”“演习”，而不是“温习”“复习”一类的意思。足见，将“习”引申为“验证”“检验”才对，毕竟:“学”来的东西，需要经由“习”的验证，才合乎“学而时习之”的本义，也合乎情理、合乎逻辑，否则“不亦说乎”便无从发生。关于“学”与“习”范畴的应用，参见本研究其他相关部分及其注脚。

第一节　语言与文化之间的语文观

中国人，打小时候起，谁都接受过中国语文的教育，可从来没有听说什么“中国语言教学”之类的说法。然而，当人们来到中国人学习外语的地方时，情况却并不是这样——那里的绝大多数时间，都要花在语言（语音、语法和词汇）的学习上，绝没有太多的工夫留给关于文化的学习，好像外国语言教学就不是语文教学一样。

语言教学的劳动对象是文本，而文本赖以存活的语境却不应该是单一的文本，这应该是一个符合语言学逻辑的推理。然而，教学实践给我们的实际反馈却是：习惯了在语音、语法和词汇规则中进行的英语教学，却因为无意中疏远了对外部文化环境的“苛求”，常常或多或少地处于为难的努力之中。其所酿成的结局是：认准了五花八门的“标准”答案，学生却只知其一，不知其二；建立了语音、语法和词汇的规则，学生却只知规则，不知规则的活用；忘记了文化的透视，学生却只知语言的规则，不知文化的缘由——或许，这原本就是一件既不合情，也不合理的事情——因为，不及其文，何开其化？

如果就思想的发展而言，新旧思潮之间总是离不开某种程度上的血脉联系。比如，西方思想史的发展，每一步都会在相当程度上依赖于对《圣经》一次又一次的重新阐释；在中国，则反映为每一代哲学思想的建立和发展实际上都离不开五经（《易经》《诗经》《尚书》《礼记》和《春秋》）的基本蓝本。比如，老庄哲学在魏晋的兴起不过是魏晋人拿来对付五经的一个办法而已——魏晋人是用老庄的眼睛来看五经的[1]。如果就文化的区别而言，东西“诠释”之间总是在某种意义上大相径庭。

“文化可以分为广义的文化和狭义的文化。所谓广义的文化指的是人和环境互动而产生的精神和物质成果的总和，它包括一切经过人的改造和理解而别具人文特色的物质对象；狭义的文化则主要指生活方式、价值观、知识，以及对人类具有积极意义的技术成果。”[2]以下，则兼而度之，以见一斑。

一、哲学上的甄别

根据辜正坤先生的比较研究，在中西哲学的概念上，“中国方面：主要是气一元论（老子：道气同根；庄子：通天下一气耳）→场论→波象（综合性）→统一场。

西方方面：主要是原子论→粒子论→粒象（分析性）→统一场［找不到终极弹子，原子（无穷），中子、质子、光子等200多种基本粒子，J粒子，Y粒子，等等］”。

“从西方数千年的哲学、文化发展，我们可以看到一个非常奇特有趣的现象，即哲学认知上的先入为主论：欲得场者得场，欲得粒子者得粒子。”

而“中国文化更多地趋向于向场论方向发展，于是其哲学、医学、美学、政治、经济……几乎都呈现出以‘场’特点为主要特点的

---

① 此观点请参见戴燕：《玄意幽远——魏晋玄学风度》，云南人民出版社，1997，第5—9页。

② 这是辜正坤先生的文化观。参见辜正坤：《中西文化比较导论》，北京大学出版社，2007，第156页。

现象。这样的文化往往多综合性、整体性。反之，西方文化则更多趋向于向原子论方向发展，于是其哲学、医学、美学、政治、经济……几乎都呈现出以‘原子’特点为主要现象”的情形。辜正坤先生接着说，“这样的文化往往多分析性。这样的区别很容易把握，也方便我们很快找出中西文化的本质特征”①。

中国文化注重“悟（性）”，认为只有通过“修”和“炼”才足以把握自然、人生和社会的“道”理，即所谓“求善”（张岱年语）；西方文化则注重“研（究）”，以为只有通过“研”和“究”才能找到自然、人生和社会的规律，即所谓“求真”（张岱年语）。

于是，中国人便重“道”，重“说”；而西方人则重“理”，重“论”。在笔者看来，前者要比后者简要而玄妙；后者则比前者繁复而系统。

西方文化是理性的，中国文化是性理的（辜正坤，2006）。

有人曾借用“阴柔”和“阳刚”的概念来区分中国文化和西方文化，这是有一定道理的。如果站在老子哲学的立场上，我们则可以大胆地说中国文化是“处下”（老子哲学用语）的“谦受益”文化，西方文化（在某种意义上）则是张扬的“满招损”文化。

按照老子哲学的观点，“无执”乃是中国文化的特质，于是“有执”便必定是西方文化的特质；如果说中国文化是“通达”的，那么西方文化则是“拘谨”的——中国人善于以诗“抒情”，西方人则长于以诗“叙事”。因此，如果说中国文化是哲学性文化，那么西方文

---

① 以上观点请参见辜正坤：《中西文化比较导论》，北京大学出版社，2007，第88—89页。

化则必然是科学性文化。

东西方人对待大自然的态度也是大有区别的，西方人以为天是天，人是人，人可以“征服自然”；中国人则讲究“天人合一”——人必须顺应自然（季羡林语）。

中国人尊上苍，自古崇尚“依天象，明人事”——做事时，总要讲个“天时、地利和人和”，要做皇帝的，也得先成为“天子”；问理时，总得问个“天人之际”才算高明，颇讲究对“天理”的顺应，总成就“天”“人”的合一；西方人尚宗教，从来信奉上帝的安排，办事前，行祈祷，做错事，要忏悔，没什么“天意”不“天意”（周汝昌语），单讲究“自由”不“自由”。

中国人的哲学是将“一”看作“二”（阴阳两面）、将“二”看作“一”（阴阳合起来才是“一”），因而我们的《易经》是最好的哲学；西方人的哲学则是：一就是一，二就是二，的确有点认“死理”、钻“牛角尖”的意思，因而他们的理论发展了，科学发展了。

中国文化尚“一”，重“合”；西方文化则尚“分”，重“离”。不过，“分”“离”的东西，还是“合”起来好。于是，西方发明了“整体”和“完形”；中国则总崇尚“一体”兼“合一”。问题是怎么“完形”，又怎么“合一”呢？

西方的办法无非是在两个东西之间加一个“黏合剂”，以便将二者联系起来——这个将两者“黏合”起来的东西叫“媒介”（medium）；中国的传统则是，讲“阴阳”合作成为“一”、相反相成统为“一”，讲“中庸”，讲“中正”——两者的区别是显而易见的。本研究则兼而参照，在宏观与微观之间借以中观构成三元论，在“理论”与“实践”之间借以“化约”切分三维度，在“活动”与“行（为）”之间追寻“合一”作为“整体”——毕竟，形成“圆满(cycle)”最要紧。

古希腊讲究的是“学以致知”“学以致思”；古中国则信奉的是“学以致用”“经世之用”[①]。二者的区别是显而易见的。

在中国人看来，物质才是可靠的，感知物质的经验才是可信的，因而才有了“眼见为实”之说法；在西方人看来，法则才是可靠的，理性才是值得信赖的，所以即便是眼见的，也未必是如实的。于是，只有依照法则推理的结论，才是正确的，而经验常常是错误的，就像人们看到太阳的东升西落一样，理性却告诉人们：那是地球在绕着太阳转动[②]，足见，感性是如此的，理性却未必是如此的，这便是文化的作用。

二、思维上的诊断

西方人是从小到大——从微观到宏观；中国人是从大到小——从宏观到微观；“中国文化向内用功，西方文化向外用功”[③]。

西方人多主张多用“眼睛”读书——默读(firstly to read the line，secondly to read between the lines，lastly to read beyond the lines“先读字面意思，次读言下之意，末读言外之意”，都是用眼睛读的)，因为用眼睛读书速度快；中国人则多主张用“嘴巴”读

① 参见王寅：“语言学新增长点思考之二：语言与哲学的交织对我们的启发——古希腊哲学家论语言”，《中国外语》，2008年第1期。

② 参见徐行言：《中西文化比较》，北京大学出版社，2004，第142页。

③ 这是梁漱溟先生《中国文化要义》中的观点。梁漱溟：《中国文化要义》，学林出版社，1987。

书——朗读，因为用嘴巴读书理解深；因为朗读讲究逐步进入角色，逐步体验情感（小言，2009）。

以英语为母语和以汉语为母语人群思维-心理结构上的差别：前者把最重要的东西放在一个句子的最前面，而后者则把最需要说的东西放在句子的最后面；前者多用后置定语，后者尽用前置定语[①]。

西方人喜欢说一是一，说二是二，绝不"绕弯子"，因此总是有话直说；中国人喜欢讲"客套"，话说第一遍，绝不知道真与假，说到第二、三遍后才知道是真还是假（比如给客人让饭就是一例），所以绝不敢一"有话"就"直说"（曾仕强，2008）。西方人读书为的是掌握知识，中国人读书为的是明白道理（曾仕强，2008），如此等等，不胜枚举。

如果说中国文化乃是尊上苍而法祖宗的集体型家国（道德）文化，讲究"修、齐、治、平"，"极高明而道中庸"，以"中则正"为得宜，"差不多"就行；那么西方文化则是尊上帝而法宗教的个体型（人本）文化，讲究"科学、民主与自由"，"极个体而问结局"（小言，2009），以"原子论"为准则，"差一点儿"也不行。

三、环境上的使然

西方人喝咖啡，中国人喝"茶叶"之类的事，都是生存环境的特殊性所造成的生活习惯上的区别，都是微观文化的反映，因而都是需要尊重的。至于英国人在将茶叶引进之后还要加点牛奶

① 参见辜正坤：《译学津原》，文心出版社，2005，第70—71页。

再当下午茶喝，乃至开放后的中国人也要来点咖啡、面包、汉堡包之类的事，则完全表现为一种包容、学习的襟怀，学术界谓之“中西合璧”——这是地球村里必然发生的文化现象，谁都会欢迎的。

从语言的角度看文化，语言是文化赖以传播的载体和表现方式；从文化的角度看语言，文化则是语言赖以发生的原因和生存环境，进而从语言文化的角度看课堂教学，课堂教学则应该是语言文化发生实际效应的外部环境和生存空间。

语言不能离开文化而存在，文化不能离开语言而传播，这应该是一个不争的事实，在境外是这样，在境内也应该是这样。可是，我们的实际情况却不尽是这样。你瞧，港澳台皆名之曰“外国语文学院”的地方，在我们这里却呼之谓“外国语学院”。那个“文”字，怎么就不翼而飞了呢？

在前文语言与言语关系的斟酌中，我们似乎已经有了一个这样的感觉，这就是：语言不过是一个民族叙事言说的工具，而言语则是一个民族叙事言说的方式。于是，在我们基本明确了言说的工具及其方式之后，常常会产生这样的疑问：一种特定的语言工具，为什么会产生它们特殊的言说方式呢？原因恐怕只有一个，那就是：一个民族一定有属于她自己特有的文化，而正是这种特有的文化孕育了她的语言及其言语特有的方式。显然，如果说语言及其言语所构成的是某个民族的叙事方式，那么文明及其文化所孕育的就一定是那个民族语言及其言语方式所由发生的原因。也正是在这个意义上，语言和文化是须臾不得分割的统一体——离开了文化，作为工具和方式的语言及其言语就会模糊不定，组织无方；自然，离开了语言，文化就无从传达，无以附着。就这样，语言和文化结成了一对永不分离的孪生姊妹。这或许正是语言和文化的关系所在，因而也就是语言和文化合而成就的语文教学之内涵所存。

显然，语言教学无法离开对文化的关照而完整，文化不能离开语言的方式而存在——孤立的语言教学是没有生机的，孤立的文化传播是不堪设想的，语言和文化永远是同一事物的两个方面。语言和文化的合一，乃语文之所谓也。于是，恰同语言教学应该为语文教学所取代那样，外国语言学院应该为外国语文学院所替代，而不是相反，这是毫无疑问的，因为学习语言，必须同时涉猎文化，否则，语文教学便不得实至而名随了。

另外，语文教学还应当关注本土语文参与其中的问题，即所谓双语文或者跨文化交际能力的问题。从理论上讲，在跨文化意识及其能力的养成中应该尽可能融入本土文化的色彩，以便两种语文相互参照和比对，从而取代单一的英语及其文化交际能力培养的做法，尽可能避免跨文化交际中本土文化“失语症”(Chinese Culture Aphasia)的发生，致使中国文化不能平等参与交际的尴尬局面继续发生——无以文化交流，何从跨文化交际？这样可能最终会输于人家的，不是吗？

况且，在外国语文的学习中，母语及其文化乃是另一种语言及其文化的基本参照点，离开了对这个“基准”的参照，另一种语言及其文化的学习是不大可能取得真正意义上的成就的。这是毋庸置疑的。

有学者(范曾，2010)说“国学是一种心灵的建构”。或许，还可以这么说:国学是先人们用心灵所建构的一种学问。之后,才是心灵又何以为之所建构的问题?因为"天象"("造化")与"人事"(被"造化")之间就需要经由"心灵"的感悟后才足以合一乃至融为一体。儒学、道学兼释学,无一不是如此,或许这才是"心通神明"的最佳鉴证(小言,2010)。其实,从某种意义上讲,中国文化就是一个"养心"——谋心的文化,因而梁漱溟先生说"她"是"向内用功的文化"①,不是一个轻易为域外环境所随意拖移或者改造的文明现象。养心所能达到的,是一种基于对"天"(造化)的认知而养成的"心灵"品质,在本质上就是一种天意与人为合而为一的东西。足见,在这里"合一"就是合乎规律——天然与人为的"合一",代表着一种崇高的境界(小言,2010)。

从某种意义上讲,西方艺术创作上所崇尚的"真实"与"谎言"之关系,却恰恰如同中国人所推崇的"自然"(真实)与"人为"(不真实)的情怀。然而,就自然的"入"与由人文的"出"之结局却不尽相同,西方入了"写真"一路,中国走了"写意"一方(小言,2010)。在本质上,国人的"外师造化,中得心源"就是一种"二外合一"的佳境,因为"自然"的感召须经由"心灵"的感应而产生"意外"的感悟,一如格式塔内外结构的忽然融通一般,完成了"二外合一"的结局。显然,这种文化现象同本研究所假设的"活动"与"行(为)"的二外合一是"殊途"而同理的,因而它原本就应

① "向内用功的文化",是梁漱溟先生的中国文化观。自然,依据这个观察,西方文化就是"向外用功的文化",这便是梁漱溟先生的西方文化观——甚至连做人的方式也是如此。梁先生说:"中国式的人生,最大特点莫过于他总是向里用功,与西方人向外用功者恰恰相反。"参见梁漱溟:《中国文化要义》,学林出版社,1987,第200页。

该是一种教与学所追寻的高度，因为在中国文化中，即便是“天理”，也被看作一种有赖于仁智所认知、人情所体验、心志所悟得的事物及其规律。

无疑，果真能从文化的视域中去斟酌和处理语言及其教学的问题，我们会站得高一些，看得远一些，做得好一些。这原本就是一件不言而喻的事，不是吗？

小结

斟酌于语言与文化之间，也算还原了些许的语文教学本义。如果尚需要就语言与文化的关系作一个注脚的话，那便是：既然语言是传达思想、情感及其信息的方式，文化就是这种方式所由形成的原因——语文之家，是不得分离的，因为既涉及了问题其“然”，就不能不顾及问题之“所以然”，况且：

文之于人，足以化之，此“文化”之谓者也；文化之于“教”，足以以文化人，此“教化”之谓者也；足见文化之于“学”，在于消化其文，乃“学事”之谓者也。于是，宁可以贫其语，不可以欠其文，毕竟人是要做文化人，而不是要做什么语言人。

参考文献

1. 邓炎昌，刘润清. 语言与文化[M]. 北京：外语教学与研究出版社，1989.
2. 高一虹. 语言文化差异的认识与超越[M]. 北京：外语教学与研究出版社，2000.
3. 辜正坤. 中西文化比较导论(第 1 版)[M]. 北京：北京大学出版社，2007.
4. 辜正坤. 互构语言文化学原理(第 1 版)[M]. 北京：清华大学出版社，2004.

5. 郭建中. 文化与翻译[M]. 北京：中国对外翻译出版公司，2000.
6. 胡文仲. 跨文化交际学概论[M]. 北京：外语教学与研究出版社，2005.
7. 梁漱溟. 中国文化要义(第1版)[M]. 上海：学林出版社，1987.
8. 毛利可信. 英语语用学[M]. 何自然，译. 北京：世界图书出版公司，2009.
9. 谭家健. 中国文化史概要(增订版)[M]. 北京：高等教育出版社，1997.
10. 王宗炎. 英汉语文问题面面观[M]. 北京：高等教育出版社，2006.
11. 谢超群. 礼貌与模因：语用哲学思考(第1版)[M]. 福州：福建人民出版社，2011.
12. 徐行言. 中西文化比较(第1版)[M]. 北京：北京大学出版社，2004.
13. 薛永武. 从格式塔视域看《乐记》中的心物同构[J]. 中国文化研究，2008(4).
14. 杨金鼎. 中国文化史(第1版)[M]. 杭州：浙江古籍出版社，1987.
15. Hymes, D. H. On Communicative Competence. In Pride and Holmes(eds.), *Sociolinguistics*[M]. Harmondsworth, UK: Penguin Books, 1972.
16. Knowles, G. 西方语言学原版影印系列丛书 12 · 英语语言文化史(*A Cultural History of the English Language*)[M]. 北京：北京大学出版社，2004.
17. Kramsch, C. *Language and Culture*(语言与文化)[M]. Oxford: Oxford University Press, 1998. 上海：上海外语教育出版社，2000.
18. Kramsch, C. 语言教学的环境与文化(*Context and Culture in Language Teaching*) [M]. 上海：上海外语教育出版社，1999.
19. Nida, E. A. *Language and Culture*: *Context in Translating*(语言与文化——翻译中的语境)[M]. 上海：上海外语教育出版社，2001.
20. Ogden, C. K. *The Meaning of Meaning*[M]. London: Routledge/Thoemmes Press, 1994.
21. Widdowson, H. G., Claire Kramsch.《语言与文化》(*Language and Culture*)[M]. 上海：上海外语教育出版社，2000.

第二节　语言与言语之间的语用观

从语言学的原点上寻根溯源，语言研究的初衷便可以还原为三个所谓柏拉图式的问题，这就是：

1. 语言是什么(How is the language to be defined)？

2. 语言是怎么获得的(How is it to be acquired)？

3. 语言是何以为人所用的(How is it to be used)？

由是，一旦背离了就以上问题的考究，语言学便会失去它固有的意义，这是不容置疑的。

一、语言和言语的分野

从语言学发展的历程来审度，我们却大约可以察觉到以下的基本路数：

一是从无规律可循走向有规律可查的时段，这就是从传统语言学走向结构主义鼻祖布龙菲尔德(L. Bloomfield，1887—1949)的历程；

二是从语言(langue)材料研究走向言语(parole)活动研究的过程，即从静态研究走向动态研究的过程，这就是语言学从布龙菲尔德回归西方现代语言学的鼻祖费尔迪南・德・索绪尔(F. de Saussure，1857—1913)的历程；

三是从语言现象(如单词、短语、句子等)走向非语言现象(如除句法、词汇范畴以外的语言手段诸方面，即音律、套话、语气、表情、动作、情景等因素)的过程，这就是从乔姆斯基(Chomsky)的心理语言学经海姆斯(Hymes)的社会语言学走向交际社会语言学(Interactional Socialinguistics)的奠基人之一甘柏兹(John Gumperz)的历程;

四是从非语言范畴走向跨文化交际研究的过程,这就是从甘柏兹的交际社会语言学走向斯考伦夫妇所首倡的跨文化交际的历程①。

但是,其中最重要、最基本的分野却是现代语言学之父费尔迪南·德·索绪尔语言研究中由“语言”(language out of use)到“言语”(language in use)的奠基性发展轨迹。

梳理这样一个语言学发展的基本线索是重要的,因为它足以从某种意义上显示整个英语教学发展所赖以支撑的理论背景,即从语法翻译法走向听说法(即句型教学法),从听说法(句型教学法)走向交际法,又从交际法走向跨文化交际(法),乃至于为什么会产生这些教学法的语言学背景。

这里,值得思考的语言学问题是:

现代语言学之父费尔迪南·德·索绪尔,因其对19世纪语言研究现状的不满,一开始便直接从语言研究的源头发问:“语言是什么? 它(语言)是如何发挥作用的?”

如今,或许我们可以用这样的方式告慰索氏的发问:

语言,不过是人们借以传达思想、传递情感和信息的工具而已;那么,作为工具的语言又是何以发挥作用的呢? 或许,这里只

---

① 参阅其所著《跨文化交际:话语分析法》(*Intercultural Communication: Discourse Analysis*)一书。

有一个方式可以通用，这便是："借"语言之"题"（工具），"发"语用之"功"（意图），以资收到言语之外的天然（天籁）功效而已。

其实，对于一个言语活动的完整流程，其本然之道一定是：借用"工具"以资指事（locutionary act），蕴含"意图"以资行事（illocutionary act），显示"结果"以资成事（perlocutionary act）。这一点应该是毋庸置疑的。

在研究者看来，如果说首先提出语言和言语之范畴，从而第一次将作为静态材料的语言和作为动态行为的言语区分开来的是现代语言学奠基人索绪尔，那么首先提出言内意义（locutionary meaning）、言外意义（illocutionary meaning）和言后意义（perlocutionary meaning）之概念，从而第一次将语言所传达的意义区分为三个层次的就是所谓"牛津派"[①]代表人物 J. L. 奥斯汀（1911—1960），而一旦离开了索绪尔和奥斯汀所拟定的基本范畴及其概念，本研究则很难将语言为人所用的基本流程抽象为：借用"工具"以指事，传达"意图"以行事，收到"效果"以成事之三位一体式语用学规约。需要注脚的是，这里所借用的"术语"——指事、行事和成事，则是直接采纳了国内学者王宗炎先生分别给予奥斯汀言语三行为（locutionary act，illocutionary act 和 perlocutionary act）的经典译式。

显然，在语言何以在为人所用的自然过程中，揭示其天赖之用的功劳，无疑应当首先归功于索绪尔就"语言"与"言语"之分野的

① 与"牛津派"相对的自然就是"剑桥派"，其代表人物是维特根斯坦（Ludwig Wittgenstein，1889—1951）。

界定，然后归结于奥斯汀及其学生塞尔就言语行为之学说（speech acts）的构建及其发展。

从这里，本研究所接受的最大启示是：

原来，语言只是材料，只是工具，只是构成外在形式的手段而已；而言语则是行为，则是动力，则是足以触动外部世界的影响力。这个借助于语言材料的使用而产生的影响力，才是语言研究的重心所在，才是语言行为的实际意义所在。

于是，我们对语言及其教学做一个完整意义上的理性审度：

在微观上，关于语言教学的传统做法都是通过语法-翻译（Grammar-translation method）及其文学作品的阅读，循序渐进地教授语言。随着时代的发展，语言教学的方式必须因时而变，因为社会要求其做得更多、更快、更有效，因而当下的一般做法就是通过“听”“说”“读”“写”乃至“译”及其实际技能、技巧的不断训练，加上电化教学手段的多方面配合全面“加工”语言教学，以期尽多、尽快而有效地掌握语言。然而，众所周知，其实际效果并不尽如人意。

在中观上，语言教学的要求越高，语言理论的发展就应该越快，语言教学结构的设计就应该越合理，这里所蕴含的理论信息是：语言教学不仅仅是关于语言外部材料（语音、语法和词汇）的教学，语言教学还必须深入语言的内涵，伸展到文化的外延，才足以摸清语言教学的规律。因此，语言教学除了必须遵守语音、语法和词汇的外部（工具性）规律外，还必须遵守语言为人所用的内部（语用性）规律，从而双管齐下使所教所学的工具性语言材料，足以在真实的（true-to-life）言语活动中用起来得法、听起来得体、品起来得宜。

于是，在宏观上，语言教学就必须向跨文化、多向度的深度和广度拓展，因为语言应用的微妙不在语言的外延，而在语言的内涵。可见，语言教学就必须走出文本的约束，走进文化的语境，以便深入语言的内部，把握文化的蕴含，操控语用的奥妙，努力把培养跨文化交际修养的事情办好。

二、语法和语用的范畴

本研究关于语言教学的基本思路是，从宏观上着眼，从中观上“化约”，从微观上着手，尽量做到既有理论思考的深度，又有应用“津梁”的过渡，还有实际做法的策划，最终提供一个足以培养会思考、有思路、善思辨、有办法的多民族高等外语学才的方案，为家国的学业添砖加瓦，为民族的教事分忧解难。

当年，现代语言学之父费尔迪南·德·索绪尔对19世纪语言学的研究深感不满，说它并没有回答“语言是什么以及语言是如何发挥作用的”问题。之后，他便开始了“矫正”语言学的工作，并在自己的课堂上从不同于他人的视角中回答了上述问题。索绪尔在回答语言是什么的问题时说，“语言不仅仅是为了表达观念而被创造出来的结构”。这显然就是语言发生的初衷，即语言缘何而生的问题①。

或许，正因为如此，维特根斯坦（Wittgenstein）才说，“我们想

① 参见《索绪尔入门》之相关内容。W. 特伦斯·戈尔登、阿贝·卢贝尔：《索绪尔入门》，咏南译，东方出版社，1998.

在关于语言使用的知识中建立一种秩序，一种旨在达到某种特定目的的秩序；它是许多可能秩序中的一种，而不是唯一的秩序”[①]。

显然，维特根斯坦要建立的就是一种语用秩序，即关于语言如何为人所用的秩序，因为只有这个秩序才足以保证使用者语用目的（意图）的兑现。

足见，这个语用秩序就是一个英语教学所须遵守的秩序。从某种意义上讲，英语教学论就是要建立一种如何有效地使用语言的常规秩序，以便使我们的英语教学依照它常规的“秩序”运作起来。

就这样，我们不得不将我们的目光投向应用语言学的视域：

应用语言学家把应用语言学从一个所谓的语言学理论的“消费者”(consumer)，发展到了“一门独立的学科”(桂诗春，1988)。于是，应用语言学就有了自己的研究对象——“语言教学”；也有了自己的理论，比如交际理论、用法(usage)理论、实用(use)理论(Cook 和 Seidlhofer，1995)等应用性理论，都可望在实践层面上“直接”对教学发生影响。

交际理论包容并拓展了语言理论(Cook 和 Seidlhofer，1995)，实用(use)理论包括并扩大了用法(usage)理论，正是这种“应然”意义上的包容和拓展在理论和实践两个层面上超越了语言规则的约束，从而使语言教学有可能接近语言使用的实际情形。

交际理论的“超越性”高明之处，正在于它在包容和拓展了语

---

① 此言转引自谢超群：《礼貌与模因：语用哲学思考》，福建人民出版社，2011，第201页。

言规则的基础上“超越”了语言理论、规律和规则的雷池，并且将语言使用中既不规则，又不规律还不符合语言理论及其语法规则的言语现象同时包括在交际属性的合法范围之内。

长期以来，英语教学的一个严重失误在于：教师在课堂中所教的英语或者语言学家们所编纂的教材中的虚拟“语言”同人们在实际生活中所使用的真实“言语”存在着严重的脱节。这或许是因为：

人们在实际使用语言的时候，并不仅仅是按照语言所谓的规则、规律及其相应的理论来讲话的，而更重要的是他们“必须”而且实际上也应该超越这些所谓的规则、规律及其理论的捆绑。出乎人们意料的是，这种所谓“越轨”的现象却正是人类言语活动的创造性所在，恰如人类最初创造他们自己的语言那样。

足见，人类不但可以像语言学家所拟定的那样“创造”（抽象）出语言所谓的规则、规律及其理论，更可以超越语言学家的预期创造出不符合规则、规律及其理论的活生生的话语来。否则，人类便不可能有更多的语言艺术——各类文学作品及其诙谐、幽默而俏皮的话语供他们欣赏和品尝。

英语教学的另一个失误在于：人们似乎已经忘记或者忽略了语言使用中的“创造”性问题。如果应该尊重个体的主观能动性，这个命题是成立的，那就必须尊重那些未必符合规则、规律及其理论的规约，但实际上人们仍然在说、在用、在流传的生动、活泼、新颖、简约的活生生言语现象。

显然，这就是交际理论的“超越性”原则告诉我们的道理，而这个道理所最终根据的语言学范畴则是索绪尔所首先区分的“语言”

（材料）和“言语”（材料的应用）及其所针对的语言学问题之所在。

自然，这些理论性的突破，除了应用语言学的努力以外，社会语言学的启示也是不可小觑的；或者说，在传统、结构及心理语言学所共同提供的语言学规约面临质疑的时候，乃是应用语言学、社会语言学，尤其是语用学乃至普遍语用学都对解决语言教学的实际问题发挥了应有的作用。

社会语言学关于“交际能力”的四个原则是：可能性、可行性、得体性和实效性。其中，实效性的原则便是交际理论所谓“超越性”的逻辑根据之一，本研究之所以看重这一原则的指导意义，乃是因为教学不能不讲“实效”，教学不能不问“超越”，因为一旦离开了对“实效”和“超越”的关注和应用，教学的结局便不难设想。

人们在实际交际环境中，就会只是按照语言学家们所提供的规则、规律及其理论原则亦步亦趋地讲话，从不越雷池半步，那将是一件多么滑稽的事情。果真那样的话，人们的讲话就会因学究气十足而古板不堪。

为什么呢？原来，语言学家尤其是语法家们在研究语言的时候往往会脱离真实的语境，即便他们会从主观意识上尽量地把握那些来自交际语境的第一手话语材料，也很难免同时会把那些不符合规则、规律及其理论原则的言语现象搁置一旁而不去问津。这一点，是不难设想的。

就这样，语言学家们所研究的语言材料和交际语境中实际使用的言语现象之间，便无意中被留下了空白；就这样，紧跟语法规则、语言规律及其理论原则的课堂教学授予学生的语言组织情形便无法不同实际生活中的言语活动现象拉开相当的距离。

显然，在“应该怎么样”和“实际怎么样”之间，总会在无意中留下一道深刻的“鸿沟”，也会在无形中留给教学一个棘手的问题。对此，教学研究必须要保持足够的认知，以便从理论与实践的结合上尽可能完好地弥补这一原本不该存在的空白地带。这，或许就是我们的英语教学所面对的最大问题，也是必须首先引起我们足够注意的地方。

有人（隋铭才，2001）说，正是由于这些具体理论及其原则在方法论意义上的实际应用，我们的语言教学已经从某种意义上超越了语言规则的“制约”作用，从而从某种程度上使我们的语言教学有可能更加接近语言使用的实际情形。事实自然应该是这样，因为脱胎于语言学的交际理论、用法理论、实用理论等，已经不再是某种高度“抽象”的理论，而是一个经由“化约”并具有方法论意义的应用性推断，因而它们应该距离“具象”的语言实践活动较近，教师完全可以依据这些原则性的推断设计恰当的策略，以资“干预”他们的课堂教学。这显然就是“超越性”原则之于英语教学实践真实的指导性所在。足见，在方法论的意义上，这些以原则、规律乃至具体规则面目出现的应用性理论是可以超越理论的抽象，将实际语言使用中那些不规则、欠规则甚至根本不符合语法规则的话语现象全部包容在“交际”活动中来，为话语活动松绑，从而使课堂交际的氛围活跃起来、轻松起来、自如起来。

其实，这些相对“具象”的应用语言学理论及其原则不过是对索绪尔语言与言语范畴的进一步“化约”而已，而所谓“超越性”的妙用又不过是在应用性“化约”之后添上了“原则”二字罢了。毕竟，一个足以超越语言规则的原则性宽松，距离实际语言的应用还有一段距离，因为原则的东西毕竟还不是可以直接应用的策略本身。

于是，我们常常在英语课堂教学中所看到的实际情形是：教师所操持的语言或者语音、语法及其词汇规则所允准的语言组织，仍然同人家在实际生活中所使用的言语结构存在着相当一段的距离。或许，在某种意义上，英语教师是无法乃至无力“超越”这种课堂语境下实际情形的，因为：

实际生活中的言语交际，是在“意义协商”（negotiation of meaning）的创造性活动中进行的，在“程序”（procedure）上是脱离了语音、语法及其词汇规则的直接“监察”（monitoring）的，而处在课堂环境下的教师却只能在所谓“陈述性知识”（declarative knowledge）的指导下努力地超越语音、语法及其词汇规则的制约，以便在“陈述”（declaration）中少出错误。然而，努力归努力，毕竟欠自然，因而仍然同所谓“程序知识性”（procedural knowledge）——自动化、活生生的话语小心翼翼地保持着距离。

原来，应用语言学在言语活动及其交际理论、用法（usage）理论、实用（use）理论等视域中所提供的“超越性”原理，乃至社会语言学关于交际能力可能性、可行性、得体性和实效性等原则，应该说都是有待于进一步“化约”为方式、方法或者策略的应用性理论，因而它们总是同我们的教学实践保持着一定的距离。

况且，在交际理论关于交际能力的四个原则中，可能性及其可行性原则在理论上并不足以超越“言内意义”（locutionary meaning）的范畴；至于其得体性原则，本应该指言外意义

(illocutionary meaning)所在，但由于前二者仍然徘徊在言内意义上，这里的得体性便无从实现；于是，涉及言后意义(perlocutionary meaning)的实效性，就无从实现，因此交际的效果就无从兑现。足见，言语交际中的“意义协商”(negotiation of meaning)并不能仅靠几条“原则”的制定就可以解决问题。

在语言为人所用的前提下，不顾及言后意义(语言使用的效果)的问题就不可能有什么“超越性”可谈，不涉及言语交际的结果就没有什么“创造性”可言。因而，本应活生生的言语活动场面，只能变成呆板的语言材料集合了。因为，语言的使用既要讲“得法”，还得讲“得体”和“得宜”的问题，否则语言使用又怎么能和实际解决课堂教学问题挂得上钩呢？

在本研究看来，从某种意义上讲，应用语言学在用语言学原理逼近于语言教学的过程中，还是留下了遗憾的——在顾及了对语言学前两个问题斟酌的同时，却在某种程度上，无意中疏远了对第三个问题的涉猎，即较少考虑人们是怎样使用语言(或者个体在学习中究竟是怎样使用语言)的问题。于是，应用语言学便顺理成章地不会在“人们用语言在做什么以及怎么做的乃至于效果怎么样”的问题上给予足够的关注和涉猎。

换言之，从形而上的意义上讲，应用语言学仅仅关注了语言理论的“化约”或者“直观”化(性)问题，或者仅仅解决了语言应用(中)的一般原则性问题，从而使理论相对地接近了课堂教学的实践。然而，一般原则性的东西，毕竟还是一个理论性的东西，因而离课堂教学的操作实践仍然是有距离的。足见，应用语言学所解决的仅仅是语言应用的中观过渡问题，因而只宜“中”而“观”之，不宜"实"而"用"之。于是,要进一步接近课堂教学及其实践并且力争解决问题,还有待于就二语习得中"学得"和"习得"研究前沿的成果参照。

三、交际和用法的界定

专门研究"交际"的语言学家,当属英国的魏德森(H. G. Widdowson)了,他是著名的应用语言学家及交际教学的权威人物,在交际理论上有着独树一帜的见地。

魏氏关于语言(language)和交际(communicate)、用法(usage)与应用等范畴的界定,都以两分法见长,而且总是以后者包容并扩展前者的内涵(the second term extending and encompassing the first)为特点。例如,语言(language)是工具,而交际(communicate)则是以语言为工具的行为;用法(usage)是语言材料的使用规约,而应用则是言语行为的具体表现,等等。魏氏通过这些范畴区分了语言运用的两个方面:语言(language)、用法(usage)是语言材料存在于库的静态方式(the way, the manner or the extent in which words are to be used in a language),而交际(communicate)、应用则是语言材料为人所用的动态行为(the action in which words are being actually used in a language)。

魏氏范畴分野的用心在于,以 usage 为 use 提供应然的可能性,又以 use 的本然弥补 usage 的不足处。于是,处于"应用"——实际运用中的语言,即言语行为便除了足以包含那些符合习惯用法的话语外,还需要包容那些虽然不符合"用法"而人们依然实际使用的"创造性"随即话语(impromptu)。正是这种对不符合"用法”而人们依然使用的言语现象的包容，使得语言学家对语言运用的把握更加符合社会交际的实际情况；对语言教师而言，懂得这一点则足以更好地理解语言应用的基本事实，进而从语言为人所用的视域中改观语言教学的尴尬境地。这是毋庸置疑的。

将语言（language）和交际（communication）、用法（usage）与应用从理论上区分开来，是魏氏的贡献。不言而喻，魏氏关于交际的研究已经超越了语言规则的约束，或者（这种两分法的后者——交际和实用）已经冲破了语言理论条条框框的“雷池”，从而将言语活动从静态的语言材料中区别出来，从而使语言教学有可能真正回归到语言的使用实际语境中来。

当然，如果追根究底，不管是乔姆斯基对能力（competence）和行为（performance）的区分，还是魏德森就用法（usage）和应用的区分乃至布拉格学派（school of Prague）就主位（theme）和述位（rheme）的区别，以及后来语言学家和哲学家们对主题（topic，即所讲述的题目）和述题（comment，即对题目的说明）的区分，都无一不是从索绪尔语言（longue）和言语（parole）范畴那里延伸、发展而来的。换言之，从这里我们还足以觉察到现代语言学发展、变化的（基本）脉络来，而这个脉络的基本路数则是由材料走向材料的应用、由静物走向动态。一言以蔽之：这里的发展、变化都没有离开从关注静态语言规程走向动态言语行为的规律。由是，索绪尔对语言（langue）和言语（parole）的分野，布拉格学派就“主位”和“述位”的区别，乔姆斯基将语言表现（performance）和语言能力（competence）分开，乃至英美语言学家将主题（topic）和述题（comment）分开，所根据的无一不是这一规律所延伸的结果，而且正是在这个意义上才有了严格意义上的现代语言学研究成果。

其实说到底，语言（语音、语法和词汇）只是一种材料，是以静态方式存在的，而言语则是一种行为，乃是以动态方式存活的；语言是一种工具，人们用这种工具来传递思想、情感和信息，而言语则是一个举动，人们用这种举动来影响听众或者读者。就这样，语言才被区分为两个系统：一是语言系统，二是言语系统。

正是在语言“为人所用”的言语系统中，意义发生着微妙的变化——由言内而言外，由言外而言后：言内意义（语法结构）是传递信息的工具；言外意义是信息传递者的意图；言后意义则是信息传递后所发生的结果。显然，教学不能停留在语言系统中，而忘却了言语系统的存在。

小结

以上，在考察了语言（language in use）和言语（language out of use）的理论沿革之后，研究直接介入了应用语言学的视域，试图解决课堂教学中的语言使用问题，因为应用语言学所提供的原则性理论总是如此这般地影响着学习者使用语言的过程。就这些理论的初衷而言，它们本来都是根据言语研究的规律，针对教学活动中的需要，为语言教学提供原则性规约的研究成果。但是，原则毕竟是原则，它们还是属于理论或者半理论的东西，因而它们距离实践总还是有一段距离的。于是，问题的解决仍然需要借助于其他的手段，比如语法、二语习得及专门的教学理论及其方式、方法的直接支持。这便是本研究关于语言学及其应用语言学的基本审度。

参考文献

1. 冯志伟.言语行为理论和会话智能代理[J].外国语,2014(1):21—35.
2. 弗雷德里希·尼采.天才,舍我其谁?[M].阎佩衡,译.北京:中国对外翻译出版公司,2012.
3. 毛利可信.英语语用学[M].何自然,译.北京:世界图书出版公司,2009.
4. 乔姆斯基.语言哲学文选[M].徐烈炯,译.北京:商务印书馆,1992.
5. 盛炎.语言教学原理[M].重庆:重庆出版社,1990.
6. 索绪尔.普通语言学教程[M].高明凯,译.北京:商务印书馆,1982.
7. 王宗炎.英汉语文问题面面观[M].北京:高等教育出版社,2006.
8. 王德春.语言学概论[M].上海:上海外语教育出版社,1997.
9. 西桢光正.语境研究论文集[M].北京:语言学院出版社,1992.
10. 谢超群.礼貌与模因:语用哲学思考(第1版)[M].福州:福建人民出版社,2011.
11. 许国璋.中国英语教学——国际英语教学学术论文汇编[J].外语教学与研究,1990(4):59—61.
12. 阎佩衡.英汉与汉英翻译教学论[M].北京:高等教育出版社,2005.
13. 赵美娟.乔姆斯基的语言观[M].上海:上海外语教育出版社,2013.
14. Austin, J. L. *How to Do Things with Words* (The William James Lectures delivered at Harvard University in 1955)[M]. Oxford: Oxford University Press, 1962.
15. Chomsky, N. *Aspects of the Theory of Syntax*[M]. Cambridge: Mass, 1965.
16. Chomsky, N. Form and Meaning in Natural Languages, in *Language and Mind*[M]. New York: Harcourt, Brace, Jovanovich, 1972.
17. Hymes, D. On Communicative Competence. In Pride and Holmes(eds.). *Socialinguistic*[M]. Harmondsworth, UK: Penguin Books, 1972.
18. Kramsch, C. *Language and Culture*(语言与文化)[M]. Oxford: Oxford University Press, 1998. 上海:上海外语教育出版社,2000.
19. Ogden, C. K. *The Meaning of Meaning*[M]. London: Routledge/

Thoemmes Press, 1994.
20. Wilkins, D. A. *Linguistics in Language Teaching*[M]. London: Edward Arnold, 1972.
21. Yule, G. *Pragmatics*[M]. Oxford: Oxford University Press, 上海:上海外语教育出版社, 2000.
22. Yule, G. *The Study of Language: An Introduction* [M]. Cambridge: Cambridge University Press, 1985.

第三节　平面与立体之间的语境观[①]

当语言学习的问题需要在语文及其生态环境的前提下考虑时，语境的设置便需要重新斟酌了，其理由是：本研究在将上下文的范畴由短语扩大到句子、话语、篇章乃至一整本书后，仍然不足以理想地解决语言教学中意义的“翻”与“译”、“协”与“商”及其“学”与“习”一类关于语言使用的问题。

语境的问题需要重新考虑，毕竟语言学习中意义的“交”与“换”及其“理解”和“表达”，都不仅仅是一个语言层面上的水平问题，而常常是一个非语言关系里的修养问题。毕竟，语境同语言教学中的“可理解性输入”(comprehensible input)直接相关；毕竟，语境乃是输入的方式之一，所谓语境化输入(situated input)及其模拟性语境输入(simulated situated input)一类，指的都是语境对语言学习的直接影响；毕竟，语境乃是语言教学中“协”与“商”、“翻”与“译”及其“学”与“习”所由“行事”“成事”的前提。离开了语

① 这里的主要观点，曾以《翻译需要一个三维语境——兼议译者的主体修养》为题，发表在《西北民族大学学报》(哲学社会科学版)2011 年第 1 期上。

境，语言教学就会在“指事”的层面上打转。

于是，文章就需要走出文本、走进文化、走进社会、走近作者、走近读者去做，以便找到语境规约的关系法则，从而求得语言学习问题的实际解决。

一、语境研究回眸

语言环境，是言语意义的生命。离开了语言环境，言语意义就会悬而不定；离开了意义，语言学习中的“翻”与“译”就会“翻”如不翻，“译”犹未译，乃至“学”犹未学。可见，语境的重要性怎么强调都不过分——从欧洲兴起的交际教学法（communicative language teaching）乃至后来发展起来的主题交际法（topic-interactional approach），不仅将语境作为外语教学的重要因素，而且已经有了比较系统的语境理论支持，其中包括了韩礼德的系统功能语境理论（1973）和海姆斯（Hymes）的社会语言学语境理论。

系统功能语言学的语境思想，甚至足以追溯 20 世纪初人类学家马林诺夫斯基（Malinowski，1935）创立的理论。弗斯（Firth，1957）也在马林诺夫斯基理论的基础上，建立自己的语境理论，他认为情景语境和语言功能类型的概念可以概括为纲要式的结构成分，包括（1）参与者的有关特征：人物和人品，参与者的语言和非语言活动；（2）相关的事物；（3）语言活动的效应等，因而足以适用于各种语用事件的语义分析。韩礼德（Halliday）则在马林诺夫斯基和弗斯语境思想的基础上，将语境分为两个类别：一类是文化语境，指涵盖整个语言系统的语境，它决定着整个语言系统中的意义系统；二类是情景语境，指包括具体语言的语用语境，认为这是文化语境的具体体现。足见，韩礼德已经从某种意义上完善或者发展了马林诺夫斯基和弗斯的语境思想。有学者（杨连瑞等，2007）认为，在外语教学中，只需要参照语篇的情景语境即可，不过一定要在情景语境中涉猎文化背景的作用。依据韩礼德的分析，情景语境、文化语境以及语篇因素，应该包括作为多功能结构的语篇、篇内语境、互文语境，以便构成一个从语篇到语境的循环圈（Halliday& Hasan，1985/89：47）。克拉姆契（Kramsch，1993：35—67）曾以韩礼德的语境理论为基础区分了五种语境，这就是：语篇语境、即时语境、交流语境、文化语境和互文语境①。

足见，语境涉及语言教学及其语用行为的方方面面，因而不能不给予足够的重视。然而，语境的内涵及其外延却怎么拿捏都不能尽如人意。于是，本研究就有了伸展的余地。

首先，需要补充的是，弗斯的语境划分乃是为了区分由语言因素构成的上下文与语言和社会环境所代表的关系所构成的情景上下文，以资覆盖语境的全部内容，换言之弗斯的功绩在于区分了文本内外的语境。而弗斯的弟子韩礼德（1964）还提出了“语域”（register）的概念，认为“语域”反映的就是语境。之后，他还补充了“场景”（field）、“方式”（mode）和交际者（tenor）三者作为语境的子内容，从而发展了弗斯的观点。

国内学者曹文学先生（1994）将语境分为大语境和小语境：其

---

① 这里的观点，参见杨连瑞、张德禄等：《二语习得研究与中国外语教学》，上海外语教育出版，2007，第209—211页。

大语境包括交际中的人物、交际场合和交际话题；小语境则指语言的上下文[①]。

还有学者将语境区分为狭义和广义两类，以此作为"语境（对意义的）调节机制"[②]。之后，又将广义语境的内涵界定为"上下文及言语交际情景"[③]，从而使之成为一个"大于上下文"[④]的概念。

语言学家们习惯于把语义看成是形式与环境的对应物，即在形式与环境的关系中去考察语义（如弗斯和韩礼德等），这是无可非议的。但是，一旦将"环境"（context of situation）与（文本）上下文（verbal context）对应起来时，就不足以解决翻译中的问题了；即便是在符号学的"关系"中，也只是有限地考虑了语外因素对语义的影响，因而仍欠够用。

近几十年来，理论的偏颇在于摒弃了早期关于语言的和非语言（linguistic and nonlingustic）的理念[⑤]，一味地在语内因素的范畴内，寻找理解与表达的路子；然而，翻译实践给我们的反馈是：仅靠语内"规约"的导向是不够用的。因此，苏珊・巴斯内特（Susan Basnett）说："...the process (of translation) involves a whole set of extra-linguistic criteria also"，即，"翻译涉及一整套非语言

---

① 以上观点参见李淑琴的《语境——正确翻译的基础》及其注解，《中国翻译》，2001 年第 1 期。

② 参见刘宓庆：《当代翻译理论》，中国对外翻译出版公司，1999，第 44—45 页。

③ 同上书，第 28 页。

④ 同上书，第 44 页

⑤ 参见 Bassnett，S.，*Cultral Issues*，*Translation Studies*（revised edition），London & New York，Methuen，1991，p. 13。

范畴”①。

语用学、应用语言学及文化语言学等给我们的理论提醒是：语内的问题，常常需要跨出语言形式的约束，到语外去寻找答案。于是，翻译及其教学就不能总是在某一两个变量的周旋中寻找问题的答案，而应该在诸多变量的综合考察中，通过优化语用环境的内涵去谋求问题的解决。

于是，就制约整个翻译流程的语境做一个既包含语内因素又包括语外因素的理论策划，以便给翻译及其教学赖以运作的周边环境提供一个可以参照的关系体系，就不仅是必要的，而且是必须的。

在《英汉与汉英翻译教学论》一书中，笔者（2005）已将翻译及其教学赖以运作的环境设定为一个由“文本和非文本、文化和非文化及语言和非语言”的三个子系统整合而成的“三维语境”②，本文旨在进一步求证它的存在。

二、意义之于语境

哲学、心理学、社会学及语言学在研究意义、讨论翻译时，则“辨义为翻译之本”（王宗炎语），奈达更直截了当，说：“Translation means translating meaning（翻译即译意）。”讨论学习时，二语习得

① 这里的“翻译涉及一整套非语言范畴”（原文：“... the process (of translation) involves a whole set of extra-linguistic criteria also”）一句，参见柯平：《英汉与汉英翻译教程》，北京大学出版社，1993，第71页

② 阎佩衡的《英汉与汉英翻译教学论》“理解”之3.8“三维语境和二度对话‘氛围’”相关内容。阎佩衡：《英汉与汉英翻译教学论》，高等教育出版社，2005。

研究的结论是:习得"就是意义的协商"。足见,意义的重要性怎么强调都不过分。

那么,意义是什么呢?意义从哪里得来?又该怎么传达呢?

"意义的本质实在是一种关系"[①],一种同意图相关的东西,因而它就必须在(某种)"关系"中去考察、去传达。换言之,意义必须通过语用环境去获得、去传递,因为:"言下之意""弦外之'音'"都"在于关系"、在于环境。这个关系,这个环境,就是语境。

至此,我们便有足够的理由"用语境来推断语义"[②],同时也在语境中传达语义了。问题在于,语境的构成应该是一个什么样的关系呢?

三、语境概念斟酌

语义在于关系,正是本文的出发点所在。于是,语义就必须既通过关系去揭示,又通过关系去传达。

首先,语境所揭示和传达的意义是有语内(如概念意义、命题意义)、语外(如内涵意义[③]、语用意义)之分的。语内意义与语内因素(语音、语法和词汇等)相关,而语外意义则除了与语言因素相关外,还常常与语外因素(如文化、逻辑、交际情境——时间、地点、场合及使用语言的人及其身边所发生的事情等)相关。换言之,话语或文句的意义所反映的事物特征并不仅仅由某种语言关系——(文本)上下文(verbal context)所独立决定。

---

① 这是符号学的原理,参见柯平的《英汉与汉英翻译教程》及其脚注。

② 参见许国璋:《语言学系列教材》(第一辑),湖南教育出版社,1990。

③ 这是奈达的概念。

既然语义是"一种关系，而不是一种实体"，它就应该"是'符号'（即它的形式方面）同符号之外的某个东西的关系"[1]。于是，笔者就需要从整体上去把握这种意义所在的关系，以便将语境设定为"符号"所处的文本（context）和文本之外的各种关系的总和。

如果这个关系的总和就是翻译及其教学所需要的（大）"环境"，作为意义所在"关系"的语境——言语背景，就应该是一个动态的（语用）环境，而这个动态的环境则应该是一个多维的而不是单一的、立体的而不是平面的结构性语（言环）境。

因此，笔者对这个作为各种关系总和的立体环境的假设是：如果文本内容所反映的关系是语境的第一种关系的话，就应该还有某种非文本内容所反映的另一种关系与之相对应而发生；如果文本中还应该内含某种文化的关系的话，就一定还有某种"非文化的关系"与之相比较而存在；如果单纯语言关系所反映的关系尚有某种（先天）缺憾的话，就需要确立一种"非语言"的关系与之相并列而增益。

就这样，本文对语境的设计便形成了一个三维一体的架构：

一是语言的和非语言的关系（语境）；二是文本的和非文本的关系（语境）；三是文化的和非文化的关系（语境）。

并且，三者还将以上的（关系）体系沿语内和语外两个方向自然而然地区分为两个（大）的范畴，即：语内范畴——语言的、文本的、文化的关系；语外范畴——非语言的、非文本的、非文化的关系。

有了这样一个立体总和性架构，我们就可以把包括"双语"

---

① 参见柯平：《英汉与汉英翻译教程》，北京大学出版社，1993，第 20 页。

(SL 和 TL)的文化(背景)、逻辑(关系)、社会习俗乃至作者生平及其写作风格及同言语行为相关的时间、地点等(社会因素)在内的语内、语外因素统统地纳入语境概念中统筹考虑,为翻译及其教学设置一个最佳运筹环境,从而使理解在语内、语外诸关系的制约下尽可能地"达真";使表达在种种语境关系的考虑中最大限度地"至善"。这个构架,是理想的,但不是虚无的。

四、三维语境构建

1. 文本和非文本关系的确定

在文学翻译中,常常见到一些美中不足的地方,难免留给人遗憾的感觉。比如:"I was remarked that the clock began to strike, and I began to cry, simultaneously."这是狄更斯小说《大卫·科波菲尔》第一章首段中的一句话,有以下三种译文:

(1) 据说,钟开始敲,我开始哭,两者同时。

(2) 据说那一会儿,当当的钟声和呱呱的啼声,恰好同时并作。

(3) 钟声当当一响,不早不晚,我就呱呱坠地了[①]。

许渊冲先生说,如果说第一句是"译词"的话,第二句就是"译意",而第三句才是"译味"。可见,第三句译得最好,因为它译出了味道。

其实,如果我们将这句话放在一个较大的文本和文化环境之中,考察一下它所涉及的文本(即原文中的"上文"和"下文":"Whether I shall turn out to be the hero of my own life, whether

① 参见许渊冲为柯平《英汉与汉英翻译教程》所撰"序言"。

the station will be held by anybody else, these pages must show. To begin my life with the beginning of my life, I record that I was born, 〈as I have been informed and believe 〉on a Friday, at twelve o'clock at night I was remarked that the clock began to strike, and I began to cry, simultaneously.")并且跨出文本的限制，分析它所涉及的文化因素，我们就会自然地提出以下的建议：

一是根据上文，把出生时间具体化，就会更好地突出simultaneously的所指；二是从西方文化上讲，这里的“钟声”应当是教堂的“钟声”，因此将它在汉译中说明才好。于是，译文就会变为：“听人家说，那是在一个星期五子夜十二点的时分，教堂的钟声一响，我便呱呱地来到了人间。”

根据弗斯关于“意义取决于搭配”的原理[①]，语义需要在上挂下联——挂上文联下文的分析中去查明。文字的搭配(collocation)是文本层面的关系，它们可以小至一个短语、一个句子、一段话语，也可以大至一部整本的书。然而，仅靠这种文本的关系往往是不足以解决问题的。如在上例中，文化(文本之外的关系)也会影响文本的翻译效果。又如：

And Jesus said, Suffer the little children,
And forbid them not to come unto me;
For of such is the kingdom of heaven.[②]

---

① 参见刘宓庆：《当代翻译理论》，中国对外翻译出版公司，2005，第36页。

② 选自 Bridges, R. and Weigle, L. A. *The King James Bible*, *Word Book*. Nashville, Tennessee: Thomas Nelson, Inc., 1960: 333。

此例中也有两个问题，一是 suffer 的（指称）意义（let，allow 或者 permit）问题，即文本的斟酌；二是 Sunday school 的文化内涵问题（“主日学校”不能译成“星期天学校”），二者是缺一不可的。

而且，文本之外的考虑，并不仅仅是文化的关系，如：

“你给我走！”

＝你敢走！

＝你（给我）回来！

这句话中的否定意义是靠交际语境（physical context）的“规约”作用实现的。这种社会情境式的语境，当然也是（一种）“文本”之外的（非语言）关系。

正如“文如其人”一样，“意”亦如其人。在符号学的关系中，我们看到的是：当符号与使用符号的人发生关系之后，语言便产生了众多的语用意义——言外意义，即人所赋予语言的意义。因此，把独立于语言或者文本之外的人，纳入语境规约的范畴，就是毋庸置疑的。因为，这里的“人”不仅同意义有关，还同人的风格和文笔的形成有关。

可见，语境问题，既要考虑文本之内的关系，又要涉及文本外的关系。这就是三维语境的第一个系统，即文本关系及其与之相对应的文化、交际环境及其同文化和交际环境相关的“人”等文本之外的关系，名之曰：文本的和非文本的关系。

2. 文化和非文化关系的确定

如果把民族性的东西（民族特有的，翻译中需要“异化”而“存异”的内容）界定为文化的内容，那么非民族性的东西（相对国际化的，翻译中需要“归化”而“求同”的内容）就是非文化的东西[①]。正如文化的东西制约着翻译的效果那样，非文化的内容也从不同的侧面调节着语义的变化，因而也需要区别对待。

以下是一对夫妇（丈夫，美国中产阶级出身；妻子，英国人）在自己家里的一段话语：

丈夫：Do you know where today's paper is?（你知道）今天的报纸在哪儿吗？

妻子：I'll get it for you. 我来拿给你（就是了）。

丈夫：That's OK. Just tell me where it is, I'll get it. 告诉我在哪儿就行了，我自己去拿。

妻子：No, I'll get it. 不，还是我来拿给你（的好）[②]。

话语间，夫妇两人“客气”非常。造成这种话语“误解”——妻子不满的原因，既不是语言的，也不是文化的，而是说话人的表情和语气——眼睛、面部、四肢乃至躯干动作都有发出信号的作用（而人们却常常忽略了这些信号所透露出来的交际信息）。笔者倾向于将这些常常为人们所忽略的“非语言”信号，划归非文化的（也是非语言的）关系，因为它们同文化内容一样，既影响理解又影响表达。试看以下的实例——外面下着雨，淘气的小男孩（11 岁）却偏偏要出门：

妈妈：Where are your boots? 你的（雨）鞋呢？

孩子：In the closet. 在柜子里（啊）。

---

① 参见柯平的《英汉与汉英翻译教程》中“受言外因素支配的理解”这部分内容。

② 选自 Gumperz, J. J. *Discourse Strategies*，第 135 页。

妈妈:I want you to put them on right now.[1]我要你(赶紧)穿上!

显然,孩子"误解"了妈妈的意思;要不就是故意装作没听懂——孩子急着要出去(玩儿)。就这样,说话人的本意和听话人的解读之间就发生了冲突,这显然是一种既非语言又非文化的关系——说话人的"口气"所引起的结果——相对于非国际性的文化现象,这自然就是非文化的国际性因素。

当语言内容以文化的面貌出现时,相对于这种文化的内容就会自然地成为非文化的东西,这是不言而喻的,也是在确定三维语境的第二个系统——文化的和非文化关系时,需要注意的地方。

3. 语言和非语言关系的确定

语言及其规则是一回事,而语言及其规则的应用则是另一回事。因为在语言的实际使用中,人们除了需要接受语音、语法和词汇等语言手段的约束外,还需要接受文化、逻辑、情景、身份及其语气等非语言现象的调节,即接受语用规则的制约。可见,语言的材料和语言材料的实际应用本来就不是一回事。

在上文的例证中,无论是误解还是正解,都是语外因素导致的结果——语言之外的关系都对语言的理解与表达起着间接的调节作用。语言之外的因素——非语言的关系,恰恰是翻译中最容易被忽略的东西。因此,必须将它们从语言现象中区分出来。

如果把字、词、短语、句子乃至话语、篇章看作是纯语言(文本)

---

① 同第 156 页注释②。

现象，语言(文本)现象以外的东西(诸如以上的非文本的、文化的、非文化的、逻辑关系及交际语境等)就都属于非语言因素，由这些因素所构成的关系自然就是非语言的关系了，它们是与语言关系相比较而存在、相辅佐而得益的。正是这种语言(关系)和非语言关系的并列存在，构成了三维语境的第三个关系系统。

需要加注一笔的是，确立第三个关系系统的意义还在于，它证明了语言系统和言语系统的并列存在，这是一件很有意义的事情。

至此，笔者便完成了“语言和非语言信号在多层面上密切配合的控制系统”(John J. Gumperz，1982)——三维语境的设计与构建。有了这样一个关系体系的构架，译者就可以从语内、语外两个主渠道上通过各种媒介(因素)——既从语言的、文本的和文化的语内视角上，又从非语言的、非文本的和非文化的语外视角上，周密地把握(原语的)“原型”，交代(作者的)本意——既从语言系统又从言语系统的层面上，周到地把握翻译的效果了。

小结

语境，必须走出文本、走进文化、走近社会、走近作者乃至走近读者去设置。从客体方面讲，是翻与译及其语言学习的开放性所在；从主体方面讲，则是译者及其学习者的跨学科资质所致。

换一个角度讲，本文所设定的三维语境，实际上就是一个对译者及其语言学习者修养(认知结构)的策划；用发展的眼光看，译者及其语言学习者修养(语内、语外的素养)的建设乃是一个永无止境的语境建设问题。换言之，只有将语内语外因素都纳入我们的视野时，语境才可能将意义所蕴含的内部和外部世界的特征完整地涵盖进去;只有既具备了语内的基本功,又具备了语外的“大”知识,译者及其语言学习者才对得起语文修养的基本要求。

在语言学习的“翻”与“译”中,无论是话有三说还是文有多译,都是语境规约所引起的反应,或者说都是译者及其语言学习者的不同修养的直接反映。鲁迅所谓“翻译无定本”,实际上正是就译者及其语言学习者不同修养和手笔而言的。在翻与译及其语言学习的境界上:不服气,谁都可以试一试。然而,如果离开了语内、语外关系从三个维度上的制约,其质量的高低却是无从把握的。

参考文献

1. 曹文学. 翻译论[M]. 长春:吉林文史出版社,1994.
2. 董晓萍. 说话的文化——民俗传统与现代生活[M]. 北京:中华书局,2002.
3. 刘宓庆. 当代翻译理论[M]. 北京:中国对外翻译出版公司,1999.
4. 刘重德. 西方译论研究[M]. 北京:中国对外翻译出版公司,2003.
5. 米歇尔德塞尔托,李树芬. 多元文化素养——法兰西语境丛书[M]. 天津:天津人民出版社,2002.
6. R. K. 哈特曼,F. C. 斯托克. 语言与语言学词典[Z]. 黄长著,等译. 上海:上海辞书出版社,1981.
7. 王宗炎. 英汉语文问题面面观[M]. 北京:高等教育出版社,2006.
8. 西稹光. 语境研究论文集[M]. 北京:北京语言学院出版社,1992.
9. 杨连瑞. 二语习得研究与中国外语教学(第1版)[M]. 上海:上海外语教育出版社,2007.
10. Firth, J. R. *Systemic Linguistics: Theory and Application*[M]. London: Batsford, 1957.
11. Gumperz, J. J. *Discourse Strategies*[M]. Cambridge: Cambridge University

Press,1982.
12. Halliday,M. A. K. *An Introduction to Functional Grammar* (2nd ed.)[M]. London:Edward Arnold,1994.
13. Newmark,P. *Approach to Translation*[M]. New York:Pergamon Press, 1982.

第四节 外部与内部之间的语法观

作为特定的符号系统,各种语言应该都有自己特有的组合方式及其内在的逻辑关系,因而任何一种语言形式的排列组合,应该都是有规律可循的。这种规律,常常被人们习惯地称为语法,其中包括了各种词类的性质及其搭配关系,以及由这些关系的延伸所表现的各类句式(句型)及其内涵。

然而,笔者的假设是:语言形式的规律除了应该表现为某种可见的形式——语法句型(语法)以外,在语义内涵上还应该有一个乃至几个为语言形式所隐蔽的逻辑形式存在,也正因为这种隐蔽形式的存在,语言才足以以不同的方式乃至相同的形式传达各种不同的乃至非常微妙的语用意义。

笔者的推理是:正如语言形式的外在关系是有规律的那样,与之相对应的语言形式的内在(逻辑)关系应该也是有规律的;或者说,正如语言形式的外在关系足以称之为语法(关系)一般,语言形式的内在(逻辑)关系也应该是一种可以称之为"语法"(关系)的东西。

于是,如果可以把英语语言外在形式关系设定为"外部语法"或者显性语法的话,那么英语语言形式的内在(逻辑)关系便可以顺理成章地被拟定为“内部语法”或者隐性语法[①]。

一、简明直观的常式

在结构主义的昌明时期，语法学家们曾对英语语言形式（句型）的分类进行过充分的研究。从 H. E. 帕尔默的二十七类（句型）说，A. S. 荷恩毕的二十五类（包括子类实际上是五十一类）、伦道夫·夸克的七类说、H. I. 克莱斯特的六类说，到 F. G. 佛兰奇的五类说等，无不各执一端，竭尽其说，国内外华人（如钱歌川等）也都做了相应的工作。于是，英语句型的诸多分类便汗牛充栋，难尽其详。

如果就诸多分类的究竟做一个追问，它们又无非是试图就英语的基本句式做一个统一的梳理和归纳，以资方便语法应用的规范化。就各自的分类方式而言，都是以动词的习惯格式作为分类的切入点展开的；就分类的结果而言，它们所达到的只是对应于形式的某种规定性外在格式（句式）的梳理和归纳。如果以某种“集约”的而不是“粗放”的格式将英语基本句型加以梳理的话，我们就完全可以用一个公式化的符号加以表述，这个符号就是“354-2”。

兹分述如下：

其中，“3”，代表英语中的三类谓语动词，即及物动词、不及物动词和系动词；正是因为这三类谓语动词（的不同性质——句法要

① 这里的语法观点，曾以“建立一个逻辑语法范畴”为题发表在《山东师大外国语学院学报》2001 年第 4 期上。

求)滋生了英语的五个基本句型;因而,"5"即代表英语的五个基本句型,它们分别是:

1. 不及物动词句式

(1) S-V(主语-谓语),如:She died.

2. 及物动词句式

(2) S-V-O(主语-谓语-宾语),如:He made a box.

(3) S-V-O-O(主语-谓语-直接宾语-间接宾语),如:The King gave him a medal.

(4) S-V-O-Oc(主语-谓语-宾语-宾语补足语),如:The illness made him bad-tempered.

3. 系动词句式

(5) S-V-Sc(主语-谓语-主语补足语),如:She was a thief; The weather became very stormy.

"4"代表以上五个句型中的四个基本要素或成分,即主语、谓语、宾语和补语(即宾语补足语和主语补足语);

"2"则代表四个基本要素以外的成分,即定语和状语。

由上可见,"354-2"所归纳的仍然是英语的常规表达格式。为了叙述的方便,笔者索性将它们称为(英语组句的)常式。

二、化隐为显的变式

在常式的通行中,是乔姆斯基首先发现了问题之所在。他说,按照结构主义的描写方法,John is easy to please 和 John is eager to please 两句的意义是一样的,可是在第一句中 John 是 please 的宾语,而在第二句中,John 则是 please 的主语;另外,The boy chased the dog 与 The dog was chased by the boy 两句不属于同一结构，却有相同的意义。

之后，荷恩毕又解释说，John is easy to deceive 可以用以下5个不同的句式来变换：(1)To deceive John is easy;(2)It is easy to deceive John;(3)John is easily deceived;(4)How easy it is to deceive John;(5)Isn't it easy to deceive John? 但是，Mary is anxious to please 却不能说成是：(1)To please Mary is anxious 或者(2)It is anxious to please Mary。

可见，通过句型转换足以发现同一结构的不同含义。这应该是转换生成的功劳。然而，事情绝不是到此为止。例如：

(1) John preached...a baptism of repentance for the forgiveness of sins.

(2) I am the resurrection and the life.

对于以上句子的释义，句型(语法)转换就显得无能为力。显然，学会改变一种方式(笔者姑且将其设定为"变式")，以便解决问题。

上文曾预见：除了某种外部语法或称外部形式语法的东西外，还应该有一个内部语法或称逻辑语义语法的存在。奈达(Eugene A. Nida)成功地解决了这个问题。他对以上两个句子的逻辑(语法)释义分别是：

A. John preached that the people should repent and be baptized in order that God would forgive their sins.

B. I am the one who causes people to rise from the dead and who causes people to live.

于是，这两个“只可意会，不可言传”的句子的语义，就豁然明朗了。奥秘在哪里呢？奈达用自己的话揭开了这个“谜底”。与传统的语法观不同，奈达以为语法是有意义的。他说，语法意义是词与词、词组与词组以及句子与句子之间存在的逻辑语义关系，这种关系常常是内隐的，在揭示这种内隐的关系时，他采用的是一种“逆转换”(back transformation)的方式。

依照转换生成说的观点，每种语言中都有 6 到 12 个基本结构，足以通过它们的转换而生成各种语言中所有的表层形式。同时也可以通过“逆转换”把表层结构(再度)转换成核心结构。奈达把这些核心结构称为“核心句”(kernel sentences)。他所确定的核心句是七个：

(1) John ran quickly.

(2) John hit Bill.

(3) John gave Bill a ball.

(4) John is in the house.

(5) John is sick.

(6) John is a boy.

(7) John is my father.

怎样把握词与词、词组与词组以及句子与句子之间的逻辑语义关系，又怎样把表层结构“逆转换”为核心句呢？

奈达认为，每一种语言都有自己独到的办法来用词类给经验分类，这些词类之间的关系都是各不相同的。基于这个认识，他创造性地提出了英语的四个“语义范畴”(semantic category)，认为词汇可以依据其在上下文中的(逻辑)语义关系，分别归属于不同的语义范畴：一是“物体词”(objects)；二是“活动词”(events)；三是“关系词”(relations)；四是“抽象词”(abstracts)。

这是一种以语义分析为目的的词类划分，四个语义范畴所反映的是词与词、词组与词组、句子与句子之间的关系是不同于(外部)语法中的各种修饰与被修饰关系的，这种关系所揭示的语义也就未必与各种外部语法属性(词类)所显示的意义相同，上文两个“难句”的语义解读就是证明。如果把 A 句解读中的核心句展示出来，就是：

(1) John preached something.

(2) John baptized the people.

(3) People repent.

(4) God forgives the people.

(5) People sin.

这便是四个语义范畴所揭示的逻辑语义关系及其表层结构转换为“核心句”(kernel sentence) 的一个典型示例。如果把两个难句的解读都翻译成汉语，就是：

A. (施洗者)约翰劝诫说，人们应该接受洗礼，进行忏悔，以便得到上帝的饶恕。

B. 我有起死回生的本事。

可见，这两个难句的翻译，经过这样的分析后变得直观而便于翻译。这是因为，就形式而言，各种语言的表达方式，在核心句的层面上原比在表层结构的层次上“接近”得多。这正是“逆转换”的魅力所在，也是支持笔者所图建构的“变式”语法的理论依据。

奈达主张，译者不仅需要把语言看作一套有规律的“语码”

(code)，而且还需要将它看作一种灵活的、随时可能变换的语言交际活动(a communicative event)。如果说“一套有规律的语码”就是一部“外在”的语法，那么一种直观的逻辑语义关系——“内部”语法，正是通过一种灵活的、随时可以变换的语言交际活动，经由“核心句”的“逆转换”(back transformation)而实现的。可见，奈达在语言形式的转换上已经走出了乔姆斯基的约束。如果说乔姆斯基的转换生成还是一种外在语法(句型)“定式”的话，那么奈达的“逆转换”式“语法意义”(释读)则是一种内在的可以灵活操作的“变式”——逻辑语法。

三、内在关系的奥妙

语言的意义(meaning)是一种极为复杂的现象，让读者(包括译者)透彻地理解(complete intelligibility)不是一件容易的事。奈达告诫人们，(在词组以上的语言现象中)意义并非诸项词汇意义的总和。意义既与作者的意图相连，又同语言的功能相关；意义，常常是一种“言下”(言外)的东西，一种言下(言外)的蕴意，弦外的韵味，不能将它仅仅看作是一种“实体”。

英国剧作家 Harold Pinter 有一句颇得感受的话：Language is a trick to cover up the nakedness；笔者则将这里的“the nakedness”看作是一种“骨子里的东西”，因为它需要译者(也就是读者)用心去 UNCOVER(体味)；但凡是遇到按原文形式直译就会使人费解，或者容易引起误解的地方，都必须改变原文形式，以使之与译语语言习惯相近而“可译”。“逆转换”教给人们的是一个揭示(uncover)语言结构秘密的方式，有了它足以免去不少的“尴尬”。以下示范,以见一斑。

1. 词组的逆转换

(1) his car=He owns the car(“他有车”;不必总是译作“他的车”);

(2) his failure=He failed(“他失败了”;不必总是译作“他的失败”);

(3) his arrest=He was arrested(“他被捕了”;不必总是译作“他的被捕”);

(4) servant of all=He serves all 或者 one who serves all(“侍奉人的人”;不要总是译成“所有人的奴役”);

(5) our beloved ruler=We love the one who rules us(“统治者也会受到人们的爱戴”;不必总是译成“我们爱戴的统治者”);

(6) his old servant=The old man serves him 或者 The man who served him in the past 或者 The man who serves him is old(酌情译为“伺候他的,是个老人”;或者“伺候过他的人,老了”;或者“侍奉他的那个人,已经不年轻了”;而不要总是译成“他的年老仆人”);

(7) the will of God=God wills(“上帝的意愿”);

(8) the creation of the world=(God) creates the world(“上帝创造了世界”;不要总是译成“世界的创造”);

(9) gospel of God=the good news which comes from God(“来自上帝的福音”);

(10) the gospel of Christ=the good news about Christ(“关于基督的福音”)。

2. 句子的逆转换

（1） A new generation would be the product of the quiet hour＝The quite hour would produce a new generation（安静的时光，会造就一代新人）；

（2） In my fridgeless fifties childhood，I was fed well and healthy.

＝〈1〉 It was in the 1950s；

〈2〉 There was no fridge (at all)；

〈3〉 I was a child；(but)

〈4〉 I was fed well and healthy.［50 年代，我还是一个小孩子，那时还没有（发明）冰箱，可是我一样过得舒心、健康；等等。］

至此，经由"逆转换"的句子与"核心句"之间的对应关系，便一目了然；核心句层次上的句子与译语（汉语）的对应"接近"，也一清二楚。于是，难句翻译才变得直观、清晰而便于翻译了。

3. （复杂）单词的解读

在逻辑语义关系（内在语法）的"解读"中，不仅仅是词组、句子需要"逆转换"的支持，（结构复杂的）单词也需要"逆转换"的佐助，上文对 I am the resurrection and the life 一句中 the resurrection 和 the life 两词的处理，就是例证。

奈达认为，英语中复杂单词的类型很多，但最常见的只有以下五种：

（1） 物体-活动型（物体成分发出动作），如：

disciple＝one who learns；

players＝one who plays;

heir＝one who will inherit,etc.

(2) 活动-抽象型(物体成分是动作的受事,即宾语),如:

gift＝that which is given;

apostle＝one who is sent;

doctrine＝that which is taught,etc.

(3) 活动-抽象型(抽象成分修饰动作所含的受事发出动作,受事因而获得某种特征),如:

sanctify＝to make...holy;

justify＝to declare...innocent,etc.

(4) 物体-活动-抽象型(物体成分向所含受事发出动作,受事因而获得某种特征),如:

sanctifier＝person or thing that sanctifies or makes...holy;

justifier＝one who justifies; one who vindicates,supports or defends,etc.

(5) 活动-关系型(活动词带有一种内含的关系),如:

mediate＝to be in an intermediate position or location;

reconcile＝to act as an agent between others,etc.

由以上实例的展露中,笔者察觉到的是:

(1) 物体词,不仅仅是"名词"的概念,它们常常透露着一个动作所涉及的方方面面:或者是动作的主体(主语),或者是受事(宾语)等;

(2) 动作词,是逻辑上的动词,它们所影响的不仅是动作的概念,更重要的是,通过它们足以透视出一个逻辑上的句子来,因而需要其逻辑上的主体（主语）、受事（宾语）等去补充而完成自己的逻辑意义；

(3) 关系词，不仅仅是"介词""系词"等的集合，因为它们足以反映出其前后词项（范畴）等的逻辑关系，从而因为前后范畴（词项）的存在而折射出一个或者多个（逻辑上的）句子来；

(4) 抽象词，相当于"外在语法"中的形容词和副词，一般都处于定语和状语的位置，但是也不能直接和形容词、副词画上等号，因为它们反映的是逻辑句式中的某些句子成分；

(5) 另外，即便是某个内涵复杂的单词，也需要展开（paraphrase）来解读。自然，一个培养逻辑语法观念的有效方式，应该是养成勤查全英文词典的习惯。

由上可见，英语句子，自不必说语法意义上的短语（phrase），甚至一个内涵复杂的词汇（word），都相当于一个乃至几个完整的逻辑句子；翻译时必须将它们从语内"释放"（转换）出来，使之与译语的语言规范相接近，以便使"语际转换"变得直观而可译。这些便是笔者所图揭晓的英语结构内在关系之奥妙及其意义所在。

四、内部语法的拟定

从以上的假设、推导、求证及结语中，笔者一方面深感"外在语法"中所存在的缺憾，同时认为我们完全可以从中推演出一个既在乎情理之中，又出乎意料的结论，那就是：应当建立一个逻辑语法范畴，以便与外在的语法相得益彰，同在语言的应用中发挥作用。

既然四个“语法范畴”是解读词语搭配逻辑关系的有效方式，就应当将它们用语言之“法”（语法）的形式确定下来，以供（理解中的）“逆转换”之用。于是，“内在语法”就具有了四个逻辑语法的新词类：一、相当于名词之用的“物体词”（objects）；二、相当于动词之用的“动作词”（events）；三、相当于介词、系词之用的“关系词”（relations）；四、相当于形容词、副词之用的“抽象词”（abstracts）。

既然七个“核心句”是所有英语语言表层形式的“原型”，就应当将它们以固定的格式外化，以便与英语中的基本句型相区别：

（1）在 John ran quickly（不必看作 S-V 句型）一句中，主语 John 代表任何一个可以在主谓结构中做主语的“物体词”，“抽象词”quickly 则可以用于任何一个核心句；

（2）在 John hit Bill（不必看作 S-V-O 句型）一句中，John 和 Bill 代表任何一个用在主语和宾语位置的“物体词”；

（3）在 John gave Bill a ball（不必看作 S-V-O-O 句型）一句中，处在 John，Bill，ball 位置的都是“物体词”；

（4）在 John is in the house（不必看作 S-V-Sc 句型）一句中，词组 in the house 代表任何一个含有“物体词”的介词词组；

（5）John is sick（不必看作 S-V-Sc 句型）一句中，sick 在（外在）语法功能上是一个用作表语的形容词，而在（逻辑）语义上则是一个说明主句特征的“抽象词”，而 is 的功能只是使具有这个特征的修饰语成为句子的表语而已，因而“is”也被视为“关系词”；

(6) John is a boy(不必看作 S-V-Sc 句型);

(7) John is my father(不必看作 S-V-Sc 句型)。

需要说明的是,核心句(6)、(7)两句貌似一致,实有区别:

a. John is my father=My father is John,但是,John is a boy 却不能说成 A boy is John,否则,所指语义的确定性和不确定性就会相互混淆,核心句(6)所揭示的是部分和整体关系;

b. 在核心句(7)中,主语和表语都是"物体词",is 只能起等号作用,John 和 father 互换位置,语义不变。

在核心句(4)、(5)、(6)、(7)中,is 的(外在)语法功能是动词,是谓语的一部分;但在上下文中,其语义功能却重新地界定了它的词类属性,即在语义范畴中其词类属性应该是"关系词"。

小结

以上借奈达的交际行为理论,厘清了语法和语义的关系,进行了常式和变式的比较,从而构建了一个区别于常规语法范畴的逻辑语法范畴,这应该是一个具有实际应用价值的东西。

一面是以"四个语义范畴"所显示的内部结构关系,一面是由七个"核心句"所揭开的"骨子里的东西",两者所合成的却正是笔者寻觅已久的——逻辑语法。如果说基本句型是从英语(外在)语法的维度上梳理其句式的基本格局,那么(七个)核心句则是从英语(内在)语义的视域中区分其逻辑的内隐结构,这是显而易见的。如果既可以用四个语义范畴揭示英语句式所内隐的逻辑关系,又可以用七个核心句表达英语句式所内含的逻辑语义,那么英汉翻译中关于英语定语、状语——英语在基本句型以外所附加的"词"

“短语”和“从句”的处理，就不再是一个问题了。

自然，相对于作为“常式”的外在语法，这里所构建的内部语法（逻辑语法）就是一个“变式”了——毕竟，这里关于内部语法（逻辑语法）范畴的假设乃至外部语法（常规语法）的界定，应该还是一个初级的预案，二者均有待后续的研究、发展和完善。另外，本书其他章节还会在涉及语法时讨论这里未尽的问题。

参考文献

1. 葛传椝.（英汉双解）英语短语动词词典（*A Dictionary of English Phrasal Verbs with Bilingual Explanations*）[M].上海译文出版社，1982.
2. 伦道夫·夸克.当代英语语法（*A Grammar of Contemporary English*）[M].王中浩，译.沈阳：辽宁人民出版社，1980.
3. M.甘希娜，等.英语语法[M].北京：时代出版社，1956.
4. 钱歌川.翻译的技巧[M].新加坡：南洋大学出版社，1972.
5. 王宗炎.英汉语文问题面面观[M].北京：高等教育出版社，2006.
6. 张道真.实用英语语法（修订本）[M].北京：商务印书馆，1964.
7. 张儒林.英语语法疑难问题解答[M].兰州：甘肃人民出版社，1982.
8. 章振邦.新编英语语法[M].上海：上海译文出版社，1981.
9. Courtney, R. *Longman Dictionary of Phrasal Verbs* [M]. London: Longman Group Limited, 1983.
10. Hornby, A. S. *Oxford Advanced Learner's Dictionary of Current English*[M]. London: Oxford University Press, 1974.
11. *Longman Dictionary of Contemporary English*[Z]. Harlow and London: Longman Group Limited, 1978.
12. Nida, A., Taber, Charles R. *The Theory and Practic of Translation*[M]. Leiden: E. J. Brill, 1969.
13. Nida, A., Waard, Jan de. *From One Language to Another*[M]. Nashwill: Thomas Nelsons Publishers, 1986.

第五节 谓语与非谓语之间的动词观①

在本研究的视域中，动词乃是英语句子乃至话语的生命所在，乃是英语语法教学的核心和关键所在。毕竟，英语句子乃至话语的基本格式或者句型及其语序乃至句子成分的确定，无一不和动词的属性相关；而且，动词与其他词类的关系密切，涉及的语法问题众多，如时态、语态和语气等无一不是动词属性所引起的连锁反应。

但是，中外语法书目及其教材中关于英语动词分类的基本情况却是：或不尽一致，或相去甚远，且各持己见，众说纷纭，这些都不利于国人英语教学的实施。这里，笔者试图在浏览、梳理和审度的基础上，就英语动词的分类提出一管之见，企望有利于解决英语教学理论及其实践的建设问题。

一、动词分类的回眸

林语堂先生说："在一般的语法书中，都将动词分为三类，即及物动词（Transitive Verbs）、不及物动词（Intransitive Verbs）和助动词（Auxiliaries）。"可惜的是，实际情况并不尽然。

张道真编著的《实用英语语法》（修订本）的做法是，先将英语动词分为实义动词（Notional Verbs）、助动词（Auxiliary Verbs）、

① 这里的主要观点，曾于 1993 年 12 月发表在《西北师大学报》（专辑，社会科学版）总第 23(A)期上。

联系动词(Link-verbs)和情态动词(Model Verbs)四类。然后,由于有些动词必须带上宾语及其他补足成分才能完成句式结构,而有些动词则不必涉及他物自能完备,又在实义动词中分出两个子类来,这就是及物动词和不及物动词。进而,英汉两种语言中动词的区别在于英语的有些动词形式可以充当谓语或者谓语中的谓词,并且要和句子中的主语保持人称和数的一致,而有些动词形式则既不能充当谓语也不受主语的制约,却可以充当谓语以外的其他句子成分,并将动词分为谓语形式(Finite Forms of the Verb)和非谓语形式(Non-finite Forms of the Verb)两个类型。显然,这些动词类型分别是基于英语动词的实际意义、造句功能、语法功用和英语动词的特点划分出来的。

中山大学外语系英语专业编著的《英语动词》一书的分类是:(一)按词义和语法功能分为四类,即实义动词、联系动词、助动词、语气动词(Modal Verbs);(二)从词义、语法功能和词的形态三方面考虑,分为两类,即限定动词(Finite Verbs)和非限定动词(Non-finite Verbs);(三)从动词和宾语之间的关系考虑,又将实义动词分为及物动词和不及物动词两类。不难看出,这个分类实际上和《实用英语语法》的分类完全雷同。

M.甘希娜(M. Ganshina)和N.瓦西列夫斯卡娅(N. Vasilevskaya)合编的《英语语法》(*English Grammar*)中对动词的处理是先分为"定式"(Finite)和"非定式"(Non-finite)两类(非定式动词在甘氏的书中有时也叫作"变体动词")。然后,又根据动词的句法功用将其分为表义动词(Notional Verbs)、助动词和半助动词(Semi-auxiliary Verbs)三种。甘氏的"表义动词"即所谓实义动词。助动词则指那些本身不具有独立的意思而只能协助“定式动词”构成其分析形式(进行式、完成式和被动语态等)的动词,与国内助动词的内涵相同。但是其所谓“半助动词”中却既包括联系动词、情态动词,又包括像 go on,begin 等可用动名词作宾语和所谓“组动词”(如 have a swim 等)的动词。且不说其含量之大,单就这个方法是否科学而言,尚待语法家们去探讨。笔者以为这种分类起码是不够实用和明快的。而且,甘氏还解释道,“助动词和语气(不完全)动词(即情态动词,笔者注)造成一个特殊的组动词,它们有着特殊的形式和特定的功用”,这岂不是使动词的分类更为含混不清了吗?随后,甘氏又把所谓“表义动词”分为“主语动词”“宾语动词”及及物动词和不及物动词等。分类甚烦,不必赘述。

连水发等编译的《国际英语百科全书》则根据英语动词的语义、用法、词形变化、结合方式对动词作了如下的分类:一是根据主语的有无分为“定动词”(finite verbs)和“不定动词”(infinite verbs)两类。二是根据宾语的有无分为及物动词和不及物动词两类。三是根据补语的有无分为“完全动词”(complete verbs)和“不完全动词”(incomplete verbs),如 He sleeps 中的 sleep 是“完全不及物动词”;英语 He likes apples 中的 like 是“完全及物动词”;I am a boy 中的 am 却是“不完全不及物动词”(在这里联系动词被划归于“不完全不及物动词”之列,笔者注);I believe him honest 和 I got him to do the work 两句中的 believe 和 get 则是“不完全及物动词”。《国际英语百科全书》说:“不完全及物动词也可称为作为动词或使役动词。”四是根据词形划分为规则(regular)动词和不规则(irregular)动词。五是根据结合方式分为主要动词(principal verbs)和助动词。“主要动词与助动词相对,如果一个句子有两个以上的动词,表示主要意义的就是主要动词”,如 I can go 和 I must have done it 中的 go 和 do 就是主要动词。“助动词与上述主要动词相对,两个以上的动词相连时,处于从属地位的就是助动词”,如上两例中的 can 和 do 就都是助动词。这就是说该书已将情态动词划归于助动词之列了。

钱歌川编著的《翻译的技巧》认为,就英语动词的性质来说可分为两大类:一是自动词(intransitive verbs);二是他动词(transitive verbs)。随之,他又从这两大类动词中分出四个子类来,即依据要不要主格补语(subjective complement)将自动词分为完全自动词和不完全自动词,如 Wheels turn 中的 turn 就是完全自动词,而 Milk turns sour 中的 turn 则是不完全自动词(显然,这里所谓“完全自动词”才是不及物动词,而“不完全自动词”却正是联系动词,这和《国际英语百科全书》把联系动词划归于“不完全不及物动词”的做法是一致的);又依据要不要宾格补语(objective complement)将他动词分为完全他动词和不完全他动词,如 Men turn wheels 和 Cows give us milk 中的 turn 和 give 就是完全他动词,而 Thunder turns milk sour 中的 turn 则是不完全他动词(钱氏把需要带两个宾语的完全他动词叫作 dative verbs,即所谓“授与动词”,笔者注)。显而易见,钱氏的这个分类与上文《国际英语百科全书》对动词的分类的第二和第三种方法非常接近,只是把“有无宾语”和“有无补足语”两个因素综合起来考虑罢了。需要注意的是,《翻译的技巧》只就谓语动词或者限定动词做了必要的划分，而将非谓语动词或者非限定动词都分别列到各造句分项中去处理了。或许，在钱氏看来英语造句的关键在于谓语动词及其结构或者基本句型，而不在于非谓语动词及其他动词（包括助动词）。笔者以为这样分类也不失为一种提纲挈领式的方法。以下我们再看几个做法。

伦道夫·夸克（Randolph Quirk）等著《当代英语语法》（*A Grammar of Contemporary English*）对动词的处理方法是先将其分为主动词（Main Verbs）和助动词（夸氏的助动词是包括情态动词在内，笔者注）两类。然后，又在主动词中分出三个子类来，这就是“不及物动词（后面不一定有其他成分）、强动词（后面有主语补语或地点状语）和及物动词（后面有宾语）”。从这里动词后面应有的句子成分就可以得知，夸氏所谓的“强动词”正是联系动词，他的强动词例句是：Mary is kind (a nurse, there, in the house)。值得留心的是，夸氏所谓的“主动词”完全可以理解为谓语动词或限定动词，也就是说这里已经将联系动词划归于谓语动词或者限定动词之中了。夸氏分类的另一个特点是，将及物动词又分为三个子类：一是“单一及物”动词（后面只有一个宾语即可）；二是“复合及物”动词（后面不仅须有一个宾语还须带一个宾语补足语，必要时还要带上状语）；三是“双重及物”动词（后面不仅须有一个直接宾语还须夹有一个间接宾语）。为什么要这样做呢？夸氏写道：“因为我们只对一个特定的动词类型后面所必须有的成分感兴趣。”的确，夸氏的这个分类便于分析和理解句子，有益于造句和阅读能力的提高，不失为一个高明的动词分类方法。

章振邦等编著的《新编英语语法》则根据动词的作用将其分为

两类，即主动词和助动词。他解释说，“主动词亦称实义动词，它表示有关主语的动作和状态”。随之，他将主动词分为及物动词、不及物动词和联系动词三个子类；将助动词分为基本助动词（如 do，be，have 等）和情态动词（如 will，shall，can，may，must，should，would，could 和 might 等）；而对于像 have to，be going to 等介乎主动词与助动词之间的固定结构，则将它们按“半助动词”处理。如果稍加注意就可以发现章氏对于主动词的处理几乎完全雷同于夸克的做法，或者说这个办法就是对夸克的“翻译”。最后，《新编英语语法》还是按常规将英语动词划分为谓语动词和非谓语动词或者限定动词和非限定动词两类。需要指出的是，在这里“主动词”已经发展成为谓语动词或者限定动词的代名词了。那么，如果需要给非谓语动词或者非限定动词另行取名的话，我们完全可以称它们为“次动词”。

另外，有不少语法书还就动词过去式和过去分词变化方式的不同，将动词划分为规则动词和不规则动词；就动词的结合方式的不同，将动词划分为单字动词、多字动词或者短语动词、介词动词和复合动词等；就动词的构词方式不同划分出词根动词、派生动词和合成动词等。还有的语法家着眼于词汇意义和基本用途，将动词划分为动作动词、状态动词或者动态动词、静态动词等。笔者以为动词分类应当着眼于动词在英语句子基本结构中的功用或者动词的基本句法功用，而这些分类除了与所谓“时”“体”“态”“式”的使用直接相关以外，对句子的基本结构并无直接的影响，而且动词分类也不可能包罗万象，应当将它们归属到词的构造或词法问题中去讨论。

A. S. 荷恩毕(A. S. Hornby)说:"动词这个概念并没一个管用的或者确切的定义。然而把动词的限定与非限定形式加以区别倒是有用的。"尽管这么说,他还是给助动词留下一席之地,而且他的助动词中也包括了情态动词。他给这些含情态动词在内的助动词取名为"变态限定动词"(Anomalous Finite Verbs),为的是将它们与其他限定动词和非限定动词区别开来。值得注意的是:荷氏还在助动词中分出了限定形式和非限定形式(荷氏助动词中的非限定形式系指助动词 do、be、和 have 的不定式及现在分词和过去分词,笔者谨识)并列成下表:

荷氏助动词(Auxiliary Verbs)表

非限定形式(Non-finite Forms)				限定形式(Finite Forms)	
序号	不定式	现在分词	过去分词	现在时态	过去时态
1	be	being	been	am,is,are	was,were
2	have	having	had	have,has	had
3	do	doing	done	do,does	did
4	—	—	—	shall	should
5	—	—	—	will	would
6	—	—	—	can	could
7	—	—	—	may	might
8	—	—	—	must	—
9	—	—	—	ought	—
10	—	—	—	need	—
11	—	—	—	dare	—
12	—	—	—	—	used

荷氏所谓的“变态限定动词”系指上表右栏中所列 24 个限定助动词。他说，那些“动词形式不完全的叫作不完全(助)动词。例如 must 既没有不定式也没有现在和过去分词形式。因此像 will，shall，can，may 和 ought 都是不完全助动词”；自然，除了这些助动词以外的就是完全动词了。把助动词划分为限定形式和非限定形式并从其中分出完全助动词和不完全助动词，这的确是荷氏所开的先河。

在英语动词分类问题上，除了以上诸家的主张之外，肯定还有一些其他的做法和称谓，本文不可能也没有必要一一列举了。语法学家们的做法往往给教材的编写提供必要的根据和指导。国内所采用的教材(包括一些国外引进的原版教材)的语法部分对英语动词分类的处理基本上与以上列举的情况雷同，不仅不尽一致而且也有不尽合理或者不便于教学的地方。国编教材采用的基本上都是张道真的做法，国外引进教材的情况则是各立己式，差异甚大。这种众说纷纭、各具己长的局面作为学术上的“争鸣”自然是无可非议的。然而语法的目的应当是服务于教学，那么语法学家的主张就应当尽可能地靠近或者方便于教学，而不是相反。这样说难免有点“教书匠”气，或许还有点实用主义的味道。但是，不管是语法学家、语言学者或者是教书之人，他们给英语的教与学所提供的“规范”应当而且必须便于人家理解和应用，因为我们的目的乃是在英语的各种语言环境中解句、造句和使用英语。这样一来，教书之人也就需要持有自己的见解和看法了，否则怎么能对得起教书之事呢？

二、场论主张的分类

笔者并非“领异标新”的二月之花，试图跻身于“齐放”之列，只是认为在英语教材和教学中应当尽可能地统一和简化英语动词分类：暂将百花汇于一坛，且把百家熔于一炉。笔者也未独树一帜，试图参与到“争鸣”之中，只是偏爱“删繁就简”的三秋之树，充其量只做一个朴素的建议。这样做或许会有利于英语句子教学乃至整个语法教学，以达到我们解句、造句和使用英语的目的。基于这样的思考，本着语法为教学服务的愿望，笔者试就英语动词的分类做如下调整和安排。

英语动词分类要始终着眼于动词与句子结构或基本句型格式的关系，其做法应当是：先根据其充当句子成分的语法功用及其与句子的核心成分——谓语关系的远近分为三大类别：一曰谓语动词（或者谓语的“主动词”，即限定动词）；二曰助动词（谓语的协助动词，包括情态动词，既有限定式也有非限定式）；三曰非谓语动词（充当谓语以外其他成分的三种“次动词”即动词不定式、动名词和分词，均系非限定动词）。然后，再根据其造句功用或者组句特点分别从三大类型中逐一划分出各项子类来。

1. 谓语动词及其子类

英语句子的核心是谓语，谓语的核心是谓语动词，或谓语中的“主动词”。可见，谓语动词乃是英语句子核心的核心，它不仅是作为英语句子基本要素——四大“必要成分”（主语、谓语、宾语和补语）之一的谓语或者谓语的主要组成部分，而且也是引出其他三个要素（主语、宾语和补语）以及作为英语句子辅助成分——“非必要成分”(定语和状语等)的根源所在。而且,在英语中乃是不同的谓语动词或者谓语动词的不同性质决定着不同的谓语结构,而不同的谓语结构决定着不同的句子或者句型结构。简言之,英语句子需要采用什么样的格式或者句型,都取决于谓语动词的及物性、不及物性和联系作用。因此,英语的谓语动词便顺理成章地派生出三个子类来:一是及物动词(后面一定要跟上宾语、复合宾语或者双重宾语);二是不及物动词(后面不一定要跟上“非必要成分”);三是联系动词(后面一定要跟上补语,即主语补足语,或称表语)。显然,我们没有理由也不必寻找理由把及物动词和不及物动词合称为什么“实义动词”,又因为联系动词虽“多有自己的意思,但不能独立作谓语”而将它从谓语动词中开除出去。需要注释的是:这并非发明之举。

在就谓语动词分类时,“我们只对一个特定的动词类型后面所必须有的成分感兴趣”,因为正是这些特定动词类型后面的“必要成分”决定着英语句子的各种谓语结构或者基本句型的不同格式。也正是鉴于及物动词所产生的谓语结构比较复杂或者其后面所必须有的句子成分不够单一,我们还得从中分出三个子类来:一是“单一及物动词”(后面只需跟上一个宾语),如 Somebody caught the ball 中的 catch 等;二是“复合及物动词”即所谓“实义动词”(后面除须跟上一个宾语外,还须在该宾语之后带上一个宾语补足语从而构成复合宾语),如 We have proved him wrong 中的 prove 等;三是“双重及物动词”,即所谓“授予动词”(后面必须跟上两个宾语——间接宾语和直接宾语),如 She gives me expensive presents 中的 give 等。这三个子类对于准确地把握及物动词所产生的三个基本句型(即 S-V-O、S-V-O-Oc 和 S-V-O-O 句型)乃是不可缺少的。

以上就是谓语动词所产生的分类及其及物动词的各种子类和它们在英语中的一般造句规律。需要提醒的是,往往同是一个谓语动词却可以归属于不同的子类,因而就可以同时采取几个不同的谓语结构或者同时用几种不同的基本句型造句。例如 get 这个动词就既是联系动词又是及物动词,而且它作为及物动词又同时具有"单一及物""双重及物"和"复合及物"的多种动词身份,也就是说它可以用除不及物动词句型(S-V 句型)以外的其他四个句型造句:He is getting angry(S-V-Sc 句型);You will get a surprise (S-V-O 句型);He got his shoes and socks(S-V-O-Oc 句型);He got her a splendid present(S-V-O-O 句型)。对于这种动词的跨类问题,需要从其词汇含义的变化中去理解、体会和分析,并注意积累以便把握其造句的变化规律。

从这里对谓语动词的分类过程中我们得到的启发是:将谓语动词或者谓语中的"主动词"划分为及物动词、不及物动词和联系动词三类,或者说把联系动词按照其动词属性的本来面目重新归属到谓语动词中去,就非常便于解句、造句和把握英语句子的基本格式。而如果将联系动词人为地从谓语动词或"实义动词"中划分出去,就会惹出一些不必要的麻烦来。

2. 助动词及其子类

顾名思义,助动词(包括"情态动词")乃是谓语动词或者谓语中"主动词"的辅助部分。就其本来的含义而言,自打有了自己的语法名称起,它就囊括了所谓没有具体含义只起一定语法作用的

"助动词"和有自己特殊的含义也起一定语法作用的"情态动词"两个子类。也就是说,"情态动词"原本就和所谓没有具体含义的"助动词"是一个家族中的孪生姐妹,不必因为它们具有了自己独立的含义及语法功能上的"个性差异"就使之从助动词的门户中分离出去,从而产生"助动词"和"情态动词"的对立局面。何况像 will 和 shall 那样具有单纯"助动词"和"情态动词"双重作用的动词本来就很难分开。就二者的语法作用而言:在"无意义"这一点上"助动词"是帮助谓语动词构成其"分析形式"(进行时、完成时和被动语态等)、疑问、否定以及某些修辞手段;在"有意义"这一点上"情态动词"则是帮助谓语动词表达主语的态度、口气(或者语气)以及构成疑问和否定等。显然,二者的功用全在于一个"助"字,两个都姓"助",本来就是一根藤上的瓜,只是分工有所不同罢了。难怪"情态动词"早就有了"情态助动词"(modal auxiliaries)的称谓。

当然,二者之间毕竟还存在一定的差别,比如"情态动词"没有构成"分析形式"的功能,而"助动词"又没有表达语气的作用。为了将二者加以必要的区别起见,本书仍主张在助动词这个类目下再分出两个子类来:一是纯粹助动词(专指那些单纯用以构成"分析形式"、疑问、否定和修辞手段的"作用词",如 do,be,have 等);二是语气助动词(即 modal auxiliaries。由于 modal 是 mode 的形容词,而 mode 又是 mood 的变形体,笔者索性将它译为"语气助词",以突出其表达语气的主要功用并用它专指那些除纯粹助动词以外的助动词,如 can,may,must 等)。这两个子类自然是一个家族中的老大和老二的关系,合起来则专指上文荷氏表格右栏所列的 24 个助动词,具有限定形式和非限定形式。

笔者以为将所谓“助动词”和“情态动词”合称为助动词的好处在于免得人家当成两回事而引起不必要的错觉；再说二者的造句功用又是一致的，所以需要把处于对立中的事物统一起来处理。

3. 非谓语动词及其子类

非谓语动词系指那些不能充当谓语或者不能独立构成谓语的特殊动词形式，即动词不定式、动名词和分词（包括现在分词和过去分词）三种。三者天然地构成非谓语动词的三个子类，都是非限定动词。

把握非谓语动词的造句功用，全在于吃透一个“非”字。和汉语不同的是，英语句子在表达思想时，除了需要用谓语动词表述主体的动作和状态之外，必要时还得用区别于谓语动词的其他动词形式来表述与主体和主体的动作及状态有关或者随之发生的其他情况。换言之，在英语中除谓语以外的其他句子成分常常需要用动词的三种非谓语形式来充当。即：用动词不定式及其短语作主语、宾语、补语、定语和状语等；用动名词及其短语作主语、宾语、补语和定语；用现在分词和过去分词及其短语作定语和状语等。

非谓语动词的三种特殊形式均由谓语动词变形而来，是英语作为曲折语的一个重点标志，也是中国人学英语的一个难点。因而就英语动词划分类型的时候，它必须以一个大的类型出现并通过其三个子类的语法功用揭示其造句规律，以资与谓语动词的造句功用严格地区别开来。

另外，谓语动词和多数助动词在使用上都要受句子主语人称和数的约束，而非谓语动词则与这些限制无关，因而就有了动词的限定性和非限定性的用法区别，以便显示三者在造句上的一个区别。显然，这只是以上三类动词在使用或者造句上的特点（即它们与句子主语的关系），并不直接影响句子结构或者句型格式的完整性，因而限定动词和非限定动词不必作为动词的两个类型出现。

小结

本书对英语动词分类的思想基点始终是：分类为解句、造句服务，为教学服务。如果需要就以上的分类方法及其思路用一组口诀来表述的话，那便是：

三大类型见关系，知其子类各有用；

谓语动词定句型，随之成分各相异。

辅佐谓语助动词，两个子类微差别；

非谓动词非谓项，剩余成分齐充当。

其实，英语动词不管怎么划分都会留下缺陷，企望这里的做法足以裨益英语课堂教学的操作。这些权作本节的小结之用。

参考文献

1. 葛传椝.（英汉双解）英语短语动词词典（*A Dictionary of English Phrasal Verbs with Bilingual Explanations*）[M].上海：上海译文出版社，1982.
2. 伦道夫·夸克.当代英语语法（*A Grammar of Contemporary English*）[M].王中浩，译.沈阳：辽宁人民出版社，1980.
3. M.甘希娜，等.英语语法[M].北京：时代出版社，1956.
4. 钱歌川.翻译的技巧[M].新加坡：南洋大学出版社，1972.

5. 王宗炎. 英汉语文问题面面观[M]. 北京:高等教育出版社,2006.
6. 张道真. 实用英语语法(修订本)[M]. 北京:商务印书馆,1964.
7. 张儒林. 英语语法疑难问题解答[M]. 兰州:甘肃人民出版社,1982.
8. 章振邦. 新编英语语法[M]. 上海:上海译文出版社,1981.
9. Courtney, R. *Longman Dictionary of Phrasal Verbs* [Z]. London: Longman Group Limited,1983.
10. Hornby, A. S. *Oxford Advanced Learner's Dictionary of Current English*[Z]. London:Oxford University Press,1974.
11. *Longman Dictionary of Contemporary English* [Z]. Harlow and London:Longman Group Limited,1978.

第六节　句子与非句子之间[1]的话语观

无论从译学研究的维度上,还是从语言学习的视域中考察问题,我们所看到的都是:语言学取向(linguistic turn)的目的,是努力向言语形式的科学化贴近,以便使译事的表达有规律可循;文化学取向(cultural turn)的初衷,是竭力向文本内容的本真性贴近,以便使译文的内涵有更多的意味;而语用学取向(pragmatical turn)的追寻,则是尽量向语言何以为人所用的社会事实逼近,以便为译文的阅读争取更多的读者。

于是,再一次向语言学回归[2],就得尽量向原语方式的原型贴

① 这里的主要观点,参见罗选民:《翻译的区域合作——首届亚太地区翻译与跨文化研究论文集》,上海外语教育出版社,2013。

② 这是张美芳教授(2006)从比利时"语言与翻译研究国际研讨会"上带来的信息,会议认为"现在是重新审视翻译语言学转向(或回转)的有利之处的时候了",转引自郭建中:《翻译:理论、实践与教学——郭建中翻译研究论文选》,浙江大学出版社,2010,第270页。

近，向译文言语的原味贴近，以便使作者认其同，译者乐其成，读者悦其文，从而将译事从“得法”经“得体”引向语内、语际翻译的“得宜”性研究，进而将英语学习导入自觉的由“言内”经“言外”而“言后”的形式分析、意义把握及其效果拿捏的轨道。

毕竟，“从一种文字译成另一种文字，在工作过程中，有一定的客观规律可以遵循…… 这些规律是客观存在的，不是某些人凭空想出来的”[①]。于是，这里便有了追踪这些言语规律的必要。

毋庸置疑，英汉两种文化的差异，是英汉两种言语行为及其方式不同的源头。因而，译者及其学习者便既不能以汉语特有的方式操持英语，也不能以英语特殊的规则操持汉语，否则便不能酿成理想的、约定俗成的表达方式，乃至不自觉地在输出时闹出笑话来。

一、问题之所在

无论从语法的维度考察问题还是就英汉两种言语的转换结局而言，依据语法规则的转换和贴近约定俗成的表达，是大相径庭的。

1. What he told me was half truth.

有译文是：“他告诉我的都是半真半假的东西。”

其实，国人不会这么讲话，或许他们会说：“他告诉我的，未必是真话。”

---

① 此语系董秋斯先生所言，详见董氏：《论翻译理论的建设》(1951)，转引自方梦之：《中国译学大辞典》“代序”，上海外语教育出版社，2011。

2. I'm not the first person who has made mistakes.

有译文是："我不是犯错误的第一个人。"

其实，国人一般不会这么讲话，或许他们会说："出错的人多了，我又不是第一个！"

3. Let's have a tea break.

现在流行的译法是："让我们来一次'茶歇'（吧）。"

其实，国人的习惯说法是："（让）我们休息休息，喝杯茶（吧）！"

足见，强扭的瓜不甜，因为那是一厢情愿的结果，不是吗？

不必讳言，英语是英语，汉语是汉语，各有各的言语方式，实不可以互为替代。如上文所示，英汉翻译中的问题，恰恰在于不顾两种语言各自方式的约定俗成，一味地依照对方言语的原有结构，直接将原语的方式迁移到译语中去。

其实，按照奈氏的说法，英语句子中的一个短语乃至一个（复杂的）词汇，在逻辑上都相当于一个甚至几个（完整）的句子；只要将它们从语内释放出来，回归原型——核心句（kernel sentences），便一定会接近（任何）一种译语的基本格局，从而使语际转换变得直观而易行。

不言而喻，核心句（式）的结构才是英语言语的原型，因而核心句所显示的则一定是作者的原意；无巧不成书的是，奈达从英语紧缩结构中释放出来、回归原型后的句子（核心句），偏偏暗合了汉语舒展表义的特点，偏偏巧会了汉语言语方式的原味，这一点又恰恰是奈氏所始料未及的。足见，不现原型，焉知原意？不知原意，安得原味？

二、比较之所见

1. 一般印象

从事英汉翻译的人，都有一个普遍的印象，那就是：英语句子长，汉语句子短，而且还能不假思索地概括出这个长与短的理论依据来——英语句子之所以长，乃是形合（hypotaxis）的结果，汉语句子所以短，则是意合（parataxis）的必然。

就两种语言形式给人们的直观印象而言，如果说英语句式好似一簇葡萄串的话，那么汉语句式则恰如一串竹节管。

就两种语言的句法特征而言，如果说英语句子的基本格局是句子 + 非句子的话，那么汉语句子的基本格局则是句子 + 句子（小言，2008）。

2. 一回比较

Caught in a shower on his way to his house in Lloyd Road, a tall English gentleman, a teacher of English in one of the most flourishing private schools in Singapore, began running, with some books under his arm, in order to catch a bus going at full speed about twenty yards ahead of him[①].

这句话，虽不免有一点人为的味道，然而它却足以构成英语言语方式的典型格局，而且就其句子的长度而言，也算得上是英语中一个较长的句子了；汉语的句子，是无从同它一比所“长”的，其语序的安排、行文的方式都与汉语迥然不同。因而，如果按照英语句

---

① 此例句引自钱歌川：《翻译的技巧》，南洋大学出版社，1972，第 47 页。

子原有的安排，将这句话译为汉语，相信它的可读性及其可接受性都是值得置疑的。

其实，只要有一点语法常识的人，一眼就足以看出这个长句的主干来，因为它不过是一个主谓宾齐全的短句——a gentleman began running 而已。而且，这个短句的基本格局及其长度都与汉语相仿。于是，问题就在于：英语长句的冗余成分缘何而生？换言之，英语句子的“分寸”因何而长？

原来，只要我们将其主干（句子）提取之后，这个冗长句子所剩余的无非是一群词、短语和从句而已；为了将它们同所提取的主干（句子）严格地区分开来，笔者索性将这些同汉语行文不同的枝叶——词、短语和从句，名之曰非句子。于是，一个摆在我们面前的事实便是：英语句子的基本格局呈现为句子＋非句子。这个推理，应该是符合逻辑的。

而后，在将这个长句中的词、短语和从句——所谓非句子加以分解、拆析和语义引申，同时在语序上加以适当调整之后，译者所得到的译文是：“有个英国人，是新加坡一家（顶发达）私立学校的英语老师，个子很高，家住劳伊德大街。一天，他正走在回家的路上，突然下起了（一阵）暴雨。（这时，）前方离他 20 码远的路上，一辆公共汽车正在全速行进。（于是，）他（便）夹起（几本）书，飞速赶去，生怕错过了车。”这个译文，与英语原文的格局截然不同，但却完全符合汉语行文的习惯及其言语方式，其可读性及其可接受性都是毋庸置疑的。

至此，一个由比较而存在的事实是：相对于英语句子＋非句子的基本格局，汉语句子＋句子的基本格局便一目了然。

3. 一个注疏

在对以上译文同原语句式结构进行了形式和内涵的比较之后，笔者的注脚是：英语句子所以长，是形合所趋，在主干（主句）的前后，加上了诸多的枝叶——词、短语和从句，其结局一定是：一个句子加上了诸多的非句子，岂不长哉？看上去，岂不又好似一簇葡萄串？

汉语句子所以短，是意合而致，在主干（短句——〈他〉"飞速撵去"）的前后，加上了诸如"有个英国人""是新加坡一家（顶发达）私立学校的英语老师""个子很高""家住劳伊德大街""（一天，）他正走在回家的路上""突然下起了（一阵）暴雨""前方离他20码远的路上""一辆公共汽车正在全速行进""他（便）夹起（几本）书"之类的短句子，其结局则一定是：一个（短）句子接着一个又一个的（短）句子，看上去岂不恰如一串竹节管？

这里，需要补充一句的是：虽然英汉句子的概念不尽相同，笔者仍然足以区分出二者的其"长"与其"短"来。

英汉句式泾渭分明：主干相同、相近，枝叶相异；句子相同、相近，非句子相异；换言之，主干结构相同、相近，而枝叶——词、短语和从句"紧""松"则相异。既如是，若"紧"者足以"松"——非句子足以舒展为句子，"松"者可以"紧"——句子可以紧缩为非句子，英汉句式的转换岂不水到渠成？

于是，问题便在于：何以将英语的非句子——词、短语和从句，从语内推演为句子（核心句），以便满足汉语舒展表义的需要？何以用英语的方式将汉语的句子收缩为词、短语和从句——非句子，以便附着在一个主干句式之上，从而完成英语紧缩成句的要求。

足见，只要完成了非句子与句子或者句子与非句子之间的过渡（转换），英汉与汉英翻译中的问题便会迎刃而解。

三、语法之内外

如语法讨论中所涉及的那样，讨论两种言语形式的区别，仅凭文字的描述是不够的。于是，附之以语法的规约性语言，就是一个必要的程序——于是，这里要涉猎的实际上就是一个内外语法的关系及其应用问题。

在上文例句的翻译中，将主干句子 a gentleman began running 译为"（他）飞速赶去"是（语）法所当然的，因为它完全符合英语 S-V-O 句型的基本规约；问题在于：基于什么样的理由才能将原句附加或者紧缩在主干上的枝叶——"词、短语和从句"（非句子）译为一个又一个的汉语句子呢？这显然是英语常规语法所不能诠释的疑问，奥妙在哪里呢？

1. 从非句子到句子

如果将上文英语长句中的句子与非句子切分开来，就会得到诸多的句子部件——词、短语和从句，如果依据这些部件的逻辑语义范畴所揭示的内在关系，将它们所缺失的（句子）成分补齐，原有的词、短语和从句便会从结构上化隐为显，变成如下的完整句子。

（1）（he is）an English gentleman

（2）（he is）a teacher of English in one of the most flourishing private schools in Singapore

（3）（he is）tall

（4）his house（is）in Lloyd

(5) (he is) on his way to his house

(6) (he was) caught in a shower

(7) (it is) about twenty yards ahead of him

(8) (there is) a bus

(9) (a bus is) going at full speed

(10) (he has) some books under his arm

(11) (he) began running

(12) (he is to) catch the bus

如此,正是在将原句中的非句子(词、短语和从句)转化为句子的过程中,句子与非句子的关系才清晰明白:加上括弧是句子,减去括弧便是非句子——词、短语和从句。就这样,在将词、短语和从句,在英语内部转换为句子(核心句)的同时,语法型英语句子+非句子的序列全然地变成了句子+句子的格局,并且无意中暗合了语义型汉语叙事的基本方式,从而使直观而通顺的汉语表达由此而生。

不难看出,以上所完成的实际上是一个释读英语内外结构的过程,雅各布森(Jakobson)将其名之曰"语内翻译"(所谓"理解也是翻译"),奈达的贡献仅在于为这个语内翻译的过程设计了一个可以操作的方式而已,而笔者所图完成的只是将这个语内翻译的法则同英语常规语法(即本文所谓外部语法)严格地区别开来,并且顺理成章地名之曰内部语法(即逻辑语法)罢了——内部语法的功用在于足以将英语句子中的非句子——词、短语和从句还原为句子,从而为语际翻译做好必要的准备。

英语长句的部件——词、短语和从句,所以能够演绎为完整的句子,乃是因为在逻辑上,它们原本就是一个接一个的小句子,正是在这个意义上本书将英语句子的部件设定为非句子。显然,所谓非句子就是那些由于语法的需要由作者压缩为词、短语和从句的"句子";按照奈达的四个语义范畴(semantical categories)所规约的词法及其与之相关联的七个核心句(kernel sentences)所拟定的句法,合而揭示的逻辑语义关系,译者要做的工作便是,依据语义范畴所揭示的逻辑语义关系,将那些非句子所缺失的成分补齐,从而使那些紧缩的词、短语和从句从结构上化隐为显便是了。

足见,英语句中的词、短语和从句,之所以能译作汉语中一个又一个的小句子,正是因为这些非句子原本就是一个接一个的小句子,以至于笔者不难得出这样的结论:英汉翻译的基本路数在于,只要将英语中由于语法规则的需要紧缩在主句上的附件——词、短语和从句,即附着在主干上的枝叶——定语和状语切下来,依据英语结构的逻辑关系将它们分别舒展为一个又一个的小句子,然后将它们译为汉语,并且按照先发生的先讲,后发生的后说(阎佩衡,2005)的习惯将它们排列起来就是了。

至此,英语语内翻译的基本方式便可以概括为:将非句子还原为句子,而英汉语际翻译的基本路数则可以由此推演为:将句子 + 非句子推演为句子 + 句子,以此顺应汉语的言语方式,岂不显而易见?

2. 从句子到非句子

当代翻译教程,已经不再将英汉和汉英翻译分而"治"之,因为这样做不仅可以为两种语文的比较提供方便,而且还可以实现两种言语方式互为矫正的客观效果。

这里的推论是，只要解决好英语语内翻译的问题，将句子 + 非句子还原为句子 + 句子，英汉翻译的问题便随之解决，而汉英翻译的基本方式则只需要反其道而行之。详而言之，只要将汉语中一个又一个的句子，依据英语常规语法规则的要求分别紧缩为词、短语和从句——非句子，并且分别以定语和状语的形式安置在主干句子的前后。

“在翻译过程中，必须用译入语的表达方式来替代源语的表达方式”，这是一个非常精到的观点，因为“其理论基础是汉英两种语言在语法和词汇结构上的巨大差异”[①]。

其实，(奈达的)四个语义范畴——词法，以及与之相关联的七个核心句——句法[②]，通过逻辑方式所暗示的正是英语语法及其词汇结构区别于汉语语法及其语词结构的基本特点。作为语法型语言，英语的语义结构是紧缩的；作为语义型语言，汉语的语义结构则是舒展的。换言之，在以上的英语例句中，除了主干(主句)的翻译可以直接用常规语法处理外，附加在主干上的枝叶——词、短语和从句(定语和状语)，都不宜依据常规语法直接译为汉语中相应的词、短语和从句，因为这些紧缩的形式(结构)需要经由一次内部语法的处理，以句子(核心句)的方式译入汉语。

3. 从外部语法到内部语法

如果英汉言语方式转换的基本路数，还需要一个语法符号的

---

① 此观点见郭建中：《翻译：理论、实践与教学——郭建中翻译研究论文选》，浙江大学出版社，2010。

② 参见阎佩衡：《建立一个逻辑语法范畴》，《山东师大外国语学院学报》，2001 年第 4 期，第 1—5 页。

表示,文章还得稍长一些。

(1) 语法分内外

按照本研究的语法观,英语的语法是有内外之分的,于是依据上文的推理,如果将英语"形"之于外的常规语法设定为外部语法,并且以符号"354-2"加以表示,那么英语"隐"之于内的非常规语法就需要以内部语法来命名,并且以符号"4-7"加以表示①。

(2) 内外语法观

按照英语外部语法——"354-2"所显示的句式,英汉两种语言的言语方式在主干"354"(句子)部位几乎完全雷同,其基本区别几乎完全集中在英语句式的附加结构"2"(即由词、短语和从句所充当的定语和状语,即所谓非句子)部位。足见,正是英语定语和状语的附加方式,将英汉两种语言的言语方式严格地区分开来;英语句式是:句子 + 非句子,汉语句式则是:句子 + 句子。

显然,英汉翻译的问题在于:如何将句子 + 非句子转换为句子+句子? 而汉英翻译的问题便在于:如何将句子 + 句子转换为句子 + 非句子? 一言以蔽之,英汉与汉英翻译的基本问题全在于:如何处理好句子与非句子的关系?

换言之,在英汉两种言语方式的转换中,需要某种特定的手段,这种手段足以完成英汉两种言语方式之间句子与非句子的顺

① 354-2 的内涵:"3"指英语三类谓语动词;"5"指英语的五个基本句型,分别是及物动词句型主-谓-宾、主-谓-宾-宾补、主-谓-宾-宾;不及物动词句型主-谓和系动词句型主-谓-主补;"4"指英语语法的四个基本成分——主语、谓语、宾语和补语;"2"指附加在基本句型或者基本成分上的两个部件,即定语和状语。而 4-7 语法,即所谓内部语法,"4"指四个语义范畴,"7"指七个核心句,详见以上相关注释。

利转换，或者这个手段必须足以揭示句子与非句子之间的逻辑内隐关系。至此，这个手段便不能不是相对于外部语法——“354-2”而存在的内部语法——“4-7”，因为只有“4-7”语法足以解决英语基本句式“354-2”中区别于汉语句式的“2”——词、短语和从句，即所谓非句子的句子化问题，以便解决好英语定语和状语的翻译问题。

4. 从词类到词义

一般来说，语义是需要借助于完整的句子来表达的，应该说英语也是这样。但是，在依靠形合（语法手段）组句的英语中，其主（要）句（子）的附加成分——定语和状语，常常不是以常规句子的原型而是以词、短语和从句的面目出现，或者说英语句子的附件——定语和状语，常常被紧缩为词、短语和从句，而不是表现为常态句子的原貌。正是基于这里的考虑，本文将这些紧缩为词、短语和从句的言语形式名之曰非句子，并由此归结了英语言语方式的特点，这就是它紧缩成句的特色，其表现形式则是句子 + 非句子；而如上文所及，跟英语言语方式相对，汉语的言语方式则是句子 + 句子。

于是，当紧缩成句的英语碰到舒展表义的汉语时，其问题就集中在如何将非句子还原为句子，或者如何将英语中紧缩为词、短语和从句的言语形式回归为句子，而无论是将非句子还原为句子还是将紧缩的词、短语和从句回归为句子，就其实质而言都是一个如何将语“类”还原为语“义”的问题。

从逻辑上讲，单词就是语义的最小单位。但是，因为它所代表的语义常常会紧缩在“单”词的内部，人们往往需要借助于某种（逻辑)句式结构的支持才足以凸显出它的语义来。比如在“I am the resurrection and the life”一句中,如果直接用 resurrection 和 life 两词的汉语字面意义(拯救和生命)去翻译,人们就会不知所云;而如果将两个词从语内还原为(I am) the one who causes people to rise from the dead and the one who causes people to live again,译者便可以大着胆子将这句话翻译为“我有起死回生的天术”,从而使原句的语义豁然开朗。这里所做的工作,不过是将 resurrection 和 life 两词的词“类”从语内还原为词“义”而已。

在外部语法中,短语自然也构成语义的单位。但是,因为它们所反映的仅仅是某个结构的语法意义,而因为它在结构上还不足以形成一个主谓(结构)完整的句子,因而便不能构成一个独立的“命题”。换言之,短语在语义结构上是“残缺”的,人们往往需要借助于某种语境的支持,从逻辑上将某个短语所欠缺的东西补充起来,从而使原来“残缺”的语义结构得以完善。这一过程赖以完成的语法机制,仍然是将语“类”从语内还原为语“义”,从而完善了英文原有的语义结构。足见,从这个意义上讲,英汉翻译的妙诀常常在于如何将词类翻译成词义。

至于从句,因为它们在语义结构上本来就是完整的,所以不存在还原或者回归的问题。可是,英语中从属的东西,翻译到汉语中来往往不一定处于从属的地位。这便是本文所谓从句不从的内涵所在。

总之,紧缩在主干上的词、短语和从句,只有在完成了语义结构上的补遗和主从关系上的调整之后,才足以实现表达方式上的补偿,从而避免言语行文中的尴尬。这里,既有形合式英语言语方式的微妙，又有英汉乃至汉英转换所必须遵守的规约。正是在这个意义上，作为英语的外部语法“354-2”，需要一个内部语法“4-7”的补遗，才足以解决英汉乃至汉英翻译中言语方式自由转换的问题，因为内、外语法既相反相存，又相辅相成，若兼而用之必相得益彰。

四、策略之选择

在上文句子与非句子的演绎中，笔者的见识是：英译汉的疑点、难处不在主干，而在枝叶；不在句子的长短而在非句子的舒展；不在“354”的传译，而在“2”的置换；不在句子的翻译，而在非句子——词、短语和从句的处理。

于是，问题便归结为：枝叶的主干化，“2”的“354”化，非句子的句子化，乃至定语和状语的主谓结构化，即词、短语和从句的舒展化；而且，枝叶就是“2”，“2”就是非句子，非句子就是构成定语和状语的词、短语和从句。

至此，文章的余力必须集中在（英语）词、短语和从句——非句子，即定语和状语的处理上，以便有效地解决英汉句式中冗长与短促、紧缩与舒展、时序与空序之间的冲突。

英语句子主干所附带的词、短语和从句，就其语法功用而言，不是定语便是状语，而正是由于这些附件——定语和状语的出现，英语句子才变得紧缩而冗长、复杂而难办。这种紧缩冗长结构或者这些复杂难办的附件，如果依照英语外部语法的规约将它们直接译入汉语，其结局必然会给汉语句式带来累赘的“得、地、的”，从而使汉语的句子不胜冗余、不堪诵读。这便是上文所列纠结汉语所由发生的根本原因。

毫无疑问，只有除去这些多余的“得、地、的”，安置好那些“累赘”的词、短语和从句（定语、状语），汉语的面目才会长而复短，紧而复松，空而复时，从而由葡萄串的空序回归为竹节秆的时序。

就这样，英汉翻译的症结便完全集中在对付词、形容词或短语和从句的处理上。于是，文章便不能不用以下的策略，对付那些由“得、地、的”所引起的麻烦：

一曰，单词不单，将词类译为词义；

二曰，短语不短，将短语译为句子；

三曰，从句不从，将子句译为母句。

这里的逻辑是：只要依照内部语法将非句子——词、短语和从句中内隐的结构推演为外在的句子，英译汉的难点、疑处便会大为减少，乃至英汉翻译的工作量就会只剩下语序的调整和文字的润色而已。果真如是，岂不事半功倍？

五、效果之验正

“宜直译则直译，不宜直译则意译”[①]，这是翻译固有的原则。其实，无论从理论上讲，还是从实践中看，两种言语形式的转换都是不宜直截了当的。因为无论在言语格式还是在行文方式上，任何两种语言都不可能有全然对等的结构，而且一旦将直译应用到

① 参见阎佩衡《英汉与汉英翻译教学论》所持翻译策略基本思路相关内容，第141页。

极致，译文的形式乃至意义都会显得别扭。因此，不管是句子与非句子的置换还是词类与词义对接，都需要“三不”策略的支持，无论在英汉还是在汉英翻译的实际操作中，“三不”策略的应用都是必要的。

1. In my fridgeless fifties childhood, I was fed well and healthy.

这是20世纪90年代高考试题中的一道翻译题。据调查，全国不少考生都没能在这句话的翻译上拿到高分，原因是：孩子们哪里晓得这里状语(In my fridgeless fifties childhood)中的单词和短语，还可以演绎为以下的句子，从而才可以得到顺畅的译文呢？

(1) It was in 1950s.

(2) I was a child.

(3) There was no fridge (at all).

(4) (But) I was fed well and healthy.

就这样，译文终于变得唾手可得：“50年代，我还是个孩子，那时还没有冰箱。可我不一样过得舒心、健康(吗)？”

2. It is precisely here that one has to begin to learn anew.

这是尼采(Friedrch Nietzsche)《天才，舍我其谁？》中的一句话，看似简单，因为它不过是一个英文中的强调式结构而已。问题在于，如果按照常规的方式翻译，句子一定是不可读的，可能使国人不知所云，更不必说尼采的本意如何了。

但是，如果按照内部语法的规约将主语从句中的短语加以如下的推演：

(1) One has to begin to learn things; and,

(2) One has to begin to learn them in a new or different way.

并且,依照从句不从的思路,将它们译为母句,便会顺理成章地得到如下的译文:"人们务必学会用新的方式,从不同的角度重新审度固有的知识。这才是严格意义上的学习。"如此,尼采的本意岂不揭?

3. It (water) felt warm in the sharp chill of the morning.

这是海明威(Ernest Hemingway)《印第安人的营房》中的一句话,有人将它翻译为:"在清晨凛冽的寒气里,(水)摸上去感觉是温暖的。"对此,或许有人会说,这样译有什么不可?针对这种说法,笔者便不得不将原句中的短语(in the sharp chill of the morning)加以必要的处理。

(1) The morning is chilly;

(2) The chill is sharp.

可见,海氏的原意是:"清晨的天气,还是透心儿地凉,时而还能感到几分刺骨的寒意。可水,摸上去却是暖烘烘的。"

显然,即便是海氏风格化了的语言,只要就其紧缩的内部结构进行必要的舒展,译者仍然足以捕捉到作者言语的原型,以便表现出译文的原味。换言之,即便是风格也足以还原为意义。那么,诗歌里的情形又怎样呢?

4. **Night**

by Max Webber

Fainter, dimmer, stiller each moment,

Now night.

这是郭沫若先生曾经翻译的短诗，其译文是：

夜

麦克司·威伯 作

愈近黄昏，

暗愈暗，

静愈静，

每刻每分，

已入夜境。

对此，辜正坤先生或许并不十分满意，于是便有了以下的译文：

夜

麦克司·威伯 作

一刻比一刻缥缈、晦暗、安宁，

夜，来了。①

可见，鲁迅先生是对的——“翻译无定本”。因此，笔者便有机会试一试了：

夜

麦克司·威伯 作

一阵儿比一阵儿朦胧，

一阵儿比一阵儿暗淡，

① 以上郭沫若并辜正坤先生译文，均见辜正坤：《译学津原》，文心出版社，2005，第94—96页。

一阵儿比一阵儿幽静……

噢，夜——

来了。

需要说明的是，这里只是毫无例外地将 fainter、dimmer 和 stiller 三个“单词”，乃至结尾的 night 全都做了一个句子化的舒展而已，其目的无非是为了令原语的方式贴近其原型，令译语的言语贴近其原味罢了。趣味如何？同仁指点。

小结

笔墨都用在了句子与非句子的关系规律上，由此进一步佐证了内外语法的存在及其关系，并进而验证了英汉转换中从非句子到句子的演绎策略：单词不单，短语不短，从句不从。自然，这些谓之方式、方法，亦无不妥。至于定语不定、状语不状乃至从句不从之类的余文，限于篇幅，不得不留给尚有兴致的同仁去证明了。

其实，就像规律不是发明而是发现的那样，策略及其方式与方法的存在也是这样，此之谓“法有固然”者也。因而，多么灵验的经验也不能替代本然的法则，因为经验是过去的、个体的、个别的；而法则则是现在的、普遍的、通用的。

足见，向原语方式的原型贴近，向译文言语的原味贴近，是一件势在必行的事——毕竟，“言与味会，是为氤氲”（小言，2015）。

需要说明的是，本书的笔触主要沿着英汉表达方式转换的维度展开，是为了行文的方便，因为只要找到了英汉转换的言语方式，汉英转换的言语方式便会由推演而得到，从而反其道而行之便是了。如果“从句子 + 非句子到句子 + 句子”足以解决英文解读及其英汉言语方式的转换问题，那么“从句子 + 句子到句子 + 非句子”则一定足以解决英文表达及其汉英言语方式的转换问题。

译学研究，即使不必向语言研究带来的有利之处回归，也得描写、诠释言语方式的特殊性问题。有鉴于此，这里提出一个句子与非句子范畴，试图就此梳理英汉句式构成的基本路数，并在言语比较、语法分析和逻辑演绎的基础上演绎出一套英汉言语方式转换的基本对策，这就是：单词不单、短语不短和从句不从。出乎意料的是，这个就翻译策略的涉猎，却在无意中改变了英语学习的方式方法——其实，这也意料之中的事。

从形而上的意义上讲，言语方式的问题，是一个两种语文修养的问题，不宜用格式之类的东西加以规范，因为那是一种出乎法外的境界。然而，出乎法外的水准必须经由在乎法内的积淀才有望达到。正是在这个意义上，本书所及的规约及其策略是有用的，企望裨益于英汉与汉英翻译教学与英语学习及其方案的设计与操作。

参考文献

1. 方梦之.中国译学大辞典[Z].上海：上海外语教育出版社，2011.
2. 高一虹.语言文化差异的认识与超越[M].北京：外语教学与研究出版社，2000.
3. 辜正坤.译学津原[M].郑州：文心出版社，2005.
4. 郭建中.翻译：理论、实践与教学——郭建中翻译研究论文选[C].杭州：浙江大学出版社，2010.
5. 刘重德.英汉语比较与翻译[M].青岛：青岛出版社，1998.
6. 刘润清.西方语言学流派[M].北京：外语教学与研究出版社，1995.
7. 马祖毅.中国翻译简史[M].北京：中国对外翻译出版公司，1994.

8. 毛利可信. 英语语用学[M]. 何自然,译. 北京:世界图书出版公司,2009.
9. 谭载喜. 翻译与翻译原型[J]. 中国翻译,2011(4):14—17.
10. 谭载喜. 奈达论翻译[M]. 北京:中国对外翻译出版公司,1984.
11. 谭载喜. 西方翻译简史[M]. 北京:商务印书馆,1991.
12. 阎佩衡. 英汉与汉英翻译教学论[M]. 北京:高等教育出版社,2007.
13. 杨自俭. 英汉语比较与翻译[M]. 上海:上海外语教育出版社,2006.
14. 赵钢. 非典型主谓结构——英语句子和汉语词组的比较[J]. 外语教学与研究,1989(4):29—34.
15. 翻译通讯编辑部. 翻译研究论文集(1894—1948)[C]. 北京:外语教学与研究出版社,1984.
16. 翻译通讯编辑部. 翻译研究论文集(1949—1983)[C]. 北京:外语教学与研究出版社,1984.
17. Bassnett, S. *Translation Studies* (revised edition) [M]. London and New York: Routledge, 1991.
18. Catford, J. C. A. *Linguistic Theory of Translation* [M]. Oxford: Oxford University Press, 1965.
19. Nida, E. A. *Toward a Science of Translating* [M]. Leiden: E. J. Brill, 1964.
20. Nida, E. A. *Translating Meaning* [M]. California: English Language Institute, 1982.

第三章
翻与译交相运用之场缘由

在本研究的视域中，以往的教学失之于：其“教”重于其“育”，其“教”重于其“学”。如是，场论则不便取其苟同，以令其“育”重于其“教”，以企其“学”重于其“教”，终令其“教”自然地变成某种不得已而行之的干预，终使其“学”相应地化为一种不经意而发生的习惯。此“对话”之本意所在者也。

本章拟从语言为人所用的维度中讨论问题，并以探讨语言为人所用的译学研究为切入口，在语言学外层结构的建构中通过结构与语义的（三维）关系探讨英语语用流程及其结局的境界问题。

这里需要回答的问题是：是内在机制的作用还是外部环境的功能？是I-语言的功效还是E-语言的功劳？是“翻”的功劳还是“译”的功效？本研究的解答是：机制和环境的合作、I-语言和E-语言的和谐、“翻”与“译”的协同乃至“心”与“物”的合一。其实，这些都是场的内“缘”与外“由”分别在各自的作用点上所发生的效力而已。

第一节　I-语言和E-语言之间的缘由观

在西方学者的眼中,"现在是重新审视翻译语言学转向(或回转)有利之处的时候了"(张美芳,2006:31—35)①。这里颇有点回归"语言学取向"(linguistic turn)②的味道,有中国学者则将这一现象看作"后语言学时期"的象征③。这是否意味着翻译研究后语言学时期的到来,乃是翻译大家的事;不过,由此而引起的语言学取向所涉及的问题,才是翻译大众的事。本节拟从结构和语义(三维)关系的演绎中涉猎翻译研究的语言学外层结构问题,并借以推演语言学习中的效果及其相关问题。毕竟,本研究的假设是:语言学习,也是"翻",也是"译";毕竟,语言学习也同语言为人所用的问题直接相关。

一、语义与句法失衡的内摭说

20世纪中叶,笛卡尔(Rene Descartes,1596—1650)唯理主义及其两个实体(精神实体和物质实体)的学说触动了美国乔姆斯基

---

① 这是张美芳教授(2006)从比利时"语言与翻译研究国际研讨会"上带来的信息。在这次会议上,有西方学者提出了"现在是重新审视翻译语言学转向(或回转)的有利之处的时候了"的观点,参见郭建中:《翻译:理论、实践与教学》,浙江大学出版社,2010,第270页。

② "语言学取向"(linguistic turn)的习惯译法是"语言学转向",而赵美娟以为此译不妥,改译为"语言性转向",参见赵美娟:《乔姆斯基的语言观》,上海外语教育出版社,2013,第45页。笔者则以为译作"语言学取向"更妥。

③ 这是郭建中先生的观点,同本页注①,第270页。

(N. Chomsky)敏感的神经，致使其将理智先于感知及其“心身”二元论的思想贯穿于语言研究的始终。

为了超越传统(语法)的禁锢，乔氏主张将学习语言的内在知识和使用语言的行为严格地区别开来。这就是乔氏关于语言能力(linguistic competence)和言语行为(linguistic performance)[①]的两个理论范畴。乔氏之所以这样做的理由是：在传统的语法观中，语法就是对语言能力的描写，因为只要能从语法上理解某一语言中的任何句子，一个人就能在适当的场合中说出适当的句子来。于是，语法教学的任务就在于培养学生的这种能力；而理论语法则不同，因为它的任务在于探索并揭示构成这种能力的内在机制。于是，这个内在的心理乃至生理的机制，便成为乔氏矢志不渝的追寻，这个机制便成为乔氏“生成语法”(generative grammar)所追寻的终极目标。这个语法，试图在不借助于学习者“语言能力”的情况下，将一切都交代清楚，于是“生成语法”便成为他以有限规则描写无限语言(现象)的形式化方法[②]。于是，乔氏便以探索构成语言能力的先天机制为己任，以便为学习者提供一种足以自然生成语言所有形式的语法[③]。

在乔氏的假设中，如果把语言能力界定为一套规则，通过这套

---

① 乔姆斯基 linguistic competence 和 linguistic performance 的常规翻译是“语言能力”和“语言运用”，新近有人又将后者译为“语言表现”；本文则将后者译为“言语行为”，理由是后者乃是前者的应用，应属于言语的范畴。

② 参见赵美娟：《乔姆斯基的语言观》，上海外语教育出版社，2013，第 43 页。

③ 参见乔姆斯基：《乔姆斯基语言哲学文选》，徐烈炯等译，商务印书馆，1992，第 1 页。

规则就足以将符号和符号所代表的意义联系起来，因而语法家的任务就是发现这套规则，而理论语法的任务却在于发现各个规则系统的共同特征，并以这些共同的特征构成人类语言的共同基础。显然，乔氏“生成语法”要逼近的就是那个叫作“普遍语法”(universal grammar)的、内在的先天机制，其所普遍采用的方式是：通过形式的“转换”而“生成”语义。这其中所蕴涵的规则是：“句法”决定“语义”。

1957年，一直筹划建立形式语言理论的乔氏，在以“转换分析”(Transformational Analysis)一文获得博士学位后，其基本构思终以《句法结构》(*Syntactic Structures*)一书问世，在荷兰海牙(摩顿)出版，不久即受到关注。里斯(Lees)认为，这是语言学家首次在传统科学理论框架之外所建立的一种关于语言的综合性理论；莱昂斯(Lyons)则直接指出，乔姆斯基关于句法与语义关系的探讨将激发语言学家对这些问题的兴趣，并认为乔氏提出的(科学评判标准和)语法内在性的设想将推动语言理论的建设[①]。由此，乔氏构想便受到重视，《句法结构》也因此被垂青为转换生成语法(transformational-generative grammar)的开山之作，构成对传统语言学及其行为主义理论的“革命”，并一直持续至今。

依照乔氏本人的说法，《句法结构》的主要影响在于该书后部分关于“语言理论的逻辑结构”所阐述的观点；而就乔氏的(转

① 参见赵美娟：《乔姆斯基的语言观》，上海外语教育出版社，2013，第13页。

换)生成语言学而论,一个非常重要的概念乃是其对语法层面的描写:如果提出表层结构(surface structure)和深层结构(deep structure)的概念,是为了表征其对句子及其意义的概括,那么转换(transformation)的重要性便在于将二者联系(连接)起来,以资描写语法对句子不同层面及其意义的概括。

乔氏的高明之处在于,他不仅关注了静态的句法而且关注了动态的转换,不仅关注了不变的"语法"而且关注了多变的"语义"。即:乔氏试图进入的是一个语言为人所习得(acquire,而不是学得)、语言为人所表现(performance,而不是操练)的先天状态。他以"表层结构"表示语法层面的意义,以"深层结构"揭示表现行为的意义,从而第一次将句法和语义以转换生成的方式明确地联系起来,又严格地区别开来,第一次使意义具有了表层和深层的层次分野。这便是乔氏心智主义所侧重并由大脑"内置结构"①所管控的语言结构两层次的基本见地。

有评论说,乔氏理论将语言研究的线性分析引入了垂直分析的轨道,他以转换生成的方式将结构主义就语言"表层"(结构)的分析引入了唯理主义对言语深层(结构)的探索,从而为语言的理解及其表达提供了深刻的垂范和有益的启示。随之,结构主义关于语言学习的外部研究便水到渠成地被导入了就心理机制的探索,从而大大地拓展了二语习得研究的视野;而且,在(转换)生成语法追随者的敦促下,人们对人类语言普遍性的兴趣也大大地增

---

①　这种"内置结构",不但可以使第一语言的习得得以实现,而且足以成为所有语言认知能力的基础。参见 Neil Smith, *Chomsky: Ideas and Ideals*(《乔姆斯基:思想与理想》)相关内容,此书由人民大学出版社 2009 年 1 月出版。

加了起来[①]。

然而，依据认知语言学的观点，语义乃是一个认知而不是语法问题，语义在很大程度上决定着语法。毕竟，语法不能成为独立的模块，语法是附属于语义的东西；换言之，语法是不可能独立于语义而存在的语言现象。

再说，依据体验哲学的原理，意义也是来源于我们的身体、大脑和环境之间的关系，即来源于三者之间的相互作用。因为"意义与我们现实世界有意义的认识活动及通过身体体验及想象结构所获得意义的过程有着密切的关系"。意义是一种概念化（conceptualization）的过程，意义是心灵的经验（mental experience）。自然语言的形式和意义之间也存在着"相似性"的问题，于是由形式和意义结合而成的语言符号，从词素、词、短语到句子，都是不同的"构式"，这个"构式"是某种心理上的结构"完形"，其整体要大于部分之和，因而"构式"的意义不能完全靠其组成部分的意义来推导的[②]。足见，意义并不是简单地由某种"内置结构"来决定的。

然而，乔氏却坚持语义（部分）内容由语法决定的原则，认为：在准备论阶段，句法和语义分属不同的层次，语义由深层结构决定；在管约论阶段，则将语义解释交给了表层结构，认为词既没有固定的所指，也没有不变的意义。而且，指称是非确定的，词义是一种心理表征现象，是独立于语境的，句法不能用语

① 转引自 R. R. K. 哈特曼等著、黄长著等译《语言与语言学词典》中的"UNIVERSAL GRAMMAR"词条。

② 参见赵美娟：《乔姆斯基的语言观》，上海外语教育出版社，2013，第 69 页。

义概念来定义,语义是符号运算(转换)的结果,完全是依据符号内部关系而获得的[①]。显然,这里的意义和外部的语境没有多大关系。

况且,乔氏这个句法决定语义的观点,尚不能摆脱它同数理逻辑的渊源关系,因为在数学中,数理逻辑总是被人们作为一种“形式句法”(formal syntax)或者“模型理论”(model theory)来对待的;而在乔氏的语言学中,总是将自然语言的句式作为某种特殊的形式句法来处理。因而,乔氏的学说就被垂青为形式语言学(formalism)[②]的杰作;乔氏本人也曾在其自传中提及,在创立转换生成语法之前,他曾研读过数理逻辑学问。这或许正是乔氏总以为自然语言的句法是“自主的”(autonomous),是不受语义因素影响的缘由所在。不难推见,乔氏的初衷便是力图将数理逻辑的结构(体系)迁移到自然语言的结构(体系)中去;足见对乔氏来说,要摆脱语言内在的、“自主的”形式约束绝不是一件顺理成章的事。

乔氏这个源自数理逻辑的“句法自主”(即“结构自主”)论的不尽合理之处在于:据这里的逻辑尚不足以推导出“句法(或者结构)受制于语义”的结论来[③]。换言之,在乔氏这个句法自主或者结构自主论的数理逻辑中,句法(或者结构)同语义的关系是失衡的,因为依据这里的逻辑,语义是不能自然地演绎为相应的句法

① 以上观点,出处同上一页注②,第 69—70 页。

② 参见石毓智:《〈女人·火·危险事物——范畴揭示了思维的什么奥秘〉评介》,《外国语言学》,1995 年第 2 期,第 17—22 页。

③ 出处同上。

结构的。

进而，人们就很难从语义的特征上推演出句法（结构）的行为[①]及其行为的可行性乃至实效性来，因为数理逻辑中的符号是判断性的、确定的，而自然语言中的句子则是概念性的、可以延伸的，二者分别属于两个完全不同的结构范畴，两种系统之间是不存在比附关系的[②]。可见，如上文所及，乔氏虽可以将语言研究由线性的分析引入垂直的轨道，然而这个“垂直”仍然是在“面”上进行的，很难形成一个立体的格局，因为这个理论的“内在”天性，是容不得外在世界的影响的，至于语言的使用及其使用者的经验与理性就更不在其涉猎的范畴之内了[③]。

乔氏理论，虽经多年的更新和扬弃，仍不改既定的初衷和矜持，因而他基于I-语言（internalized language，内在化语言）而偏重于心理乃至生理（基础）的研究，所“复活”的仍然是哲理语法的语言内在论，所针对的并不是语言系统本身，而是一种以语言使用者心理表征方式而存在的语法，其性质是“内撅”的。换言之，乔氏二元结构说本来就不是为解决语用实践的问题而设计的，因为作为其研究对象的I-语言本来就不是在特定语境下所使用的话语[④]。在严格意义上，这种抽取了语言的使用者，离开了语言表达外在形式及其所指意义的I-语言研究，原本就属于逻辑句法（学）领域的

---

① 同第215页注②。

② 出处同上。

③ 以上观点参见赵美娟：《乔姆斯基的语言观》，上海外语教育出版社，2013，第40—43页。

④ 参见 Neil Smith, *Chomsky: Ideas and Ideals*（《乔姆斯基：思想与理想》）（第2版），人民大学出版社影印版，2009。详见此书“李志玲导读”部分。

事情[①]。

足见，作为“深奥晦涩、艰深多变的理论语言学之父”的乔姆斯基，单借语言的特别“分工”，便足以将E-语言(externalized language，外表化言语)的研究留给他人。好在乔氏在坚持“内在主义”的同时，并没有反对外在主义的研究。

20世纪90年代，乔氏尚在努力完善普遍语法理论体系的同时，对其原则和参数理论中的结构及其转换规则做了进一步的简化和抽象(化)，并直接取消了D-结构和S-结构，而只保留了其语音式和逻辑式的存在[②]。既然乔氏本人已经在对其内在化语言理论的修整中，考虑到其二元结构的欠缺性，笔者便有必要介入他人就外表化言语的研究，一探究竟。

二、行为与意义平衡的外拓说

在语言研究的轨迹上，直接从语言的动态视域中研究言语，并且涉猎由语言的工具功能(locutionary meaning)经言语的内部蕴涵(illocutionary meaning)到言语的外部(社会)影响(perlocutionary meaning)之完整流程[③]，首先考察言语结构和语义关系的语言学家，应当是奥斯汀(J. L. Austin，1911—1960)及其

① 这是R. Carnap (1942)著 *Introduction of Semantics* 中的观点。转引自冯志伟:《言语行为理论和会话智能代理》，《外国语》，2014年第1期，第21—35页。

② 以上观点，参见赵美娟:《乔姆斯基的语言观》，上海外语教育出版社，2013，第34—40页。

③ “内部行为”和“外部行为”是笔者分别对奥氏 locutionary act 和 perlocutionary act 的翻译，完全由文章的行文逻辑使然。

学生 J. R. 塞尔①了。

20 世纪 50 年代，奥氏便深入研究了言语行为，并在其关于“（人们）怎样用语言做事？”（How to Do Things with Words?）的系列讲座中提出了著名的言语行为（speech acts）理论。依据这个理论，奥氏将一个语义完整的话语（utterance）拟作“行为”（action）一分为三，这就是随后便以语言学专用术语出现的言内行为（locutionary act）、言外行为（illocutionary act）和言后行为（perlocutionary act）。

在奥氏话语行为结构观的视域中，人们说话、做文章，并不仅仅在于发出声音，也不仅仅在于组成句子而已；那么，人们要用语言做什么呢？一言以蔽之，人们要用语言来做事，因为语言就是在人类做事的过程中诞生的；换言之：离开了做事及其在做事中的思想与情感交流，人类便不会有语言这回事，也不会有话语研究的问题了。

要做事，便要做成、做好。于是，“言语行为”才派上了用场。那么，一个（语义）完整的话语行为结构及其运作的流程又怎样呢？依据奥斯汀的考察，这个行为（结构）应该是一个由表面的语言、内心的意图及由话语所传达的意图是否取得了实际效果为标志的外部的结果——三者所构成的话语行为系统，这个系统蕴含着一个始于（工具）“语言”，中于（工具以外的）“意图”，终于（心中的）“愿景”的完整行为流程。

① J. L. 奥斯汀之后，其学生 J. R. 塞尔已就“言语行为理论”有所发展，兹不赘述，参见冯志伟：《言语行为理论和会话智能代理》，《外国语》，2014 年第 1 期，第 21—35 页。

在这个流程（程式）中，由“语言”所构成的是言内“行为”，其功用是“表意”，即“指事”；由“意图”所“衍生”的是言外“行为”（也称言外之“力”，illocutionary force），其功用是“触动”别人，即“行事”；而由“愿景”所“关照”的则是言后的“行为”，其功用是“取效”，即“成事”[①]——三者三位一体，以便在“话语”（discourse）的运作中成功地“影响”别人。显然，奥氏关于言语的描写是一个“三维”的、立体的、行为化了的结构性系统。

在这个立体的结构系统中，“影响”就是语言的功能，而功能就是言语的意义。因而在奥氏言语行为的理论中，言内行为所涉及的意义，又叫作言内意义（locutionary meaning，也称命题意义，即propositional meaning，或者叫字面意义，即 literal meaning）；言外行为所涉及的意义，又叫作言外意义（illocutionary meaning，也叫言行之力，即 illocutionary force）；而言后行为所涉及的意义，则叫作言后意义（perlocutionary meaning），用以表示话语行为对对方所发生的（实际）影响（力）——“话语”成功了，还是失败了？比如，在“It's hot in here”一句[②]中，说话人对“热”的生理表述就是locutionary meaning，让人家打开窗户或抱怨什么的言下之意（意图）就是 illocutionary meaning，而人家听到后，依说话人意图所做的结果则是 perlocutionary meaning。

---

① locutionary act，illocutionary force，perlocutionary act 的常规译式是：“言内”行为、“言外”行为和“言后”行为；王宗炎先生的译法是：以言指事、以言行事和以言成事；有学者则将三种言语行为再译为：以言表意行为、以言行事行为和以言取效行为。三译各见其长，笔者便兼取诸优、存持己见了。

② “It's hot in here”一例取自 Sandra Lee Mckay 等主编的 *Sociolinguistics and Language Teaching*（1996）一书第 384 页。

可见，语义和行为的关系是平行的，因而这个行为-语义系统所蕴含的结构，就应该是对应的。换言之，奥氏在处理言语行为结构及其意义关系的时候，除了区别行为的表面和内部结构及其意义的关系之外，还同时关注并强调了行为的外部结构及其意义，这就是所谓 perlocutionary act 及其 perlocutionary meaning，以期将言语行为所引发的结局——“效果”，包容在行为的结构及其意义的内涵中来，略显遗憾的是奥氏并没有以结构的名义命名这个行为-语义系统。

尽管如此，奥氏理论仍然给我们以深刻的启示：乃是言语活动的三行为，滋生了言语意义的三层次，因而言语意义的三层次便必然衍生出言语系统的三结构。因为，在奥氏的言语行为与意义的三维关系中，行为是本真的，意义是本然的，因而结构就是应然的、必然的。只要意义是来自行为的，结构就只能是来自意义的。换言之，奥氏所揭示的规律是行为决定意义，意义决定结构。

于是，笔者便可以推论：言内的行为衍生着言内的意义，言内的意义便衍生着言内的结构，这便是属于表层的结构；言外的行为衍生着言外的意义，言外的意义便衍生着言外的结构，这便是属于深层的结构；同理，言后的行为衍生着言后的意义，言后的意义便必然衍生着言后的结构，这便是本文拟以建构的外层的结构。足见，只要结构的出现是应然的，结构的问世就是必然的，余下的问题便是就这个拟定出现的“结构”(perlocutionary structure)取名了，这里的推演应该是成立的。

无巧不成书的是，既然言内意义和言外意义分别可以同乔氏的表层结构和深层结构从称谓上相匹配，那么那个同言后意义直接关联的结构，为什么不可以用“外层结构”(external structure)来命名呢？

需要注脚的是，由于这个“外层结构”的叠加而构成的结构三分野，是否意味着对乔氏结构“二元”论的超越呢？这一点，却未必从理论上成立，因为两者的学术取向、表达方式都是截然不同的：乔氏是“唯理”的，奥氏是“唯实”的；乔氏是“内撅”的、“内在主义”的，奥氏是“外拓”的、“外在主义”的，或许这恰恰是奥氏及其见地的高明之处。

三、言语与效果统一的交际观

从言语流派所关注的侧重点上看，如果说结构主义语言学的着眼点是语言形式的适用性，那么社会语言学的着力点便是言语内容的交际性及其交际结局的有效性。

在社会语言学的视域中，语言学习的目的不仅仅在于提高学习者掌握语音、语法及其词汇规约的能力，而且在于如何获得或者建构与真实生活环境基本相同(true-to-life)的语境，并通过这种语境在语言的直接使用中提高学习者跨文化交际的言语能力。在海姆斯(D. H. Hymes)看来，乔氏关于语言能力的描写只是抽象地界定了其理想中的事物而已，因为它未将言语行为的社会文化因素纳入其中，并给予必要的解释，同时也未在真正意义上涉及语言使用的问题，因而就不可能涉猎特定语用情境下的言语可能性、可行性、适宜性及其有效性诸问题。

于是，与乔氏的语言能力针锋相对，海氏(1971)便首先提出了交际能力(communicative competence)的概念,用以同乔氏商榷。值得一提的是,迫于乔氏当时的影响,海氏1967年就成稿的论文(On Communicative Competence),竟不得已拖至1972年才在英国Pride和Holmes主编的《社会语言学》(*Social Linguistics*)期刊上发表。不过,此文一经发表,海氏关于交际能力的理论便很快成为社会语言学的生长点之一,并在理论与实践两个层面上对第二语言习得研究产生了重要的影响。

依据海氏的理论,交际能力应该包括以下四个方面的内容:

一是,懂得什么样的话语是合乎语法的(grammaticality);

二是,懂得什么样的话语是被人家接受的(acceptability);

三是,懂得什么样的话语是适合于什么样的场合的(appropriateness);

四是,懂得某一语言方式真正为人所用的可能性有多大(probability)。

在这四个方面中,如果说"一"是关于交际何以"得法"(proper in grammar)的考虑,"二"就是关于交际何以"得体"(proper in style)的斟酌,而"三"和"四"则是关于交际何以"得宜"(proper in effectiveness)的规约。随之,海氏还由此延伸出关于"交际能力"的四个应用性原则来,这就是:

1. 可能性(possibility),用以进一步诠释"Whether and to what degree something is formally possible"的问题;

2. 可行性(feasibility),用以进一步诠释"Whether and to what degree something is feasible"的问题;

3. 适宜性(appropriateness),用以进一步诠释"Whether and

to what degree something is appropriate"的问题；

4. 实效性(actually performed)，用以进一步诠释"Whether and to what degree something is done"的问题。

不难发现，四个方面和四个原则的逻辑内涵是完全一致的，因为原则 1 和 2，即"可能性"和"可行性"所涉及的都是语言的起用是否"得法"，即是否合乎语法的问题；原则 3 所关照的就是言语行为是否"得体"，即话语是否在交际中为人家所接受的问题；而原则 4 所关注的则是言语结局是否"得宜"，即言语行为是否适合场合的需要、语言方式是否取得实际效果的问题。

其实，海氏(1972)在对微观语言学质疑的同时，早就申述了制约语言使用的宏观语言学理由。他以实效性为核心的交际能力理论和原则，不但涉猎了语法、语境和交际的问题，而且还在关注语言使用是否得法、得体和得宜问题的同时，将不合语法规则、不合文化规约及不合交际规程而实际又为人们所实际使用的言语现象包容在交际行为之中，其终极追寻无非是为了使交际行为收到 actually and appropriately performed 的效果，这是毫无疑义的。

"交际性"之所以注重语言使用的实际效果，乃是因为效果是关乎交际成功与否的关键，既同交际中的"人"相关，又同交际中的"境"相联；或者，交际的成败，既同言语的内在结构相关，又同语言的外在环境相联。换言之，海氏关注的焦点乃是怎样使用语言才足以获取交际实效的问题，其高明之处在于：除了关注语言的微观运用之外，还同时关注了语言运用的宏观结局——语言运用的最终效果问题；除了关注作为语言运用内因的语法关系之外，还同时关注作为语言运用外因的社会文化因素。换言之，海氏研究所直接针对的交际行为实效性，在描写语言使用的真实社会(文化)情形的同时，已经敏锐地涉猎了语言为人所用的结局问题。由此，关于语言运用效果的问题便在被纳入理论范畴的同时，也被提上了实践操作的日程。

于是，在追寻语言使用效果的前提下，笔者不得不发出如下的疑问：

在乔氏表层结构和深层结构之外，语言及其语言的使用——交际，是不是还涉及其他层面的问题？换言之，语言的行为或者表现，除了“内在”论的表层结构和深层结构之外，是不是还有一个既同表层、深层结构相关又同语用结局相联的言语结构存在呢？换言之，要不要建立同语用效果直接相关的另一个结构，即本文名之曰“外层结构”的结构与之相匹配呢？答案是肯定的。

进而，作为跨文化交际行为的翻译，要不要直接介入译语的社会文化(语境)，以便令译者在另一层结构的直接关照下，直接涉猎翻译的(译语)社会文化效应问题，从而将另一语言为译者所用的真实效果问题提上日程？这是毋庸置疑的。

在笔者的视域中，正是这些真实发生的情形质疑着乔氏及其关于两个结构的内攊式描写。如果这正是宏观语言学的独到所致，就一定是微观语法学的被动所在，因为内在论语法的转换，尚不能生成交际语用的效果。

如上文所及，几乎在乔氏两个结构说盛行的同时，海氏便从交际何以“得法”“得体”的视域中考察了交际行为的可能性、可行性及适宜性问题，更重要的是他还从交际何以“得宜”的高度上关注了语言使用的实际效果问题。其实，这里已经具有了另一个层次或者结构的内涵，因为它已经从客观上质疑了乔氏结构二元论的基本立场。

换一个角度看问题，海氏早就为乔氏的两个结构说准备了一个补充性环节，只是他没能以语言学术语的方式交代这一事实而已。笔者以为，这个层次、这个结构或者这个补充性环节，就是本文拟借以制约翻译之跨文化交际行为实效的"外层结构"（external structure）。

其实，在语言学发展史上，如果说布龙菲尔德（Bloomfield）一派是由于只讲表层结构不讲深层结构——只讲语法不讲转换，因而不能探知语义的真谛从而被乔姆斯基学派所质疑、所超越的话，乔姆斯基一派则是因为只讲表层结构和深层结构，而不论外层结构——不涉猎社会文化语境的问题，因而必然为海姆斯一派有所质疑、有所超越（阎佩衡，2007）。这是符合学术逻辑的。

如果尚需要为乔、海之争做一个基本立场的梳理，笔者或许可以这样说：乔氏是心理学取向的，海氏则是社会学取向的；乔氏是先天论者，海氏则是工具论者；乔氏是自然科学的逻辑论者，海氏则是社会科学的文化论者。一句话，乔氏是内在论者，海氏则是外在论者。不过，区别归区别，二者的追寻不一般。

四、语用与结局统筹的诠释观

在结构与语义的三维关系中，文章所关注的乃是译事及其学事结局的可监察性问题。

出入于 I-语言与 E-语言之间，笔者看到的是：乔姆斯基所涉猎的 I-语言既与语言使用无关，又同言语所指无染，属于某种独立研究学习机制的逻辑句法范畴，因而不能同本质上属于语用范畴的 E-语言——翻译研究所涉及的 SL 及其 TL 扯上多少关系。

斟酌于内摭说与外拓说之外，笔者确定的是：在语言为人所用的视域中，译事及其学事的本质是一个“由‘言内’经‘言外’而‘言后’”的（动态）行为，因而语言为人所用的流程就必然是一个“由‘指事’经‘行事’而‘成事’”的（动态）曲线。

演绎于意义与结构关系之后，笔者断定的是：在言语活动中，乃是意义决定结构而不是结构决定意义，于是就像言内意义和言外意义需要在表层结构和深层结构的参照下兑现一般，言后意义即译事及其学事的结局需要在外层结构的关照下实现，否则译事及其学事的（社会）效果就会游离于两者之间而高深莫测。毫无疑问，E-语言——SL 及其 TL 的运筹，是需要一个外层结构规约的。

其实，在就 E-语言的研究过程中，奥氏和海氏的共同之处就在于：二者已经在关注语言使用效果问题的同时，从理论的蕴涵上涉猎了言语活动的外层结构问题。换言之，无论是奥氏还是海氏，都已经从理论上关注了外层结构的存在，只是没能付诸语言学术语的称谓罢了。

那么，对于专门涉猎“外表化”（externalized）语言使用（理解与表达）的译者、学习者和涉及跨文化交际行为[①]的译事及其学事，外层结构的意义何在呢？换言之，既然意义及其结构的本然性如上文所

① 将翻译拟定为“跨文化交际行为”，乃是翻译研究关于翻译本体比较前沿的认知，不必赘加注解。

述，那么将这一语言学结构应用于“翻译就是翻译意义”[①]及其学习就是意义协商的过程，其应然性及其必然律又何在呢？

在语言学取向的过程中，当我们将语言的动态概念及其言语行为和结构的基本路数应用于译事及其学事的实践时，笔者发现：这里，除了“行为”和“行为”之间的对应外，围绕意义的微妙尚可以发生诸多的对应乃至对称性结局，因为翻译——无论是语内翻译(intra-lingual translation，理解)，还是语际翻译(inter-lingual translation，表达)所图解决的问题，归根结底无非是一个何以“用(外表化)语言”做事的问题，而译事及其学事的终极追寻又无非是通过语言的“指事”完成言语的“行事”，从而达到“翻”(to uncover what is covered behind the cover)与“译”(transfer from one language into another)的最终“成事”而已。毕竟，译事及其学事本来就是一门关于(外表化)语言“何以为人所用”的学问；毕竟，运筹于作者与读者之间的译者及其来往于母语与目标语之间的学习者，他们的天职都在于：

一是，“‘翻’出来”，谓之“理解”——输入[②]，其要领是弄清人家在用原语做什么，以便在人家的话语格局中“透过‘表层结构’(言内意义)，透视‘深层结构’(言外意义)，透解‘外层结构’(言后意义)”，努力在语义的三个层面上同人家对话(协商)，以便尽可能

① “翻译就是翻译意义”(Translation means translating meaning.)，这是奈达关于翻译本体的基本认知，见 E. A. Nida. *Toward a Science of Translating*: *With Special Reference to Principles and Procedures Involved in Bible Translating*. Leiden: E. J. Brill, 1964。

② 参见阎佩衡《英汉与汉英翻译教学论》之“语内翻译”(理解)部分相关内容。

弄清人家蕴含在“字里”“行间”和“字外”的全部用心；二是，“‘译’过去”[①]，谓之“表达”——输出，其要领是弄清自己该用另一种语言做什么，以便尽可能用近似于人家的言语（修辞）方式，先“以言指事”，中“以言行事”，终“以言成事”——在同样三个语义层面上同读者和听众对话，以求尽可能满足读者和听众寄托于“字里”“行间”和“字外”的整个期待，尽可能做到：“始”与人家的本意“不隔”（nothing-in-between）；“中”与人家的期待“不隔”；“终”与人家的心性“不隔”，从而完成“通过言内意义，传达言外意义，实现言后意义”的译事及其学事流程，以便无愧于笔下与口中的“舌人”、学人之劳。

况且，无论从哲学还是心理学的意义上讲，单纯的内在因素是不能决定言语效果的，只有在内在、外在因素的综合关照下，交际的行为才足以发生结局的实际效应。

于是，在转换尚不能生成交际之效果时，交际便不能不顾及行为之结局。或许，借助于这里三个近乎一般的“不隔”，我们便不难诠释译事及其学事中跨文化交际行为的语言使用问题。

既然语言的使用者需要在言内意义、言外意义和言后意义的立体参照中把握成事的结局，译事及其学事便需要在表层结构、深层结构和外层结构的三维关照下实现语言使用“得法”“得体”和“得宜”的整体效果，最终取得与人家基本一致的效用，收到与人家基本一致的交流效应。

总之，以由“指事”经“行事”而“成事”为过程的译事及其学事，

① 译，“传译四夷之言者”（许慎《说文解字》释）；段玉裁注：“译，传也。东方曰寄，南方曰象，西方曰狄鞮，北方曰译”；（唐）贾公彦释：“译即易，谓换易语言使相解也。”足见，译，乃易也。

既需要透过言内意义、透视言外意义、透解言后意义，又需要通过表层结构，通达深层结构，通筑外层结构，以便在结构与意义的统筹中把握译事及其学事的结局，只是这个统筹尚需要在对原语言方式的参照，并在其言语环境之"场"中完成罢了。

小结

试图经由结构与语义三维关系的推演而关注译事及其学事的结局问题，并通过一个外层结构的建立来监察这个结局的实现，其做法是：出入于I-语言与E-语言之间，认定乔姆斯基的I-语言属于既不涉猎语言使用也不涉猎言语所指而独立研究学习机制的逻辑句法范畴，不能同本质上属于语用范畴的E-语言——SL和TL直接相关；斟酌于内攊说与外拓说之外，确定译事及其学事的本质是一个"由'言内'经'言外'而'言后'"的动态行为，其过程所呈现的则是一条"由'指事'经'行事'而'成事'"的动态曲线；演绎于意义与结构的关系之后，断定在言语活动中，乃是意义决定结构而不是结构决定意义，其结语是：就像言内意义和言外意义需要在表层结构和深层结构的关照下兑现得法和得体之效应一般，言后意义需要在外层结构的监察中实现译事及其学事结局之得宜，否则译事及其学事的（社会）效应就会游离于仁者见仁智者见智的局面而高深莫测。

总之，经营于"I-语言"与"E-语言"的蕴涵之间，笔者的所得是：

在语言的使用中，离开了言内意义（工具），信息就无以传递；撇开了言外意义，信息就无从解读；而舍弃了言后意义，思想和情感就无不苍白。因而，言语结构的建构，便不能只见表层结构和深层结构的功用，而无视外层结构的存在；因为，在专门涉猎语言使用问题的译事及其学事中：只顾语法的学习，恰似鹦鹉学舌；不顾意图的学习，乃是一堆大“白话”；而失去效果——文化效应的学习，则逃不脱“译犹不译”“学犹不学”的结局。毕竟，“意义即使用”①，结局问成功。

这便是语义决定结构，而不是结构决定语义之语言学规约的译学及其学习学的意义所在。终究译事及其学事谁都离不开这个语言学外层结构的关照，否则译事及其学事的跨文化（社会）交际效果就会变得仁者见仁、智者见智，高深莫测，模棱两可②。

参考文献

1. 乔姆斯基. 语言哲学文选[M]. 徐烈炯，等译. 北京：商务印书馆，1992.
2. 弗雷德里希·尼采. 天才，舍我其谁？[M]. 阎佩衡，译. 北京：中国对外翻译出版公司，2012.
3. 冯志伟. 言语行为理论和会话智能代理[J]. 外国语，2014(1)：21—35.
4. 毛利可信. 英语语用学[M]. 何自然，译. 北京：世界图书出版公司，2009.
5. 盛炎. 语言教学原理[M]. 重庆：重庆出版社，1990.
6. 石毓智.《女人，火，危险事物——范畴揭示了思维的什么奥秘》评介[J]. 外国语言学，1995(2)：17—22.
7. 王宗炎. 英汉语文问题面面观[M]. 北京：高等教育出版社，2006.
8. 谢超群. 礼貌与模因：语用哲学思考（第 1 版）[M]. 福州：福建人民出版

① 这是剑桥派代表人物维特根斯坦(L. Wittgenstein)的语用哲学主张，他认为语言只有在使用中才能发挥作用，“要把语句看成一种工具，把语句的意思看成它的使用”，主张：不要问词的意义，而要问它的使用，这就是“意义即使用”；与维氏相应的人物则是牛津派代表人物奥斯汀(J. L. Austin)，其 Speech Act(言语行为)的理论正是在维氏的影响下形成的，而海姆斯的交际说又很难说不是在这个视域中考察问题的。

② 本节主要内容发表在《中国翻译》2015 年第 4 期上，详见第 5—12 页。

社,2011.
9. 阎佩衡.英汉与汉英翻译教学论[M].北京:高等教育出版社,2005.
10. 赵美娟.乔姆斯基的语言观[M].上海:上海外语教育出版社,2013.
11. Austin, J. L. *How to Do Things with Words (The William James Lectures delivered at Harvard University in 1955)*[M]. Oxford: Oxford University Press, 1962.
12. Bassnett, S. *Translation Studies* (revised edtion)[M]. London and New York: Routledge, 1991.
13. Chomsky, N. *Syntactic Structure*[M]. The Hague: Mouton, 1957.
14. Chomsky, N. Form and Meaning in Natural Languages[J]. *Language and Mind*. New York: Harcourt, Brace, Jovanovich, 1972.
15. Chomsky, N. *The Minimalist Program*[M]. Cambridge: The MIT Press, 1995.
16. Hymes, D. H. On Communicative Competence. In Pride and Holmes (eds.), *Sociolinguistics* [M]. Harmondsworth, UK: Penguin Books, 1972:269-293.
17. Katan, D. *Translating Cultures: An Introduction for Translators, Interpreters and Mediators*(文化翻译——笔译、口译及中介入门)[M]. Manchester: St. Jerome Publishing, 1999. 上海:上海外语教育出版社, 2004.
18. Kramsch, C. *Language and Culture*(语言与文化)[M]. Oxford: Oxford University Press, 1998. 上海:上海外语教育出版社, 2000.
19. Mckay, S. L. & Hornberger, N. H. (ed.) *Sociolinguistics and Language Teaching*[M]. 上海:上海外语教育出版社, 2001, 383—420.
20. Newmark, P. *Approaches to Translation*[M]. Oxford: Pergamon, 1981.
21. Nida, E. A. *Language and Culture: Context in Translating*(语言与文化——翻译中的语境)[M]. 上海:上海外语教育出版社, 2001.
22. Nida, E. A. *Toward a Science of Translating*[M]. Leiden: E. J. Brill, 1964.
23. Nida, E. A. *Translating Meaning* [M]. San Dimas, California: English Language Institute, 1982.

24. Ogden, C. K. *The Meaning of Meaning* [M]. London: Routledge/Thoemmes Press, 1994.

25. Smith, N. Chomsky. *Ideas and Ideals* (*second edition*) [M]. Cambridge: Cambridge University Press, 2002. 北京：中国人民大学出版社，2009.

26. Yule, G. *Pragmatics*(语用学). Oxford: Oxford University Press, 1996. 上海：上海外语教育出版社，2000.

第二节　行为与意义之间的翻译观

人们学习英语，是因为英语有用；人们使用英语（做事），却未必将它用好。为什么呢？原因无非是三个：一是，宏观的认知是否本然；二是，中观的规约、规则是否得体；三是，微观的策略或者方式、方法是否固然。

按照国人的哲学，形而上的“器之隐”所告诉我们最重要的原理是：“器”，乃是“本真”意义上的方式、方法或者策略所在，因而是不必或者无须从经验的途径而来。换言之，形而下的“器之显”必然从形而上的“器之隐”中脱“隐”而“显”，而不必直接从形而下的层面上产生。毕竟那是靠不住事的，这就是古人所谓“法有固然”①式的本然观，因而只有由这个本然脱“隐”而“显”的规约、规则才是得体的，只有这个由本然脱“隐”而“显”的方式、方法或者策略才是固然的，才是得宜的。

① “法有固然”，是（明）汤临初论述笔墨本性的所用术语，说的是运用笔墨的方法不是什么人发明的，而是由书法自身的规律而发生的，未必与人的使然有必然的联系。意为：方法是事物规律本然的产物，而不是人为使然的结局，同人的发明创造是没有多大关系的，外语学习的方法又何尝不是这样呢？

按照乔姆斯基的“内在论”就I-语言的解释，“（语言学家）建立某一语言的语法，实际上是对内在系统提出假设”，（所以）他的语言学理论是模块性的，认为“人对语言的习得过程具有知识水平超出经验范围的认知特点”。进而，乔姆斯基认为，“语言能力（则）可以表达为一套规则系统，规则通过某种方式把声音和意义连接起来，因而规则并不是靠正规教学（formal instruction）或记忆（和）模仿而获得的。语言的使用不是由‘输入’引发的，不管身处何种情景，任何人都能在任何时间说出任何事物，它是不受刺激影响的；语言的使用是无限的，除了少数程式化的表述和有限的重复外，人们使用的绝大多数句子都是新的；语言的使用相对于情景又是合适的，是受规则控制的，但又是创造性的”[①]。其实，在方法论的视域中看问题，这里可以察觉的倒是东西方认知在某种意义上的殊途同归。

而按照J. L. 奥斯汀及其学生J. R. 塞尔的“外在论”[②]就E-语言的言语行为（speech act）的解释，I-语言实际上是一种被抽去了使用者的语言，即language out of situation的语言，旨在借助于内在机制的发现找到语言学习的方式和方法或对策；而E-语言则是一种language in situation的语言，旨在直接通过语言的使用研究言语行为，从而找到语言使用的轨迹（流程），同时发现语言学习的对策或方式和方法。根据奥氏及其学生的研究，言语行为的重要

① 以上见赵美娟：《乔姆斯基的语言观》，上海外语教育出版社，2013，第57页。

② 这里的J. L. 奥斯汀及其学生J. R. 塞尔的“外在论”一说，根本就是相对于以上乔姆斯基的“内在论”而论的，详细情形可参照上卷“I-语言与E-语言之间的缘由观”一节内容。

轨迹是：由“指事”经“行事”到“成事”（即：from locutionary act through illocutionary act to perlocutionary act）[①]，这是一个既经得起理论推敲又经得起实践检验的语言使用格式，只要我们将语言学习的活动保持在 language in situation 的“场”景中，它便始终都是一个值得遵循的言语行为流程。其实，奥氏及其学生的言语行为（speech act）研究告诉我们的，就是通过语言的使用（language in situation）去学习语言，而这个学习始终都不能离开语言使用的“场”合。于是，语言学习就是：一个在实际语境中“理解”人家的语言，又在实际语境中参照人家的语言方式“表达”自己（思想、情感和意志）的过程。换言之，语言的使用便是：在“场”中理解，在“场”中表达——在“场”中“翻”，在“场”中“译”。一句话，就是在“场”中“学”，在“场”中“习”。显然，这是一个“语用”式语言学习，其要领是始终将语言习得保持在“场”（景）中进行，始终将语言学习保持在一个实际语用“场”景中进行。这个语用式学习，就是在用语言做事的过程中完成语言的学习——这个“做事”，哪怕是“模拟”的也好，只是这个过程始终都不能离开语言使用的环境。显然，这个环境就是以上所及的“场”景或者“场”合。

一、学习也是翻译的假设

那么：发生在语言使用中的言语行为，究竟可以“行”就何等的

---

① 由“指事”经“行事”而“成事”（即：from locutionary act through illocutionary act to perlocutionary act），这一言语行为流程的成型是笔者根据 J. L. 奥斯汀及其学生 J. R. Searle 的理论梳理而来的东西。笔者以为这是一个经得起推敲的语言使用格式，其中“指事”“行事”和“成事”三个译式则是直接采用了王宗炎先生的译文。

“事”情，以便让人们在通过“指事”、完成“行事”、从而“成事”的过程中办好“听”“说”“读”“写”兼“译”的事情呢？对此，奥氏及其学生都做过不同的梳理和归纳①，足以作为人们在用语言做事的学习中，“指事”“行事”和“成事”的基本参照。

外语教学中的综合技能的培养，被约定俗成地概括为“听”

---

① 依据不同言语“行为”的行事能力，奥氏曾将以言行事的行为（进一步）划分为如下5个子类：

1）判定式（verdictives）：说话人对某事做出的裁决、估计、推断或评价等，其功能是用以判断；

2）执行式（exercitives）：说话人对某事做出的执行、命令、指导或催促等，其功能是发挥影响或运用能力；

3）承诺式（commissives）：说话人对某一行动方案做出的承诺、保证、意向或支持等，其功能是承担义务或表明意向；

4）表态式（behabitives）：说话人对他人的行为做出的反应，以表明说话人的态度，包括对他人过去、现在的表现所持的态度，其功能是表示道歉、祝贺、感谢或愤恨等；

5）阐述式（expositives）：说话人阐述观点、做出论证、说明用法等，其功能是阐明原因、论点、意见等。奥氏的“言语行为”，常常被人们用于描述“以言行事”的“行为”。显然，上述分类，也就是“言语行为”的分类。

奥氏的学生J. R. 塞尔（1975）对奥氏的言语行为理论及其言语行为的分类又做了进一步的发展和修改，并将所有言语行为划分为如下5类：

1）断言式（assertives）：说话人对某事及其某种情形的表态，如提出建议、宣誓、自夸、推断等；

2）指令式（directives）：说话人的目的在于令听话人做某事，如询问、命令、要求、邀请、建议、乞求等；

3）承诺式（commissives）：说话人对将来的行为做出承诺，如承诺、计划、发誓、打赌、反对等；

4）表情式（expressives）：表达说话人对一些事情的心理状态，如感谢、道歉、欢迎、悲痛等；

5）宣告式（declarations）：宣告式往往包括许多施行句，如“我辞职了”“你被开除了”等，说话人说出的事件常常给外界以新的印象。值得注意的是，奥斯汀和塞尔的研究不仅奠定了言语行为理论（即关于语言使用的理论）的基础，同时也完全改变了人们对语言性质和功能的看法，对语言的使用有深刻的影响。以上资料转引自冯志伟：《言语行为理论和会话智能代理》，《外国语》，2014年第1期，第21—35页。

“说”“读”“写”兼“译”的教与学。

应该说，这种先后顺序的安排本身就意味着外语教学的某种内在规律性所在。由是，如果说“听”与“读”所反映的是“输入”一端的问题而偏重于“理解”的话，那么“说”与“写”所涉及的就是“输出”一端的问题而偏重于“表达”。而且，正是这一内在逻辑联系的存在，将“听”“说”“读”“写”的基本方式同翻译工作的基本流程紧紧地联系在一起。毕竟，翻译工作原本就是一件先“翻”出来，再“译”过去的事情，乃至于我们不得不将整个外语学习的基本方式看作是就“翻”与“译”流程的延伸，并从而提出英语“学习就是‘翻’与‘译’”的基本假设。

如是，本研究关于英语学习的基本思考和涉猎就得保持在翻译概念的延展中进行，并且始终都不能完全离开对用语言做事中的意义及其“翻”与“译”的直接或者间接的讨论。毕竟，翻译者，“翻”与“译”的合二而一者也——“翻”者翻出来是也，“译”[①]则译过去是也；于是，翻译所研究者，则无非是：何以“翻”及其何以“译”者是也，无他。

二、翻译及其行为的辩白

翻译理论走过了漫长的思辨性经验之路，在国际是这样，在国内也是这样。只是在时代进入了20世纪七八十年代以后，翻译研

① “译”乃“易”也，恰如(唐)贾公彦所言“译即易，谓换易语言使相解也”，而第二语言的学习则如学者的研究乃是一种“意义的协商”，因为学习者必得先将人家的意义“翻”出来、弄懂了，再依据所解的意义“译”过去，让人家也懂了，正所谓“换易语言使相解也”，正是在这个意义上，学习和翻译统一起来了——学习就是翻译。

究才开始突破传统美学和文学的框架，从语言学、文化学、社会学，乃至格式塔心理学的视角上讨论问题——这个变化，在给翻译理论打上“交际”烙印的同时，还将翻译“行为”自然地引入了一个“跨文化”交际之“场”的大语境之中。

就这样，翻译研究的注意力才得以从“语言形式的转换”那里拉回到文化内涵的“传译”上来，而翻译概念的界定则自然地由以往“从一种语言到另一种语言的转换活动”升华为一种“跨文化”交际的“行为”(inter-cultural communicative event)。

一是“跨文化”，二是“交际”，三是“行为”，三者缺一不可。然而，笔者进而关注的是三者叠加之后的结局，因为只有一个包括了结局的交际(语用)行为才算得上一个完整的语用过程，才称得上完成了“跨文化”担当的“翻”与“译”。换言之，只问耕耘不问结果的所谓“理想”化翻译，在这里并不适用。

由此，我们得到的启示是：翻译研究，终究不能不涉及的是一个“语言是何以为人所用”的问题。因为，译者所面临的问题是：如何用作者原有的语用方式，使用另外一种语文，以便在目标语文中收到与作者在原语文中基本相同的社会文化效应，以便完成跨文化交际的行为流程，从而对得起原文的作者，也对得起译文的读者。

将翻译概念升华为“跨文化”交际“行为”的意义还在于使人们意识到：一旦离开了语言，文化就无从依附；一旦离开了文化，语言就没有更多的意义。毕竟从语言的角度看文化，语言是文化的载体，从文化的角度看语言，语言是文化的符号；进而，从语文(语言和文化)的角度看问题，语言是文化的方式，文化则是这种方式所由发生的原因(小言，2005)。可以设想，离开了内容的载体，离开了内涵的符号及离开了原因的方式，一定是失去了文化意义的版本，岂不“译犹不译也”？

在考察“跨文化交际行为”，并由此来到翻译研究的终极——“语言是如何为人所用的”的时候，我们所要关心的问题是：“交际”过程所要求的实际效果及“跨文化”行为所追寻的终极效应，乃至两者合而成就的作为最终结果的社会文化效应，这是毋庸置疑的。

其实，所谓“跨文化交际行为”的展开表述应该是（一种）跨文化的交际性语用行为。换言之，“跨文化交际”本来就是一种语用行为。那么，在“跨文化交际”与“行为”之间加上“语用”二字，是不是多此一举了呢？非也。因为“语用”是动力，“交际”是手段，而“跨文化”是目的；最重要的是，这一系列的“语用”“行为”是不能没有“结果”的，这个结果就是“跨文化交际‘语用’行为”的社会文化效应，而这个（“语用”）效应的产生始终都有赖于某种语言“为人所用”的动力来激活。

足见，离开了语言，就无所谓“为人所用”，而 离开了“为人所用”，就无所谓语用行为——无论是“交际”还是“跨文化”都将无从发生，因而两者都会沦为无本之木，无源之水。于是，我们的结论便是：正如离开了人，语言就不会有意义那样，离开了语言的“为人所用”，翻译就不会再有什么“跨文化”兼“交际”的行为意义了。这个结语，虽然“人类”化了一点，却离语言为人所用的事实靠近了一点。其实，翻译本来就是一种经由“交际”而“跨（跃）文化”的语用行为。

至此，笔者所必须面对的问题是：人们是怎样使用语言的？换言之，语言究竟以什么样的方式为人所用才足以令“跨文化交际”的实际效应（目的）得以理想地实现呢？

王宗炎先生说“辨义为翻译之本”，奈达（Eugene A. Nida）则直接说“翻译就是翻译意义”[①]，而依据话语理论（Discourse Theory）的揭示，语言的学习乃是一种“意义的协商”（negotiation of meaning）。正是在意义的维度上，翻译行为同语言学习直接地联系起来，也正是在意义的维度上，翻译流程同学习过程统一了起来。

然而，正如意义的辨释并不是一件轻而易举的事情那样，意义的“翻”与“译”绝不是一件“翻翻词典对号入座”（小言，2005）的事情。

试看以下的例子：

Visitor：Excuse me，do you know where the Ambassador Hotel is?

Passer-by：Oh sure，I know where it is (and then，walks away).[②]

显然，这里是 Passer-by 误解了 Visitor 的本意：人家在问路，路人却以书生对答老师的考问一般“虚晃一招”，于是问路人的“跨文化”交际用意便只能落个“没趣”——“意义的协商”便随之而不复存在。笔者曾就这里的交际为什么失败的问题“考问”过学生，

① 原句：“Translation means translating meaning”，出自奈达著 *From One Language to Another* 一书。

② 此话语见 Yule，G. *The Study of Language：An Introduction*[M]. Cambridge：Cambridge University Press，1985。

有学生的回答是：Visitor 的“问话”(question)出了问题(比如，他应该这样问：Excuse me，can you tell me where the Ambassador Hotel is? 才对)，而不是 Passer-by 的“接话”(speaking-turn)出了问题。

足见，学生就是学生，他们总是以老师教给的“方法”回答、处理问题，乃至于久而久之便养成了以学来的成规——语音、语法和词汇“一根筋”的办法，去对应人家交流的真实方式。

自然，问题是出在学生那里，而根源却留在老师这里。

怎么回事呢？试想：老师并没有参照——人家实际上是怎么说话的真实(true-to-life)方式。毕竟：在母语中，如果有人说：“请问，你知道车站在什么地方吗?”相信是没有人回答“知道”后转身就走的，因为那是不符合常理的。

这个交际的事实告诉我们：人们实际上使用语言的方式和书本(老师)告诉我们的“规律”是有区别的，区别何在呢？原来语言除了表现为某种外在的语音、语法和词汇的“形式”外，还可以表现为某种话语的“内容”，这个内容就是语言学家们所谓的“言外之力”(illocutionary force)，即言外意义(illocutionary meaning)；换言之，语言除了通过“形式”的功用传达外在的“表象”——“字面意义”(locutionary meaning)以外，还必须通过“内容”的真实传递内在的“意图”(intention)，以便完成交流的全部过程，达到交际的最终目的。可见，言语内在的东西(意图)是一种动力，一种足以驱使交流的实现，足以促成愿景达成的内在动力。

显然，恰如形式有别于内容一般，语言有别于言语，语言并不直接地等同于意义。毕竟，语言只是一种人们用来传递思想、情感和信息的工具，而意义才是一种人们借语言这个工具所“暗示”的思想、情感和信息。于是，与其说意义是一种静止的东西，不如说它是一种动态的行为；与其说意义是一种行为，不如说它是一种影响力；与其说意义是一种影响力，不如说它是一种人与人之间的关系。因而，在语言学家那里，前者叫作语言（langue），表现为“材料”，是工具——无生命；而后者则叫作言语（parole），表现为“行为”，有动力——影响力。因而，人们就用“语言”材料（语音、语法和词汇）表达可以“望文”（直观）的含义（literal meaning），而用“言语”行为传递不可“望文”（暗含）的意图（implication），以期完成社会及其文化意义上的“交流”（communication）。

于是，当外国人说“Well，erm…I want to go somewhere…”的时候，就绝不能对以“OK，you can go anywhere as you like.”因为，老外（的意思）是要去卫生间，而不是要请你告诉他“哪里都可以方便”。

那么，作为“翻”与“译”（的）语用行为、方式及其基本流程有没有规律可循呢？

三、语用及其功能的演绎

20 世纪 50 年代起，英国语言哲学家奥斯汀就开始从动态的而不是静态的、从言语的而不是从语言的视域中研究语言的使用问题；换言之，奥氏早就从言语行为（speech act）而不是从语言活动的维度上研究语言问题了。显然，在这一点上，作为跨文化交际行为的“翻”与“译”及其作为“意义协商”的学习研究无疑和奥氏的言语行为研究是殊途同归的。

在奥氏言语行为的视域中，人们(的)说话，并不仅仅在乎发出声音，也不仅仅关乎组成完整的句子而已；那么，人们要用语言做什么呢？毋庸置疑，人们是要用语言(来)做事，因为语言正是在人类做事的过程中诞生的；换言之，离开了交流及其交流中的做事，人类便不会有语言这个工具，也不会有交际这回事情。

要做事，自然就要做成、做好。于是，“言语”之“行为”便派上了用场。依据奥斯汀的考察，一个言语行为的“构成”无非是：借用“工具”(langue)，传达(工具以外的)“意图”(intention)，以资实现(心中的)“愿景”。于是，“工具”就构成了言内行为(locutionary act)；“意图”就构成了言外行为(illocutionary act)；而“愿景”则构成了言后行为(perlocutionary act)，从而三位一体地“影响”(着)交际的对方(interlocutor)。显然，这个“影响”(力)就是语言的功能，这个功能就是语言的意义。因而，在奥氏的行为理论中，言内行为，又叫作言内意义(locutionary meaning，也称命题意义，即propositional meaning，或者叫字面意义，即literal meaning)；言外行为，又叫作言外意义(illocutionary meaning)；而言后行为，又叫作言后意义(perlocutionary meaning)。因而，有国内学者(王宗炎，2007)便将奥氏的行为三分法或者意义三层次直接译为：“指事”(locutionary act)、“行事”(illocutionary act)兼“成事”(perlocutionary act)，以期表达语言为人所用的真实情形，真可谓译得传神，译得妙[①]。

比如，在“I am thirty”(“我渴了”)这一言语行为中，语法形式

① 参见王宗炎：《语言问题探索》，上海外语教育出版社，2003，第229页。

所传达的生理学意义——“渴”，就是以言“指事”，即“言内意义”；其中，试着跟人家要水喝的意图，就是以言“行事”，即“言外意义”；而能不能要到水喝的结局则是以言“成事”，即“言后意义”[①]。显然，依据奥氏言语行为的理论，人们（以往）的失误常常在于轻视言外意义，（尤其是）忽略言后意义，上文中 Passer-by 对 Visitor 的误解正在于“忘记”了语言之为人所用的意图及其结局。

至此，笔者便足以将奥氏三位一体的言语行为概括为：一个由“指事”经“行事”而“成事”的语用过程；或者还足以将奥氏语义三层次（意义结构）的语用过程概括为：一个通过“言内意义”，传达“言外意义”，实现“言后意义”的行为结构。足见，以言内意义“指事”，经言外意义“行事”，至言后意义“成事”，乃是语言为人所用的真谛所在，也是“How to Do Things with Words”的基本流程。换言之，笔者便足以断言：语言的功能不过是以言内意义“指事”，经言外意义“行事”，至言后意义“成事”而已。虽然这里尚可以举出其他功能分类的理念，如：韩礼德（Michael Halliday）从语言材料的角度，将语言的功能区分为工具功能（instrumental function）、调节功能（regulatory function）、表征功能（representation function）、相互作用功能（interactional function）、表达个人的功能（personal function）、启发式功能（heuristic function）和想象功能（imaginative function），等等。其实，工具功能不就是“指事”的功能？调节功能、表征功能、相互作用功能、表达个人的功能不就是“行事”的功能？而启发式功能和想象功能不就是“成事”的功

① 参见盛炎：《语言教学原理》，重庆出版社，1996，第 21—22 页。

能？只是其称谓的角度与方式不同罢了。

不过，如果还有必要进一步讨论，笔者则以为：语言的三功能或者言语的三行为之渊源应该是符号的三关系。莫里斯（C. W. Morris）为符号所区分的三关系是：一、符号同该符号所称事物之间的关系，即代表关系；二、符号同符号之间的关系，即语法关系；三、符号同符号使用者之间的关系，即语用关系。而莫氏区分符号关系的目的则在于区分符号的意义，因而第一种关系所折射的意义叫作指称意义（referential meaning）；第二种关系所折射的意义叫作言内意义；第三种关系所折射的意义叫作语用意义[①]。这里的逻辑是：既然关系所折射的是意义，意义所反映的就必然是功能，于是第一、第二种关系所反映的就是符号的"指事"功能，第三种关系所反映的是符号的"行事"功能——启动了"指事"，产生了"行事"，"成事"便必然地在情理之中了。

其实，奥氏的研究正是基于语言是"何以为人所用"（的）或者"人们是怎样用语言办事的"（How to Do Things with Words[②]）的基本事实查明问题的。那么，依据奥氏的理论，由语言的使用所激活的言语行为究竟是以什么方式发生功用的呢？这里的梳理是：先"以言指事"（locutionary），再"以言行事"（illocutionary），终"以言成事"（perlocutionary）[③]。

---

① 以上观点参见柯平的《英汉与汉英翻译教程》，北京：北京大学出版社，1993年第1版，第20—31页。

② How to Do Things with Words?，即"人们是怎样用语言办事的？"正是1955年奥斯汀在美国哈佛大学所做关于言语行为（speech acts）理论系列讲座的英文题目。

③ 此处翻译方式与以上相同，出处参见相关注释。

于是，问题便在于：如果将这一语用过程、这一行为结构或者这一功能观念应用于作为跨文化交际行为的“翻”与“译”及其作为“意义协商”的学习，情形又会怎样呢？

四、翻译及其作为的推论

如上文所及，正是在从行为及行为所折射的意义上考察语言及语言为人所用的过程中，言语的行为理论和翻译的跨文化交际理论及其学习的“意义协商”理论，真正地殊途而同归了。或许，这正是有学者所谓“现在是重新审视翻译语言学转向（或回转）有利之处的时候了”（张美芳，2006：31—35）[①]之逻辑内涵所在。由是，笔者只需要考察一下作者、译者及其学习者使用语言的行为及其方式，便足以回应问题的存在了。

依照本文的逻辑，翻译本来就是一门关于语言是“何以为人所用”的学问。其一，弄清作者是怎么使用语言的，即所谓（译者之）“翻”（to uncover what is covered behind the cover）或者“理解”（intra-lingual translation），依据上文的演绎这个方式无非是：“透过言内意义，透视言外意义，透解言后意义”，即：在语义的三个层面上同作者对话，弄清作者“字里”“行间”和“字外”的全部用心；其二，斟酌自己该怎么使用语言，即所谓（译者之）“译”（transfer from one language into another）或者“表达”（inter-lingual

① 这是张美芳教授（2006）从比利时“语言与翻译研究国际研讨会”上带来的信息。在这次会议上，有西方学者提出了“现在是重新审视翻译语言学转向（或回转）的有利之处的时候了”的观点，参见郭建中：《翻译：理论、实践与教学——郭建中翻译研究论文选》，浙江大学出版社，2010，第270页。

translation)，而这个方式则必然是：借用另一种语言，并且尽可能用作者使用原语的方式——"通过言内意义，传达言外意义，实现言后意义"，即同样在语义的三个层面上同读者对话，以便明白读者对"字里""行间"和"字外"的整个期待，尽可能做到始与作者的本意"不隔"(nothing-in-between)，中与读者的期待"不隔"，终与译者的心智"不隔"，以无愧于自身的"舌人"之劳。如果这里的推演是合乎逻辑的，那么同样需要既"翻"又"译"的语言学习之"意义协商"流程就必然同这里的语用行为不二轨道，只是它所需要的是：始与输入的意义"不隔"，中与输出的意义"不隔"，终与自己的心智"不隔"，以便无愧于自己的"学人"之"苦"罢了。

或许，借助于这样三个近乎一般的"不隔"之作为，我们便不难解决作为跨文化交际(行为)的"翻"与"译"及其作为"意义协商"的学习中的实际问题了。

当我们在翻译的"语言学取向"(linguistic turn)中，将语言的动态概念及其言语行为研究的基本架构应用于作为"翻译意义"[①]的"跨文化交际"的各种"行为"[②]时，笔者惊奇地发现：这里除了"行为"与"行为"之间的对称外，围绕意义的微妙尚可以发生诸多的对应性推论，因为翻译——无论是语内翻译(intra-lingual translation)——输入与理解，还是语际翻译(inter-lingual

① "翻译就是翻译意义"(Translation is translating meaning.)，这是奈达关于翻译本体的基本认知，见奈达(E. A. Nida)著 *Toward a Science of Translating: With Special Reference to Principles and Procedures Involved in Bible Translating*, Brill Archive，1964。

② 将翻译拟定为"跨文化交际行为"，是翻译研究前沿关于翻译本体的基本认知，相信不必过多的注解。

translation)——输出与表达，所图解决的问题，归根结底无非是一个何以“用语言做事”的问题。

笔者(2009)曾将语际翻译——表达，拟作“特殊写作”或者特殊的输出，不料这在翻译及其发展的路上是不足为奇的：依据美国汉学家葛浩文(Howard Goldblatt，2012)的观点，翻译宜作“重新写作”或者重新的输出。试想在我国，严复和林纾的翻译又何尝不是“重新写作”[①]或者重新输出呢？足见，输出的高低全在于主体笔下乃至口中使用语言的功力了。

与此相对应，笔者(2009)又将语内翻译——理解，拟作“特殊阅读”或者特殊的输入，因为仅仅将理解界定为一种解码(decode)[②]的过程恐怕未必妥当，因为单纯的解码尚不足以适应语言为人所用的(三环节)动态过程的基本结构，因为“理解”尚需要语言使用者由“字里”而“行间”，由“字里”“行间”而“字外”地审度原语作者或者说话人“指事”“行事”兼“成事”的心迹，以便随后用自己的文笔将这份靠特殊阅读或者特殊的输入得来的资源，通过“字里”的功夫，经由“字里”“行间”的拿捏，传达到“字外”的读者或者听者那里去。足见，这份工作一点不比原语的“创作”轻松，因为言语的妙用从来都不是一件轻松的事情，何况译者兼学习者都是“戴着镣铐跳舞”的人。语内翻译——理解(输入)是这样，语际翻译——表达(输出)也是这样。

---

① 参见阎佩衡：《在乎天才与地才之间——尼采〈天才，舍我其谁?〉译后》，《复旦外国语言文学论丛》，2013 年秋季刊。

② 参见阎佩衡：《英汉与汉英翻译教学论》，高等教育出版社，2005，第 19—26 页。具体参见本书上卷中语内翻译的相关内容。

至此，我们便不难回答“翻”与“译”及其学习究竟是怎么回事及其作为方式的问题了：既然“翻”与“译”及其学习的终极追寻足以还原为一个“语言何以为人所用”的问题，那么翻译及其学习的功用就足以梳理成一个“指事”“行事”兼“成事”的链条；而翻译及其学习的作为方式便足以归纳为：“通过‘字里’之‘言内意义’，传达‘行间’的‘言外意义’，（以便）实现‘字外’的‘言后意义’。”足见，凡是跨文化交际行为的基本流程则必然是一个由“指事”经“行事”而“成事”的动态语用过程。只是所有的行为及其流程均需要在一个真实的大语境——“场”中去执行罢了。

五、行为及其规约的衍生

以上考究了译者、作者乃至学习者使用语言的行为方式及其流程，而当问题涉及谋事结局的审度上的时候，笔墨就得用在读者、听者对语言使用效果的期待上。或许在这个期待中，还可能孕育着一个跨文化交际行为之准则或者规约。

许渊冲先生主张，“翻译不单是译词，还要译意；不单要译意，还要译味”。因为，译词是“浅化”，可以使人“知之”；译意是“等化”，可以使人“好之”；译味是“深化”，可以使人“乐之”。

不言而喻，译事是有境界之分的。许先生举例说，比如狄更斯小说《大卫·科波菲尔》开场首段中的一句话：“I was remarked that the clock began to strike，and I began to cry，simultaneously.”就有以下三种表达：

1. 据说，钟开始敲，我开始哭，两者同时；

2. 据说那一会儿，当当的钟声和呱呱的啼声，恰好同时并作；

3.（教堂的[①]）钟声当当一响，不早不晚，我就呱呱坠地了。

许先生评论说，如果说第一句是“译词”的话，第二句就是“译意”，而第三句则是“译味”[②]。可见，第三句译得最好，因为译出了味道。

其实，译事及其所有的跨文化交际行为原本就有三个不同的“境界”，为什么呢？

如上文所见，符号的三关系折射出言语的三功能；言语的三功能衍生了语义的三层次；语义的三层次决定着语用的三方式；语用的三方式，便必然地产生出译事及其所有的跨文化交际行为的三境界。显然，第一句“译词”，之所以“浅化”，是因为停留在“指事”的阶段上，仅在“言内意义”的层面上作为，最多只能令人“知之”；第二句“译意”，之所以“等化”，是因为进入了“行事”的阶段，因而能在“言外意义”的层面上作为，自然尚可以令人“好之”；第三句“译味”，之所以“深化”，是因为上升到“成事”的阶段，显然已在“言后意义”的层面上作为，因而必然足以令人“乐之”。这或许就是“法有固然”[③]的内涵及其外延所在。

在语言为人所用的流程中，意义总会随着语境及其语用方式的

---

① 此处“教堂的”三字，系笔者根据原文的文化语境需要所加内容，兹谨识。

② 以上观点转引自柯平编《英汉与汉英翻译教程》中许渊冲的“序言”。柯平：《英汉与汉英翻译教程》，北京大学出版社，1993，第 1—4 页。

③ “法有固然”，是明人汤临初诠释中国书法创作的用语，用以表达“法”的“固然”性：只待为人所发现，不待谁人去发明。显然，此“法”就是规律，一个不靠人们去发明，单靠有人去发现的东西。笔者只借此语之内涵，以便诠释语言为人所用的规律及其所衍生的方式、方法，依然同理而已，参见王镇远：《中国书法理论史》，上海古籍出版社，2009，第 250 页。

变化发生微妙的变化——由言内而言外，由言外而言后。其中，言内意义（语法结构）是传递信息的工具，言外意义是信息传递者的意图，言后意义则是信息传递后的效果。足见，只顾工具（语法形式）的做法好比鹦鹉学舌，不顾意图（言下之意）的做法恰似一堆“白话”，而失去效果（文化效应）的做法则流入“译犹不译”的行列，而无境界可言。这里，既有语内翻译——理解与输入中的问题，也有语际翻译——表达与输出上的问题，然而不管是语内翻译，还是语际翻译均需要按部就班地执行言语行为“指事”“行事”兼“成事”的功能，都需要亦步亦趋地完成语言使用中由“言内意义”经“言外意义”而“言后意义”的作为，否则无论是所谓“特殊阅读”的理解之“真”，还是所谓“特殊写作”的表达之“善”，乃至言语行为者所追寻的终极效果之“美”，都将付之东流。这一动态“流程”的推演，给我们的触动是：翻译及其所有的跨文化交际行为尚有待一个与之相应的行为准则或者规约，以资约束译事、学事诸跨文化交际行为的始终。

于是，如果我们以“得法”的结局对应“指事”层面的“言内意义”，以“得体”的结局对应“行事”层面的“言外意义”，而以“得宜”的结局对应“成事”层面的“言后意义”，我们还可以梳理出一个以“三得”——“得法”“得体”和“得宜”[①]为表述的方式，以资监察译

① 这里关于“三得”——“得法”“得体”兼“得宜”之规约的表述，转借自（南朝）梁武帝时期的书法理论家庾元威所著《论书》一文，文曰：“一者学书得法，二者作字得体，三者轻重得宜”，尤取其“犹须言无虚出，斯则善亦”之语用之意。参见王镇远：《中国书法理论史》，上海古籍出版社，2009，第48—49页。笔者借此文字，以求取：“得法”之于“字里”及其“言内意义”的对应关系；“得体”之于“行间”及其“言外意义”的对应关系；乃至“得宜”之于“字外”及其“言后意义”的对应关系，以便表述本节所持的“语言为人所用”之译事结局的基本规约，亦谓之翻译标准。

事、学事及其所有的跨文化交际行为的规约。

或许，这就是语言三功能、语义三层次、行为三结构及其译事、学事三境界乃至符号三关系的推演给我们的启示。"她"虽不如"信达雅"一般掷地有声，却足以信手拈来，就"事"论"事"，不至于鞭长莫及；况且，"真善"既存"美"，"信达"何必"雅"？再说"'信、达、雅'(三字)在1700年前支谦的一段不足三百字的文字中就已能逐字拈出"①。

如果对于理解之"真"，我们可以在"言内意义"及其"指事"的层面上去求得；对于表达之"善"，我们可以在"言外意义"及其"行事"的过程中去获取；而对于结局之"美"，我们则完全可以在"言后意义"及其所对应的"成事"结局中去把握——或许，在讨论翻译及其诸类跨文化交际行为的效果问题时，我们就不必总得回到严复所在的那个年代去了。

小结

本节基于语言为人所用的言语观，经由翻译及其行为、语用及其功能以至"翻"与"译"及其作为的逻辑推演，认定：译事及其学事，都是一种借"指事"而"行事"，假"行事"而"成事"的跨文化交际语用行为；其作为方式是："通过言内意义，传达言外意义，实现言后意义"；其行为流变是：由"指事"经"行事"而"成事"；其活动流程是：由"言内意义"经"言外意义"而"言后意义"；其演绎结论则是：

① 参见辜正坤：《翻译标准多元互补论》，《中国翻译》，1989年第1期，第16—20页。

“翻”与“译”，都是一个不断逼近作者本意的动态流程，不可能一蹴而就，因而其所同时揭示的便无疑也是一个“意义协商”，即语言学习的真实流程，而本研究将这个语言为人所用之行为规则归结为一个：先“得法”求理解之“真”，中“得体”求表达之“善”，终“得宜”求结局之“美”的三位一体格局，其基本考虑是：

(1) 便于顺应语言为人所用的基本方式，不至于因“入”进去，“出”不来，进而不去关照译文在译语语文中的社会文化效应；

(2) 便于临时回避关于翻译标准的争议，以便从跨文化交际“成事”的结局上，即从言后意义的维度中，关注“翻”与“译”的效果——“意义协商”的社会文化效应问题，从而将投掷在意义“等值”、形式对等一类翻译及其学习观上的注意力吸引到对跨文化交际结局的关注上来。

基于奥斯汀的言语行为理论，本书拟从语言为人所用的“语用”[①]问题出发，通过对“翻”与“译”——“意义协商”作为跨文化交际行为的分析，进而从符号三关系、语义三层次及其言语三功能的视域中梳理意义及其运作方式的脉络，随将言语行为的功用界定在“指事”(locutionary act)、“行事”(illocutionary act)兼“成事”(perlocutionary act)的三位一体式行为结构中。由是，译事的行为及其语言学习的活动就被纳入了一个“通过言内意义，传达言外意义，实现言后意义”的基本格局，而二者的运作流程则随之被界

① 本文中的“语用”，偏指关于语言“为人所用”所涉及的“言语行为”一类的语用问题研究，应该有别于语用学(pragmetics)的术语内涵；文中主要观点，详见路东平主编《译苑探微》中阎佩衡“译事作为方式管窥”一文。路东平：《译苑探微》，兰州大学出版社，2015，第26—37页。

定为一个“由‘言内’经‘言外’到‘言后’”的动态事实；并由此顺理成章地涉及了译事结局及其学习境界的跨文化交际效应问题，其结论是：理解之“真”、表达之“善”兼结局之“美”所揭示的跨文化交际蕴涵，需要用一个与之相对应的“得法”“得体”兼“得宜”的行为规约来“监察”三者的兑现。

毕竟，译事及其学事——语言的“为人所用”是一个“谋事”的行为，只能在谋事的前提下作为——无论是符号的三关系，还是言语的三功能或者语义的三层次，无一不同语言的“为人所用”的三境界直接相关，作为语言的使用者，译者及其学习者不得不以心力拿捏，以便由“指事”经“行事”而“成事”的流程获取“得法”“得体”兼“得宜”的跨文化交际之效应。

参考文献

1. 高一虹. 语言文化差异的认识与超越[M]. 北京：外语教学与研究出版社，2000.
2. 胡文仲. 跨文化交际学概论[M]. 北京：外语教学与研究出版社，1999.
3. 刘宓庆. 当代翻译理论[M]. 北京：中国对外翻译出版公司，1999.
4. 刘润清. 西方翻译流派[M]. 北京：外语教学与研究出版社，1995.
5. Popper, K. 猜想与反驳(*Conjectures and Refutations: The Growth of Scientific Knowledge*)[M]. 傅季重，等译. 杭州：中国美术学院出版社，2003.
6. 盛炎. 语言教学原理[M]. 重庆：重庆出版社，1990.
7. 王宗炎. 英汉语文问题面面观[M]. 北京：高等教育出版社，2006.
8. 阎佩衡. 英汉与汉英翻译教学论[M]. 北京：高等教育出版社，2005，2007.
9. Austin, J. L. *How to Do Things with Words* (*The William James Lectures Delivered at Harvard University in 1955*)[M]. Oxford: Oxford University Press, 1962.

10. Barbara,M. H. Strang. *Modern English Structure*(second edition)[M]. London:Edward Arnold,1974.

11. Katan, D. *Translating Cultures: An Introduction for Translators, Interpreters and Mediators*(文化翻译——笔译、口译及中介入门)[M]. Manchester:St. Jerome Publishing,1999. 上海外语教育出版社,2004.

12. Knowles,G. *A Cultural History of the English Language*(英语语言文化史)[M]. London:Edward Arnold,1979. 北京:北京大学出版社,2004.

13. Kramsch,C. *Language and Culture*(语言与文化)[M]. Oxford:Oxford University Press,1998. 上海:上海外语教育出版社,1988.

14. Nida,Eugene A. *Language and Culture:Context in Translating*(语言与文化——翻译中的语境)[M]. 上海:上海外语教育出版社,2001.

15. Wilkins,D. A. *Linguistics in Language Teaching* [M]. London:Edward Arnold,1972.

16. Yule,G. *Pragmatics*(语用学)[M]. Oxford:Oxford University Press, 1996. 上海:上海外语教育出版社,2000.

17. Yule, G. *The Study of Language: An Introduction* [M]. Cambridge: Cambridge University Press,1985.

第三节 学得与习得之间的学习观

如前所及,本研究的基本涉猎已经完成了由教授而教学,由教学而效学,由效学而学习的基本演绎,从而来到"教学论"就是"学习论","教学论"就是"学习学"的路上。问题似乎单纯了许多,道理却深奥了不少。

直接脱胎于应用语言学并处在其前沿的"二语习得",是一门探究个体在母语学习之后何以获得第二、第三乃至更多语言(包括外语)的学问,以 Larry Selinker(1969)的"Language Transfer"论文中"中介语"(interlanguage)[①]概念的提出为起点,以 Rod Ellis 的 *The Study of Second Language Acquisition* 一书的发表为标志,成为一门独立的语言学科。按照乔姆斯基的设想,其初衷是企望将学习(习得)母语的方式迁移到外语学习中来,或者直接用母语学习的方式去把握或者组织外语学习的过程,足见其用心良苦。

由是,"二语习得"的研究就离不开对学习本体的问询、对学习过程的考察及对学习方式、方法和策略的追寻,乃至对个体行为变化的追踪。不过,按照三个所谓柏拉图式的问题推理,二语习得需要回答的核心问题毕竟是:语言是怎么获得的(How is it to be acquired?),或者,人是何以学会第一语言又何以通过第二语言(或者外语)的使用习得第二语言(或者外语)的?

足见,二语习得研究需要完成对语言学习过程的描写与解释,以便解答:习得是"怎么回事"、习得的情形"怎么样"以及习得的事情"怎么办"的问题。因而,它就和我们的"学习学"扯上了难解难

---

① Larry Selinker 的"中介语"(interlanguage),也被(Nemser 1971)称为"接近系统"(approximative system),也被(Corder 1971)称为"特异方言"(idiosyncratic dialect),又称为(1978)"语言学习者的语言"(language learners'language),总之它是学习者所把握的过渡性语言,是一种为语言研究所尊重、所认可的语言系统,是学习者无以离开的中介性可假之物,有相当的利用价值,是不可小觑的语言学习"拐杖"。其实,在"场论"中,"中介语"本身就是一种可假之"物",因而应该将"中介语"看成是所谓"三类知识——'隐性''显性'和'相关'"知识中的一种,或者"相关知识"(或者"显性"知识亦妥,因为本研究作为操作策略的口语"行为语法"实际上就是一种语法知识),因为"相关",所以"可假",不管是学习者还是"使"学习者,都足以从中介语中受到启发——假其所"需",行其所"图"。本教学论"下卷"操作篇中的口语语法"结结巴巴讲英语"所策划的口语操作方式,也是基于"中介语"理论而产生的口语学习中介策略。相关理论,可参见杨连瑞等《二语习得研究与中国外语教学》第十章相关内容,并可顺藤摸瓜——参阅其他二语习得的"理论""假设"及"模式"等。

分的关系。

按照乔姆斯基就语言研究的分类，以内在化语言(internalized language)，即 I-语言为研究指向的，其目的是为了查清个体学习的内在机制，如 The Universal Grammar Theory 一类的研究，均属于先天(本能)派，或者“内在论”的研究；而以外表化语言(externalized language)，即 E-语言为[①]研究指向的，其目的则是为了通过语言的使用及其内、外部环境的作用考察个体学习语言的情形，都属于后天(培养)派，或者“外在论”的研究，本研究所图借鉴的自然主要是后天派的主张及其做法。

一、行为主义学习

行为主义认为，学习的实质是通过强化建立刺激与反应之间的联结。按照这一理论，教育的功能就在于传递知识，而学习的目标就成为在这种传递中接受教育所传授的内容。足见，行为主义虽不是同人的学习无关，却同本研究的学习假设相去较远，故不予更多涉猎。

二、认知主义学习

认知主义强调主体内部认知结构的作用，教育的目标在于借助于学生原有的知识基础(即知识结构)，又通过个体对外在知识科学结构的汲取、改造、内化和丰富，从而发展其原有的认知结构，

---

① 乔姆斯基关于语言研究的界定或者分类及其主张，可参见〔英〕内尔·史密斯(Neil Smith)著 *Chomsky: Ideas and Ideals*(second edition)之第一章 The mirror of the mind 相关内容；另外参阅赵美娟的《乔姆斯基的语言观》相关内容。

最终求得个体认知能力的发展。其学习方式可以概括为:“假于所知,行于所需”,比如,依据 E. Bialistok(1980)的第二语言学习策略模式,学习发生的必要条件是“相关知识”“显性知识”和“隐性知识”,而学习所赖以发生的充分条件则是“练习”,其中“形式练习”促进学得,“功能练习”促进习得,而课外阅读练习则为学得和习得准备条件(虽然模式并没有提及阅读练习的问题)。如上文所及,依据巴斯(A. R. Buss)的分析,在纯粹的认知论者看来,环境是人依照自身的认知结果及其结构创造出来的东西,即:E=f(P)。足见,在这里决定问题的是人的认识及其认知结构,在哲学上,应该属于内因决定论的范畴。

三、“社会”主义学习

社会派学习理论则认为学习是一个内化过程,其学习过程是:学习者通过语言参与社会交际活动,通过交际获得语言和文化知识,并随之转化为个体可利用的内部知识资源,以求个体自身的发展。社会派学习理论的主张或接近于纯粹环境论者的观点,基本属于行为是环境的函数,即 B=f(E)一类;或接近于纯粹社会学论者的观点,基本属于人及其个别差异的变量都是由其所在环境决定的,即 P=f(E)一类。如果从哲学的视域中看,社会派学习理论的主张无疑是接近于外因决定论的主张的,因而在某种意义上这一学派的理论并不支持本研究的基本假设。

四、社会认知主义学习

与认知派和社会派不同，社会认知主义的学习主张在人与环境的协同和互动中，求取习得的效果。换言之，所谓社会认知主义，是在内在“心理”结构同外在“社会”结构的交互关系中求取学习效应的，因而在社会认知的视域中，语言学习就得参与动态的“思维-行为-环境”连续体（mind-body-world continuum）当中，与环境协同、互动，并在与环境协同、互动的过程中形成个体“心理-生理-行为”连续体（mind-body-world continuum），从而在“主”（观）与“客观”的“交涉”的动态过程中完成学习、建构知识及其意义。正是为了印证这一点，社会认知主义（Atkinson 提出）才特别引入了协同（alignment）的概念。“协同”是人类能动地顺应（dynamic adaptation）千变万化的环境的一种手段，是人类生存的基础，它不仅发生在人与人之间，也发生在人与他人所处的社会和物理环境之间。于是，协同便成为社会认知主义一个重要的学习原则，因为个体在同外在环境相处的时候，只有“协同”才能达成与环境的“协调”“协和”，从而同所处环境“合力”，最终同环境“合一”。显然，正是在“能动地顺应”这一点上，社会认知主义同动力心理学关于“力”的发生“在于关系”的观点相吻合；又正是在“协同”“互动”的意义上，社会认知主义理论同本研究关于“心-物”对话所追寻的“二外合一”不谋而合了。

在社会认知派看来，学习是一个人类为了在变幻莫测的环境中生存下来而不断顺应环境的过程，正是借助于这一过程人类才足以获得自身的生态体验（trajectories of ecological experience）

及其多种参与身份(repertoires of participation)。于是,与认知派和社会派不同的是,学习就变成了一个能动地与环境相互协同的过程。在这里,人的行为既不能由环境的因素所独立决定,也不能由人的意志所独立改造,因而就只能在人与环境相互协同的过程中来完成。显然,人与环境只能是一对互相依赖的变量,用勒温的公式表示,便是:B=f(PE)=f(S)。在这里,我们看到的是环境论的B=f(E)和人格论的B=f(P),就此“合”而为“一”了。这恰恰是本研究就“心”(心理环境)与“物”(物理环境)“对话”——相互作用观的假设所在,在哲学上则(自然)是以内外因共同决定论作为前提的。

根据连接论的假设,认知过程是以平行(parallel)加工的方式进行工作的,或者是以神经网络的形式进行组织的。因为,人脑是由数量巨大的简单处理器(即神经元)构成的,这些神经元相互交织而组成了一个复杂的网络。因此,在对具体信息进行加工时,就不是以单个的神经元单独地发挥作用的,而是多个神经元以网络的形式相互协作、共同发生作用的。可见,学习过程应该是一个逐渐改变网络联系权重的过程,而不是一个逐渐建立抽象规则联系的过程。只要学习者注意到语言输入中反复出现的常规现象(regularities),他就能够据此演绎出一个概率格式(probabilistic patterns)来,而这个概率格式则会在被反复激活的情况下得以强化,习得便由此发生。

而一旦将连接论的这一事实与社会文化语境观联系起来,我们就会发现在平行(parallel)加工或者在神经网络的组织中,改变网络联系权重的过程应该是发生在真实世界里的,而且应该是学习者在和周围环境互动并且不断顺应环境变化的必然结果。可见，在连接论的解释中，语言使用和语言习得是处于同一个层面的，而且只有将平行加工的认知方式与真实世界的社会活动直接联系起来，这个关于语言习得的解释才是符合事实的。

就这样，社会认知主义的意义，已不仅仅在于它提出了一个可供验证的理论假设（testable hypothesis），更重要的是在于它为人们"呈现了一种作为思考方式的社会认知视角，正是在这个视角下，语言的发展便只能是根植于一个人类赖以生存并且比人们的想象更为活跃的生态环境中"。（阿特金森语）——也正是在这个意义上，社会认知的主张同本研究心-物（对话）之"场"的（原）生态设计不期而遇了。

在整个二语习得的研究领域中，一直存在着"思维与环境""心理与社会""内部与外部"以及"认知"和"社会"的二分法或者"内机制"和"外环境"二元对立的基本状态，但在社会认知主义的视域中，这种二元对立的两分法是不能用以描述二语习得的真实情形的。

假若我们把认知论的学习方式界定为"假于（内部）所知，行于（内部）所需"的话，社会认知主义的学习方式，就应该是不仅"假于（内部）所知，而且还得假于（外部）所闻、所见、所触、所感"等。这样，个体才足以在同环境的交涉（"对话"）中获得其所需求的东西。

在语言观上，认知派认为语言是心理现象，由抽象规则组成，储存于个体大脑之中，有其独立自主的一面；社会派则认为语言是社会现象，与文化混为一体，无法分割，存在于人们的交往活动中，因而学习是决定于作为外部环境的社会活动的。

社会认知主义综合了上述两个派别的观点，既认同语言的心理属性和自我调节性，同时又视语言为一种社会行为，或是行使社会行为的一种工具。它认为语言的社会属性和心理属性并不是截然分开的，而是从一开始二者便交织(integrated)在一起，相互依存、相互作用，从而构成一个大社会认知整体的组成部分。因而语言就是学习者在同“社会认知工具”相处的过程中，通过与语能较强的社会成员协同、互动，在活动、人及事件组成的生态环境中学到的。

在学习观上，认知派认为，学习智能是发生在个体内部的。其实质是：学习者有选择地将输入整合到原有的知识结构中去，并借输出的过程和方式，不断地将陈述性知识转化为程序性知识；社会派则认为，学习是一个内化过程。其实质是：学习者通过语言参与社会交际活动，从中获得语言和文化知识，并将它们转化为可资利用的内部知识；而在社会认知视角下，语言能力的提高就是要参与到动态的“思维－行为－环境”的连续体（mind-body-world continuum）中去，同所处环境协同、互动——学习者才能通过目的语的使用，在大量社会认知工具(socio-cognitive affordances)的辅助下，融入相互合作的“互动”(coordinated interaction)，从而在形成自身“心理－生理－行为”连续体(mind-body-world continuum)的过程中，通过“主”与“客”的交涉的方式习得语言。

按照社会认知派设计，这些足以帮助个体进行学习的社会认知工具包括：

(1) 关联工具(associated tools)：文化工具，如书、笔、语法练习；内部工具，如体态、目视、手势；社会工具，如互动、话轮转换。

（2）个体及个体多重角色和身份（individuals and their multiple roles and identities）：如说话人、同伴、导师、专家、老师、家庭成员。

（3）社会规约的意图、情境、习俗及参与结构（socially defined purposes，situations，conventions，and participation structures）：如礼貌、寒暄、交流、教育、言语行为、文体、对话、课程、工作环境、辅导训练。

（4）历史印记（historical trajectories）：如人际关系、跨文化经历、个体社会化和受教育背景。

（5）社会认知系统和过程（socio-cognitive system and processes）：如连接网络、行为记忆、文化模式①。

可见，正是借助于上述这些为"协同"服务的多样、互动的手段或者策略所"激活"的"心理-生理-行为"连续体（亦即内在的"心理环境"）与个体所在的"思维-行为-环境"连续体（亦即外在的"物理环境"）合而成就了个体学习的生态环境，才成全了语言习得的发生。显然，社会认知主义的这一假设，恰恰在无意中"迎合"了本研究关于"心-物"对话"场"的基本设计。

况且，社会认知主义并不排斥认知主义的基本观点，但认知派的研究却完全排除了语境（decontextualized）的功用，从而就从根

① 按照勒温的（场论心理学）理论，以上社会认知派所谓的社会认知工具所"构成"的正是：拓扑心理学所谓外在的、可能影响心理环境的"准"物理环境所在；而在本研究中，以上社会认知工具则指足以成为使外在学习"内容"活动化的工具或者手段所在，兹谨识。

本上忽略了作为自然人的个体必须通过与其所在“生态环境”的协同与合作，并在同这一环境的实际“交涉”过程中获得自身生理和心理的发展这一基本事实。

至此，借助于以上习得理论的四个“主义”，应该说作为本研究关于语言“习得”假设的所借之“理”已经基本到位。但是，如果再从另一个维度上关注一下学习理论的梳理，或许对认知西人学习理论的概貌还会增益不少。

五、“他动”式学习

“他动”型理论，即行为主义学习理论——“刺激-反应”论——“S→R”。

行为主义的缺憾在于“忘记”了一旦离开了人的内在需求或者准需求的推动，习惯是无法导致行为的产生的，而联想主义则好比火车头所带动的前后车厢的连接器，虽然是行车的一个重要组件，但并不具有推动行车的力量。

六、“自动”式学习

或称作“R→S”型，其中，“R”表示个体有意识的行为，这种行为是靠个体内在的需要“激活”的，个体为了满足集体的需要而主动寻找外界的刺激。“S”便是满足需要的刺激物；箭头则表示人对刺激物的主动追寻，是人类特有的学习模式，是其他动物不大可能具有的行为模式。

“顿悟”，是内部“格式塔”和外部“格式塔”瞬间的嵌合。苛勒证实了“顿悟说”的存在，其结论与桑代克不同，说明高级动物的学习并不总是盲目的“试误”，而是对问题的顿悟或者领悟。

完形心理学的领袖人物惠特海默，将完形心理学原理用于创造性思维研究，提出了“人的行为的创造性决定于能否在一种‘场’的结构上的合理操作进程，并在这种操作过程中，打破旧的‘格式塔’，而发现新的‘格式塔’”。这种理论使联想主义的机械学习和盲目死记的传统学习理论黯然失色。

其实，精神分析心理学的学习理论也是“自动”的。弗洛伊德认知模式认为人的行为主要是由无意识决定的，后来的荣格提出集体意识便是一种先天的认知模式——一种重要的原始隐象。尤其是荣格关于人格态度类型的划分，使人发现了个体学习差异的内在原因。他提出，每个人生来就会具有某种适应方式，在婴儿时期就可以清楚地看出来。这意味着，每个人都会采取不同的学习方式去认知世界、适应世界，恰如每个人都会有自己的方式去干预别人的学习一样，自然他们未必在乎自己的干预方式是否得当。

“自动”说的特点在于，强调意识、精神在心理发展中的作用，总是把个体的需要看作学习的内（在）驱（动）力，认为人受内驱力的驱使，能动地学习客观事物，其目的在于掌握客观规律之后，更好地利用客观满足自我需要。可见，“自动”理论是一种积极的理论。但是，“自动”理论的偏执在于过分强调自我的能力，以致走向了另一个极端；换言之，“自动”的学习并不代表人类的所有学习，而只是代表其中的一个方面而已。

七、“互动”式学习

“互动”说认为，学习是在内在需要的激励和外在刺激的强化下进行的一种人的行为。而且，人的学习在多数情况下都是通过一种中间变量来完成的。例如，学校教育、课堂教学就是一种学习的中间变量。显然，这正是本研究“场”论所推崇并用心力追寻的学习方式“S→O→R”。

“互动”，标志着一个人类行为的完全流程，依据这个模式，人的学习应该包括以下方面，其学习的模式是：

（一）在内在需要的驱使下进行学习；

（二）在外刺激的驱动下进行学习；

（三）在中介“O”调动下进行学习——外部刺激需要通过中介“O”的引导，使外部刺激转化为内部需要，从而产生动机进行学习。

总之，人就是在上述几种模式的交互使用中进行学习和认知世界的。

皮亚杰的发生论，是“互动”说的代表性理论。换言之，皮亚杰的发生论，既有先天的、生物学的意义，也有后天的、社会学的意义，其理论的四个基本概念是：图式、同化、顺应、平衡，足以辩证地反映人类学习中的各种关系。

图式，是在同化、顺应中形成的；同化，是人类对环境的主动接受；顺应，是环境促使人选择自己的行为方式，而人正是在这两种行为方式的作用下获得“平衡”的，这便是四个基本概念的基本内涵。

美国心理学家布鲁纳将皮亚杰的发生论用于教育实践，其代表作《教育过程》就提出了如下观点：

1. 学习不仅是学习系统的具体知识，更重要的是学习知识的基本结构。布鲁纳说，学习者掌握了基本结构后，就可以用基本的知识和普遍的观念不断扩大、加深已有的知识。

2. 学习者能够掌握的知识（基本）结构，总是那些同个体认知结构相适应的东西。他说，在学习者的认知结构里，世界被表象化为三种不同的模式。

个体的成就，就是他将周围世界表象化的表现。在这个过程中，直接经验被翻译成关于世界的表象模型，这个模型又将帮助他决定今后的行为。

3. 学习的早期性问题。布鲁纳认为，既然人的思维、认识能力从出生开始便以主体活动的方式表现出来，并且随着年龄的发展而发展，那么早期学习就不仅是可能的，而且是必需的。作为外在的社会环境，则需要将结构化的知识"翻译"——处理成不同儿童年龄段的认知结构都能接受的程度。

4. 学习在于"发现"。布鲁纳反对令儿童在学习中被动地接受刺激，要求把儿童看作主动发现知识、改组知识结构过程中的人。采用"发现法"，让儿童自己发现知识，从而改变自己的知识结构，同时加深并拓宽自己的知识范围。

布鲁纳一再强调，儿童认知发展的基础主要是儿童的天赋和环境所提供的特定信息及其结构之间的相互作用，这是很有见地的主张。

虽然布鲁纳所主持的教育改革并未获成功，但这并不意味着他的理论出了差错，布鲁纳的理论即便被置于当下的教育教学实践也是掷地有声的。比如，课程内容必须与儿童认知结构相适应；比如，将知识置于什么地位才可能被"发现"。这些同之后克拉伸的“i+1”假设等，都具有完全同等的价值。

以上便是人类学习由“他动”经“自动”而“互动”的三种基本模式[①]。本研究虽主张“互动”，却并不排斥“他动”和“自动”，并且认为若在“他动”“自动”和“互动”之外，再添一“效动”，以便同本研究所建议的“效学”相匹配，岂不更好？其实，在实践的意义上，“效学”就是“效动”，因为“效学”离不开“效动”，既为“效”仿“学”习的过程而设计的“互动”活动，堪不“效动”乎？

关于二语习得理论的涉猎，大略如上。不过，如果还能补充一下关于建构主义的学习主张，似乎是必要的。这不仅因为建构主义是从行为主义到认知主义的基础之上发展而来，而且因为建构主义的学习实在同“出新”有关。

八、建构主义学习

建构主义主张世界是客观存在的，但对世界的理解和意义的赋予却是由每个人自己决定的，因为个体是以自己的经验为基础来建构现实、解释现实的。由于经验和对经验的信念是有区别的，因此人们对外部世界的理解也就自然地互不相同了。于是，建构主义学习就更加关注如何利用原有的经验、心理结构及其信念来建构知识，从而强调学习的主动性、社会性和情景性。显然，建构主义对教学互动的出新是具有现实意义的[②]，其主张是：

1. 建构主义认为，知识不是通过教师传授获得的，而是学生

① 参见傅治平、曹成杰：《教育与人》，知识产权出版社，2013，第166—171页。
② 以上参见邢秀茶：《教与学的心理》，高等教育出版社，2004，第62页。

在一定情景（即社会文化背景）下，借助他人的帮助，利用必要的资料，通过意义建构的方式获得的。因而，学习环境的建构必须有利于学生对所学内容的意义建构；

2. 建构主义认为，获得知识的质量取决于学习者依据自身经验建构新的知识意义的能力，而不取决于学习者记忆和背诵教师所授内容的能力[①]，等等。显然，这些都是颇有见地的主张。

九、元学习（Meta-learning）[②]

"元学习"理论，所讨论的乃是关于学习学习的哲学问题，也是需要涉及一下的，因为毕竟这是学习上位的事情，既同"学会学习""监察学习"的基本命题紧密相关，又同本研究所主张的学习方式直接相联；因为本研究之"场"论说到底，不过是一种何以驾驭学习的方式而已，其所望蕴含的"哲学"意味自不待言。只是，形而上的"元学习"，果真能经由"应用化"的处理而假以形而下的"元训练"，乃至"元策略"一类的匹配，则不胜完备了。

余下的功夫，实在不得不关注一下国人关于学习的主张了。

十、国人的学习

1. 学习，是一个近现代的概念。在古代，则抑或称之为"学"

① 以上有关建构主义学习理论的资料，参阅了网上孙玉之（济南市历城第三中学）的"浅谈建构主义教学论在英语教学中的运用"一文的基本观点。

② 按照辜正坤先生的意见，既然 meta-physics 是"形而上学""玄学"，meta-learning 就应该是"上位"的学习，即"玄学习"——"管"着学习的学习，而不是"元学习"，况且"玄"与"元"的文字学意义是互不相同的。笔者完全赞同辜君的意见，因而上文中才将所谓"元学习"的概念，诠释为关于学习学习的哲学，兹谨识。

而"习"之才对，如"学而时习之，不亦说乎？"(《论语》句)

这是"学"与"习"最早在同一语境中的显现。"学"，古意：学修己的道理和为人的知识；"时"，古意："适时"；"习"，古意："实习""演习"之意[①]。值得注意的是，这里的"习"并没有所谓"温习""复习"的意思，否则就会同《论语》下文的"温故而知新"重叠而不合修辞逻辑。因此，笔者即将这里的"习"引申为"实习"，进而解释成"检验""体会"的意思，因为在逻辑上即便是"时常""时时"的温习、复习，也不至于使学习者"说"(悦)起来的；而"习"这个"检验"的意义在古人关于"学"习的流程中也是合乎情理的，比如在《中庸》"博学之，审问之，慎思之，明辨之，笃行之"的学习流程中并没有"温习"或者"复习"这个程序，相反其中的"审问之，慎思之，明辨之，笃行之"却大有"验证"或者"检验"的意味；况且，"习"的这一解释尚能在当代意义上同所谓"研究性学习"的本义相吻合，即学来的东西只有经得起"究"的推敲，才配得上"研"的内涵。可见，将孔子"学而时习之，不亦说乎"的学习观诠释为："学"来的东西，须经由"习"的检验，才足以"说"得起来，是既合情也合理的。这便是国人关于学习的第一说。

2. 荀子关于学习的见地是："学如蜕"——"君子之学如蜕，蟠然迁之"(《荀子·大略》语)，并提出其"蜕"的境界——"常迁而不返其初，则化亦"(《荀子·不苟》语)。荀子鄙视"耳口"之学，认为学习不能只是"入乎耳"又"出乎口"；而应当"箸(贮)乎心，布乎四体，形乎动静"(《荀子·劝学》)。他说："不闻，不若闻之；闻之，不

① 参见戊子仲秋京师崇贤馆刊《论语》册一的诠释。

若见之；见之，不若知之；知之，不若行之；学，至于行之而止亦。行之，明也。”在这里，学可以止于行，而并不止于所谓复习、温习之“习”。显然，“行”仍然是以实践的检验为本意的，依然是所谓“研究性学习”的意味。

从某种意义上讲，这些东西方殊途同归、如出一辙的现象，在中外文化史上并不罕见。或许，这本身就是一件值得研究的事情。不过，诸如“博学，审问，慎思，明辨，笃行”一类自古就有的学习之法，应该还是实用性的东西，处于“器”的层面——形而下之“器”，而诸如“先其天性，后其学习”（盛唐张怀瓘语），乃至“性是天，习是人”（晚唐吴融语）一类古人的学习之规，则仍然是属于形而中之“原则”一类。

3. “可以神遇，不可以目视”①一类，则似乎是艺术家们的术语，可在笔者看来，它却完全适于外语学习之用，比如要读懂诸如莎士比亚、培根、海明威、D. H. 劳伦斯等大家的作品，若不以“神遇”之，而仅以“目视”之，则我们始终都可能沦为游离于门外的读书匠。不言而喻，“可以神遇，不可以目视”乃是一种关于“心”的修养，而不是关于“手”的技术，不是“眼”的差事，不是嘴的功夫，乃至不是脑的功用。这才是国人宏观的东西，处于“道”的层面——形而上之“道”。

① 这是庄子用以表述“道”的话语，极为精到，意思是：形而上之“道”——所谓“器之隐”，不是直接用眼睛可以看得出来的，而只能通过“心”与“神”的“体会”“领悟”，才足以“心得”“心悟”其“玄理”；然后，才足以顺理成章地把握形而下之“器”——所谓“器之显”（小言，2009）。这便是中国道家关于学习的论述，而且认为这是一件“法本固然”的事情——学习的方法原本就应该是这样。可见，这是所谓本然的规律性东西，是值得后生们汲取的学习之法。

至于陶行知先生盛行于20世纪初的“手脑并用”学习法①，似乎也是有必要涉猎一下的。在进行语义分析的时候，人们总以为西人所言之“脑”便是国人所云之“心”。其实，按照道家的主张：五官的感触常常是不大可靠的，只有“心”的领悟才是可信的，因为如果“手”可控感觉的话，那么“脑”则仅管是非，而唯有“心”才能“主神明”（中医理论）。足见，“语文”的妙用唯有“心”可以“悟”得，是所谓“波澜之际，（已）濬发于灵台”（《书谱》语）者也。足见，以往将“用脑”和“用心”的功用等同起来，是没有足够理由的。毕竟“手”控感觉，“脑”管是非，而唯有“心”可以通往“神明”的境界。

显然，以“眼”看世界和以“心”看世界，所得的概念和结论是不可能相同的。因而，艺术上就有了“眼形”和“心象”的区别：眼中看到的客观形象，心中想到的主观形象，是不可相提并论的。由是，庄子才有“可以神遇，不可以目视”之说。

其实，读书也是一个道理，用“眼”读和用“心”读，效果是大不一样的：恰如用嗓子唱歌和用心声唱歌的客观效应绝不一般，用眼睛读书和用心读书岂堪一般？何处不同？“言后意义”（效果）不同耳。

于是，我们的方法便是：始于用“手”，中于用“脑”，终于用“心”。毕竟，用“手”学习、用“脑”学习和用“心”学习，不是一回事；或许，这正是老子所以主张“心得法”“体会法”的“缘”与

① 陶行知先生并没有用“手脑并用”命名其学习法，这是笔者从他的理论中推演出来的学习法，仅以陶先生的“手脑相长歌”为直接证明，此曲见《行知歌曲集》（分别由赵元任、贺绿汀曲）。

"由"。

古人善于"格物"而"致知"，查明了诸多的玄机，后人则不得不反而省之，醒而悟之，以便将我们的学习改造为：或由"字里"经"行间"而"字外"，或由"手"经"脑"而"心"，或由"感性"经"理性"而"悟性"的三维流程，以便就所"格"之"物"，"体"而"会"之，"心"而"得"之。

学习，不管是国人的还是西人的，也无论是"学得"的还是"习得"的，都不会凭空地发生：心灵派的认识是"凭机制而发生，借练习以激活"；认知派的观点是"假于所知而发生，行于所需而激活"——学习的发生有赖于学习者的"所知"，学习的发展有赖于学习者"所行"；而社会认知派的见地是学习不仅有赖于学习者的"所知"，还有赖于"所见""所闻""所感""所触"乃至于"所嗅"和"所觉"等，因为这里的学习不仅可能发生在课堂，更重要的是学习还发生在真实的生活、现实的社会，因而诱导学习的就不仅有教师，而且有所处环境中所有可能诱发学习的人、事和物。因为"实在的才是有影响的""真实发生的都是有影响的"①。足见，社会认知的视域大大地发展了"教师"的概念及其学习的空间，学习是在参与活动的情况下发生的，效果是在与学能较高的社会成员协同、互动的过程中取得的，其流程同生态语境的顺应相吻合，其方式的提出对课堂教学的短板是弥补，具备多方面的借鉴意义，同国人"假于物""自得之"及其"先其天性，后其学习"以及"性是天，习是人"的主张

① "实在的才是有影响的"和"真实发生的"都是有影响的，这都是勒温在拓扑心理学（即场论心理学）中就环境中真正对人的发展有影响的事物所做的要求，这里只是借以阐明社会认知中所涉及的社会事物对人的影响，因为二者有共同之处而用之。

具有异曲同工之妙。

于是，参照古今中外的学习观，基于本研究关于教事就是“效学”的设计，这里的基本演绎便是：

教，乃是发现并顺应“学”之“天性”以“授”之；学，便是自觉“我”之“个性”而“习”之。因此，教乃是一种不得已而为之的“事”，务必要“假于物”；学则是一件不经意而发生的“业”，务必要“自得之”。

不信？你瞧：苏格拉底（所以）看重“产婆术”，不是问，而是“教”；孔老夫子（所以）推崇“叩两端”，不是“教”，而是问。足见：

学习之于学生，不能不“‘假于物’‘自得之’”。

学事之于教师，不得不“善‘假于物’，使‘自得之’”。

教事之于教师，则不敢不“善‘假于物’，乃‘自得之’”。

于是，研究者就外语教学论的基本设计便是：

既描写“学”也描写“教”，但必须以“学”为追寻，以“教”为辅佐；既教学语言也教学文化，但必须以“文化”为重心；既研究“怎么学”，也研究“怎么教”，但必须以“怎么学”为归属。

在方法论上，还必须通过“怎么学”探知“怎么教”，通过“怎么教”懂得“怎么学”；在理论建设上，就需要完成由“教”向“育”、“教”向“学”以及由“语言”向“言语”、“语言”向“文化”乃至由“学得”向“习得”的诸多过渡，以便弥补英语教学原始设计上的短板；在语义研究上，就不仅需要涉及“言内意义”“言外意义”，还必须涉及“言后意义”——不仅需要关照“表层结构”“深层结构”，还必须涉及“外层结构”，以便弥补意义系统上的缺失；在整体结构上，则必须打破单一的语言学或教育学范式，从而建立一个多维度（多元化）的理论系统，以便涉及英语教学实践的方方面面而不致留下板块构建上的缺憾。

以上便是本研究建立在“效学”①观念上的教学观，其执行原则是：“知其教，而守其学”“亲近‘学’而回避‘教’”；其实施方式是：“善‘假于物’，使‘自得之’”；其教学效应是：“学也在教，教也在学”。换言之，教，是特殊的学；学，是特殊的教；其教学结局则追寻：“学如蜕”（荀子《劝学》语）；“教亦蜕”（小言，2012），终而“蜕”出预期的效果来。

“蜕”，即变，何以变？曰：

由“机械”化而“自动”化，由“结结巴巴”而“流流利利”，由pidginization而de-pidginization（Schumann术语），换言之，则是由nativization而de-nativization（Anderson术语），这都是二语习得所提供的方式及其原则所在。一如尼采（Friedrich Nietzshe，1844—1900）②所及，则恰如其之精神“三变化”：

由“骆驼（精神）”而“狮子（精神）”，由“骆驼（精神）”“狮子（精神）”而“婴孩（精神）”。

一如王国维所言，则恰如其为学之“三境界”：

“‘昨夜西风凋碧树，独上高楼，望尽天涯路’——此第一境

---

① “效学”是本研究就古人关于“教学半”见地的“今用”，也可以说是本研究对《学记》思想在当代意义上的引申。《兑命》曰：“教学半，其此之谓乎？”《兑命》（上）：“教字谓教，言教人乃益己之学（半）。教人谓之学者，学所以自觉，下之效也；教人所以觉人，上之施也。故，古统谓之学也。”另，参阅本论前文相关脚注。

② 尼采尚有其关于学习的妙招，他说：“It is precisely here that one has to begin to learn anew.”译文：“准确地说，人们务必学会用新的不同的方式，重新审度以往的事与物；而且，务必从当下便开始。”参见尼采：《天才，舍我其谁？》，阎佩衡译，中国对外翻译出版公司，2012，第96—97页。

界也。

‘衣带渐宽终不悔，为伊消得人憔悴’——此第二境界也。

‘众里寻他千百度，蓦然回首，那人却在灯火阑珊处’——此第三境界也。”

何以蜕？则：

学，须勤“假于物”，力“自‘行’之”；教，必善“假于物”，使“自得之”。所假之物者何？曰：

静“物”兼动“物”者是也，静“物”者，我所“知”（相关知识、显性知识兼隐性知识）也；动“物”者，我所“行”（“练”）也。

其实，无论是静“物”还是动“物”，也不管是“假于物”还是“自得之”，或者“‘善’假于物”，还是“‘使’自得之”，都是一个教与学的“策略”问题，因为“策略”足以构成“干预”学习的动“力”：“策略”之于“教”，乃是一种“活动化”的干预；“策略”之于“学”，则是一种“行为化”的表现。本研究的目标是：以“活动化”的干预兼“行为化”的状态，达成“合一”性的“合作”，追寻“合力”性的效应。

何（以）如是？毕竟：

“吾尝终日而思矣，不如须臾之所学也；吾尝跂而望矣，不如登高之博见也。登高而招，臂非加长也，而见者远；顺风而呼，声非加疾也，而闻者彰。假舆马者，非利足也，而致千里；假舟楫者，非能水也，而绝江河。君子生非异也，善假于物也。”[1]

足见，“物”——或方式，或方法，或手段，或策略，抑或拐杖一

[1] 荀子《劝学》原文，系“假于物”之出处，参见《古代散文选》，人民教育出版社，1962，第107页。

类之功用所在。

于是，无论是“教”还是“学”之本义，都是在寻找某种可资借用的、相对灵验的可“假”之“物”，即所谓“器之显”一类的东西。

小结

教育研究上的转型——由研究“怎么教”到研究“怎么学”，兼语言研究的发展——由语言学经应用语言学到二语习得，都同归于就“学习”问题的直接考察，这是一个教学必须面对的现实——解决好“学习”的问题，才可以处理好“教书”的事情。

由心理习得经社会习得到社会认知习得的习得观改变，恰同于由内因决定经外因决定到内、外因决定的哲学路径，又雷同于由人格论 B=f(P)经环境论的 B=f(E)到勒温人与环境依存论的 B=f(PE)=f(S)，都同归于对“场”的涉猎，这实在是“因一致而百虑”“由殊途乃同归”了。

由“他动”经“自动”到“互动”的学习观，恰同于由“教师中心论”经“学生中心论”到“‘心-物’对话”观，都同归于对“相互作用”的问津，这实在是“偶然”中的“必然”。

由“假于‘手’”经“假于‘脑’”到“假于‘心’”的工具观，恰同于由“感性”经“理性”到“悟性”的思维说，都同归于对教学境界的追寻。

参考文献

1. B. 英海尔德，H. 辛克莱，M. 博维尔. 学习与认知发展[M]. 李其维，译. 上海：华东师大出版社，2003.

2. 布鲁纳. 教育过程[M]. 邵瑞珍,译. 北京:文化教育出版社,1982.
3. David H. Jonassen, Sussan M. Laand. 学习环境的理论基础(*Theoretical Foundations of Learning Environments*)[M]. 任友群,译. 上海:华东师范大学出版社,2004.
4. 丁言仁. 第二语言习得研究与外语学习(第 1 版)[M]. 上海:上海外语教育出版社,2004.
5. 傅治平. 教育与人(第 1 版)[M]. 北京:知识产权出版社,2013.
6. 桂诗春. 语言学方法论[M]. 北京:外语教学与研究出版社,1996.
7. 黄希庭. 心理学导论[M]. 北京:人民教育出版社,2005.
8. 刘润清. 西方语言学流派(*Schools of Linguistics*)[M]. 北京:外语教学与研究出版社,1995.
9. 罗伯特·斯莱文(Robert Slavin). 教育心理学(理论与实践)[M]. 姚梅林译. 北京:人民邮电出版社,2004.
10. 皮连生. 教学设计——心理学的理论与技术[M]. 北京:高等教育出版社,2000.
11. 乔姆斯基. 语言哲学文选[M]. 徐烈炯,等译. 北京:商务印书馆,1992.
12. 施良方. 学习论——学习心理学的理论与实践[M]. 北京:人民教育出版社,2000.
13. 石毓智.《女人·火·危险事物——范畴揭示了思维的什么奥秘》评介[J]. 外国语言学,1995(2):17—22.
14. 盛炎. 语言教学原理[M]. 重庆:重庆出版社,1990.
15. 陶行知. 行知歌曲集[M]. 赵元任,贺绿汀,曲. 北京:人民音乐出版社,1983.
16. 西桢光正. 语境研究论文集[M]. 北京:北京语言学院出版社,1992.
17. 邢秀茶. 学与教的心理学[M]. 北京:高等教育出版社,2004.
18. 杨连瑞,张德禄,等. 二语习得研究与中国外语教学(第 1 版)[M]. 上海:上海外语教育出版,2007.
19. 叶良骏. 陶行知教育思想论述(第 1 版)[M]. 上海:学林出版社,1991.
20. 张健翔,王松涛. 新教育:为学习服务[M]. 北京:教育科学出版社,2002.
21. 赵美娟. 乔姆斯基的语言观[M]. 上海:上海外语教育出版社,2013.

22. 朱纯.外语教学心理学[M].上海:上海外语教育出版社,1994.
23. Austin,J. L. *How to Do Things with Words*(The William James Lectures delivered at Harvard University in 1955)[M]. Oxford:Oxford University Press,1962.
24. Chomsky,N. Form and Meaning in Natural Languages,in *Language and Mind*,revised edition[M]. New York:Harcourt,Brace,Jovanovich,1972.
25. Chomsky,N. *Syntactic Structure*[M]. The Hague:Mouton,1957.
26. Clark,A. *Being There:Putting Brain,Body,and World Together Again*[M]. Cambridge,MA:MIT Press,1997.
27. Cook, V. *Chomsky's Universal Grammar* [M]. Oxford: Blackwell Publishers Ltd.,1988.
28. Ellis, R. *Understanding Second Language Acquisition* [M]. Oxford: Oxford University Press,1985.
29. Ellis, R. *The Study of Second Language Acquisition* [M]. Oxford: Oxford University Press,1994.
30. Falchikov, N. *Learning Together: Peer Tutoring in Higher Education* [M]. London & New York:Routledge/Falmer,2001.
31. Gass, S. & Selinker, L. (eds.) *Language Transfer in Language Learning*[M]. Newbury House,1984.
32. Goodluck, H. *Language Acquisition: A Linguistic Introduction* [M]. Oxford:Blackwell Publishers Ltd.,1991.北京:外语教学与研究出版社,2000.
33. Knowles,G.西方语言学原版影印系列丛书12:英语语言文化史(*A Cultural History of the English Language*)[M].北京:北京大学出版社,2004.
34. Kramsch,C.语言教学的环境与文化(*Context and Culture in Language Teaching*)[M].上海:上海外语教育出版社,1999.
35. Krashen,S. *The Input Hypothesis: Issues and Implications*[M]. Laredo Publishing Company,1993.
36. Laurillard, D. *Rethinking University Teaching: A Conversational*

Framework for the Effective Use of Learning Technologies, 2nd ed. [M]. London & New York: Routledge/Falmer, 2002.

37. McLaughlin, B. *Theories of Second-Language Learning* [M]. Edward Arnold, 1987.
38. Nicholls, G. *Developing Teaching And Learning in Higher Education* [M]. London & New York: Routledge/Falmer, 2002.
39. Odlin, T. *Language Transfer*. Cambridge: Cambridge University Press, 1989.
40. Rey, I. *Qualitative Data Analysis*[M]. London: Routledge, 1993.
41. Spolsky, B. *Conditions for Second Language Learning* [M]. Oxford University Press, 1989.
42. Claire Kramsch. 牛津语言学入门丛书：语言与文化(*Language and Culture*)[M]. Widdowson, H. G. 上海：上海外语教育出版社，2000.
43. Williams, M. &(Robert L.) Burden, R. *Psychology for Language*. 上海：上海外语教育出版社，2000.
44. Yule, G. *The Study of Language*[M]. Cambridge: Cambridge University Press, 1985.
45. Yule, G. *Pragmatics*[M]. 上海：上海外语教育出版社，2000.

第四章
心与志交相影响之场裨益

科学地梳理理论，足以成就学习的思考及其策略，因而无论在跨文化战略的高度，还是在语言学习技术的层面，都是不能马虎的。然而，学习毕竟是要发生在人的具体行为之中，换言之，舍弃了个体的态度、个体的素养及个体的努力，一切都将无从发生。毕竟，内因是“缘”，外因是“由”；毕竟，人是第一因素；毕竟，“三军可以夺帅，匹夫不可以夺志”。

显然，这些都是语言学习中的人格变量，都是跨文化交际中的主观因素。

第一节　信与顺[①]之间的跨文化交际观

归化和异化，是翻译及其教学中处理文化问题的两个基本对策，其规定性在于：宜归化者，归化之；不宜归化者，则异化之[②]。

---

① 这里的主要观点，参见冯奇：《外语教学与文化》第 8 卷，第 668—672 页“是可异化孰不可异化”一文。

② 这是笔者以往的主张，自觉尚有欠妥之处，故为此文，原观点见阎佩衡：《英汉与汉英翻译教学论》，高等教育出版社，2005，第 144—146 页。

由是，几乎所有的内容都应该归化，而异化只是一个权宜之计而已。果真如是吗？未必[①]。这里，笔者姑且以“此岸”比作译语文化，以“彼岸”比作原语文化，并以“交际”作为跨文化的结局，对翻译中的归化、异化及其二者的关系问题作如下的思考。

一、归化——此岸的误会

许国璋先生(1989)在谈到跨文化交际——“英汉人际对应”问题时说：“谈到语言与文化，文史学家想到的是从异文化引进的文学作品给予本民族文化的影响。莎士比亚如果不接触到意大利文学，我们就不会有奥赛罗，也不会有罗密欧与朱丽叶，更不会有那个威尼斯市的银行家，这个受尽屈辱但又不甘屈辱的汉子。中国文学如果没有印度的赐与，我们就很难有李白的豪放和王维的飘逸，很难产生跳出内圣外王的诗人。这些诗人从异文化接触中自然地流露出他们的精神异化。”

“精神”的“异化”，乃是一种创造所赖以发生的思想源泉(小言，2009)。我们虽不敢说翻译的初衷就是为了某种“精神”的“异化”，但是引进异域的文化却是翻译的社会历史责任所在，这是自不待言的。这种对异域文化的汲纳，如果能最终引起某种精神的异化，从而产生出内圣外王的“人”与“事”时，那却是翻译所求之不得的事。

---

① 20世纪末，受后殖民理论的影响，以美籍意大利裔学者韦努蒂(Lawrence Venuti)为代表的“以异化为主”的主张引起了国内学者们的关注，韦努蒂的思想基点在于反对民族中心主义文化价值观，防止目的语文化对原语文化的侵害，参见刘亚猛：《韦努蒂的‘翻译伦理’及其自我解构》，《中国翻译》，2005年第5期，第40—45页。

可见，如果将所有的异域文化现象都“归化”为译语的东西——用译语的方式和内容替代了原语中不同于译语的方式和内容，从而让读者感觉不到“异域文化”的东西，笔者以为这些都是操持译语文化的作者所为，因此翻译就会失去它最重要的功能。

二、异化——彼岸的光彩

20世纪七八十年代，语言研究完成了由微观语言学(microlinguistics)到宏观语言学(macrolinguistics)的过渡。在20世纪末的几年里，翻译研究便顺理成章地接受了“cultural turn(文化取向)”的挑战，突破传统美学和语言学乃至经验学的框架，开始从社会学、文化学的视角上讨论问题，并将注意力从语言形式的转换转向了文化内涵的转换。这一转向，在给翻译活动打上了交际印记的同时，也将翻译研究引入了一个跨文化的大语境。于是，传统的语言活动翻译观，随之被界定为一种跨文化的交际行为。

译界的共识是：离开了语言，文化便无以存附；离开了文化，语言便没有意义。

文化是一个民族特有的气质，一旦归而化成了译语语文的形式，是否还有其民族文化的内涵可寻？换言之，当一种文化跨过了另一种文化的栅栏，却在有意无意中失去了自我文化意蕴的时候，是否还有跨文化的意味？留给翻译讨论的问题则是：舍弃对文化差异的反映，将诸多的不同归化为译语语文的方式，翻译还有没有足够的交际意义？

依据奥斯汀的言语行为(speech act)理论[①],在 I'm thirsty 一句的语用环境中,“渴”的生理需要是交际的“言内意义”(locutionary meaning),请人家给水喝的意图是说话人的“言外意义”(illocutionary meaning),而听话者给说话人水喝的效应则是交际的“言后意义”(perlocutionary meaning)。这无疑是 pragmatic turn(语用学取向)的启示。

于是,本书中先将翻译设定为一个通过言内意义,传达言外意义,实现言后意义的跨文化交际行为;其内涵是:离开了言内意义(形式),言外意义(内容)便无所依附;离开了言外意义,言内意义就没有意义,进而作为交际行为的翻译就会失去跨文化的效应——言后意义;其考察方式是:从言内意义、言外意义的综合斟酌中提出跨文化交际的原语文化效应问题,并从言后意义的层面上探讨跨文化交际的原语文化意蕴及其内涵;结论是:离开了对原语方式的模仿与原语文化的存异,翻译就会丧失跨文化交际的实际效用,从而背离翻译的初衷——使之失去彼岸的光彩。

容得“武装到牙齿”(armed to the teeth)和“鳄鱼的眼泪”(crocodile tears)之“假”,何惧“蟋蟀一般的快活”(as merry as cricket)之“多”? 不过又一个异域文化的依然故我罢了。况且,将出自雪莱的诗句(Rise like lions after slumber)[②]的“醒狮”归化为

---

① 奥斯汀主要针对 20 世纪 30 年代逻辑实证主义关于语言意义“真值”观,认为语言的意义不在于能否被验证,而在于言语交际的结果是否达到了预期的目的。这是一个很有意义的观点。

② 据 *Rise like a lion after slumber*, a poem by Percy Bysshe Shelley(1792—1822)[DB/OL]。

“醒虎”，读者是不情愿的——此西“狮”，非彼中“虎”也。“信”（异化）乎？“顺”（归化）乎？不一而足了——是可异化，孰不可异化？

三、交际——两岸的妥协

“跨文化交际”，指本族语者与非本族语者之间的交际，也指所有在语言和文化上相互区别的人群之间的交流。显然，在不同文化背景的交流中发生故障是不奇怪的，学者们把这种交流中出现的故障叫作语用失误。

这种失误的原因归结起来无非是，或者不了解对方的文化、习惯和方式“规约”，或者将自己的文化、习惯和方式“规约”凌驾于对方——语言是行为的方式，而文化则是行为的原因，常常是不可以通过语言行为直观的，因此要做到行为方式的恰当，必须潜心学习人家的文化——努力向对方妥协，才足以求得交流的和谐局面，以便完成跨文化交际的流程。

其实，完成一个交际过程的本质，也是一个“信”与“顺”的问题——“信”是对彼岸文化的尊重；“顺”则是向彼岸（行为）方式的妥协，二者的合一才足以求得理想的交际结果。

不难设想，当一种语言方式所承载（承传）的文化，跨过了另一种语言方式的障碍——经由另一种语言（方式）传达，来到异域的领地便不能保留原有的风姿时，谁能说跨文化交际的实质还是一本初衷的？换言之，对于异域的文化，一旦经由言内的归化，而丢失了其对言外的关照，安可存留其言后的结局？

就这样，我们常常不得不离开“器”的层面，从而学会从“道”的层面上考虑和应对翻译中的文化问题。

小结

依据本文粗浅的涉猎，归化和异化不仅仅是翻译及其教学中处理文化问题的两个基本对策性技术问题。毕竟，究竟是要侧重于归化，还是要侧重于异化，不仅仅是一个形而下的“器”问题，二者还常常涉及形而上的“道”的观念。

尽管在文化内涵的转换问题上，异化与归化——“信”与“顺”的关系如本书所述：“异（化）”则“信”，“归（化）”则“顺”，笔者仍然不必固执绝对意义上的异化——妥协，以便迎合后结构主义（post-structuralism）①的理念，因为绝对意义上的真理是不存在的。毕竟，译事的追寻在于存异，而不在于求同——这是一个切中要害的命题，也是本书的主旨之一所在；只是译事仍然需要崇尚“多歧为贵，不取苟同”（蔡元培语）的原则便是了。

参考文献

1. 陈国明. 跨文化交际学[M]. 上海：华东师范大学出版社，2009.
2. 蔡平. 翻译方法应以归化为主[J]. 中国翻译，2002(5)：39—41.
3. 邓炎昌，刘润清. 语言与文化[M]. 北京：外语教学与研究出版社，1989.
4. 方梦之. 中国译学大辞典[M]. 上海：上海外语教育出版社，2011.
5. 胡文中. 跨文化交际学概论[M]. 北京：外语教学与研究出版社，2005.
6. 胡文中. 跨文化交际概论[M]. 北京：外语教学与研究出版社，1999.
7. 郭建中. 翻译中的文化因素：异化与归化[J]. 外国语，1998(2)：12—18.

① 因为“后结构主义”（即“解构主义”）的思想不是主张“求同”，而是主张“存异”，它反对译文通顺而提倡异化，虽然为我们提供了向“归化”“质疑”或者“解构”靠近的足够理由，然而“建构”的问题仍然需要我们自己来解决，参见吕俊：《结构·解构·建构——我国翻译研究的回顾与展望》，《中国翻译》，2001年第6期，第8—11页。

8. 郭建中. 翻译：理论、实践与教学——郭建中翻译研究论文选集[C]. 杭州：浙江大学出版社，2010.
9. 葛校琴. 当前归化/异化策略讨论的后殖民视阈：对国内归化/异化论者的一个提醒[J]. 中国翻译，2002(5)：32—35.
10. 贾玉新，孙有中. 跨文化交际研究（第一辑）[M]. 北京：高等教育出版社，2009.
11. 刘亚猛. 韦努蒂的“翻译伦理”及其自我解构[J]. 中国翻译，2005(5)：40—45.
12. 孙致礼. 中国的文学翻译：从归化趋向异化[J]. 中国翻译，2002(1)：40—44.
13. 阎佩衡. 英汉与汉英翻译教学论[M]. 高等教育出版社，2005.
14. Fillmore, C. *Form and Meaning in Language*[M]. Stanford, Calif: CSLI, 2003.
15. Venuti, L. *The Translator's Invisibility: A History of Translation*[M]. London: Routledge, 2008.

第二节　天才与地才之间[①]的心志观

翻译——无论是“翻”还是“译”，不管是“学”还是“习”，其所提供的都是一个向人家学习的机会，而作为人家“代言人”的译者或者学习者，无论从精神境界还是从物质高度，不管是文本之内还是文本之外，都得尽心向人家学习，都得努力向人家看齐。毕竟，翻与译及其学与习的过程和行为本身就是一个不可多得的励志机会，这里试以尼采的翻译为例讨论问题。

远在 1902 年，梁启超先生在涉及尼采其人时，曾有言在先，说

① 这里的主要观点，发表在《复旦外国语言文学论丛》2013 年秋季刊上。之后，其修改稿刊载于许钧主编《翻译论坛》2015 年第 2 期第 83—89 页。

“德国有最占势力之两大思想，一曰麦喀士之社会主义，一曰尼至埃之个人主义。麦喀士谓今日社会之弊在多数之弱者为少数之强者所压伏，尼至埃谓今日社会之弊在少数之优者为多数之劣者所牵制”[①]，而无论是麦喀士，还是尼至埃，都是那个时代的跨文化之举所舶入华夏本土的西人。

值得留意的是，恰如旧日之谓麦喀士，便是今日之谓马克思(Karl Marx，1818—1883)其人一般，旧日之谓尼至埃，便是今日之谓尼采其人。

毋庸置疑，呼作尼至埃也好，呼作尼采也罢，其本人都是西方哲学史上颇得见树的奇人，其所为都在西方哲学史上具有里程碑的意义。或许从某种跨文化的意义上斟酌，尼采其人及其所为都曾通过译介的传递，对中国近现代，乃至现当代的脚步发生或者发生过某种微妙的影响，因而便是不可小觑的。本书拟从一个普通译者[②]的视域中，仅就尼采其人及其所言，做一个跨文化行为(翻译学)意义上的旁观而已。

一、尼采，其人其事其所独立

尼采，其人及其著述，被引入中国，自王国维算起足有一百余

---

① 这段文字，是梁启超先生在当时《新民丛报》一篇文章中所发表的见解，转引自陈鼓应：《尼采新论》，上海人民出版社，2006，第1页。其中，麦喀士(Karl Marx，1818—1883)为马克思的最早译名；尼至埃(Friedrich Nietzsche，1844—1900)则是尼采的最早译名。

② 拙译《天才，舍我其谁?》，系企鹅《伟大的思想》(*Great Ideas from Penguin*)丛书之一，已有两种版本，均由中国对外翻译出版公司分别于2010年1月和2012年3月出版。

年的历史。然而，国人对尼采的把握却并不及人们所想象的那样准确，那样到位，那样完美，乃至于连素有“中国尼采”之称谓的鲁迅先生也不例外[①]。足见，进一步介绍尼采、翻译尼采、了解尼采，乃至于继续研究尼采，仍然无一不成为当下所必要的事情。或许这样做尚有益于“中西打通”的设计，有助于“中西合璧”的结局，自然是一件功在当代的事情；甚至在眼下“全球化”(globalization)发展的情势下，这样做抑或不可避免地成为一件“跨文化”(cross-culture)之旅所必须的事情，因而也不失为一个利在当下的举措。不管怎样，人们似乎都需要补上那些缺失的精神营养。

于是，译者所遭遇的“本土化”(localization)操作问题，便不能不反映在：对于尼采的了解及其认知，计之实在欠数，用之真的欠量，而且多半都是急用现学所得来的东西，好在还不至于完全觉察不到下意识里那个对尼采其人的朦胧印象——尼采是人，却不是一般的人；尼采是教授，却不是寻常的教授；尼采是哲学家，却不是普通的哲学家。如是，译者对尼采的“理解”，便从这里起步；译者同尼采的“对话”，便从这里开始。

所幸的是，译者还可以依据手上所占有的资料，设而想之，推而远之：尼采，是奇人，是狂人，是颠人，是站“在世纪的转折点上”[②]的癫狂之人；尼采，是天生的文人，是天才的教授；尼采，是长

---

① “鲁迅从尼采获得的并不是他的思想的全部，而只是一些受欢迎的感动力”，这是史华兹先生的一段评语，转引自陈鼓应：《尼采新论》，上海人民出版社，2006，第7页。

② 这是周国平先生的断语，参见周国平：《尼采：在世纪的转折点上》，上海人民出版社，1986。

有“反骨”的诗人，是史间罕见的哲人。在他的笔下，“从天国的上帝到人间的混世魔王”，都无一例外地沦为他所要扫荡的对象[①]；从他的口中，才足以喊出“重估一切价值”[②]的口号。

然而，曾经在专家、教授及其研究者的眼中，尼采却是一位“不合时宜”的奇人，一位“极富争议”的教授及其哲人。因为其生前，并未构成太大的影响；死后，偏偏左右了西方哲学的局面，主宰了西方哲学的步履，乃至形成了如此这般的局面：“……不理解尼采……就无法理解 20 世纪西方思想的基本走向和内在精神。”[③]

于是，尼采的天资，尼采的人格，尼采的文笔，尼采的口气，尼采的阅历，尼采的世界观，乃至尼采独立于他人的生活方式及其对读者的影响力等，译者全得斟酌，以资使译文的笔触获得与原文近似的效果，以资使译文的阅读产生某种“作者注我，我注作者”(小言，2006)的良性效应，从而达到近似于原文阅读的实际效果。显然，译者置于读者眼中的，应当是一部尼氏教授的“癫狂”之作，一部尽可能“令‘其文’如‘其人’”(小言，2006)的译语作品；换言之，则应当是一部译文的结局恰如“作者授我，我授读者”(小言，2006)一般的版本。

尼采其人，连他的性格也充满了矛盾，连他的思想也充满了矛

① 参见陈鼓应：《尼采新论》，上海人民出版社，2006，第 2 页

② 此口号，转引自高宣扬著《后现代论》之“代自序：在哲学与非哲学中迂回”。此书由中国人民大学出版社 2010 年首次出版。

③ 这里引用的是吴增定先生的基本观点，详见吴增定：《尼采与柏拉图主义》，上海人民出版社，2005。

盾，甚至连他的文风都充满了矛盾，乃至到头来即便是尼采其人的影响力也全都充满了矛盾。这些都是尼采独立于他人的地方。

尼采是一个“诗人哲学家”，一个“生命哲学家”，一个“真正的哲学家”①。“尼采虽然是个教授，一个文学性的哲学家，却不算是个学院哲学家。在本体论和认识论方面，没有创造任何新的专门理论。”②

尼采，见长于以警句、箴言的方式传达思想、传递情感，在看似口号一般的句式中，常常凝聚着他深奥的思想和理性的吊诡。

尼采，是最普及的“诗人哲学家”。他常以文学的语言，传达哲学的理念，以致他的思想成为了学院派和哲学史家们心中挥之不去的疑团③。

足见，尼采其人、其文，乃是只可以“神遇”，不可以“目视”之人、之文者也。而只有做到了这一点，才足以懂得尼采为什么要以“超人”(der übermensch)的激情，宣告人的“权力意志”(der Wille zur Macht)之要义，因为要实现康德所谓“作为目的自身”的人的最高尊严，不是单靠理性和仁善之心，而是尚需要凭借超人的权力意志及灵活机动的生存策略，且不能从字面意义上去理解“权力”和“意志”的哲学意义——如此，人才足以在不断创造中实现自由

① “诗人哲学家”“生命哲学家”和“真正的哲学家”是历史给尼采的三个标签，有着三个不同的内涵，参见吴增定：《尼采与柏拉图主义》(同上页注③)，第7页。

② 这是英国哲学家罗素(Bertrand Russel，1872—1970)在其《西方哲学史》中对尼采的评价，转引自陈鼓应：《尼采新论》，上海人民出版社，2006，第133页。

③ 这是赵敦华先生的基本观点，参见吴增定：《尼采与柏拉图主义》“序”。

并超越其生命本身的意义[①]。

笔墨，可以止于此，尼氏其人其事及其独立于人的风范却绝不有限于此；于是，只能大略如此了。

二、尼采，其言其语其所独行

对尼采的“理解”，同尼采的“对话”，虽大略如彼，对尼采的“表达”，对尼采的“再现”，就尼采的“代言”，却无一不需要译语读者的认可乃至认同。于是，对读者的“了解”，同读者的“对话”，便同样地不可忽略。

在笔者看来，翻译尼采的著述，便是做尼采的代言之人[②]——只是换了一种言语的方式去表达，去再现，去完成罢了，一如一代宗师严复、林纾所实践的那样。

在严复、林纾的视域中，译事绝非“‘舌人’之劳”所能替代，何况它足以“达异方之志”，传异域之情，而益于本土之事，本土之业。那么，两位译界巨匠又是何以力做西方作者的“代言”之人的呢？

作为第一次对东西方文化进行深刻对比，并对由来已久的社会问题作出过大胆回答的思想家、翻译家严复(1854—1921)，遵循他“信、达、雅”的行文原则，关注了中西语文结构的基本差异，其译

① 这里所引的基本上是高宣扬先生的观点，参见高宣扬：《后现代论》之“代自序：在哲学与非哲学中迂回”。

② 译事，人谓之“舌人之劳”，我谓之“代言之人”，取其区别而用之。“舌人”是古代的译官，而“能达异方之志”，却是古之译事所指，译者所能者也，参见《辞海》“舌人”条；不过，即便是译官，也只能是“舌人”而已，足见译官地位之卑微，而之后的习语“舌人之劳”，其间的褒义大概就所剩无几了。于是，笔者便有了以“代言之人”取而代之的必要，其初衷尽在于去其鄙视译事的内涵而已。

文从不逐字直译，其方法是在对原著进行了深刻的解读之后，将自己沉浸在作者的语境之中，用变通的方式、以简洁的汉语，再一次将原著的精神内涵传达出来。在笔者看来，这便是“代言”的真谛所在。也正因为如此，今天我们才足以鉴赏到像“物竞天择，优胜劣汰”（“the struggle for existence”和“the survival of the fittest”）一般的奇文妙译。

林纾（1852—1924），是与严复同时代的另一位大师。他不懂外语，只能同其朋友协作翻译；其流程是，朋友口述原著的情节内容，林纾将其尽快地译成中文故事，其行笔十分迅捷，其译文几乎常常和朋友的口述同时完成。就这样，林纾的翻译有了“口译”的性质，他做得十分成功，并用这种具有“口译”性质的翻译，奠定了他成为世纪之交翻译奇才的坚实基础。林纾的译著范围非常广泛，其内容包括：爱情小说、社会小说、寓言、传记、剧本和侦探小说等。他最著名的译著，除了《巴黎茶花女遗事》外，还有狄更斯的《贼史》《块肉余生述》《孝女耐儿传》《冰雪姻缘》《滑稽外史》；哈葛德的《钟乳髑髅》《英孝子火山报仇录》《红樵画桨录》；瓦尔特的《撒克逊劫后英雄略》《十字军英雄记》和《剑底鸳鸯》等。他一生完成了159部、1200余万字的译著，实属竭尽了译事对国人的启蒙之力、呼唤之功，令人赞叹不已。

林纾凭借他敏感而优异的文学才气和文字功底，常常只需要用直觉去把握原作中的精神内涵和语气变化，因而他最能接近原著骨子里的东西（nakedness），成为最好的作者代言人。

林纾之所以能做到这一点，乃是因为他能将自己毫无保留地、自然而然地融入他所翻译的角色之中去（徐中约，2002）。他说，这时"书中的人物立刻成了我最接近和亲切的亲人一般，当他们有困难时，我感到绝望，当他们成功时，我便得意洋洋。我已不是活生生的人，而是作者用绳子牵动的木偶"①。

这大约就是代言人的滋味儿。代言人，林纾做得如此成功，乃至于时人或以为他的译作甚至比原著还要更胜一筹。20世纪初的英国汉学大师、一介独立的东方文学翻译家阿瑟·韦利(Arthur Waley)在比较了林纾的翻译和狄更斯的原作之后，曾说林纾"译文中的幽默更为准确简洁；狄更斯作品里过于繁琐的缺点，都被林纾不知不觉地和有效地加以修正了"②。仅就这一点，狄更斯的在天之灵，恐怕也会在冥冥之中感激他的中方代言人的。

足见用另一种语言说好原语中的话——说同原文修辞手法基本一般、结局效应基本一致的话，乃是翻译的天性，译者的天职；那么，欲做尼采的代言之人，又何以说同尼采(基本)一般的话，其路数会在哪里呢？在笔者看来，这里的妙诀或许便在于：

一是，通过尼采的言语方式，把握好原语"以言指事"(locutionary meaning)的言内格局，从而(尽量)在对"字里"或者"言内意义"及其"表层结构"的处理上不失原语内部方式的基本规约，以期译文组织的"得法"；

二是，传达尼采的言语指向，把握好原语"以言行事"(illocutionary meaning)的言外旨意，从而(尽量)在对"行间"或者

① 引自徐中约：《中国近代史》，香港中文大学出版社，2002，第426—427页。

② 转引，同上。

“言外意义”及其“深层结构”的处理上不失原语表达的基本意图，以期译文表述的“得体”；

三是，以上二举的目的尽在于，实现尼采原有的言语效果——把握好原语“以言成事”[1](perlocutionary meaning)的结局，从而(尽量)从对“字外”或者“言后意义”及其“外层结构”[2]的感觉上不失原语的趣味，以期译文结局的“得宜”，最终逼近既对得住作者，又对得住读者，还对得住译者(自己)的终极(翻译)目标。

总起来讲，这个用另一种语言“说话”的方式便是：通过言内意义(locutionary meaning)以资在“字里”得法；转达言外意义(illocutionary meaning)以资在“行间”得体；(最终)实现言后意义(perlocutionary meaning)以资在“字后”得宜。

不难窥见：果真能在“二度对话”[3]——“既同作者对话，又同读者对话”(communication first with the author of the source language and，then with the readers of the target language，小言，

① “以言指事”“以言行事”和“以言成事”三个术语分别系王宗炎先生对奥斯汀原文 locutionary meaning、illocutionary meaning 和 perlocutionary meaning 的译文，译得极其精到，故采用之。

② 本文所及“外层结构”，系笔者就乔姆斯基关于“表层结构”(surface structure)和“深层结构”(deep structure)之说的补遗，其用意在于：以表层结构对应奥斯汀意义分类中的“言内意义”(locutionary meaning)，以深层结构对应“言外意义”(illocutionary meaning)，而以外层结构(external structure，小言，2009)的补遗对应“言后意义”(perlocutionary meaning)，从而和本文所谓“字里”“行间”兼“字外”的说法以及王宗炎“以言指事”“以言行事”兼“以言成事”译式直接挂起钩来，以便揭示理解与表达中“意义三层次，言语三结构，翻译三境界”的内在关系。

③ 这是阎佩衡对翻译方式的基本假设，详见阎佩衡：《英汉与汉英翻译教学论》语内翻译(理解)、语文翻译(比较)以及语际翻译(表达)相关内容。

2005)的方式下,冠以"得法""得体"兼"得宜"的"三得"[①]规约,或许便足以实现理解之"真",表达之"善"兼结局之"美"的译学追寻——这里的表述虽不如"信、达、雅"的三字规约那般掷地有声而沉着痛快,却(也)足以表白吾辈之自省与责任之所在,需要补上一笔的是:这里的推论虽未必精到,这里的假设却可聊以自备。

言之易,行之难,奈之何?

毕竟,问题在于:尼采者,"天"才也;吾辈者,"地"才欤——是可谓:非学而知之、追而寻之、逼而近之者并无他计可施也。

三、尼采,其人其志其所当效

尼采尝言,其书"以血写就"[②],是故,尼采其书亦当以血译就。若夫,无"血"以"济"事者,何如?

唯一计,足以尝试,乃临而摹之,摹而仿之,仿而效之者是也,无他。

尼采尝言:"我不努力于幸福,我只努力于工作。"[③]是故,译者则不该有图于功利,而当试图于效益、效果和效应,是也?非也?

---

① 本文关于"得法""得体"兼"得宜"之"三得"规约表述的缘起,本出自南朝梁代武帝时期的书法理论家庾元威所著《论书》一文,文云"一者学书得法,二者作字得体,三者轻重得宜。意谓犹须言无虚出,斯则善亦。"转引自王镇远:《中国书法理论史》,上海古籍出版社,2009,第48—49页;本文则借用这里的文字概念,以资求取:一、"得法"与"字里"及其"言内意义"和"表层结构"的对应关系;"得体"与"行间"及其"言外意义"和"深层结构"的对应关系;乃至"得宜"与"字外"及其"言后意义"和"外层结构"的对应关系,以资表述本文所持的应用语言学翻译概念。

② Thomas Common 英译《查拉图斯特拉的独白》(原译《查拉图斯特拉如是说》卷一),转引自陈鼓应:《尼采新论》,上海人民出版社,2006,第4页。

③ 同上。

至此，笔者似有必要尝试几例，以示效果何如，也好借此征询一下读者就笔者“破译”之文的高见。

比如，将“For me they were steps, I have climbed up upon them therefore I had to pass over them. But they thought I wanted to settle down on them.”译为：“于我，这些不过是台阶而已；攀上台阶，只是要越过台阶。奇怪的是，有人总以为：鄙人要定居在台阶之上……”

比如，将“Does it matter that I am proved right? I am too much in the right. And he who laughs best today will also laughs last.”译为：“证明你对了，又能怎么样！鄙人的问题是，对的次数太多了。今天，你笑得最好；最后，你还得笑得最好，不是？”

自然，尼采也是人，也有局限的，比如他对女性的描述，就是一例：“据说，惬意的感觉足以抵御流感的袭击——谁见过一位穿着时髦的女人得了感冒症?！其实，女人几乎是不必穿什么东西的。”(Contentment protests one even from catching a cold. Has a woman who knew she was well dressed ever caught a cold? — I am assuming she was hardly dressed at all.)

此外，有鉴于英汉两种语言的格局区别，译者将书名及其书中的小标题分别“破译”为：

——天性何以成就自我的价值？(How One Becomes What One is?)；天才，舍我其谁？(Why I Am So Wise?)；机灵，岂但如此？(Why I Am So Clever?)；佳作，何以迭出？(Why I Write Such Good Books?)；天运，我自晓得！(Why I Am a Destiny?)；

——铁锤何以矫正以往的哲理？(How to Philosophize with

a Hammer)；箴言，足以抒怀！(Maxims and Arrows)；贻误，独有四遭！(The Four Great Errors)；铁锤，为我代言！(The Hammer Speaks)

其考虑是，果真将以上的英语方式直译为："我为什么如此聪明""我为什么如此机灵"一类的表述，恐有失尼采的生性、本意乃至人格，于是笔者便自做了以上的决定。

除了对尼采其言其语及其所独韵的基本把握外，余下的考虑无非是留心于英汉两种语文表述方式的基本区别而已。比如，英语的语法"紧缩"，汉语的语义"舒展"；英语的主语型表达，汉语的主题型表述之类，兹不赘述。

临了，如果还需要补充一下拙译的技术问题的话，那便是：实未敢妄加规定性之处理，只是在某种程度上做了某些所谓"单词不单""短语不短"及其"从句不从"一类的策略性处理而已。此，实乃本文"破译"之所谓者也①。

需要说明的是，凡译者自做之决定②，所企望者，不过如是，但愿在读者的"心"兼"目"中留下如下的印象：文如尼氏其人、言似尼氏其说、效同尼氏其实、果比尼氏其愿。

---

① 这里的"破译"是指"单词不单""短语不短"和"从句不从"的英汉传译策略，其内容是指不能就单词译单词、就短语译短语或者就从句译从句。按照奈达的理论英语中的复杂单词、短语和从句都需要在语内（英语内部）传译为相应的核心句（kernel sentences），然后再译入译语，才可能获得通顺的译文；至于这个"三不"技术，则是译者对奈达核心句理论的梳理和概括，详见阎佩衡著《英汉与汉英翻译教学论》上卷：语内翻译（理解）之 3.4"奈达理论与形式解读"。

② 其实，作为布拉格学派的代表人物之一的吉里·列维（Jiri Levy）就有一个理论，认为翻译的过程好比下象棋，是一个做决定的过程的主张。

此，所以“令其文，如其人”的“破译”之例释者也。果真如是乎？自有评说了。

小结

本文笔触的落脚点是：作为由“指事”经“行事”而“成事”的译事，着实存在一个由“得法”经“得体”而“得宜”的流程性规约，以资监察翻译流程及其行为结果的妥与否。

其实，如文中所及，其解之得法，其文之得体乃至于其效之得宜，除了功力之够用、流程之合理、规约之“监察”以外，心志之到位也是不可或缺的。毕竟，“心”言须用心来翻，“血”言须用血来译，其文才可如其人，其人方可如其文。

今若夫译事可谓跨文化之举，则译文可指跨文化之行，而译入尼采之所言者，则实可谓跨文化之一例耳；这里但以“以言指事，以言行事，以言成事”之言语规约，先指其所言，中行其所事，终图其所效，以企近似于尼采之人格，以资同步于译事之发展，以便合拍于时代之脉络——何事可缺乎心志之佐助？何物可欠乎心志之在场？

至于我之译于尼采，则有感于修炼之不足，有愧于功力之不达，但所力图者，不过对尼氏其人、其事、其言、其韵之大略逼近而已；若达乎境界之提升，有待夫心志之升华了。

参考文献

1. 陈鼓应. 尼采新论[M]. 上海：上海人民出版社，2006.
2. 辞海编辑委员会. 辞海(第 6 版)[M]. 缩印本. 上海：上海辞书出版

社,2010.
3. 方梦之.译学辞典[M].上海:上海外语教育出版社,2004.
4. 弗雷德里希·尼采.天才,舍我其谁?[M].阎佩衡,译.北京:中国对外翻译出版公司,2012.
5. 高宣扬.后现代论[M].北京:中国人民大学出版社,2010.
6. 高一虹.语言文化差异的认识与超越[M].北京:外语教学与研究出版社,2000.
7. 辜正坤.国际翻译学新探[M].天津:百花文艺出版社,2006.
8. 胡文仲.跨文化交际学概论[M].北京:外语教学与研究出版社,1999.
9. 勒温.拓扑心理学原理[M].高觉敷,译.北京:商务印书馆,2004.
10. 刘润清.西方语言学流派[M].北京:外语教学与研究出版社,1995.
11. 刘宓庆.当代翻译理论[M].北京:中国对外翻译出版公司,1999.
12. 刘重德.英汉语比较与翻译[M].青岛:青岛出版社,1998.
13. 毛利可信.英语语用学(第1版)[M].何自然,译.北京:世界图书出版公司,2009.
14. 盛炎.语言教学原理[M].重庆:重庆出版社,1990.
15. 谭载喜.奈达论翻译[M].北京:中国对外翻译出版公司,1984.
16. 王宗炎.英汉语文问题面面观[M].北京:高等教育出版社,2006.
17. 王镇远.中国书法理论史[M].上海:上海古籍出版社,2009.
18. 吴增定.尼采与柏拉图主义[M].上海:上海人民出版社,2005.
19. 徐中约.中国近代史[M].香港:香港中文大学出版社,2002.
20. 阎佩衡.英汉与汉英翻译教学论[M].北京:高等教育出版社,2005.
21. 中国译协.翻译研究论文集(1894—1948)[M].北京:外语教学与研究出版社,1984.
22. 中国译协.翻译研究论文集(1949—1983)[M].北京:外语教学与研究出版社,1984.
23. 周国平.尼采:在世纪的转折点上(第1版)[M].上海:上海人民出版社,1986.
24. Austin, J. L. *How to Do Things with Words* (The William James Lectures Delivered at Harvard University in 1955)[M]. Oxford: Oxford University Press, 1962.
25. Bassnett, S. *Translation Studies* (revised edtion) [M]. London and New

York:Routledge,1991.
26. Catford,J. C. A. *Linguistic Theory of Translation*[M]. Oxford:Oxford University Press,1965.
27. Chomsky,N. *Aspects of the Theory of Syntax*[M]. Cambridge,Mass: MIT Press,1965.
28. Hymes,D. On Communicative Competence. In Pride and Holmes(eds.). *Socialinguistics*[C]. Harmondsworth,UK:Penguin Books,1972.
29. Kramsch,C. *Language and Culture*(语言与文化)[M]. Oxford:Oxford University Press,1998. 上海:上海外语教育出版社,2000.
30. Newmark,P. *Approaches to Translation*[M]. Oxford:Pergamon,1981.
31. Nida, E. A. *Toward a Science of Translating* [M]. Leiden: E. J. Brill,1964
32. Nida, E. A. *Translating Meaning* [M]. California: English Language Institute,1982.
33. Nida,E. A. *Language and Culture*:*Context in Translating*(语言与文化——翻译中的语境)[M]. 上海:上海外语教育出版社,2001.
34. Ogden, C. K., *The Meaning of Meaning* [M]. London: Routledge/ Thoemmes Press,1994.
35. Popper, K. *Conjectures and Refutations*: *The Growth of Scientific Knowledge* (猜想与反驳)[M]. Routledge,1963. 杭州:中国美术学院出版社,2003.
36. Yule,G. *Pragmatics* (语用学)[M]. Oxford:Oxford University Press, 1996. 上海:上海外语教育出版社,2000.
37. Yule, G. *The Study of Language*: *An Introduction* [M]. Cambridge: Cambridge University Press,1985.

第五章
事与业交互砥砺之场效用

如果教事之于成功，多在乎方式，那么学业之于成就，必在乎方法；如果“教”的干预在乎有形与无形之间的拿捏，“学”的路数必在乎矫正与验证之间的运筹。毕竟，“中吾矩者，谓之方；不中吾矩者，谓之不方。是以方与不方，皆可得而知之。此其何故？则方法明也”[①]。

第一节　有形与无形之间的干预观

恰如语文的造化一般微茫，恰似语文的使用一般微妙，“场”是一个既“虚”又“实”、既“隐”又“显”、既“可”又“非”、既“心”又“物”的存在，称得起奇遇，配得上奇妙。

正是在这个意义上，“场”颇有些类似于西方哲学中作为真实存在的“充实”和作为非真实存在的“虚空”合成的“共同体”[②]，是

---

① 这就是原始的“方法”与“圆法”，前者为度量方形之法，后者为度量圆形之法，也是“方法”的出处，见墨子《天志》。

② 在古希腊、罗马哲学中，由原子论创始人之一的留基伯(Leucippos，约前500—约前440)所开创、德谟克利特(Democritos，约前460—约前370)所建立的“充实-虚空”说，“充实”是指“作为存在者而存在”，即“显”性的存在，而“虚空”则是指“作为非存在者而存在”的存在，即“隐”性的存在，兹谨识。

一个既“虚”又“实”的合成物；又颇有点类似于中国哲学中既是精神又是物质的“道”，所谓“一阴一阳之谓道”。如果说“共同体”所显示的是“充实”和“虚空”的内在关系，那么“道”所言明的便是“一阴一阳”所揭示的宇宙奥秘。于是，我们似乎可以说世界(存在)本来就是一种关系。

一、虚实关系的推演

其实，我们还可以推而衍之，说：“一虚一实之谓道”“一隐一显之谓道”及“一‘无’一‘有’之谓道”，乃至“一‘可’一‘非’之谓道”①(小言，2012)之类。毕竟，“道可，道非，常道”“名可，名非，常名”②乃是“道”的常式(常理)之所在。足见：道，可谓一虚一实之合一，一隐一显之合体；或许，还可谓一“心”一“物”之整体。“道”，实乃整体之关系所在者也，是耶？非耶？

由是，中国古代哲学中的“太极”“太一”乃至“太虚”之“气”所抽象的、所概括的便无一不是整体之理念：太极之气为“一”，而气之“聚”(“阴”实而有形)与“散”(“阳”虚而无形)为“二”；于是，便有了“一生二”——“太极生两仪”，乃至“二生三”“三生万物”之说，并由此将诸如“有”与“无”“虚”与“实”乃至“隐”与“显”一般之范畴统“一”起来，以表示同一事物的两个方面，又从而揭示凡属客观存在

---

① “一虚一实之谓道”“一隐一显之谓道”及“一‘无’一‘有’之谓道”，乃至“一‘可’一‘非’之谓道”都是“一阴一阳之谓道”的推演结果，应该是符合逻辑的。

② “道可，道非，常道”“名可，名非，常名”，是有关《道德经》首句——“道可道，非常道”“名可名，非常名”的另一种断句格式，笔者赞成这一断句的逻辑推断，因为这个断句反映了作为“一阴一阳之谓道”的“道”之“一阴一阳”、既“可”又“非”的基本属性，何不取而由之？

都具有“相反”而“相成”、对立而统一之两种状态所蕴含的宇宙奥秘。

至此，经由必要的推演，笔者所得到的便是一个以“物”为显、以“心”为隐的心物统一观。原来，心物本是一机之两翼的整体之“场”；乃至一个以“教”为显、以“学”为隐的教学整体论。毕竟，教学原为一体之两侧的孪生之子。

足见，从古代希腊哲学对“充实”与“虚空”的探讨到中国古代哲学对“气”之“聚”“散”的认知，从人们对超距（作用）和媒递作用的各执其端到物理学对“力”“能”乃至“以太”（ether 或者 aether）的探索，从物理学对“场”存在的证实到心理学对内外“格式塔”（Gestalt）关系——“完形”的研究，足以证明：人类对宇宙存在（真谛）的探索，从来都没有停止；只是在以法拉第（Michael Faraday，1791—1867）和麦克斯韦（James Clerk Maxwell，1831—1879）所创立的电磁场理论为标志，继而在爱因斯坦的广义相对论问世之后，“场”才作为一个科学的、实在的概念逐渐为人们所接受、所认识、所利用。

那么，作为本研究假以方式之用的以“物”为显以“心”为隐的心物统一“场”，于我们教学实践的功用何在呢？换言之，或者作为本研究以“教”为显以“学”为隐的教学整体论，其方法论意义是什么呢？

二、心物互动的应用

在哲学上，“天下之物，皆以有为生，有之所始，以无为本。”（王弼《老子注》语）这里的“无”，不是真的没有——不是真实的不存在，而是一个与“有”“同出而异名”（《老子》语）的无形之存在。因而，“无”便是疏散隐形之“有”，而“有”则是积聚显形之“无”。这就是老子所谓“天下之物生于有，有生于无”（《老子》语）的基本思想。因而，王夫之(1619—1692)诠释：“凡虚空皆气也，聚则显，显则人谓之有；散则隐，隐则人谓之无。”[①]这便是国人关于存在与非存在的逻辑推演。

将这一理念应用在教学上，其情形则是：事物并不总像我们看到的那样直观，教学并不总像我们所想象的那样直白，毕竟事物的两面性在于：既有“实在”（活动）的一面，又有“虚在”（行为）的一面。因此，必须博而学之，审而问之，慎而思之，明而辩之，笃而行之，以便应对教学中尽可能发生的一切。或通过“实在”的事物，发现“虚在”的现象；或通过“有形”的活动，激活“无形”的行为；或通过“无形”的策略，诱发“有形”的表现；或以“有为”影响“不为”，或以“不为”催化“有为”。毕竟，教学的初衷在于：“教是为了不教”（叶圣陶语），学是为了会学（小言，2006）；毕竟，“假于物”是为了“自得之”。况且，“善‘假于物’”，也得“使‘自得之’”。

本研究之所以借“场”之能量而力行学习，自然是将“场”作为一种教学的方式来对待的，因而“场论”之教学，就是以“场”论教学；环境之功用，就是用环境来教学。此场论环境教学观之所谓也，其蕴涵是：教学乃是“经营环境”；换言之，场论的初衷在于：以“场”孕“教学”，以“场”育“教学”。于是，驾驭“场”，运筹“场”，经营

---

① 这是明清之际的思想家王夫之(1619—1692)在《张子正蒙注·太和》中评注张载思想时有感而发的陈述，其言颇见功力，转引自吴小鸥：《教学场论》，湖南师范大学出版社，2007，第4—5页。

“场”的方式，便成为不得不讨论的问题。因为“场”（“环境”）原本就是本教学论的所假之物——战略上，“场”是方式；战术上，“场”是技术。

于是，场论的技术思路便不能不是：既假于“场论”而言事，必激活“场力”而行事。若此之谓“言必行”，则尚须图“行必果”，以资成事。

如上文所及，“场”既由“交涉”发生相互作用，“场论”必以“对话”取得“场力”，而场内“心-物”的对话，却总以或“显性”或“隐性”的方式维持。足见，“场”虽不能指望“物”（物理环境）的“默化”，却不得不尊重“心”（心理环境）的“自化”“他化”与“互动化”。因为，这恰如学习流程中的“自动”“他动”与“互动”一般地固然。

“场”的建构与经营，在行使“他动”与“互动”的同时，并不排斥“自动”，相反“自动”的发生，还应该是“场”的运筹中所自然生成的“惯力”——惯性之力，因而这种“自动”化的惯性之力乃是“场”工作状态的最佳效用所在，它标志着个体“不假于物”而（能）自理学习境界的出现——意味着“学”已经开始“会学”状态的到来，岂不既在乎情理之中又出乎意料——尽为人所求之不得？依据本研究的设计，“对话”所要调动的乃是“他动”与“自动”的“合一”——“互动”。然而，由“他动”经“互动”至“自动”的结局，却是“场论”所追寻的目标，因为此岸的“他动”兼“互动”无一不是朝向彼岸的“自动”的，因为“自动”标志着“‘活动’与‘行’的‘合一’”已达成的终极效应：“学”已趋自动，“教”何须再言？

可见，由“他动”经“互动”至“自动”流程所折射的乃是一个：或以“物”为显，以“心”为隐，或以“教”为显，以“学”为隐的“有形”与

“无形”“实在”与“虚在”乃至于“有心”与“无意”诸范畴所揭示的哲学原理。

三、干预方式的把握

基于这里的推论，为了场中的“对话”效应，我们便不得不拟定促成“显性”活动与“隐性”行(为)“合一”的基本“策略”：

在战略上，假于“实在”的活动，诱导“虚在”的行为；

在战术上，假于“已知”的存在，推知“未知”的世界。

假于“无形”的策略，换来“有形”的表现；

假于“无为”的用心，激起“有为”的冲动；

假于“有形”的干预，激活“无形”的学习，从而换来：

假于“有为”的运筹，唤醒“无为”的憧憬——如此这般，岂不自在？

足见，纵有万变，不离其宗——假于“场”之功用，发生“学”之效应。这便是“场”的教学论意义所在。

或许，在主张“以‘场’教学”的同时，在这里加上几点说明是必要的：

1. 这里推崇“教”的“无为”，绝不是“不为”，因为“果真不为，‘假于物’何用”？正如“不战而屈人之兵”一样，不是“不战”，而是以“不战”的方式“‘战’之”。

2. 这里，垂青“学”的“自得”，绝不是“敷衍”，因为“果真敷衍，设‘活动’何用?”正如“教，是为了不教”(叶圣陶语)一般，不是“不教”，而是以“不教”的方式“‘教’之”。毕竟，“学，是为了会学”(小言，2006)，既如是，何需“教”之？

3. 场论,看重以“无为”(不施“切割力”)而“为”之,其意味是:采用一只“无形的手”——不“管”,如市场开放一般;其实,这里的不“管”比“管”来得更结实——不“管”也是管,而且是更为上位的“管”。

4. 场论,主张以“有为”(施以“切割力”)而“激”(活)之,其意味是:采用一只“有形的手”——要“管”,犹如计划经济一般,不仅要管住市场,还得适当地宏观调控。

小结

“场”之用心,全在于发挥两只手的功用,既以“显”性之手——看得见的手“干预”之,又以“隐”性之手——看不见的手“放开”之。足见,“两只手”的政策之于教育、教学,恰同于“市场经济”与“计划经济”之于国民经济的发展一般。显然,这是自英国亚当·斯密(Adam Smith,1723—1790)以来的经济学传统给予本研究的启发所在。

于是,“场”的运作则是:宜“教”则“教”,不宜“教”则“问”,宜“激”则“激”,不宜“激”则“伺”——火候要适当,时机要得宜。

如果以往偏重于有形之手的“管”,如今则得偏重于无形之手的“放”;如果以往过于偏重了“教”,如今则得侧重于“育”;如果以往过于偏重了“教授”,如今则得侧重于“效学”;如果以往过于偏重了“教化”,如今则得侧重于“养成”;如果以往过于偏重了“学得”,如今则得侧重于“习得”。但愿“场”论的方式不至于过分地矫枉过正便是了。

参考文献

1. 布鲁纳.教育过程[M].邵瑞珍,译.北京:文化教育出版社,1982.
2. 曹天予.20世纪场论的概念发展[M].上海:上海科技教育出版社,2008.
3. 陈菊,等.论对话教学的交往性特征[J].广西师范大学学报(哲学社会科学版),2007(1):110—113.
4. 丁子江.思贯中西[M].北京:中国工人出版社,2003.
5. 高觉敷.西方近代心理学史[M].北京:人民教育出版社,1982.
6. 高宣扬.后现代论[M].北京:中国人民大学出版社,2010.
7. 胡化凯.爱因斯坦坚持场纲领的原因[J].大学物理,1999(8):30—34.
8. 勒温.形势心理学原理[M].高觉敷,译.南京:正中书局,1944.
9. 勒温.拓扑心理学原理[M].高觉敷,译.北京:商务印书馆,2004.
10. 皮亚杰.发生认识论原理[M].王宪钿,译.北京:商务印书馆,2009.
11. 申荷永.论勒温心理学中的动力[J].心理学报,1991(3):306—312.
12. 申荷永.勒温心理学的方法论[J].心理科学通讯,1990(2):41—44.
13. 吴小鸥.教学场论[M].长沙:湖南师范大学出版社,2007.
14. 薛永武.从格式塔视域看《乐记》中的心物同构[J].中国文化研究,2008(4):170—175.

第二节 矫正与验证之间的学问观

恰如研究者开头所言,中国乃是世界上最早就有文字记载教学(论)思想或者教学之道的少数几个国家之一,只是由于作为其形而上的"器之隐"所代表的"道"未能适时地在同现当代科学观的结合点上为后人"化约"为足以矫正实践的方法论规约及其相对直观、实用的方式乃至策略之类,而不易表现为其形而下的"器之显"所反映的功用来,乃至于在历史步入近现代之后,总是在教学的战略战术上不得不表现为随“洋”逐“人”的被动局面。对于这一点，有识之士是心知肚明的，因而也是有充分估计的，否则我们就得永远跟着“洋人”的脚步走路。

形而上行的理论——“器之隐”，告诉我们最重要的原理是：“器”——方式、方法一类，应该是“本真”[①]意义上的东西，因而就不必总得经由经验的途径而直接获得；换言之，形而下行的实践方略——“器之显”，却必然经形而中的应用“化约”，从形而上的“器之隐”中脱“隐”而“显”。或许，笔者还可以这么说：如果说经形而中的“化约”从形而上的“器之隐”中脱“隐”而“显”的“器”必然是行之有据的大器的话，那么直接由自身经验中“总”而“结”来的“器”不过是匆匆奏效的小技而已。

就这样，一个理论与实践关系的话题，便活生生地摆在我们面前，因为只知“联系”，不知“若何”，长此以往，岂堪奈何？

一、理论之于实践——矫正

《易经·系辞》曰：“形而上者谓之道，形而下者谓之器，化而裁之谓之变，推而行之谓之通。”[②]此乃中华哲学之智慧所在，仅以数

① 这里所谓“本真”的意义，专指古人所谓“法有固然”的所指。在古人看来，应对某一事物的方法不是主观臆造的，而是客观本存的，因此“方法”就在于形而上的发现，而不在于形而下的发明。一句话，方法是“器之显”的“本然”——本来就该那样，而不是谁说了怎么样就怎么样，不大可能单凭经验就可以直接获得，因而必须通过对“应然”之道，“器之隐”的把握乃至长期修养的造化而悟得。足见，本真的方法只能是一种所谓“器之隐”的“显”现，而不是别的什么东西。

② 有关“形而上者谓之道，形而下者谓之器，化而裁之谓之变，推而行之谓之通”（《易经·系辞》语）的注释，参见“中卷”引言中的文字及有关“化约”的文字注释。

字便道明了理论之“道”与实践之“器”的关系之奥妙，便揭示了理论接近实践之妙诀，曰：“化而裁之”，使之“变”；变而“易”之，令之“近”——近乎“器”；近而行之，岂不“通”？通而为之，岂不成？——成乎“事”。

在笔者的眼中，这便是在乎“形而上之‘道’与形而下之‘器’”之间的“形而中”之“‘变’而‘通’”及其功用所在，因为“变”可使之“通”，“通”才可“用”。

如此，胡适所谓理论之“化约”说，莫非真的源自《易经》不成？其“化约”之流程原本就应该是：初，“化”而“约”之，令其近；中，推而行之，显其“通”；终，通而为之，见其“成”。此实乃“道”“器”“变”“通”之妙用所在者也，是耶？非耶？显然，作为宏观的理论之“道”要变为干预微观的实践之“器”，必得经由“中观”的“化约”之“用”——“变”而使“通”之功。

二、化约之于理论——立中

至此，或许我们便可以这么说，要求直接以经验——“SKILLS”解决问题的人，不是肤浅，便是过于“实用主义”，因为他们所需要的不是直接的“经验”就是由经验所产生的“工具”；不过值得提醒的是，有时他们还要求“理论”足以直接地解决实践中的问题，并且以为他们已经做到了这一点，因为他们所谓的理论其实原本就是对实践的具象总结，一旦不能做到这一点，他们便可能怨天尤人。

其实，他们的幼稚在于将理论与实践置于同一个层面——他们所谓的理论实际上只是一套直接来源于实际操作的经验总结，却忘记了：实践-理论-实践，或者理论-实践-理论的路子实际上是一条走不通的路线。

这或许正是企图以自身证明自身思路的深刻教训所在，而致使当事者不能自拔的原因则不过是：不觉“身在此山中”，焉识此山真面目？毕竟，我们有蔽于“物”而不知其“理”，有蔽于“山”而不识其“面”。于是，我们务必摆脱此山以解其“蔽”①，解开此“蔽”或见其真谛。为此，我们便不得不走出本专业的系统，走上跨学科的路子，以致广大以形而上地究问课题，经化约以“中则正”地权衡利弊，极精微以形而下地解决问题。毕竟：作为“器之隐”的理论只有经由具体（象）的方法才足以干预实践，从而实现理论对实践的“矫正”；作为“器之显”的方法只有经由具体的操作才足以检验理论，从而完成实践就理论的“验证”。显然，理论之于实践的关系原本就在于经由方法而矫正；实践之于理论的关系原本就在于经由操作而验证。于是，究问的路数便只能“在乎矫正与验证之间”了。

一如上文的推理，“矫正”所指的是理论之于实践的功用，而“验证”则意味着实践之于理论的反馈，而经由理论的“器之隐”而化“隐”为“显”的“器之显”——所谓规则、“准”规则乃至于策略、“准”策略一类，则以既接近理论又接近实践的“中介”功能拉近了理论与实践的距离，从而勾画出理论与实践之间的呼应关系。毕

① “解蔽”是荀子的思想，他认为不同的事物乃至相同事物的不同方面都会相互为“蔽”，说“此心术之公患也”。为了使人们不致流于偏蔽，荀子提出了“解蔽”或者“兼陈中衡”的思想方法，教人们去掉物之所“蔽”，以便中正地权衡事物之利弊。足见，“解蔽”或者“兼陈中衡”是一个需要被认真汲取的思想方法。

竟，理论只有在被“化约”为方法一类之后，才足以发挥其对实践的“矫正”作用，而方法一类又只有在被应用于实践之中时，才足以发挥其就理论的“验证”功能。于是，理论对实践的矫正流程就只能是：由理论经方法而矫正；实践就理论的验证流程又只能是：由实践经操作而验证。毕竟，抽象的理论不能直接回到具体的实践中去；毕竟，具体的实践无从直接升华为抽象的理论。显然，解决理论联系实际的问题，必须在二者之间搭建“桥梁”，必须在二者之间建构“媒介”。恰如在“场”中解决“活动”与“行(为)”的“合一”问题，只有在达成了“物”的活动化与“心”的行为化的条件，并且在前者施之于外、后者行之于外的前提下，“合一”才足以以既接近“心”又接近“物”的“媒介”身份促成“心”与“物”的联系，“心”与“物”的“对话”(相互作用)才得以发生。足见，“媒介”的作用是不可或缺的；那么，联系理论与实践的媒介何在呢？在乎或经由理论化约或经由实践升华的规则、“准”规则乃至于策略、“准”策略一类耳。

三、方法之于实践——干预

既然抽象的理论不能直接回到具体的实践中去，具体的实践又无法直接升华到抽象的理论中来，解决问题的办法便在于：或将抽象的理论具象化，或将具体的实践抽象化，以便拉近两者的距离并使之建立实质的联系。如上文所及，理论之于实践的功用在于矫正，而实践之于理论的功能在于验证。于是，作为“器之隐”的理论只有化而成为“器之显”的规约、方法一类才足以干预实践，从而实现理论对实践的“矫正”功用，而作为“器之显”的规约、方法一类实践只有经由具体的操作才足以检验理论，从而完成实践就理论的“验证”。无论干预还是检验都与方法有关，不管矫正还是验证都是操作问题——方法是操作的手段，操作是方法的应用。可见，或将理论化约为方法，或将实践升华为“操作”，都足以解决理论接近实践的问题，都足以成为联系理论与实践的“媒介”，这个“媒介”就是介乎理论与实践之间的“方法”。然而，有鉴于由实践“升华”而来的“操作”顶多是小“技”，而只有经理论“化约”而“显”的“器”才是大“器”，本研究只能将经理论“化约”而来的“方法”作为理论联系实践的中介，并将“化约”的程序置于理论与实践的中位，从而产生了本研究假于推演的“三段论”方式——“致广大经‘化约’极精微”；由是，本研究所遵循的“在乎矫正与验证之间”的路线，便有了“由‘理论’经‘方法’至‘实践’”的形而上流程，其中的“方法”便是作为介乎理论与实践之间而足以承上启下的“桥梁”或者“媒介”，称之为“桥梁”是因为通过它理论足以到达实践、实践足以联系理论，称之为“媒介”是因为假于它足以拉近实践与理论的距离，从而反映理论与实践的本真联系，并为本研究运筹于“矫正与验证之间”的基本考虑提供支撑。

恰如假于“化约”的程序介入足以演绎理论与实践的关系，并将两者关系的内涵纳入“矫正与验证之间”一般，假于“合一”的媒介功用足以诠释“心”（心理环境）与“物”（物理环境）的关系，并将“心”与“物”的对话界定在“‘活动化’施之于外”与“‘行为化’行之于外”的范畴之间。在这种处理方式的背后，如果在乎两者“之间”的范畴安排足以构成本研究的战略布局的话，以中间环节——“媒介”的介入解决问题便是本研究的战术策划，而以“由……经……而……”为表述方式的三维（程式）结构则是这个战略、战术的（必然）结局。于是，理论便经由化约的“斡旋”而会晤了实践，活动的“施之于外”经由“合一”的“牵线”而遇见了行为的“行之于外”；如果这一处理方式的好处在于足以使“致广大”不至于悬空，以便“有的”而“放矢”，这一架构的设计好处则在于足以令“尽精微”不至于落空，以便有“法”可“依”。这一流程的三维结构乃是：（由）“致广大”经“化约”而“尽精微”，如此这般，兹不赘述。

四、实践之于理论——检验

据许国璋先生介绍，威多森（Henry Widdowson）有一篇哲学性论文，叫作“抽象与实在”，其主旨在讲清交际法教学在理论上是行不通的道理。他说，主张采用交际法的人们都认为：语言既然终究要用于交际，那就应该索性将实际用于交际场合的真实语言拿来直接教给学生，并主张：课堂教学所用的教学材料理应直接来源于交际生活，以资求得教学情景的真实性（authentic）。显然，其愿望是崇高的，其假设也是符合情理的。

然而，这里的假设实际上是行不通的。因为这个假设，恰如绘制地图一般，如果一定要依照真实性的原则执行的话，谁都知道那地图是无法绘制的。这里的道理，恰同处在宏观的理论一般，在未经“化约”的“应用化”处理之前，是不能拿来直接指导实践的，因为抽象的理论与具象的实践之间本来就是有距离的；同理，真实生活里的实际也不能拿到课堂里直接应用，因为真实生活里的实际同课堂里的实践也是有距离的。

于是，威多森便就此做出了他自己的哲学概括：企图找出全部自然和全部经验的真实表象是一件不可能的事情。其理由是，人只能通过“抽象”把各种范畴和类型重新组织起来，作为实际经验的代表。比如：a + b＝c 就是一个很好的经验代表，因为它足以避免人们再去做 1＋1＋1＋1＋？＝？一类的傻事。

可见，这个“实际经验的代表”便是一个抽象的结果，而抽象并不等于真实的表象——抽象，之所以可贵，不在其真实性，而在于它为人类认识客观环境提供了一条切实而可行的路子。显然，这里的描写，恰同于企图将“抽象”的理论直接拿到“具象”的实践中去应用的情形一般：忘记了企图在实践中找到理论的真实表象原本就是一件捕风捉影的事情。况且这样做，甚至还会误导人们直接将经验的总结当成理论的原创，或许，在形而上的视域中，这一点还足以弥补笔者就理论与实践关系的哲学思考。

正如用于课堂教学的真实材料必须经过选择、取舍，并按执教者的设计概念编辑、改造和加以抽象一样，一个抽象的“说法”——教学理论要进入具体的课堂实践之前，必须经由“应用化”处理，将其“化约”为规则、原则、策略及其方式、方法一类可能或者可以直接同课堂实践见面的“做法”；也正如报纸、电视、街头录像等都是热闹一团，不大可能产生理想的、如人所愿的效果那样，直接将一个抽象的“说法”搬进课堂的做法是不大可能奏效的、如人所愿的，恰如真实的“实际”在进入课堂以前需要加以“抽象”地处理一般，不“真实”的理论进入课堂之前需要加以“具象”地“化约”。

足见，正如理论之于实践需要经由方法的介入加以矫正（实践）一般，实践之于理论需要经由方法的应用加以验证。或许，这正是理论与实践关系的微妙性所在。

不过，许国璋先生说：威多森的“抽象与实在”，实际上不过是对索绪尔语言（langue）与言语（parole）范畴的逻辑延伸而已，只是索氏未来得及将他的理论应用于语言教学的实践罢了。换言之，威多森之功劳仅在于延展了索绪尔的未尽之宜罢了[①]。

小结

行文于理论与实践之间，回眸于实践和理论之后，这里的推理是：如果把握实践方案的分寸在于“抽象化”的“编辑”，那么拿捏理论高度的尺度便在于“具象化”的“化约”；演绎于矫正与验证之际，这里的推论是：如果说“在乎矫正与验证之间”是问津之要诀，立于宏观与微观之间，便是谋事之要略；回眸于今人与古人之际，这里的概括是：若夫，此可谓“中观”（津梁）之妙用，彼可谓“中正”之今用。

足见，理论之于实践的功用多在乎经由方法以矫正，实践之于理论的功用尽在乎经由操作而验证。于是，人们只需要运筹于“矫正”与“验证”之间便是了。

莫非，此乃“极高明而道‘中观’”（阎佩衡，2012）之所谓者也？过目者，必有见地了。

---

① 以上观点，均基于许国璋《〈中国英语教学〉——国际英语教学学术论文汇编》一文的基本描述延展而来，原文见《外语教学与研究》1990年第4期，第59—61页。

参考文献

1. 布鲁纳. 教育过程[M]. 邵瑞珍，译. 北京：文化教育出版社，1982.
2. 曹天予. 20 世纪场论的概念发展[M]. 上海：上海科技教育出版社，2008.
3. 陈菊，等. 论对话教学的交往性特征[J]. 广西师范大学学报（哲学社会科学版），2007(1)：110—113.
4. 戴维・H. 乔纳森，等. 学习环境的理论基础[M]. 任友群，译，高文，审校. 上海：华东师范大学出版社，2004.
5. 丁子江. 思贯中西[M]. 北京：中国工人出版社，2003.
6. 高宣扬. 后现代论[M]. 北京：中国人民大学出版社，2010.
7. 桂诗春. 语言学方法论[M]. 北京：外语教学与研究出版社，1996.
8. 卡尔・波珀. 猜想与反驳[M]. 北京：中国美术学院出版社，2006.
9. 勒温. 拓扑心理学原理 [M]. 高觉敷，译. 北京：商务印书馆，2004.
10. Л. Д. 朗道，E. M. 栗弗席兹. 场论（第 1 版）[M]. 北京：人民教育出版社，1959.
11. 勒温. 形势心理学原理 [M]. 高觉敷，译述. 正中书局，1944.
12. 李志才. 方法论全书(II)[M]. 南京：南京大学出版社，1998.
13. 张楚廷. 教学论纲[M]. 北京：高等教育出版社，1999.
14. 张健翔等. 新教育：为学习服务[M]. 教育科学出版社，2002.
15. 张立文. 中国学术通史（秦汉卷）[M]. 北京：人民出版社，2004.
16. 张立文. 中国学术通史（总序）[M]. 北京：人民出版社，2004.
17. Clark, A. *Being There: Putting Brain, Body, and World Together Again* [M]. Cambridge, MA: MIT Press, 1997.
18. Laurillard, D. *Rethinking University Teaching: A Conversational Framework for the Effective Use of Learning Technologies*, 2nd ed[M]. London & New York: Routledge/Falmer, 2002.
19. Nicholls, G. *Developing Teaching And Learning In Higher Education* [M]. London & New York: Routledge/Falmer, 2002.
20. Kramsch, C. 语言教学的环境与文化 (*Context and Culture in Language Teaching*)[M]. 上海：上海外语教育出版社，1999.

21. Lewin, K. *Field Theory in Social Science*[M]. New York: Harper & Brother Publishers, 1951.

22. Lewin, K. *A Dynamic Theory of Personality*[M]. New York: McGraw-Hill Book Company, 1935.

23. Lewin, K. The *Principle of Topological Psychology*[M]. New York: McGraw-Hill Book Company, 1936.

24. Falchikov, N. *Learning Together: Peer Tutoring in Higher Education*[M]. London & New York: Routledge/Falmer, 2001.

— 形 而 中 行 —

中卷

津梁篇

——基于教与育的长短

建中观之津梁，图化约之功效；
寻贯通之路径，立教事之规约。

引　言

关于理论联系实际的话题，曾经困扰多少的人。毕竟，只知“联系”，不知“若何”，是不足以解决问题的。

《易经·系辞》曰：“形而上者谓之道，形而下者谓之器，化而裁之谓之变，推而行之谓之通。”这便是中华哲学的智慧所在，仅以数字便能道明理论（“道”）与实践（“器”）关系之奥妙，便能揭示理论接近实践之妙诀，曰：“化而裁之”，使之“变”；变而“易”之，令之“近”——近乎“器”；近而行之，岂不“通”？通而为之，岂不成？——成乎“事”。

这便是：在乎“形而上之‘道’与形而下之‘器’”之间的“形而中”之“‘变’而‘通’”的功用所在——“变”而使之“通”，“通”而始可“用”。

如此，胡适所谓理论之“化约”说，莫非真的源自这里不成？其流程原本是：初，“化”而“约”之，令其近；中，推而行之，现其“通”；终，通而为之，见其“成”。此实则：“道”“器”“变”“通”之妙用所在者也。

笔者试将这一（初）由宏观（中）经中观（终）至微观的“变而使

通"之法则"组织"为：由"广大"经"化约"[①]至"精微"的通途，以资用作理论联系实际的操作性路径并接受同仁的指点。

据说，"胡适学术活动的一生，用力最深、影响最大的还是其所谓的'科学方法'，从某种意义上讲，他的整个学术活动，无论哪一个方面的具体研究，都是围绕着'科学方法'展开的。胡适思想中有一种非常明显的化约论倾向，他主张把一切学术思想乃至整个文化都化约为方法，他所重视的永远是一家或一派学术思想背后的方法、态度和精神，而不是其实际内容"[②]。

"胡适要人们相信一切学说的具体内容都包括'论主'本人的背景、时势乃至个性，因而不可能具有永久的普遍的有效性。但是方法，'论主'本人种种主观的特殊的因素所不能左右的方法，尤其是经过长期应用而获得验证的'科学方法'，则具有客观的独立性，一切学说(也)必须化约为方法才能凸显其各自的价值。"[③]或许可

---

① "化约"是胡适先生的术语，指的是将抽象的理论化约为方式、方法一类可以直接发生效用的东西，以便表现出理论的有用性来；笔者则是借这个化约的"应用化"程序及其逼近实践的功用，以资诠释：理论(宏观)须经由一个"津梁"(中观)的过渡而"矫正"实践(微观)，以及实践须经由一个就"化约"后的方式、方法或者策略的实际应用而"验证"理论的"道"(与)"器"或者"体"(与)"用"的关系，试图在"逼近'道'的路上，通过一个'化约'的程序，发现'器'"，从而解决教学中的实际问题，并企望由此阐明理论联系实际的真实情形，这一情形用英语表述则是：We are always on the way from WHAT (本体) through a BRIDGE(津梁) to HOW(方法)。足见，"化约"乃是一个在乎"道"(理论)与"器"(实践)或者"体"(与)"用"之间的必要环节，或称为"媒介""津梁"亦妥。总之，经由"化约"的东西，是一种"中介"性的东西，用作"中卷"的引导词，蕴含"形而中行"以求通畅的意味。

② 引自"国学大师丛书"之张清著《胡适评传》，百花洲文艺出版社，1997，第51页。

③ 出处同上。

以这么说:胡适的一生,用尽了“化约”的功夫,做足了“中观”的文章,因而他总能道出他人不能企及的原则化一路、规则性一般兼方法论一类的妙语来,诸如“大胆地假设,小心地求证”“宁可疑而错,不可信而错”“教人疑而后信,考而后信,有充分证据而后信”“一切主义,一切学理,都不是天经地义的信条”,所以“我们研究一种问题,最要紧的就是把成见除掉”以及“做学问要于不疑处有疑,待人要于有疑处不疑”[①]一类。

在胡适看来,一切理论或者学说(其)立论的初衷都是为解决自然或者社会(包括艺术)的问题,如果这些理论或者学说最终却不能“化约”——“还原”或者“凸显”为原则、规则兼方法一类,其存在的价值便不言而喻了。

依据卢梭(Jean Jacques Rousseau,1712—1778)《爱弥儿》的思想,“形成一种规则,要比获得(掌握)知识来得更重要”,为什么呢?

因为,“相对于教学规律、教学目的来说,教学原则靠教学实践更近;相对于教学方法、教学手段的运用,教学原理原则又明显地带有理论色彩,又距离教学实践稍远”——足见,原理、原则或者规则一类“半”理论性的东西,是一种上可“着天”下可“接地”,既精神又物质的、介乎理论与实践之间的“媒介”性东西,本研究则将这一类介乎理论与实践之间的东西视为理论联系实际的津梁,将其置于“中观”的地位,以便同“宏观”与“微观”的设置发生相互照应的整体关联。

① 这里引用的几句妙语,均出自欧阳哲生:《胡适妙语》,岳麓书社,1995.

有学者说："实践表明：这种中间形态的东西是受教师欢迎的，因为教学规律离他们较远，而教学方法又因距离他们较（太）近而不一定适合于自己，倒是教学原则更恰当一些，它反映了理论而比理论更易于理解和把握，它既能指点方法的选择和改进，又比具体方法更灵活，更便于自己在教学实践中的创造。"这些正是本研究所谓"应用化"（即胡适所谓"化约"）的媒介性功用所在，因为"教学原则是更接近应用的理论，又是更靠近理论的应用"①。

或许，只有确立一个"应用化"——化约的教学论范畴，才足以给具有跨学科融合性质的教学原理、规则、原则及其方式、方法一类"形而中"的存在提供一个集中容身的环境，以突出其兼具理论和实践意义的"媒介"性功用，用以标志——从这里形而上"行"，就是教学抽象理论的环境，而从这里形而下"行"，则是教学实践活动的环境。足见，这里形而"中"行的可理论性、可应用性及其可操作性都是可以"直观"的。由是，原理、原则、规则及其方式、方法一类津梁的过渡功能，便足见一斑了。

可见，所谓"应用化"，就是一个将理论"化约"为距离实践较近的原理、原则、规则及其方式、方法一类，以资方便实践的操作及其检验的程序而已。如果将这一流程纳入本研究所遵循的"由'宏观'经'中观'至'微观'"或者"致广大，经'化约'尽精微"的基本格式，"应用化"则不过是一个作为"中观"的"化约"性流程罢了。

---

① 这里的基本观点，参见张楚廷著《教学论纲》第9章"教学原则"，关于"中介性"一节中的相关文字。

总之，正如“上卷”的“矫正与验证之间的学问观”中所归结的那样，把握实践方案的分寸在于“抽象化”之“编辑”，拿捏理论境界的尺度在于“具象化”之“化约”。如果说“在乎理论与实践之间”是谋事成事之要诀，立于宏观于微观之间，便是拟定规约、规则之要方。此之谓“中卷”（津梁篇）之要义所在者也。

第六章
教学之规约

规约、规则及其格律当来自形而上的理论，规约、规则及其格律也来自形而下的实践。如果说前者是理论“化约”的结果，那么后者就是实践升华的结晶——不管怎样，二者都处在“中观”的位置，显出“形而中”的性质，从而关乎“宏观”的理论，又从而系乎“微观”的实践。

显然，规约、规则及其格律一类，因为由理论的“化约”而来，才显出其半理论的性质，因为它们距离实践较近而便于联系；因为它们都属于“形而中”的东西，都可以被看作“媒介”，都可以被看作“津梁”，都可以被看作理论赖以联系实际的过渡性程序。

第一节　形而上规约

- 由“至广大”，经“化约”，而“尽精微”。
- 在乎理论，必具象地“化约”；在乎实践，须抽象地“升华”。

- “有之以为利”，穷可假之外物；“无之以为用”[①]，尽用武之能事。

第二节　教育学规约

- 以学生为本，以学习为宗；以教师为环境，以“教授”为辅佐。
- “教是为了不教”[②]，学是为了会学。
- 将“教”融入“育”，以“教授”化为“教学”——教学，实乃以“效学”的方式“助学”者也。

第三节　心理学规约

- 勒温[③]的行为，是人与环境的函数：B=f(PE)；行为是生活空间的函数：B=f(LSP)。
- 不同个体在不同的环境中会有不同的遭遇和结局——毕竟，“心理生活空间中所发生的一切都以‘一个特殊的人在一个特殊的环境之内’的基本概念为依归”。

---

① “有之以为利，无之以为用”，这是老子的哲学观，意为“‘有’带给人们的是便利之处而‘无’带给人们的则是用武之地”。原文及其释义见《智品藏书》之《老子》(册一)第十一章。

② “教是为了不教”，乃叶圣陶先生所言。

③ 托尔曼(Edward Chace Tolman，1886—1959)在悼念勒温逝世的祭词中说：“在未来的心理学史上，有两个人必将超于众人之上——弗洛伊德和勒温，因为两人的洞察力相反(而)相关。前者弗洛伊德是内因决定论，即力比多决定论；后者勒温则是内外合力决定论，即‘朝向目标’论或者目标‘牵引’论(笔者，2006)，首次使心理学成为可以同时适用于真实的个人和真实的社会的一门科学。”

- 假"物"之影响，图"心"之养成；"积"心之能动，"渐"[①]物之功用。

第四节 语言学规约

- 建两个系统：语言的积累和言语的活动；循两个过程：语言的积累和言语的活动。
- 编排教学计划，将语言能力化为言语行为。
- 设计教学活动，由语言教学进入言语活动。
- 构建学习环境，由学得习惯进入习得状态。
- 设计教学方案，由 usage(用法)背诵进入 use(使用)过程。
- 编排课堂练习，将书面语言化为口头言语。
- 提升教师修养，将语言活动化为文化交流，等等。

第五节 语用学规约

- 语言是静态的材料；言语是动态的行为；语用则是实际的交流。

---

① 这里的"积"与"渐"，都取自荀子关于环境教育思想的概念，因为这个主张同《场论》的推演颇为接近。荀子非常重视环境的作用，但认为环境对人们发生什么样的作用，却取决于个体自身的主观努力——谓之"积"，并认为环境对人们究竟是发生积极的还是消极的作用，都由人们"自取"，并不机械地决定于客观环境本身的作用。于是，荀子的环境教育思想就是：主观的"积"和客观环境的"渐"二者的兼用所促成的个体本性发生的变化，亦即内外因共同作用于个体的结果——显然，这同勒温的 B=f(PE)以及 B=f(LFS)是有异曲同工之处的。参见毛礼锐等《中国古代教育史》第三章第二节"荀子的教育思想"。

- 不问词的意义，要看词的使用——“意义即使用”[①]，意义在于使用。
- 语言学习要老实，言语驾驭却要“俏皮”。

第六节　文化学规约

- 语文一体，须臾不离——语言是路上之车，文化是车中之物；语言及其语法是叙事的方式，文化及其交流则是方式所由发生的原因。
- 教者以文化人；学者消化其文。

第七节　环境学规约

语言的环境便是“语境”——语言赖以存活的生态环境，须三维建构兼三维经营：

- 文化的与非文化的语境；
- 文本的与非文本的语境；
- 语言的与非语言的语境。

---

① 这是剑桥派代表人物维特根斯坦(L.Wittgenstein)的语用哲学主张，他认为语言只有在使用中才能发挥作用，“要把语句看成一种工具，把语句的意思看成它的使用”，主张：不要问词的意义，而要问它的使用，这就是“意义即使用”；与维氏相对应的人物则是牛津派代表人物奥斯汀，其言语行为理论正是在维氏的影响下形成的，而海姆斯的交际说又很难说不是在这个视域中考察问题的。

第八节　经济学规约

- 兼有形之“手”与无形之“手”而齐备，化有形之策为无形之用以运筹；
- 苏氏以“产婆术”“问”惊西域，学破天下——不似有形胜有形；
- 孔子借“叩两端”“教”传万世，授遍九州——不在有意还有情。

第九节　形而下规约

- 假于“实在”的活动，诱导“虚在”的行为；
- 假于“已知”的存在，推知“未知”的世界；
- 假于“无形”的策略，换来“有形”的表现；
- 假于“无为”的用心，激起“有为”的冲动；
- 假于“有形”的干预，激活“无形”的学习；
- 假于“有为”的运筹，唤醒“无为”的憧憬。

第七章
教学之格律

第一节　基于相反相成的范畴律

- **教与学**

教，是一种影响力——教以效学；学，是一个发生器——学由心生。

教，是一件不得已而为之的事；学，是一件不经意而发生的业。

苏格拉底（所以）看重“产婆术”，不是问，而是教；

孔老夫子（所以）垂青“叩两端”，不是教，而是问！

一事两面，一体两翼，不分内外，不是“二主”；心物同构，内外完形，教止于学，学止于通。

- **教与育**

教因学而达，学由育而成；“育”是环境的功用，“学”则是内心的驱动①。

- **学与习**

---

① 在教与育之间，“场”作为一种方式，是侧重于“育”而不侧重于“教”的，因为“场”论毕竟是一种主张以环境施教事学的方式论。

“学”来的东西，要经得起“习”的检验，此之谓“学而时习之，不亦说乎”者也[①]。

• **翻与译**

“翻”——将人家的东西“翻出来”，先自己弄懂；“译”[②]——换一种言语方式，将弄懂的东西再“译过去”，让人家也懂了。

其实，西人读书也是“翻”，也在“译”，你瞧他们：

一是，read the line——在“字里”读书，读得言内意义；

二是，read between the line——在“行间”用心，读得言外意义；

三是，read beyond the line——在“字外”用意，读得言后意义。

不过，在国人看来，只有二、三步的读书，才是“悟性”所在的地方。

足见，学习也是翻译。毕竟，学习也得“翻”，学习也在“译”；否则，何以跟人家协商字里、行间和字外的意义呢？

---

① “学而时习之，不亦说乎？”（《论语》句）是“学”与“习”最早同时出现的语境，其古意解释是：“学”，学修己的道理和为人的知识；“时”，古意：“适时”；“习”，古意：“实习”“演习”——显然，这里的“习”当引申为“验证”“检验”才对，因为其上下文中并没有“温习”“复习”一类的意思。学习是本研究一个至关重要的概念，因为本教学论已经将研究确定在《学习论》的视域之中，并随将“学”与“习”确定为学习的两个步骤、两个环节或者两个要素，并以范畴的面目出现，以资同以往教学论的三要素、四要素乃至多要素的做法区别开来。相关内容可参见本研究上卷理论部分及其相关注脚。

② 如果“翻”意味着把该学习的内容“翻出来”以便彻底弄懂，“译”则暗示着把“翻出来”弄懂了的东西，换一种方式用自己的语言传达出去——这是本研究所蕴含的学习概念，即学习便是翻与译。因为“译即易，谓换易语言使相解也”（唐贾公彦语），足见：“译”，乃易也。

- **认知与非认知**

认知是智力、智能的发展，而非认知则是智力、智能所以发生的土壤和养分所在，乃是智力、智能所由发展的情感和意志空间。毕竟，情感和意志乃是智力、智能所由发生、所以生长的生态基础。

- **语言与言语**

语言，是静态存在的材料（language out of use）；言语，是动态存活的话语（language in use）——毕竟，材料通过使用才可能产生话语，话语经由运用方可能化为交际。

- **I-语言与E-语言**

I-语言——指被抽取了语言使用者及其所指的内在化语言（Internalized Language），旨在学习机制的研究，如“生成语法”（Generative Grammar）、“普遍语法”（Universal Grammar）等皆是，代表人物是乔姆斯基；

E-语言——则与内在化语言相对，指各类语境中所实际使用的外在化语言（Externalized Language），即交际语言，旨在言语行为及其意义的研究，如社会语言学所研究的语言及言语行为（speech acts）理论中所涉及的言内行为（locutionary act）、言外行为（illocutionary act）和言后行为（perlocutionary act）一类言语，代表人物有奥斯汀及其学生J. R. 塞尔等。

- **能指与所指**

能指（signifier），是语言作为材料的意义——言内意义；所指（signified），是语言材料为人实际使用时所发生的语用意义——言外意义。

- **规定性和描写性**

规定性(prescription),是指语音、语法兼词汇规则对语用活动的制约性,即语言学习"在乎法内"——需要"守法"的一面;描写性(description),则是指实际语用活动的交际性而言的,即语言学习"出乎法外"——需要"超越"的一面。

- **用法与实用**

用法(usage),是静止的语言规约;实用(use)是动态的言语活动。

用法通过交际化为言语,交际通过实用传达语义。

- **习得与学得**

学得(learning)是有意识、有组织的学习;习得(acquiring)是无意识、未必有组织的学习。

学得化为习得是学习自动化(automation)的表现,习得转向学得则是僵化(fossilization)的标志。

- **语言与文化**

语言是形式,文化是内容,语言是手段,文化是目的——语文一体,须臾不离。

语言是行路的车,文化是车中的物;语言是叙事的方式,文化是方式的成因。

- **口语与书面语**

两种不同的言语交际方式:

口语,是一种随意性口头话语方式,允许出现错误、修正、重复、犹豫、停顿等语流中自然发生的各种现象,其基本格式是:套话-填料-新话(formulaic-speech + mouth-fillers + impromptu);

书面语，是一种恪守语法及其惯用法规则的书面言语形式，不允许随意出现错误等自然语（口语）中的各种现象，其基本格局是：句子 + 非句子（subject-predicate-sentence + non-subject-predicate-sentence）。

不能用书面语替代口头语，也不可用口头语替代书面语，这是一条必须遵守的语用规则，否则语言的使用即便能够“得法”，也无从“得体”，更无法“得宜”。

- **语言能力（competence）和言语行为（performance）**

语言能力，是掌握语言材料及其语音规律的“指事”（locutionary）能力；言语行为，则是使用语言材料及其语音规律的“行事”（illocutionary）能力。

- **规约性与超越性**

规约性，是语法及其惯用法就语言使用的约定作用，是语言活动所要遵守的规定性（prescription）一面，是对语言行为的客观制约性所在；超越性，则是言语活动所表现的描写性（description）一面，是语言使用超出语法及其惯用法规约的一面，是指言语活动的主观能动性所在。

- **包容性与扩展性**

包容性，是指从理论上对语言学理论、规律和规则的包容性遵守；扩展性，则是指必须将实际言语活动中不规则、不规律和不符合语言理论的言语现象扩展并纳入语言及其教学中来的做法。

- **句子与非句子**

句子（subject-predicate-sentence），指英语句式的主干，一般由五种基本句型——及物句型 1. S-V-O，2. S-V-O-O，3. S-V-O-

Oc；不及物句型 4. S-V，以及系动词句型 5. S-V-Sc 所代表；

非句子（non-subject-predicate-sentence），则是指附加在主干上的枝和叶，即由“单词”（words）、“短语”（phrases）和“从句”（clauses）所充当的定语和状语。

句子 + 非句子，乃是英语组词成句的基本格式或规律。与此相对应，汉语组词成句的基本格式或规律则是：句子 + 句子。

第二节 基于“有条件‘发生’”的行为律

依据勒温动力心理学的原理，心理紧张（活动）是一个“（有）条件发生”①（conditional-genetic）的心理事件，有“条件发生”意味着个体内在潜能及其引发潜能之概率的存在。这是勒温的动力发展观，这种发展观揭示的是一个动力过程所蕴含之时间条件（维度）的意义。

勒温认为“心理过程本身就是一个从时间上扩展的整体”②，并据此为生活空间拟定了一个时间性原则，即“现在的事件只受现在情境的影响”，用以说明过程的不确定性，并将它作为衡量心理行为真实性的标准。

---

① 既然学习（行为）不会“凭空而发生”，那就一定是“（有）条件发生”（conditional-genetic），勒温的心理学正是用这一概念来诠释人的心理活动和行为之间的关系的。因而，“场”的存在，“对话”的发生，就不能不是一个为学习的发生所设置的外部环境和必要条件，以资增加学习发生的概率和前提。

② 笔者以为，将心理过程的结果看作一个整体的形成，看作“完形”（德语 Gestalt）的表现，这正是勒温作为格式塔心理学代表人物之代表性推理的结局。

勒温正是利用这个时间观念将心理事件的真实性同个体身心发展的实际情形密切地联系在一起，因此时间概念或时间维度便成为勒温动力[①]理论中的一个基本条件。

第三节　基于“心”与“物”的媒介[②]律

既然作为个体心理认知行为的学习不能凭空发生——只能有“条件发生”(conditional-genetic)，那么学习的行为就得借助一个既是物质又是精神(既心理又物理)的“媒介”功能而发生。

在“场”中，这个媒介就是作为心物“对话”发生前提及其结局

① 在勒温的心理学中，动力不单单是指动机而言，动力代表了一种观点，一种分析和研究问题的方法乃至态度。换言之，勒温的“动力”还有动机之外的意义，认识这一点是非常重要的。因为，这足以证明“动力”还可以来自外部环境(“目标”)的“牵引”。于是，动力便构成了一种内外合力的“关系”，所谓客“呼”与主“应”的关系；显然，动力本身就意味着关系——“力”因关系而发生：“力在于关系”。足见，“场”论所构成乃至所揭示的，不过是一种“关系”而已——“场”中的一切，都需要假于关系的经营而发生。

② 按照西方关于“充实-虚空”(“充实”作为存在者而存在，“虚空”则作为非存在者而存在)的理论，处于“充实-虚空”之间并以“媒介”身份存在的“以太”，乃是一种“既是精神的，又是物质的”东西。换言之，只有“既是精神的，又是物质的”东西，才足以充当或者称得起“媒介”。足见，以太学说，其实足称“媒介”律。有学者(魏伟和洪元基先生等)曾将它名曰“SHU”，用以专指精神与物质的合成体，足见是有其哲学乃至心理学依据的。因为，按照格式塔心理学的观点，“心”(主体)与“物”(客体)之间也是需要一种非心非物或者亦心亦物的东西作为“媒介”以便“沟通”心(灵)与物(质)，即主观与客观之间的联系的，从而促使“物”理结构顺理成章地得到“心”理结构的对应性反映而构成“完形”。于是，处于“场”(宇宙)中，促成(“活动”与“行”)“二外合一”的“对话”及其结局“‘活动’与‘行’的‘合一’”，在理论上也在实际上就是一种“既是精神的，又是物质的”(“心”与“物”)合成体，因而便足以充当本研究“场”中“心”与“物”对话之媒介，从而使场论的“对话”观取得了哲学及心理学的理论支持。

的“活动与行(为)”合而成就的、既心又物的“合一”物,或者“完形”体。

在文中,这个“合一”或“完形”,是以物“呼”心“应”或以客“呼”主“应”的方式发生,并以“‘活动’与‘行(为)’的‘合一’”或以“‘心’与‘物’的‘完形’”的文字格式表述的。

第四节 基于“活动”与“行”(为)的合一律

- 行为——有机体在环境影响下所“激活”的内在生理兼心理变化的外在反应。勒温的行为(变化)是人和环境的函数,即 B(行为)=f(PE),P 代表人,E 代表环境;人的行为,是受一定动机支配的。
- 活动——人的心理是在人的实践活动中形成和发展起来的。同时,心理(又反过来)调节着人的各种实践活动[①]。
- 策略[②],在本研究中被界定为一种动态的“做法”,指教与学双方赖以影响学习的方式、方法,均以激活学习的发生为目的——在乎“教”,策略表现为物理环境所代表内容的“活动化”并施之于外的教学设计;在乎“学”,策略表现为心理环境所内隐需要的“行为化”而行之于外的学习技术。这种技术为教师所期待,可能表现为内在的心理活动,也可能表现为外在的学习行为。

---

① 参见宋书文等:《心理学词典》,第 201 页。

② 关于“策略”之详述,参阅杨连瑞等《二语习得研究与中国外语教学》中“学习策略”(第 4.4 节)。

- 二外合一，指活动化教学设计的施之于外与行为化学习需要的行之于外[①]所达成的心物对话效应，期待结局是：心物的“合一”或者心物的“完形”。

第五节 基于“心-物”结构的完形[②]律

“物”的活动化“施之于外”与“心”的行为化“行之于外”的“二外合一”式协同、合作、合力所蕴含的场“力”，在“心物”环境的“固定点”(anchorage)上“切割”着“场”，从而激活并发挥着场功用。

“活动”，施之于外的功用在于“呼”；“行(为)”，行之于外的功用在于“应”——“客‘呼’‘主’‘应’”或“物‘呼’心‘应’”，是“心-物”对话(相互作用)的基本方式，是“二外合一”的基本缘由(参见前文“对话”之图示)。

---

① 在这里，“活动”被界定为“物”(物理环境)所承载的教育内容的“活动化”，“行”则被界定为“心”(心理环境)所代表的心理(认知)活动的“行为化”，前者的“施之于外”与后者的“行之于外”的合二而一，便是相互作用(“对话”)的结局“活动与行的合一”，旨在以便同美国杜威的“活动”及苏联列昂节夫的“活动”加以概念上的区别。

② 按照格式塔心理学的观点，“心”(灵)与“物”(质)在结构上蕴含着(一种)异质同构的关系，但是这种“异质”的“同构”，并不轻易地为个体所自觉，因而“心”(主体)与“物”(客体)之间便需要某种非心非物或者亦心亦物的东西作为“媒介”以便“沟通”心与物——主观与客观之间的联系，以便促使“物”理结构顺理成章地得到“心”理结构的对应性反应——这，就是“格式塔”(德语 Gestalt，意为完整的结构)赖以“完形”的动力学原理，自然也是本研究“心”(心理环境)与“物”(物理环境)对话(“交涉”)的动力学依据，而这里“心”理结构对“物”理结构的对应性反应又无疑构成了作为主观行为和客观活动“合二为一”的结局动力学诠释，即所谓非心非物或者亦心亦物的“媒介”对“心”灵与“物”质——主观与客观的“沟通”效应。本研究不得不借格式塔心理学异质同构的“完形”原理，来解释以“‘活动’与‘行’合一”为标志的心-物对话流程的心理动力学实质。

"对话"所揭示的规律是:"活动与行的合一"是教育教学发生效力的标志,教育教学正是假于这个客'呼'主'应'或者物'呼'心'应'的对话方式获得活力和效益的。

"对话"的方法是:

"使之活动,使之行"。

"对话"的结局是:

"二外合一"——协同、"完形。"

"对话"的操作流程是:

"活动-行-合一"(参见前文"对话"之图示)。

"对话"的效用在于:

将"对话"保持在"心与物"的"固定点"上。

对话流程的优化在于:

"活动"设计的科学性及其执行方式的艺术化的统一。

对话流程的初衷在于:

以"心-媒介-物"式三维立体"对话"替代"教师-教材-学生"的平面线型流程。

第六节 基于平行关系[①]的运筹律

"场"的运作状态是:

"平行-不平行-平行",即"平衡-不平衡-平衡"的往复运动;

---

① 本研究基于教学平行关系的"平行-不平行-平行"之"场"运作,实质是"平衡-不平衡-平衡"的周而复始,而无论是"主体"和"主导"式的教与学关系,还是 teacher-centered 和 student-centered 式的"心"与"物"关系,无论在理论上还是在实际(接下页)

毕竟：

“动”是“静”的紧张——由平行而不平行；“静”是“动”的还原——由不平行而平行：“动”与“静”构成一个（良性）“生态”循环（cycle）；

于是：

以“（活）动”破“静”，使之“行”；以“行”与“（活）动”合一，回复“静”——周而复始，往复不止，便是“场”的运行常态。

显然：

“场”的“经营”，乃是一个动静循环交替的“稳态”过程。

（接上页）上都蕴含着某种“失衡”的意味，因而在整个“场”的运作中，就会致使作为准备状态的“平衡”（平行）因为失去前提而无以打破“平衡”也无从回复再“平衡”——因为作为相互作用双方关系的前提本来就是失“衡”的。显然，不管是“二主”关系还是偏重某一方的教学关系，都是不适用于“场”运作的。也正是基于这个考虑，本研究已经将教学关系调整到“平行”并且相向不悖的位置上来，以资适应场的“平衡-不平衡-平衡”式良性运作流程，从而出现“平行”随着“不平行”的往复出现而往复“平行”——显然，这个“不平行”终归是“平行”关系的运动形式，因为随着问题的解决它随时都可能还原为“平行”，从而令心物之“场”始终保持在一个“准”平衡或者“准”平行的常态之中——这便是本研究从勒温的“稳态”动力论中汲取的基本原理：勒温把“平衡”看作是一个动力概念，而把紧张系统看作是一种“准稳定（平衡）的过程”：“紧张”表现为一个“过程”，表现为打破原有的平衡而趋向新的目标，并在新的水平上获得新的平衡。这一流程表现在心-物“场”中便是：失去平行，趋向新的需要，并在完成新的满足之后再度回归平行。显然，这里的平衡，并不是表示静止，而是蕴含着变化，体现着过程。因为一次平衡既标志着一个活动的目标实现和结束，又意味着下一个活动的准备和开始——目标的确立蕴含着动力的功用（这显然是坎农的观点。小言，2013）。因而，沃尔曼（B. Wolman）说：“勒温提出有机体倾向于平衡的观点，这显然是效仿坎农和戈尔德斯坦。”心理学家们（贝纳德、坎农和勒温）都把有机体看作是一种开放的生物系统，认为他们都是在同其外在环境的相互作用的过程中保持其相对平衡的内在状态的。

第七节　基于合二而一[1]的整体[2]律

一是，环境在“场”内“一分为二”，构成“两翼”：

心理环境与物理环境（心理场与物理场）；

二是，主客在“界”外“合二而一”，完成“对话”，其流程是：

（客体物理内容）“活动化”→活动（“施于外”）→呼（主体心理活动）“行为化”→行（“行于外”）→应→二外合一→对话（非合一则未必对话）[3]。参见前文“对话”示意图。

---

① 老子说：“天下之物生于有，有生于无。道生一，一生二，二生三，三生万物。”（《老子》第四十二章）足见，“一”不是一，因为可分为“二”；“二”不是二，因为可合为“一”——在“天人合一”之外，国人（王阳明）尚有“知行合一”“情景合一”诸说。这些便是中国哲学中辨而可证的整体观，也是本研究一机两翼，一体两侧教学观的哲学依据之一。

② 勒温的动力研究所强调的乃是人与环境的关系及其相互作用，并由此突出了人的情感、意志及其人格的作用。于是，“场”——个体的“生活空间”所要容纳的乃是一个知情意兼备的人，而不仅仅是一个人的感、知、觉或某些个别属性，可见格式塔的整体原则在这里具有了更加广泛的意义。因为，这个“整体”性已经包含了“人”和“环境”，即“人”和人以外的“空间”，换言之由于“心”与“物”的整而合一，这个整体化所构成的便是一个个体更加完备的“生活空间”，而这种“动力与整体”的整合，也正是勒温心理学的根基与核心所在。

③ 关于环境在“场”内一分为二，这里对“物理环境”（客体）的扩展是：（一个包括教师及同等角色的人在内的一切“事实”）客观存在“物”（这个“物”指教育内容的“物化”，其中的人被拟定为“物中人”）；与此相对应，主体的“心理环境”则被紧缩为“心”，从而把人与环境的关系界定在“‘心’与‘物’”之间；关于主客（“心与物”）在界外合二而一，目的在于使主体的内部世界“心”与外部世界“物”所承载的教育内容相融，而不是主体（本身）与客体（本身）相合。这才是整体的本然。

第八节　基于融会贯通①的本然律

教与学会，是谓氤氲。

“教”与“学”会，是谓效学。

“学”与“习”②会，是谓学习。

言与味会，是谓翻译。

---

① “昔之得一者：天得一以清；地得一以宁；神得一以灵；谷得一以盈；万物得一以生……”（《老子》第三十九章）足见，“天”“地”“神”“谷”乃至于“万物”，之所以取得“清”“宁”“灵”“盈”而“生”的境界，都是因为达成了浑然一体的整体效用，以期教师得一以“窍”（巧）。道家讲究天人合一，正是为了获取如此这般的结局。石涛对此深有感悟，于是才有了“笔与墨会，是为氤氲”以及“意与境会，是为氤氲”（石涛《画语录》首章——“一画章”语）。其实，不如说“人与天会，是为氤氲”（小言，2011）。由是，便有了这里就本然之律的描写。此乃成事之妙诀者也。

② 学习，是近现代的概念。在古代，则抑或称之谓——“‘学’而‘习’”之才对，如：“学而时习之，不亦说乎？”（《论语》句）这是“学”与“习”最早在同一语境中出现——“学”，古意：学修己的道理和为人的知识；“时”，古意：“适时”；“习”，古意：“实习”“演习”之意（参见戊子仲秋京师崇贤馆刊《论语》册一的诠释）。值得注意的是，这里的“习”并没有所谓“温习”“复习”的意思，否则就会同《论语》下文“温故而知新”的语义发生重叠而不合修辞逻辑。因此，笔者将这里的“习”引申为“实习”，进而衍生为“检验”“体会”的意思，因为在逻辑上即便是“时常”“时时”的温习、复习，也不至于使学习者“说”（悦）起来的；而“习”这个“检验”的意义在古人关于“学”习的流程中也是合乎情理的，比如在《中庸》“博学之，审问之，慎思之，明辨之，笃行之”的学习流程中并没有“温习”或者“复习”这个程序，相反其中的“审问之，慎思之，明辨之，笃行之”却大有“验证”或者“检验”的意味；况且，“习”的这一解释尚能在当代意义上同所谓“研究性学习”的本义相接近，即学来的东西只有经得起“究”的推敲，才配得起“研”的内涵。可见，将孔子“学而时习之，不亦说乎”的学习观诠释为：“学”来的东西，须经由“习”的检验，才足以“说”（悦）得起来，是既合情也合理的。这应该是国人关于学习的第一个说法。依据这一诠释，笔者随将“学”与“习”分而置之，注而疏之，从而将国人关于学习的概念澄清为“学”来的东西要经得起“习”的检验，才足以“说”（悦）得起来的动态概念。兹谨识。

"得体"与"得宜"会,是谓得穷。

"手"与"心"会,是谓顿悟。

第九节 基于天人合一[①]的顺序律

- "先其天性,后其学习"(唐张怀瓘语);
- "性是天,习是人"(唐吴融语);
- "天学修心,人学修身"(宋邵雍语);
- "先假于'机制'(先天),后假于'结构'(后天)";
- "先其 I-语言(先天),后其 E-语言(后天)"[②];
- 先其需要,后其教学;
- 先其阅人,后其度教,等等。

① "天",即自然之规律,"天性",乃自然赋予之秉性——两者均有待发现,而后"合"而"一"之,谓之"天人合一"。——善者,顺而为之,善其善也;"恶"者,逆而为之,使其"善"也,恰如荀子所谓"人之性,恶;其善者,伪也"。参见《荀子全译》之"性恶"部分。所谓"二外合一",则先"行之于外"的是"学"之"心理",乃"天"性也,后"施之于外"的是"教"之"活动",则"人"之所为也。足见"二外合一"亦"天人"之功效所在者也。于是,教事要发现者,乃学习之"天性",乃学生之"天性",乃语言之"天性",或顺而为之,或逆而行之,如此,"道"在其中耳。其实,人之性是无所谓善恶的,笔者信以为"人之性,乃朴(即一张白纸)也,其变者,学也"(小言,2009)。

② 这是乔姆斯基对语言的分类,I-语言——内在化语言,即 internalized language,自然是指语言的先天性并被机制化的语言,如 universal grammar,是一种被抽去了语言使用者的语言或者语法;E-语言——外在化语言,即 externalized language,是语言使用者在各种语境中所实际使用的语言或者语法,自然是指语言的后天性并被语境化的语言。

第十节　基于生活空间[①]的呼应律

生活空间——“场”，以心“缘”物“由”（内“缘”外“由”）的方式作用于“人”（个体）的行为变化；

物“由”（外“由”）的方式是：活动化“施之于外”——“呼”；

心“缘”（内“缘”）的方式是：行为化“行之于外”——“应”。

场“力”何“缘”？——“缘”自个体内在的“紧张系统”；

场“力”何“由”？——由“‘外牵’而‘内动’”，或由“客‘呼’而主‘应’”，或由“物‘激’而心‘活’”。

有“激”有“活”——成“整体”；

有“牵”有“动”——则“完形”；

有“呼”有“应”——便“合一”，此之谓呼应律。

这个由于协同而“合一”的合作性效力所产生的“合力”在主、客体的切合点（即“固定点”）上“切割”着“场”；

教学，借助于这种“切割”之力的持续发生，求得活力和效用。

其法则是：

“使之‘活动’，使之‘行’。”

由是，“生活空间”将由“教师-教材-学生”所构成的平面线型

---

① 勒温的“生活空间”实际上就是一个心理的格式塔，具有格式塔整体（性）所具有的一切特点（如动力性、结构性、关系性和系统性等），是个体心理活动和行为动力赖以发生和表现的地方，是一个具有整体特点的动力场，也正是心理紧张（系统）的功用所赖以发生的地方，是个体赖以成长的环境，因而便正是本研究作为“心”与“物”对话的地方——“活动”与“行（为）”合一（“完形”）的地方，因而也就是本研究所设定的“心理环境”与“物理环境”合而成就的学习之“场”的所在之地。

流程化为："心-媒介-物"所合成的三维立体之"场"。

其方式是：

一分："心"（心理环境）与"物"（物理环境）在"场"内一分为二；

二合："活动"与"行"在生活空间内合二而一。

第十一节　基于动态运筹的过程[①]律

- 研究过程：

由"致广大"经"化约"而"尽精微"；

- 学术过程：

由形而上经形而中至形而下；

- 学问过程：

由宏观经中观至微观；

- 疑问过程：

由微观经中观至宏观；

- 研习过程：

由理论经化约至实践；

- 言语过程：

由"言内意义"经"言外意义"至"言后意义"；

---

① 恰如普汶（L. Pervin）所指出那样的，"过程（正如一般系统论所尽力阐明的那样）是动力心理学的核心"。于是，这一核心概念所揭示的"过程"就应该是一个动态的行为概念，而不是一个静止的程序步骤；是一个三维的行为，而不可能是一个二维的现象，认识这一点是非常重要的。

• 教书过程：

由“字里”经“行间”至“字外”；

• 认知过程：

由“感性”经“理性”至“悟性”；

• 学习过程：

由“手”经“脑”至“心”；

• 翻译过程：

由“得法”（言内）经“得体”（言外）至“得宜”（言后）；

• 语用过程：

由“表层结构”经“深层结构”至“外层结构”等。

抑或扩展为尼采之精神三变化，则：

由“骆驼（精神）”经“狮子（精神）”而“婴孩（精神）”；

抑或延伸至王国维之精神三境界，则：

“由‘昨夜西风凋碧树，独上高楼，望尽天涯路’——第一境界，经‘衣带渐宽终不悔，为伊消得人憔悴’——第二境界，至‘众里寻他千百度，蓦然回首，那人却在，灯火阑珊处’——第三境界”；

抑或衍生为应用化分项，则：

1. 由规定性经描写性到适宜性的原则；
2. 由能指（signifier）经所指（signified）到本意的原则；
3. 由语言（langue）经言语（parole）到话语的原则；
4. 由外部语法经内部语法到话语结构的原则；
5. 由语言因素经非语言因素到语用因素的原则；
6. 由语言经文化到跨文化的原则；

7. 由句子经非句子到话语的原则；

8. 由语法经语义到语用的原则，等等。

足见，由“机械”化经“轻松”化（练习）而“自动”（化）、由 pidginization 经“化瘀”（小言，2006）而 de-pidginization（Schumann 术语）、由 nativization 经“化解”而 de-nativization（Anderson 术语）、由“陈述”（化）（declarative knowledge）经“操练”而“程序”（化）（procedural knowledge），乃至于由“结结巴巴”经“跌跌撞撞”而“流流利利”等，皆“流程”之谓者也。

毕竟：We are always on the way from WHAT（本体）through a BRIDGE（津梁）to HOW（方法）（阎佩衡，2005）。

第十二节　基于方法认知的切入律

• 教学方式两切入：

归纳切入：不依现成教材，由未知开始，多方设问，生成假设；

演绎切入：借现成教材，由已知开始，多维质疑，验证假设。

• 科研结局两件事：

（一）“证实”——证明假设“真实存在”（empiricism）；

（二）“证伪”——证明假设“并不真实”（falsification）。

于是，介乎二者之间的东西，亦即既不能被“证实”（to be proved true），又不能被“证伪”（to be falsified）（或者“证虚”）的东西，在严格意义上是不能称为科研结果的，因为它实际上已经丧失了科学的真实性[1]。

第十三节　基于“敩”学推演的技术律

- 在战略上，以学习为起点，以“效学”[2]为方式，以“怎么学”为归属，以“怎么教”为“辅佐”。
- 在技术上，通过“怎么学”探知“怎么教”，通过“怎么教”研究“怎么学”。
- 在理论设计上，完成由“语言”向“言语”、由“语言”向“文化”及由“学得”向“习得”的三个过渡。
- 在语义追寻上，既涉及“言内意义”，又涉及“言外意义”，还涉及“言后意义”。
- 在结构设计上，打破单一的教育学和语言学范式，走跨文化兼跨学科的路子。
- 在具体做法上，教与学平行，教与学相向，教与学同行——

① 然而在艺术上，情况却偏偏相反，因为艺术贵在二者之间——比如齐白石在乎“似与不似之间”，或者还可以在乎“是与不是之间”（小言，2006）。

② 古代推论教学之内涵，其做法是：将“敩”（xiào）与“学”，统而谓之学，合而为一，因为教足以“觉悟”（所谓“教而觉之”，或教而使觉之）；学，足以“自觉”之，显然这是一种教学同构的深邃内涵，其所寓者乃教学相向而同行的平行关系。恰如《兑命》之所记谓之“教学半”，其前一个“学”（xiào）字所读之音，“敩”（xiào）也有“效仿”之意，“效仿”什么呢？自然是效仿“学”习；而“教”的“说文解字”是“上所施，下所效也”（见许慎：《说文解字》，中华书局影印，1963，第 69 页。）。足见，古之“教学”，原本就有教学相效之意，此依许慎《说文》所解“敩”（xiào）之意“上所施，下所效也”，将“教学半”之“学”，推演为“下所行，上所效也”，其逻辑应该也是通顺的。“敩（xiào）学半”，原本就意味“教和学各是学问的一半”，参见纪江红：《四书五经》“学记”篇，第266 页。

亲近学而回避教，升华教而逼近学。

- 假于对习得“理论”“假设”和“模式”的认知，“想”清楚；假于就教学“策略”的应用，“做”明白。
- 输入，须讲方式之“因”；加工，须借策略之“由”；输出，须究结局之“缘”。

第十四节　基于“敎”学推演的目的律

走出“语音、语法、词汇”的三点论，走向“语(言)文(化)”教学的“回归”路——教在“以文化人”，学贵“消化其文”；

突破以往“传道、授业、解惑”理念的定势，走向“回避教，(而)亲近‘学’”“教必须学，学也在教”的“敎”学理念——以“学”促“敎”，由“会学”至“学会”。

第十五节　基于相向而行的教师律

在教育学的视域中看，教师乃是家国之事的操劳者，教事乃是需要社会尊重的劳动；在心理学的视域中看，教师乃是人，乃是活生生的人，乃是各不相同的人，教事乃是需要施教者用心力去完成的劳动；在家国学的视域中看，教师乃是家事之希望，乃是国事之分担，教事乃是家人之指望，乃是国人之委托[①]；在国之易学的视域中看，教师乃是“传道、授业、解惑”之学士，教事乃是一件形而上

---

① 因为没了更高的见地，便依了旧日的句式，算是套用吧。

的事情。

学生之于教师——从教师那里收获了什么?①

教师之于学生——从学生那里知道了什么?②

如果"知其学"必"守其疑""知其疑"必"守其问""知其问"必"守其悟",那么"知其教"则须"守其学","知其学"则须"守其'教'",不是吗?毕竟,"先生只是先于学生而生,后生不过后于先生而学"(阎佩衡,1992)。

如果书是不会说话的老师,那么教师则是会说话的书(阎佩衡,1992)。

既然学生就是特殊的老师,那么老师就是特殊的学生。此所谓"教"与"学"的平行关系之所在也;在乎学,须"知其学,守其疑"、"知其学,守其问";在乎教,必"知其教,守其学""知其学,守其'教'"。此所谓教与学、学与教的应然格律之所致也。

第十六节 基于相向而行的学生律

"从教育学的视角看,学生是我们的劳动对象,是教育需要用功的地方;从生理学的视角看,学生是人——活生生的人,各不相

---

① "若是早些认识老师,早些懂事,早些知道自己不知道的事情还有那么多,今天就不会如此慌乱,不知所措,今天也就不会如此迷惘,不知何去何从……"毕业时,学生还在"慌乱",还在"迷惘",还在叩问"何去何从"?这是一位广东籍学生写在给笔者的《同学录》中的一段文字。或许,"她"所传达的,正是我们的教育及其教学所应该深刻反省的地方。

② "因为命途中的你们,我才没有荒芜了青春",这是一位湖南长沙籍毕业生匿名寄给笔者的话语。这是一个青春生命对教育教学真挚的企盼。

同的人；从事业的角度讲，学生是未来——未来的希望，未来的人才。”[①]

教师的学生观——从学生那里知道了什么；

学生的教师观——从教师那里得到了什么[②]。

如果“知其学”须“守其疑”，“知其疑”须“守其问”，“知其问”须“守其悟”，那么“知其教”则必“守其学”，“知其学”则必“守其‘敩’”。因为，“先生，不过先于学生而生；后生，只是后于先生而学”(阎佩衡，1992)。

如果教师是会说话的书，那么书则是不会说话的老师。

既然老师是特殊的学生，那么学生就是特殊的老师。此所谓学与教的“平行”关系之所致者也。在乎教，则“知其教，守其学”，“知其学”则必“守其‘敩’”；在乎学，必“知其学，守其疑”，“知其疑，守其问”，“知其问，守其悟”。此所谓学与教、教与学的本然格律之所在者也。

---

① 这是研究者多年前的观点，见《长江水利教育》1993年第2期，未做文字及其内涵的改变，以保持原有的面目。

② 这里所录的是一段来自学生的真实话语，从中足以看出学生心里的教师来。“与尊师离别留言：小学时，老师是我心中的‘神’；中学时，老师是我心中的‘老师’；现在，老师是我心中的‘人’，和我们一样的普普通通。您，是一位真正的人，您的容止、人生观、苦乐观永存我心，激我奋进！你的学生折瑞兵1987年12月23日于水校”。就此，笔者的感触是：一个总是把老师的话语奉若神明、把书本的答案奉若标准的学生，是不大可能有大出息的；相反，一个把老师看作普普通通的人、把书本看作参照体系的人，才是一个有望到达(其)理想巅峰的人。

第十七节　基于格物致知的关系律[①]

就习得学而论，学习学便是“输入”与“输出”的关系学；

就对比观而论，翻译学便是两种“语”(言)与“文”(化)的关系学；

就符号学而议，符号观便是关于“语言符号”与“非语言符号”，乃至“言内意义”与“言外意义”的关系观；

就结构观而议，结构观便是 I-语言与 E-语言的关系“学”所致者也；

就拓扑学而议，“场”论乃是“心”与“物”、“教”与“学”乃至“人”与“环境”的关系学。

毕竟，“格物”是需要“格”清事物之间的内在关系以期“致知”的。

第十八节　基于两者之间[②]的格物律

基础性教学：

“在乎然与所以然之间”；

---

① 笔者关于学问观的主张是：做学问“就是‘格’清事物之间(内在)的关系”，因而便有了这里所谓的关系律，并在其他相应的地方都可以觉察到这一认知的痕迹。

② “在乎两者之间而格物”，是研究者基于中国哲学(《易经》)相反相成之原理所抽象得来的方法论，已经贯穿于本研究的始终。自然，必须经由实践兼应用的无情检验了。

研究性教学：

“在乎理论与实践之间”；

语义：

“在乎直译与意译之间”；

文化：

“在乎归化与异化之间”；

方法：

“在乎东方与西方之间”（或优选或合璧）；

干预：

“在乎有形与无形之间”；

规矩：

“在乎抽象与具象之间”；

学术：

“在乎道与器之间”；

艺术：

“在乎形与神之间”；

世界：

“在乎微茫与微妙之间”；

理论：

“在乎实在与虚在之间”；

一言以蔽之，理论之于实践在乎经由方法以矫正，实践之于理论在乎经由操作而验证，是之谓在乎“矫正”与“验证”之间者也。

第十九节　基于随机发生的学习律

假于心(理环境)与物(理环境)合而成就的“场”：

与环境“交涉”；

同环境“对话”。

所假者何？乃一静一动之所寓也：

“静”者，我所“知”(相关知识、显性知识兼隐性知识)也；“动”者，我所“行”也。

所假者何？乃一心一物之谓也：

“心”者学之所“缘”，“物”者学之所“由”。

所“由”者何？所“缘”者何？

假于方式，以令“物”“活动化”以由之；假于策略，令“心”“行为化”而缘之。

“交涉”者何？“对话”者何？

“物”之“施之于外”与“心”之“行之于外”，令“二外合一”者，“交涉”也，“对话”也。

假于“翻”而入乎“境”内，假于“译”而出乎“界”外。此之谓(宋陈善)“入出”(学习)之法①。

何以“入”又何能“出”？

其步骤是：一参照，二质疑，三出新；

---

① (宋)陈善之入出(学习)法，讲的是“先入于里”——所谓“在乎法内”，“后出于外”——所谓“出乎法外”的读书方法，研究者则将其先用于翻译，后用于学习，兹谨识。

其流程是：由"手"经"脑"至"心"地学习。

在乎"思"(thinking globally)与"行"(acting locally)之间：

先假"所知""所见"兼"所闻"者思以致远——"想清楚"；

继借"所谋""所图"兼"所计"者行以成事——"做明白"。

何以"想"又何所"为"？

假于所知——查我所明；行于所需——明我所要。

假于所知，缜于所思；行于所需，成于所为。此亦所谓在乎"知行"之间者也。

然则，"在乎法内"，足以练就其功夫；"出乎法外"，毕竟修得其心灵。此，形而上之"理"，必记乎心间者也。

第二十节　基于始于问题的研究律

"提出一个问题，往往比解决一个问题要重要得多，因为解决问题也许仅仅涉及一个数学或实验技能而已，而提出新的问题、新的可能性，则需要从新的角度去看待旧的问题，需要具有创造性的想象力，因为它意味着科学真正的进步。"①

于是，我们需要做的便是：

假于所"知"(假设、理论、模式等)的佐助，以便推"论"；假于所

① 这是爱因斯坦(Albert Einstein，1879—1955)的著名论断，其原文是：The mere formulation of a problem is far more essential than its solution，which may be merely a matter of mathematical or experimental skills. To raise new questions，new possibilities，to regard old problems from a new angle requires creative imagination and marks real advances in science. 转引自谢超群：《礼貌与模因：语用哲学思考》，福建人民出版社，2011，第5—6页。详见本书前言。

“行”(由假设、理论、模式等“化约”而来的策略)的干预，以便取“证”。是之谓“在乎‘论’‘证’之间”的路数者也。

第二十一节　基于有形无形的干预律

在“教”与“不教”之间，斟酌效果；
在“言”与“不言”之间，选择方式；
在“行”与“不行”之间，拿捏得失；
在“为”与“不为”之间，抉择策略。

第二十二节　基于教学观的教学律

教，该如学，不该总是授；学，该如疑，不该总是受。
毕竟：疑生问题，问见真谛，学含思路，思蕴想法；
学，是生发性的行为；教，有灌输性的意味；
学，多引发“想”；教，多意味“管”。
足见，“学”的信息量比“教”大；
况且，学意味着主动地汲取；教暗含着被动地教训。
故：教也者，斅(效)学之谓也。

第二十三节　基于教学观的概念律

教也者，“斅”也；“斅”也者，“效”其学法，令其“学”也。
“斅”，通“效”，同“法”，亦作“学”。

故，教也者，效法学习者也。

何？假于其人之学法，令其自求学功耳。

曰：师也者，所以效学、法学、学学也。

第二十四节 基于学习观的教学律

天下之教，未有不“教”而足以言“教”者也。

曰：先远乎其“教”，后近乎其“教”，久得乎其“道”，何在乎其奇？

天下之学，未有不“习”而足以言“说”者也。

曰：先在乎其“学”，后介乎其“习”，终见乎其“说”，何惧乎其难？

第二十五节 基于场论的方法律

辩正理，化成规，取上法；

假于场，效于学，合于一。

第二十六节 基于教学论的效果律

场若借，教若教，教若学，学若问；

问若疑，疑若省，省若明，明若悟。

此，所以大教若教，大教若学者也。

第八章
教学之统筹

如果形而上的理论足以化约为规约、规则及其格律一类，那么形而下的实践则足以升华为经验、技术及其技巧一门。无论如何，经验、技术及其技巧一门都足以同规约、规则及其格律一类并列于“中观”的位置，从而既同“宏观”的理论相呼应，又同“微观”的实践相切合。

既然经验、技术及其技巧一门同规约、规则及其格律一类一样，都处于“中观”的位置，都属于“形而中”的东西，那么它们就都与理论相关，都同实践相联，都足以成为理论切入实际的津梁所在。

第一节　教学关系

知其教乃教事之本，守其学则教师之德；知其学乃教师之事，守其“教”则教师之业。毕竟，将“事”推向“业”者“人”也。

知其学乃学事之体，守其疑则学人之本；假于所知推其未知，行于所需穷其究竟。毕竟，将“学”置于“疑”，将“疑”化为“问”，将“问”顿作“悟”者“材”也。

假于物乃教事之道；自得之则学事之规。

学，长人以知识，使人眼高；习，补人以证据，使人气长；“翻”，添人以见识，使人知书；“译”，省人以方式，使人达理；教，示人以路数，使人技高；育，添人以理想，使人境远。

“学”与“习”之用，乃假于“场”之功，以“物”之“呼”牵引“心”之“应”，“学”以知其所需，“习”以验其所知，方显其学习之功效矣；

“翻”与“译”之能，乃假于“境”之力，端正其解读，规范其表述，才现其翻译之境界也；

“教”与“育”之功，乃假于“场”之用，始“养”其正，终达其“成”，必见其教育之初衷耳[①]。

此所谓“修己立人，‘止于至善’[②]”者也，绝非易事一桩欤。

第二节　教学政策

学生面前人人平等——“同学”，一同学习；

学习面前人人平等——“平行”，相向学习；

教师面前人人平等——“同志”，志同道合而学习；

文字面前人人平等——字斟句酌、修炼功底，谁炼谁得，谁修谁成；

---

① 这是“场”论的主张，力主在环境的建构与经营中见教育教学的效果，即通过环境建构与经营的方式来实施教育教学，这就是“场”的方法论意义所在。

② “止于至善”，乃《大学》体系之“三纲领”兼“八条目”中的“三纲领”之第三，即“明明德”“亲民”和“止于至善”之所谓，这是将儒家的思想加以抽象，加以升华，谓之“至善”之美，其内容是：“为人君止于仁，为人臣止于敬，为人子止于孝，为人父止于慈，与国人交止于信”；而八条目则指：“格物、致知、诚意、正心、修身、齐家、治国、平天下”之内容所在，兹敬录于此，或供参照之用。

文化面前人人平等——教，须以文化之；学，必消化其文。

理解了一个教师的政策，便理解了他的教学方式乃至他的人格风范（至于教育面前人人平等，至于“长官”面前也论长短，乃另当别论了）。

毕竟，“教师也在学，学生也在教”（阎佩衡，2005）。

于是，“课”不必“授”完了，开“通”便是了。

培养一种就所谓“标准答案”[①]的“非”议性意识，抑或养成某种“非”标准答案的习惯性冲动，实在是一个教师的至德所在。

“知情意”的三角形和教与学的三规约：

一是，一次认知的开悟；

二是，一回情感的体验；

三是，一个习惯的改变。

毕竟：

明白了一个道理，就多了一种理性的认知；

托出了一种方式，就有了一次感性的体味；

经历了一次触动，就经了一回心志的历练。

一堂课，无论以何种方式开始，都足以将学习者引向自觉摸索的空间，以资酝酿“疑”的冲动；

---

① 笔者曾见识过这样一组多项选择的标准案例——“问”：雪化了，变成了什么？选择答案是：（1）变成了水；（2）变成了泥；（3）变成了泥和水；（4）变成了春天。标准答案：在排除了对第（4）项的错误选择以后，确定说前三项都在可选的正确答案之内，亦即：这里只有“变成了春天”是错误的答案。就此，笔者的感触是，为什么最富有想象力、最富有诗意的答案反而成了错误的答案呢？莫非这意味着所有答卷人都是机器人不成？可见，都是标准答案惹的祸。或许，教育教学的质量应少在乎“知道了什么”，多在乎“想到了什么”。

一堂课，无论以何种方式结束，都足以给学习者留下再度思考的余地，以资养育“问”的习惯。

教事的坦荡在于：提供了疑与问的切入口便够了；打开了学与习的介入点便足了。毕竟，入门了，便成了；毕竟，“泛滥无归，终生无得；得门而入，事半功倍”（张之洞语）。

先将一门课舒展为多门课，再将多门课紧缩为一门课，其好处多多，你何不试试？

学习，常常不在乎知道了多少，偏偏多在乎想到了什么。毕竟，想把事情做得好一点儿，往往不是基于“知道得多了一点儿”，而常常是基于“设想得远了一点儿”。

语言是工具，讲究“在乎法内”的规矩，文学是艺术，讲究“出乎法外”的功力；若夫，在外国的语言兼文学之间，添置一座翻译的津梁，则：或如鱼得水，或如兵得器，或恰如开辟了一方的“语”（言）“文”（化）生长的天地。中国语文是这样，外国语文也是这样。

第三节　教学方式

“引而不发，跃如也”①——“教”者“不发”，乃让“学”者“自发”，以企“将知识转化为能量”。

毕竟：“教”，是一种影响力；“学”，是一种发生器。教，是有形的“干预”；问，是无形的“启发”。果真儒家是有为的教化，乃见道家是无言的化成，何去何从，君自便了。

① “引而不发，跃如也”，《孟子·尽心上》语，喻事入骨，比物入理。

善教不如善学，善学不如善习，善习不如善疑，善疑不如善问，善问不如善悟，于是：

只要“大胆质疑，小心设问”（阎佩衡，2012）便是了。

在乎理论，要具象地“化约”；在乎实践，得抽象地“升华”。做好了，便足以得心应手、左右逢源，不管怎样，都得试试。

有的，“导”着、“领”着，便去了他们以为正确的地方；

有的，“领”着、“导”着，竟到了你们以为理想的境界。

毕竟，“领”与“导”（并）不一般，不是吗？

求学高处“三打通”：

“古”与“今”打通，假于文字学；

“中”与“西”打通，假于文化学；

“文”与“理”打通，假于艺术学。

毕竟，由此而及彼，常常需要一个“打通”的功夫，架桥的功力，非此不言“通”耳。毕竟，“由是而之焉”（孔子语）乃是学路之常途，学事之常规，不是吗？

因一致而百虑（上），由殊途乃同归（下）[①]。

毕竟，学问是没有国界的，于是，便得：

Thinking globally，acting locally. 这是一个国际化的、比较受用的学习规则，好自拿捏，就是了。

先从有到无，再从无到有，抑或先从不疑惑到疑惑，再从疑惑到不疑惑，乃学事之路也。

---

① 此联句，系笔者取《易·系辞》“‘憧憧往来，朋从尔思。’子曰：‘天下何思何虑？天下同归而殊涂（途），一致而百虑’”句之蕴涵而随成的对联，因与“学”“问”的规则有关，录此以资参照。

如果“疑”往便足以“问”来，那么“问”旧便足以“知”新。

读书，或如“参照”——从不一样到一样，乃是“汲取”；或如“质疑”——从一样到不一样，方为“出新”。

言之易，行之难，奈之何？

而开具“书单”之事，则：

或如，“取法乎上”；或如，“顺藤摸瓜”，无他。

只要有一个“在乎情理之中”的谋略在胸，就一定会换来一个“出乎意料”的结局在望。

关于西人之学规——“Thinking globally，acting locally”的试译：

- 形而上的思维，形而下的策略。
- 在“道”上做文章，在“器”边找方法。
- 大处着眼，小处着手。
- 国际化的思维，本土化的问题。
- 眼高跨越国界的限制，手高抓住本土的问题。
- 眼高看到整个世界，手高抓住当下问题。

于有疑时发问（上），“在无字处读书”[①]（下）——自成规矩，何不试试？

敬畏什么，就会贴近什么；贴近什么，就会成就什么。于是，敬畏语文，或许便能成就语文，何乐而不为之？

然，何以“敬”之？又何堪“畏”之？曰：

“敬”，恰同从千年前走来；

---

① 此为孟子语，说的就是读书必须思考，一如本文所言：读书须由“字里”而“行间”，经“行间”而“字外”一般，岂不是“在无字处读书”？

“畏”，犹如打薄冰上路过。

“逼近‘道’（器之隐），以发现‘器’（器之显）”；“化为‘器’，以验证‘道’”（阎佩衡，2012）。此可用作教书之“道”，毕竟，“由是”足以“之焉”，是耶？非耶？

我们需要这样一种学习的过程，在这样的学习之后，“学”与“习”的行为足以变得顺理成章，“学”与“习”的过程足以变得自然而然，“学”与“习”的习惯足以养成自觉方式。探索性学习也好，研究性学习也罢，建构性学习也行。不管怎样，这个学习的特征是，令他们的（主观）能动性得到最大限度的激活，好让他们“自主”地、“自由”地、“自己”地学习。

我们需要这样一种授课的过程，在这样的授课之后，学生的心理就像接受了一次医师的护疗一般，足以感触到某种意义上的抚慰和某种程度上的满足。

我们的课程总是在缺乏“标准答案”的情况下进行的：我们在向“彼岸”逼近，因为“此岸”并不存在所谓的标准答案，况且“答案”常常会成为通往“结论”的“遮蔽”，届时还得“解蔽”①。

---

① “解蔽”，是荀子的主张，认为不同的事物乃至同一事物的不同方面都是相互为“蔽”的，他说，“凡物异则莫不相为蔽，此心术之公患也”，如：“欲为蔽，恶为蔽；始为蔽，终为蔽；远为蔽，近为蔽；博为蔽，浅为蔽；古为蔽，今为蔽”。因此，为了使人不流于偏蔽，荀子提出了“解蔽”和“兼陈中衡”的思想，以便使人去掉十“蔽”，从而中正地权衡事物。足见，这是一个重要的思想方法，值得借鉴。另外，荀子的环境教育思想，和《场论》的主张也颇为接近，自然需要参照了：荀子很重视环境的作用，但认为环境对人们发生什么样的作用，取决于人们自己主观的不断努力——称之为“积”，并认为环境对人们究竟是发生积极的还是消极的作用，都是人们“自取”的，而不是机械地决定于客观环境本身的。于是，荀子的环境教育思想是：主观的“积”和客观环境的“渐”二者的兼用才促成了人的本性发生根本的变化。显然，这同勒温的 B=f(PE)以及 B=f(LFS)是有异曲同工之妙的。参见《中国古代教育史》第三章第二节“荀子的教育思想”。毛礼锐等：《中国古代教育史》，人民教育出版社，1979，第 104—127 页。

于是，授课的效果便在于：课后，学生还保持着一种跃跃欲试的冲动——从他那里“学”来的东西，毕竟还需要我自“习”的检查，以便取得“不亦说乎”的感触——从而走在：“We're always on the way from WHAT through a BRIDGE to HOW”的路上。

教学，是一件客观的事儿，不是一个主观的活儿。

于是，就不必告诉人家“应该怎么样”“你要怎么样”乃至“必须怎么样”，而是要通过某种有形或者无形的影响力，使人家明白“本该怎么样”“我该怎么样”乃至“不该怎么样”。

其实，执教者不必以“训人”“教人”或者“授人”的面目出现，而该以商量、询问的口气同受教学者一起逼近那个“本来”怎么样的情境——孔子、苏格拉底都是这么做的。

孩子的事，在“育”不在“教”。我们不是告诉了孩子什么，而是影响了孩子什么；真正起作用的，不是孩子知道了什么，而是孩子“想到了什么”。显然，孩子需要以孩子之心去对待，绝不需要以“大人”之心去度“小人”之腹。

毕竟，我们尚需要“计教以当学”，以便将孩子的事情办好；毕竟，“教”的奥秘常常在于“学”的境界。

教学的功劳安在？

余以为，在辅佐，在帮助，在服务，无他。

对一个孩子心灵发生作用的，不是外界强加给他的什么，而是他自己用“心”灵看到了什么、想到了什么乃至领会了什么、向往着什么。

于是，教育教学的妙诀便在于：

不是告知了孩子什么，而是影响了孩子什么——之后，令他们看到了什么？想见了什么？爱上了什么？向往着什么？

“童心”，是值得研究的，毕竟“她”和“赤子之心”是相通的。

可以“浑身都是戏”，为什么不能浑身都是“问题”？

在笔者的视域中，整个语言教学的追寻，无非是一个“sensibility”而已。在乎基础，乃是“敏感”于做法；在乎研究，则是“敏感”于说法。

带着问题读书，携着方法做事。

尽早找到问题，尽快得到方法，舍此，毋怨；尽早找到入口，尽早进入角色，舍此，毋恨。如是而已，何必怨天？何须尤人？

孩子之天性，唯有“意”而无“识”也；成人之惰性，乃有“识”而无“意”耳，奈之何？

有“意”无“识”者，在（客观）“诱”，不在（主观）导；有“识”无“意”者，尚导，不尚教——唯“教”之事，乃不得已而为之者也。

如是者，乃场论之所见也。

读书，就是找“谱”，就是那个“办事靠谱”“不要离谱”的“谱”；需要记住的是：这个“谱”，是没有成“范”儿可寻的[①]。

教者，“效学”也；或曰：“教”，乃“学”之“效”也。

教（与）学之功效，在于教（与）学之协同、教（与）学之合作、教（与）学之合一。曰：“教”以“呼”之方式牵引“学”的需要；“学”必以“应”之姿态“释放”学的行为。此，乃“效”之学也，乃“学”之效也。

---

① “读书，就是找‘谱’”一类，都是笔者和学生们一起讨论学习时的即兴发挥而已，这里的话语只是借吴媛媛同学的话语而引申的感触罢了。

或许，“效学”乃教学成功之奥秘所在者也①。

曰：“教与学会，是谓教学”，“教”在“学”之合作，“学”在“教”之影响，是耶？非耶？

依据勒温的见地，学习是为了加深个体对（奋斗）目标及其内涵的理解，所谓“朝向目标的动力心理学”是也；于是，教学便是为了培养个体对这一目标的敏锐触觉，以便朝着目标进行有效的冲刺，离开了对目标的接近，一切都是无效的劳动。

只要路子对头了，“想不创新都难”②。

学问，要“在学中问”，以便完成“从没问题到有问题”的阅历；学问，还得“在问中学”，以便走完“从有问题到没问题”的路程。

足见，做学问就是带着问题读书，以便使读书的过程变为实际意义上的“参照”——寻找可资参照的信息、资料，经由梳理、加工和组织，以便真正做到胸中有“数”（据），最终完成“从没问题到有问题，（再）从有问题到没问题”的研究性学习的流程。

只要我们仔细地反省一下就会发现：在教与学的路上，我们做过不少“捕风捉影”（一类）的事，只是我们并没有察觉而已。足见，我们的知觉已经麻木了，与其说已经麻木了，不如说已经“麻

① 《兑命》曰：“‘教学半，其此之谓乎？’”《兑命》（上）：“敩之谓教，言教人乃益己之学。教人谓之学者，学所以自觉，下之效也；教人所以觉人，上之施也。故，古统谓之学也。”显然，古之“敩”与“学”，可统而谓之学，合而为之一，几乎暗合了现代科学的结论；笔者随推而谓之“‘学’以‘教’之，‘效’而‘学’之，即以学之规‘敩’（教导也）也”。此，本研究之“效学”之所谓也，亦可谓“教而觉之”，学以“自觉”也，其目的是合二而一，其结果是二外合一，愿教师们由得此“一”而功成。

② 只要方法对了，“想不创新都难”，还有“搞科研就是说有证据的话”一类，都是杨自检先生生前留给笔者的话，兹以科研格律的方式列在这里，以示对先生的缅怀之心。

醉”了。

于是，我们的责任便在于：

找到我们的问题之所在，以便扬起我们上路的“帆”，以便从头做起，从我做起，将事情尽可能办得好一些。

或许，这就是教学论要办的事情；或许，我们的出发点永远是：问题。

办教育、搞教学，就是经营环境，就是经营“场”；经营“场”，就是经营“心”与“物”的关系。毕竟，求得场“力”的发生，激活“学习”的功效，才是本研究“效学”之初衷所在。

“吾尝终日而思矣，不如须臾之所学也；吾尝跂而望矣，不如登高之博见也。登高而招，臂非加长也，而见者远；顺风而呼，声非加疾也，而闻者彰。假舆马者，非利足也，而致千里；假舟楫者，非能水也，而绝江河。君子生非异也，善假于物也。”

“（大抵）童子之情，乐嬉游而惮拘检，如草木始萌芽，舒畅之则条达，摧挠之则衰萎。”

“今教童子，必使其趋向鼓舞，心中喜悦，则其进自不能已”，要“使其乐习不倦”[①]。

常记“描写”之规约，不以“经验”而论事。

我，乃是我自己的“作品”，结局之良莠，自负责任了。

---

① 以上王阳明语录，见杨清：《简明心理学词典》，吉林人民出版社，1985。

— 形 而 下 行 —

下卷

干预篇

——基于学与习的缺失

行策略之功用，试干预之究竟；

显验证之效应，见微观之结局。

引　言

国人做事的传统是“言智必及事”，讲的是何以将潜在的智慧（可能性）转化为现实的概率（现实性）的道理，意思是只有通过做具体的事情——实际地操作，才能将所学转变为所能，正如荀子所言，“不闻不若闻之，闻之不若见之，见之不若知之，知之不若行之”；所谓“学至于行而止矣”；毕竟“行之，明也”。其实，“言德”“言志”又何尝不得“及事”呢？

本研究以为，这正是孔子所谓“学而时习之，不亦说乎”之蕴含所在——及时地将“学”来的东西加以“习”的验证，从而使我们智慧起来。

正是在这个意义上，方法及其对实践的干预便不可缺失了。

形而上的“梳理”——“器之隐”，告诉我们最重要的原理是：“器”——方法一类，乃是“本真”[①]意义上的东西，因而未必能从形

---

① 这里所谓“本真”的意义，专指古人所谓“法有固然”的本义。在古人看来，应对某一事物的方法不是主观臆造的，而是客观本存的，因此“方法”在于形而上的发现，而不在于形而下的发明。一句话，方法是“本然”的——本来就是那样，而不是“使然”的，因而不大可能单凭经验就可以获得，必须通过修养的造化而悟得。足见，本真的方法只能是一种所谓“器之隐”的“显”现，而不是别的东西。

而下的经验中直接获得，而形而下的“干预”——“器之显”，却必然得从形而上的“器之隐”中脱“隐”而“显”之。换言之，如果说由形而上之“器之隐”中脱“隐”而“显”的“器”乃是“大器”的话，那么由自身经验中“总”而“结”来的“器”就最多不过是“小技”而已。

依照本研究的逻辑：学，须勤“假于物”，力“自‘行’之”；教，必善“假于物”，使“自得之”。此之谓“引而不发，跃如也”之所喻也。教者“不发”，有待“学”者自发耳。

然，“学”者所假者何“物”？曰：

不过静“物”兼动“物”而已，“静”物者，我所“知”（相关知识、显性知识兼隐性知识）也；“动”物者，我所“行”（“为”）也。

其实，无论是静“物”还是动“物”，不管是“假于物”还是“自得之”，或者“‘善’假于物”还是“‘使’自得之”，都有一个教与学之“策略”的问题，因为只有“策略”才是某种“动态”的——直接促进教学的动“力”：“策略”之于“教”乃是一种“活动化”的干预；“策略”之于“学”乃是一种“行为化”的状态。本研究认为，只有在这种“活动化”的干预同“行为化”的状态达成“合一”的时候，教学才是有效果可言的。

何如是？亦如荀子所云：

“吾尝终日而思矣，不如须臾之所学也；吾尝跂而望矣，不如登高之博见也。

登高而招，臂非加长也，而见者远；顺风而呼，声非加疾也，而闻者彰。假舆马者，非利足也，而致千里；假舟楫者，非能水也，而绝江河。君子生非异也，善假于物也。”

足见，无论在“心”与“物”的对话里，还是在“教”与“学”的关系中，“策略”或“手段”，或“方式”，或“方法”，或“拐杖”一路，无一不是可“假”之物。因为，无论是“教”还是“学”的初衷，不过都是在寻找某种可资教学使用的、相对“靠谱”的、比较灵验的“策略”或“手段”，或“方式”，或方法或“拐杖”一类而已。

20 世纪中叶，美国教学法专家弗里斯（C. C. Fries）曾严格地区分过英语教学中 method 和 approach 这两词的基本概念，认为：method 一词是指具体的教学方式、方法和技巧；而 approach 则是指某种足以达到教学目的途径、路子或者理念。也正是基于对教学法的这种认知，他便将自己所主张的外语教学法定格为 the oral approach（口语教学法）。在听说法（口语教学法）以后，一般在有关外语教学法的文献中 approach 一词都泛指一个教学方法的体系，而不专指某种具体的教学方式、方法；而 method 一词则虽仍有广义、狭义之分，但一般都指具体的方式和方法①。

在研究者看来，在具体的方式和方法中，应该还有一个宏观和微观，或者上位与下位之分。比如，汉语中的“方式”与“方法”就是如此，“方式”是一个宏观或者上位的概念，而“方法”则是一个相对微观或者下位的概念，至于“途径、路子或者理念”一路，在汉语中则应该是一个比“方式”与“方法”更为宏观或者上位的概念。因此，英语教学中在 method 和 approach 之外，似乎还需要一个相对微观的概念与之相匹配，研究者以为这个概念就应该是 skill。这样一来，英语中的 approach 、method 和 skill 就方便与汉语中的“路子”（approach）一类、“方式”（method）一般及其“方法”（skill）一路，相互对应，而不至于产生歧义。

---

① 以上见解，参见章兼中主编《国外外语教学法主要流派》之绪论。这是一部由教育部组织编写并审定的关于国外外语教学法的教材，也是我国第一本比较系统地阐述国外外语教学法流派的著述。此书由华东师范大学出版社 1983 年首次出版。

或许，可以这么说，要求直接以“skill”解决问题的人，不是肤浅，就一定是过于“实用主义”，因为他们所需要的不是“经验”就是经验所产生的“工具”之类；不过，值得留心的是，有时他们还要求理论能够直接解决实践中的问题，一旦不能这样，他们便会怨天尤人。

其实，他们的幼稚在于将实践和理论置于同一个层面，他们所谓的理论实际上只是一套直接来源于实际操作的经验总结。殊不知，实践-理论-实践，或者理论-实践-理论原来是一条走不通的路。

这大概是试图通过自身证明自身思路的深刻教训所在，而令当事者不能自拔的则不过是不觉“身在此山中”[①]而已。足见，跨出“此山”，以见真谛——走出自己系统的制约，以便“形而上”地考虑问题，以便跨学科地解决问题才是可取之途。毕竟，“不参照一个比所处系统更大的公理系统，任何命题都是不足以被证明的”[②]。

---

① 这是苏轼(1037—1101)《题西林壁》诗句“横看成岭侧成峰，远近高低各不同；不识庐山真面目，只缘身在此山中”中的语句，其中“横看成岭侧成峰，远近高低各不同”，既是“各不同”的结局，也是“成岭”“成峰”及其“各不同”的原因。于是，在着眼于结局的同时，一旦走出庐山，就可“横看”“侧看”，还可“远近高低(各不同)”地看。否则，就会落得“不识庐山真面目”的结局，就得叹息“只缘身在此山中”的悲凉。足见，(苏)东坡之诗，足以醒我，(苏)东坡之“石”，亦可“攻玉”。

② 这是科特·哥德尔(Kurt Gödel，1906—1978)的观点。在笔者看来，科特·哥德尔旨在言明：要证明一个命题，就必须走出自己系统的制约，以便用多元、多维、跨学科的方式去解决问题，因为自身是不能证明自身的。换言之，从“格物致知”的意义上讲，就英语“格”英语，是“格”不出什么东西来的。出乎人们意料之外的是，老外的现代“殊途”竟然和国人(苏轼)千年的诗境“同归”了。其实，这完全是在乎情理之中的事，不是吗？原语见阿尔贝·雅卡尔与盖特·普拉内斯合著，周冉译，广西师范大学出版社2001年出版的《献给非哲学家的小哲学》，转引自《中国翻译》2002年第5期蔡新乐的《翻译学研究的一个盲点：翻译哲学的形而上之维——从翻译学的方法论到本体论刍议》一文。

由是，本《教学论》试图寻觅或者推崇的，便只能是某种途径、路子和说法（approach）一类，而不完全是所谓 method 乃至 skill 一路的具体方式和方法一路。不过，就本研究的初衷而言，总企望：通过这里所提供的途径、路子或者说法（approach），启示经由这种途径、路子或者方式、方法做事的人，萌生他们自己的方式、方法或者技巧乃至思路及其策略（strategies）来。正是在这个意义上，《场论》才具有了它自身存在的必要和意义。

我们不主张直接挪用"洋人"说法和做法的教学路子，并不意味着我们不需要经验和技术的帮忙。经验和技术产生于或就自身独立思考的化约之后，或对自己实际操作的抽象之后，那样的"经验"和"技术"才足以驾轻就熟、得心应手，解决我们本土（化）的问题。况且，寄希望于他人的教学，才会看重形而下的经验及其技术，最终只能跟着人家的脚步走路；而寄希望于自己的教学，必定是垂青形而上的思考及其抽象（thinking），终究能按照自己的方式走路。

有学者（王蒙，2014）说，当下网络来势迅猛异常，大有改变知识生产方式的味道。果真如此吗？不必究竟，因为知识毕竟要遵循自身的规律而发展。

不过，教书之人却得适当地改变"传道""授业""解惑"的方式。这里，姑且先将既有的教学方法改称为教学策略，以资应对趋势的变化。毕竟，"策略"的含义要比"教学法"来得宽泛，来得广博；毕竟，不同类型的策略设计，足以将各类教学法的理念及其方法包容其中而不失其妙。

另外，在传统的概念中，"练习"（也是"策略"）只是一种巩固和强化知识的手段，完全忽略了“策略”（也是“练习”）的应用化功用，因为“策略”（做法）尚有“验证”理论的功能。毕竟，“策略”——“练习”本当经由“理论”的“化约”而来。

既然在形而上的意义上，“练习”或者“策略”乃是“理论”经由“化约”的结果，那么它们就应该成为某种比较有效的干预方式。毕竟，“练习”或者“策略”是借助于某种理据的支持而发生的。正是在这个意义上，“练习”或者“策略”就有了教学方法的意义，也正是在这个意义上“策略”足以包容教学方法的内容。自然，每一种教与学所采用的方式、方法，都不过是“教”者和“学”者所选用的某种输入“策略”而已。

在20世纪六七十年代“二语习得”研究问世以来，学术界（似乎）多以教学“策略”（strategies）、方式及其手段针对教学中的问题，而鲜以教学的某种具体方法讨论教学中的事宜，很少见到那些直接以单一的方法干预自己的课堂教学的情形。这或许同学术研究的基本取向有关，留给学者们考察就是了。

不管怎样，理论之于实践（的功用）多在乎经由方法以矫正，实践之于理论（的功用）尽在乎经由操作以验证。于是，我们只需要运筹于“矫正”与“验证”之间就足够了。

第九章
由听话经听音而会意的听力教学

第一节　听词听句的误区

英语教学的一个通病在于，教师以为教会了单词，懂得了句子，再加上精到的语法练习，英语的学习就会顺理成章地奏效了。于是，人们看到情况便是，听、说、读、写、译的教法几乎基本雷同；于是，《四、六级必"背"》之类的辅导用书便盛行了，语法书便增多了；于是，学生便以为只要背词、背句的功夫下到了，英语学习及其应试的本事就够用了。

问题在于，背词、背句、学语法的功夫并没有完成学习者提高应用语言能力的任务，并没有实现他们学好英语的夙愿，为什么呢？

因为，一味地听词、听句，尚不是听话。不是在听话，又何足以学会听话呢？而且，英语教学界尚有一个不必言语、不能成文的潜规则，那便是以为只要学会了书面语，便可以理所当然地讲话，讲口头化的言语了。就这样，口语似乎变成了一门不必专门学习的课程，此话另当别论。

其实，只要我们明白了自己学讲汉语的历程，便会自然地明白英语的口语应该怎么学习的道理了。试问有谁是在记训乃至背诵词语和句子的状态下，学会听话、说话的呢？没有，真的没有，也应该没有，不是吗？

第二节　听话

听力是要训练学生听话的能力，以便为说话打好基础。但是，听力的问题在于：听力，变成了“听(单)词”“听(单)句”，结果却不知“话”音。最终只能流于猜“词”、猜“句”、猜“答案”。

显然，听话不是要“听词”“听句”“听答案”。毕竟，“听话要听音儿，锣鼓得听声儿”，虽然“话”是由“词”“句”等组成的。

“话”是什么呢？“话”的语言学术语是“话语”(discourse)，是由“词”“短语”“从句”及其“套语”“填料”等合而成就的一串连贯的(a piece of language，either spoken or written)语言。可见，人家的话是一串一串地讲的，因而听话的人就得一串一串而不是一词一句地听，这便是“听话”。

第三节　听音

“听话”要听“音儿”，是听“音儿”，那么“音儿”是什么呢？

“音儿”就是意义，意义又是什么呢？维特根斯坦说：“意义即使用”，或者说，语言的意义离不开语言的使用；或者说，离开了语言的使用语言是无所谓意义的。因为，离开了语言的使用，语言就变成了一堆僵化的材料；语言材料只有进入了“语境”，语言才会发生“言语”的实际功用，从而产生实际的意义，即说话人所传达的真实意义。言下之意才是真实的意义，才是我们所要听取的“音儿”，只有“音儿”和“音儿”合而会就了意[①]，才算我们听懂了“话”。

听力中的问题，常常在于抓不住话题——不知道说话人在用语言做什么、说什么，而往往将词汇的字面意义直接当成说话人的言下之意，也就是常常将事物本身的意义看作说话人要传达的意义。其实，“事物本身是无所谓意义的，因为意义不应该是一种事物，而应该是事物同人们之间所发生的某种联系，（于是）意义就必然同（产生于）一定语境（环境）下人们对事物的体验直接相关”[②]，而不是同事物本身直接相关。可见，人们对事物的直接体验，或者事物同人们之间所发生的某种微妙联系，才是说话人所要传递的真实意义——言下之意，才是这里所谓听话听音儿的“音儿”。

---

① 会意，文字学中的六书之一，指的是文字的整体意义是由部分意义合而成就的，如“信”字就是“人言为信”，指“信”字是由“人”字和“言”字合而组成，其意义是说人说的话是讲信用的。这里只是取“会意”合而成意的蕴涵而已。

② 这个就意义的界定，是生成语义学的领袖人物之一，即从20世纪60年代至今一直和乔姆斯基观点对立的乔治·拉科夫(George Lakoff)的见地。他说：事物本身是无所谓意义的，（因为）意义不（应该）是一种事物，而（应该）是事物同我们所发生的某种联系，（于是）意义就必然同（产生于）一定语境（环境）下人们对事物的体验直接相关，而不是同事物本身直接相关。笔者以为，这是一个具有独到见地的定义，因为它跟语言的实际使用直接相关，说的是语言的语用意义，很值得认真借鉴，参见华中师范大学石毓智：《〈女人·火·危险事物——范畴揭示了思维的什么奥秘〉评介》，《外国语言学》，1995年第2期，第19—20页。

第四节　会意

显然，只有把握了“音儿”和“音儿”合而会就的“意”，听者才算完成了“听”话的事。

于是，就需要进入“听”的实际角色，调整好听的心理状态，人在“场”中而不是人在“场”外，即始终在听话的语境之中，而不是在说话的氛围之外——真正地“听话”“听音儿”兼“会意”，而不是紧张地“听(单)词”“听(单)句”并“做题”，听力的基本训练就一定会自然而然地做好。

足见，听力的流程乃是：由“听话”经“听音儿”至“会意”式的生理兼心理的自然流程，而不是片面追逐“背单词”“听课文”“做题目”的机械、实用、应试一类的人为程序。当然，必要时，参照一下第一语言听话的实际经验不仅是必要的，而且是必须的。

至于平时的基本训练、听前的必要准备、听中的心理调整及听后的实际反馈等常规的训练，则都是听力学习的基本要求，自然是不能缺失的，因为这些都跟听力习惯的养成直接相关。

总之，听力学习的要点在于：

一是要解决好听力本质的认知问题；

二是要排除掉听力过程中的“情感过滤”(a mental blocks, caused by affective factors... that prevents input from reaching the language device, Krashen 1985:100)，即排除听力过程中诸如情绪焦虑一类的心理障碍；

三是要养成自然而然的听力习惯。

如是，只要你“翻”得出来，就一定能“译”得过去，只要你“听”得进去，就一定能“说”得出来。于是，听力的学成就是不成问题的；如是，这里的感悟，你还可以在口语学习，乃至其他学习的流程中加以延伸和应用。

小结

有人（曾仕强语，2008）说，“首先要学会听话，然后才会学好说话。”

然而，“听话”却不是一件容易的事。其例证是，有人一辈子都没能够“说”好“话”，岂不知那是因为他从来没能够“听”懂“话”。或许，经这里“由听话经听音儿到会意”的听力流程，用这里“翻”与“译”的方式去处理听、说、读、写中的诸多问题，我们就会“听”得出来，“说”得出去，“读”得懂了，“写”得成了。

参考文献

1. 冯志伟. 言语行为理论和会话智能代理[J]. 外国语，2014(1)：21—35.
2. 毛利可信. 英语语用学[M]. 何自然，译. 北京：世界图书出版公司，2009.
3. 乔姆斯基. 语言哲学文选[M]. 徐烈炯，译. 北京：商务印书馆，1992.
4. 盛炎. 语言教学原理[M]. 重庆：重庆出版社，1990.
5. 石毓智.《女人·火·危险事物——范畴揭示了思维的什么奥秘》评介[J]. 外国语言学，1995(2)：17—22.
6. 孙迎春. 翻译、语法、外语教学研究文萃（第1版）[M]. 郑州：河南人民出版社，1994.
7. 王宗炎. 英汉语文问题面面观[M]. 北京：高等教育出版社，2006.
8. 谢超群. 礼貌与模因：语用哲学思考（第1版）[M]. 福州：福建人民出版社，2011.

9. 阎佩衡.英汉与汉英翻译教学论[M].北京:高等教育出版社,2005.
10. 赵美娟.乔姆斯基的语言观[M].上海:上海外语教育出版社,2013.
11. Austin, J. L. *How To Do Things with Words* (The William James Lectures delivered at Harvard University in 1955)[M]. Oxford: Oxford University Press,1962.
12. Hymes, D. H. On Communicative Competence. In Pride and Holmes (eds.), *Sociolinguistics* [M]. Harmondsworth, UK: Penguin Books, 1972:269-293.

第十章
由结巴经跌撞而流利的口语教学

第一节　口语教学的误区

20 世纪 70 年代后期至 80 年代初期，我们的英语教学总是企望学习者能够通过模仿、背诵或者精到的授课，讲成一口流利的“灵格风”式英语。可惜的是，天未能随人之愿。之后的英语教学，又经历了直接法、听说法、句型法乃至交际法（即功能法）等时髦的教学法时期。遗憾的是，这些方法均没能很好的解决国人用英语讲话的问题。

人们总以为，只要学会了发音、懂得了语法、记住了词汇和句子的格式就会自然而然地说话了。其实，对于这些，只要我们想想自己学讲汉语的阅历便会自然地明白：有谁是在记忆乃至背诵词语和句子的状态下学会了说汉语的本事呢？

如上节所及，在英语教学界，似乎还有一个不必言语的潜规则，那就是以为只要学会了书面语言，便可以理所当然地讲话了。于是，口语便成了一门不必专门学习的课程。

这些，大约不能不说是我们英语教学界的误区所在了。为什么会出现以上的状况呢？

一是单顾语法，不顾语用，致使语法脱离实际语域(register)。换言之，只计关系的搭配，不计语言材料的“衔接”，包括语音、语气及其填料(fillers)的过渡性运作，孤立对待词、短语、句子的应用，一味地进行词、短语、句子的操练，致使本该“习得”(acquiring)的话语，长期地、无休止地沦为“学得”(learning)乃至“背得”(reciting)的僵化材料。学生只会说“词”、造“句”而不能脱口说出真实的“话”(语)来。

教学仅仅在语法系统工作，其结果是学生的口语一般都停留在背诵句式(语法结构)的初级阶段而止步不前(fossilization)。他们是在读英语、背英语而不是说英语的情况下学习的，因而他们说话时，不是抬头看着天花板，就是低头看着地板。

二是不明白，语法的功能是解析语言材料的基本结构，着眼点在如何正确地区分句子的基本构成；语用的功能才是解决语言材料的实际使用，着眼点在如何实际地应用语言材料。显然，教学应该确立语言与言语或者语法与语用两个系统，而不能仅仅留守在一个孤立的语法系统中兜圈子。

三是任何事物都需要一个从初级经中级至高级的基本流程，而绝不可以企望过高，也不可能一步登天。违背这个规律，就可能适得其反，使本来可以完成的进步，长期在原地踏步。在这一方面，英语口语教学的教训应该是深刻的、沉痛的，也是谁都晓得的，因而是不必赘述的。

总之，我们踩着“洋人”的步履，并没有走出自己的路来。

可见，习惯于语法本位的英语口语教学，需要在语法系统之外建立一套语用“行为”的规程，这便是本研究所图实现的理想。

第二节　结结巴巴的板块

一、话语质地的辩白

人们原以为，话可以用“词对词”（word-to-word）的办法去讲，也可以用“句对句”（sentence-to-sentence）的方式去说，但他们最终都没能说成像样的“话”。

是不是“话”本来就不是那么说的，也不该那么说呢？于是，语言学家又回到对“话语”（discourse）的研究上来。什么是discourse（话语）呢？《朗文当代英语词典》（*Langman Dictionary of Contemporary English*）的解释是：a serious speech or piece of writing。有中国的语言学家将这个话语定义译为一串“连贯的话”，这大概是因为：不连贯是不能称其为“话语”（discourse）的原因吧。

那么，“话”何以只有“串”起来才会成为“话语”呢？而且，“话”是不是本来就应该“一串”接“一串”地讲呢？

以下是两个学生看图说话、谈论巷闻故事的真实话语记录：

S1：I er in-my picture I have er-erm-it shows-that er there is an accident-erm-a big truck-full of er-er-mercancy-erm-shot er-shoot-shooted-a man who is er on the street-er-seems erm-that he he was in a driving a-bicycle-and another one is eh-going to help him...

S2:In my picture I see erm I see a fellow riding a bike mhm and er approaching to a corner-mhm where we can see a truck-it seems to me that th this fellow is not er looking is not looking at the truck which is er approaching the corner.

S1:Mhm he must be thinking in something else maybe.

S2:Yeah maybe.

S1:Distracted.

S2:Because he's just er looking at looking at the road he's [mm] er besides that he is I just looking down. Looking down at the road but not looking before him [mhm].

S1:They are carrying a man-in ahm-erm-in a portable bed-the one that the hospitals use to carry people that got an accident-and they're taking him-ah from the-from the road-he was on the road-OK but they have just come because-a man-has called the police I mean the people in charge of looking for these people that have had accidents-right-so actually in the picture the there are two policemen-and the man who telephoned-the hospital.

二、理论分析的结局

数理逻辑学家 R. 卡纳普(R. Carnap)在 *Introduction of Semantics*(《语义学导论》,1942)一书中说:"如果我们要分析语言,那么我们当然要考虑语言的表达形式。但是,我们无须同时涉及说话人和话语的所指,尽管只要我们一旦使用语言,都会涉及这些因素。(因为)关于我们所讨论的语言,我们总是可以抽取这些因素中的一个或者两个进行讨论。如是,我们就需要区分语言研究的三个领域,这三个领域是:

(一)如果在一种语言中,明确指称涉及说话人,或者用更加一般的术语来说,涉及语言的使用者,那么我们便把这种研究归于语用学的领域(在这种场合下,是否涉及指称与所指的关系,对于这种分类没有影响)。

(二)如果我们抽取语言的使用者,而仅仅分析语言的表达形式及其所指,我们就处于语义学的领域。

(三)如果我们再抽取所指,而仅仅分析语言表达形式之间的关系,那么,我们就处于逻辑句法学的领域。"①

可见,语用学的研究领域比语义学广,比句法学广,而语用学的研究也就更加地困难。

于是,我们果真用这个方式去分析自己的口语教学,就会发现我们原本试图在语义学领域或者在"指事"(locutionary act)层面做好口语教学,因为误以为真的完全可以"无须同时涉及说话人和话语的所指",结果误入了机械的逻辑句法教学的轨道。因为,课堂教学中的"造句"在离开了真实"指事"——真实"所指"的同时,已经无形中撤出了"语言的使用者"的参与,离开了言语"行事"的轨道,从而将教学导入了既抽取了言语"所指"又抽取了语言的使用者以言语"行事"(illocutionary force)的机遇,从而陷入了仅仅

① 这是卡纳普《语义学导论》一书中的观点,参见冯志伟:《言语行为理论和会话智能代理》,《外国语》,2014 年第 1 期,第 21—35 页。

分析语言表达形式之间的关系的逻辑句法教学的流程，教学的“语用”学意味——由“指事”经“行事”而“成事”（perlocutionary act）[①]的自然流程及其语言为人所用的效应就会不知不觉地付之东流。

三、基本思路的形成

依据英语口语教学的成规，话可以用“词”（words）去拼，可以用短语（phrases）去凑，还可以用“句子”（sentences）乃至不完整的句子去说。可是，终究都没能讲成个像样的“话”，或许“话”本来就不是那么讲的。

经过了“词接词”的语法翻译式尝试，经过了“句连句”的句型教学式演练，其中的滋味是多样的，或许即便熟背了英语中所有的（单）词也未必能够自然地讲话，即便熟背了《英语 900 句》，乃至 9000 句、90000 句，也未必能够流利地讲话。更有甚者，以为经过“书面语”的努力栽培，便会有“口头语”的自然报偿，可惜的是也没能成功。

一词一词说不下去，一句一句讲不成功，可不可以一串一串地说说看呢。如是，“词接词”“句连句”乃至书面语的朗读式“口语”等做法都接不上地气，研究者的思路便自然而然地来到了（关于）

---

① 奥斯汀言语行为（speech act）理论的基本术语 locutionary act，illocutionary force，perlocutionary act，其常规译式是：“言内”行为、“言外”行为和“言后”行为，王宗炎先生的译法是：以言指事、以言行事和以言成事，有学者则将三种言语行为再译为：以言表意行为、以言行事行为和以言取效行为。参见冯志伟：《言语行为理论和会话智能代理》，《外国语》，2014 年第 1 期，第 21—35 页。三译各见其长，笔者便兼取其优、坚持己见了。

“话接话”的假设上来。

理由是:我们总可以(先)将“话”(discourse)与“话”(discourse)接起来说,哪怕是临时的“拼凑”也好。于是,便先“结结巴巴”地讲起来,再说兴许这个“结结巴巴”的讲话,还会给我们带来意想不到的启发呢。谁想到,这个“灵感”竟来自一次玩篮球的经验之谈:打篮球,先得学会“运球”的过渡,才可能得到“投球”的机会——“运球”不到位,“投球”就没机会;没了机会,便只好败下阵来。因为纵然投进了“球”也是枉然的。其实,这个道理跟过河得假于“桥梁”的辅助是一样的,不设桥梁,过河便是一句空话。打球,先得“带球”;过河,先得建“桥”,否则是“成”不了“事”的。

国内外研究英语口语问题者颇多,而足以解决国人用英语说话问题者甚少,奈之何?笔者对我国英语口语教学的基本估计是,既不可能通过书面语的学习自然学得,也不可能依赖现成句式的诵读直接背得;如果将语用方式的不当估计在内,则还可能酿成事倍功半的结局,导致难以弥补的后果。

如果学习者连结结巴巴地说话也做不到,怎么可能达成流流利利地交流的境界呢?于是,这里的推论便是:如果能够构建一个英语口语赖以依仗而区别于普通语法的口头言语语法(speech grammar),或许能顺理成章地解决国人在汉语语域中操持英语话语的问题。

四、基本板块的拟定

本研究以英语口语预制性语料“构架”为生长点,以话语结构理论为参照系,试图建构一个国人习得英语口语的中介性(过渡)话语方式，名之曰：口头言语语法（performance spoken grammar），其构成是：套语 + 填料 + 即兴话语（“formulaic-speech + fillers + impromptu”），其目的是通过这个话语结构的拐杖功用，给学习者提供一个有多少语料用多少语料，先从“结结巴巴”讲起来再说，企望从一系列不同话题的语块操练起步，经过一个“跌跌撞撞”的练习，懂得了将书面语化为口语的妙用。即便只是做熟了“将（下列）书面语读作口语”的常规练习，也会逐步形成具有学习者个人风格的中介语口语习惯和方式，最终促成“流流利利”讲英语的结果。

五、话语理论的启示

什么是话语呢？有人说语就是“一串连贯的话”[①]。英文解释是：a piece of language，either spoken or written。既然话语是“连贯的”，就不应该是孤立的、分离的，而应该是有结构的、以“一”“串”之的、大于句子的。因此，话语（或者语篇）的英语定义是：“A text，or discourse，is a stretch of language that may be longer than one sentence.”[②]

话语理论涉及最多的话题是“连贯”（coherence）和“衔接”（cohesion）。因为，如果“连贯”所反映的是说话人的思路是否连贯、语气是否一致，那么“衔接”所反映的就是说话人的话语表层板块是否相互衔接、结构是否符合习惯方式。换言之，两者所要求的

① 参见盛炎：《语言教学原理》，重庆出版社，1996，第 24 页。

② 参见 Raphael Salkie，*Text and Discourse Analysis*，转引自叶子南：《高级英汉翻译理论与实践》，清华大学出版社，2008，第 111 页。

是语句各部分承前启后的关系是否合理、是否自然而约定俗成，因而这种连贯和衔接关系常常需要用一些语法之外的手法乃至语气一类的手段来完成或者填补。显然，话语要执行的功能是：用一个相对完整的言语单位，传递一个相对完整的信息内容，其言语结构的基本要求就应该是语言材料的各部分之间必须相关、相连、相承接、相和谐，自然而不别扭。

第三节　跌跌撞撞地练习

先看一段（英语）朋友之间的对话。注意，这样的（口语）话语之中一般是找不到标点符号——明显停顿的地方的。

S01：I thought you were touring the country at one point.

S02：[laughs] No, I er... we go, we listen to it quite a lot, every time we go to Ireland we erm, you know, seek out good musicians and er do quite a lot of listening and of course we still buy a lot of records, bought a lot of records over the last few years, but erm, there's not actually anybody to play with around here, you know [〈S01〉 mm] there's a there's a session every Sunday night in Cambridge in a pub and that's erm about it...do you still listen to Scottish music?

S01：ver...since this pair have arrived [〈S02〉mm] very very little, 'cause you just don't have time, and with the new house, and with the garden[〈S02〉mm] occasionally I take fits of putting stuff on, not as much as before[①].

这是一段在真实场景中录制的对话，我们惊奇地发现：其“连贯”与“衔接”的真实、自然而约定俗成的语用效果，是我们始料未及的；然而当我们将诸如 S01 中的 er...erm, and er, and of course, but erm, you know[〈S01〉mm]there's a there's a, and that's erm about it...等等，以及 S01 中的 ver...[〈S02〉mm], 'cause...[〈S02〉Mm] 等，从话语中剔除之后，以上话语的语用味道便会索然殆尽，从而使整个话语显得机械、呆板而僵硬。为什么呢？因为，这样做的结果便使得话语的真实性发生了根本的改变——语气变了，余味没了，语义便随之而变了，由此所引起的连锁效应便是，什么“连贯”，什么“衔接”一类的语法效果，便荡然无存了。

另外，如果我们将以上本来不宜用标点符号断开的话语，反过来整理成一句一句符合语法规则的正式语句去讲话，那么这段话语的语用效果又会怎样呢？不难设想，那一定会破坏原有话语的真实结构，从而使其离开话语自然而然的语用效果而给人以朗读或者背诵的僵硬感觉。

试比较下面两段文字的语用效果：

1. George ate the curry with delight. Curry had been George's favourite food. The curry was subtly flavoured. George detected hints of cumin and coriander in the curry. Cumin and coriander are George's favourite spices.

---

① 见 Carter R. A., M. J. McCarthy. *Exploring Spoken English*[M]. Cambridge: Cambridge University Press, 1997: 43. 更多真实案例，可参见本书。

2. George ate the curry with delight. This type of food had always been his favourite. The dish was subtly flavoured, and in it he detected hints of his favourite spices, cumin and coriander[①].

正如叶子南先生所言，就语义而言，以上两段文字是没有什么差别的，甚至连句法结构上也是大同小异的。可是，第一段文字读起来十分别扭，而第二段文字却读起来比较顺畅。为什么呢？因为第一段文字是用一个一个孤立的句子凑成的，没有顾及整段文字的总体效果。换言之，这段文字没有将本来属于一个语言单位的句子群(话语)当作一个语言单位来对待，因而无法取得理想的语用效果。足见，结构的合理性对话语的重要性所在。

如上文所及，话语便是“一串连贯的话”，而“一串连贯的话”应该是一个约定俗成的架构，这个架构便是所谓话语的基本结构。其实，话语的真实结构，便是人们说话的某种常用格式，或者人们如何将几个句子或者大于句子或者小于句子的言语现象连接起来的某种“破”规律的或者不按常规语法办事的口语架构，其结构特点是自然、连贯而不造作，其语用要求是约定俗成而叫人家接受。

研究证明，英语有些句子的结构很固定，不容增减改动(比如英语中的某些套语就是特定场合下的约定俗成的固定说法，是不

① 这是琼·艾奇逊(Jean Aitchison)在 *Teach Yourself Linguistics* 一书中举过的一个例子，转引自叶子南：《高级英汉翻译理论与实践》(第2版)，清华大学出版社，2008，第111—113页。本书对这个例子的分析与评议也参照了叶子南先生的基本观点。

能随意改动的)，但有些句子的结构并不是很固定的[①]。另一个与话语结构相关的问题是，句子与句子之间的衔接是否紧凑(cohesion)，即句子的承前启后[②]问题。

于是，只要依据这里所拟定的板块——“套语 + 填料 + 即兴话语”，结结巴巴地讲话，该减则减，该增则增；只要依据这里所列举的方式跌跌撞撞地练习，坚持数月，不恤人言；时而，在实在找不到口语练习伙伴(interlocutor)的情况下，坚持做一做将书面语“读”为口语的“绕口”练习，体会学会用英美人语音语调讲话的喜悦就指日可待。

第四节 流流利利地讲话

本研究以英语口语预制性语料板块的构成为依据，借语言学话语理论作支撑，建构了一个国人操持英语口语的过渡性话语方式，名之曰：(英语)口语语法(performance grammar)，其构成是：“套语 + 填料 + 即兴话语”，其目的是：通过这个话语构成的拐杖功用，给学习者提供一个有多少语料用多少语料，把握“结结巴巴”开始说话的机会，企望由一系列不同话题的话语块板起步，经过一个“跌跌撞撞”的过程，逐步形成一个模式化兼有学习者个人“风格”(个性)的中介语口语习惯和方式，并通过这个习惯和方式促成其“流流利利”讲英语的最终结果。这个良性流程的设计，无疑会

① 参见叶子南：《高级英汉翻译理论与实践》(第 2 版)，清华大学出版社，2008，第 29—31 页。

② 出处同第 394 页页下注。

促成良性结局的兑现,大家都可以试试。

小结

"套语 + 填料 + 即兴话语"式英语话语模块(口语语法)的语用格式是:"formulaic-speech + fillers + impromptu"。这个模块既包含预制,又允许发挥;既辑入了现成的语块,又具有调整的余地;既可作话语机制使用,也可为口语语法使唤。

其操作规约是:在"i + 1"的输入和输出中,令学习者在"伸手不得,跳而有获"的交际中"结巴"而言语,"跌撞"而成事,"流利"而喜悦,循序而渐进;

其语用法则是,在谐调(negotiation)性交流兼协同性(alignment)活动中,努力规避书面语言;

其操作追寻是,不断接近目标语,脱口而出讲英文,这便是笔者所谓"在乎'预制'(prefabricated)与'非预制'(non-prefabricated)之间"的英语口语教学。

总之,研究者的假设及其安排,始终都是在学习者如何使用语言的斟酌中进行的,因而这个口语操作的基本规约便是:话语的实施,始终都要在一个摆脱了单一语法分析及其操作的大语境——"场"合中进行。

参考文献

1. 盛炎. 语言教学原理[M]. 重庆:重庆出版社,1996.
2. 叶子南. 高级英汉翻译理论与实践[M]. 北京:清华大学出版社,2008.
3. Carter, R. A., J. McCarthy, M. *Exploring Spoken English* [M].

Cambridge:Cambridge University Press,1997.

4. Gumperz, J. *Discourse Strategies* [M]. Cambridge: Cambridge University Press,1982.

5. Lynch, Tony, Anderson, Kenneth. *Study Speaking: A Course in Spoken English for Academic Purposes* [M]. Cambridge: Cambridge University Press,1992.

6. Scollon, R., Scollon, S. Wong. *Intercultural Communication: A Discourse Approach* [M]. 北京:外语教学与研究出版社, Blackwell Publishing Ltd.,2000.

7. Smith, M. S. *Second Language Learning: Theoretical Foundations* [M]. London and New York: Longman Publishing,1994.

8. Yule, G. *The Study of Language: An Introduction* [M]. Cambridge: Cambridge University Press,1985.

第十一章 由概念经命题而发展的阅读教学

“引而不发，跃如也”（《孟子·尽心上》语），应该是对孔子“不愤不启，不悱不发”（《论语·述而》语）及“叩其两端”而“问”之思想的直接继承，一如苏格拉底之“产婆术”是一个极其形象的比喻一般：“教”者“不发”，乃是让“学”者“自发”，以便“将知识转化为能量”。显然，“教”，是（某种）影响力，“学”，则是（一种）发生器。

阅读教学，功用何在——“读”何以影响“学”，从而令学“奋起”①？无疑，“问”乃是一个不可多得的策略——果能“施之于外”，可企“行之于外”，可望收到其“二外‘合一’”“合作”“合力”的“对话”效应。

于是，一个技术性的问题便是：何以“问”之，以企应“答”。四步设问策略正是基于这个考虑的课堂教学方式之一，其运用程序是：

先导入之问：使之“伸手不得，跳而有获”，以便启动“对话”；

① “奋起”二字，取自马王堆汉墓出土帛书《黄帝内经》句，“见知不惑，乃知奋起”，说的是只有“见知不惑”，才有“奋起”之举，足见“教”的功用在于使之“不惑”，令之“奋起”。

次代表之问：目的是问，以知其然；

继命题之问：目的是问，以知其所以然；

终发展之问：是一个延伸性发问，其目的是：问，以便把课题引向更为广泛的联想。

“问”的妙用在于“问题性”的蕴含，而不在于每每地发问。可见，寓问题于“活动”之间，“使之行”于问题之后，才是设问的初衷所在。

第一节　设问的回眸、假设、原理及艺术辩证

一、回眸反省

用英语实施大学英语教学乃是教材设计的要求，也是在乎情理之中的事，因而是不需要质疑的；高中毕业且经过预备级教学的学生，应该已经具备了听说读写译的基本素养，并且同时具备了初步质疑和设问的能力。然而情况并不令人乐观，或许以下的局面并非事教者所稀闻鲜见的课堂现象：

问：Understand?

答：Yes.

问：Questions?

答：No.

问：Why?

答：Sorry.

此情形，常常使教书之人陷于尴尬、被动而无以应对。教学，

只好滞留于安然的低谷，原因何在呢？

不敢说这与习以为常的“语法翻译法”所导致的“一言堂”无关。在这样的教学环境中学生很少有机会参与到教与学的实际活动中去，自然也就谈不上“进入角色”了。于是就只好坐着冷板凳听，而且听到的多半是翻译过来的话。久而久之，习惯便养成了自然，教与学的意识也似乎麻木了许多：学生，就意味着“听”；教师，则在于一味地“述”。或许正是在这种自觉不自觉的思维定势下，教师无意中失去了主导的风范，学生无形中充当了“听众”的角色。思考的“本能”，便在既“无形”也“无意”的掩护下溜之大吉了。于是，所谓学习只能是“听讲”的代名词了。即便知其然，也无从摸到所以然，哪里还有什么招架的功夫呢？

实际如此，理论又如何呢？

在教学论的谱系中，关于教学过程的本质说可谓多矣。有人把它看作是一个解决问题的过程；有人以为它是一种发现学习的过程；有人将它看作是某种程式学习的过程；有人认为它是一种假说实验的过程；有人又把它看成是某种范例教学的过程；有人还以为它是一种暗示性教学的过程，如此等等，不必赘述。各种认知都有相应理论的支撑，既有哲学思想的依附也有方法论的根据。如果从教育心理学的视角来考察，这些认知却无一不和学习究竟是怎么回事的问题联系在一起；或者说诸教学论都是建立在不同学习观的基础之上的，因为从某种意义上讲，正是基于对学习实质的不同认识才产生了不同的教学过程说。于是，我们便有必要对学习观的两种基本理论加以扫描。

一是与联想主义有关的“刺激-反应”学习观。“刺激-反应”说从生物化的教育哲学观出发，认为人类学习的实质也是一种“刺激-反应”的联结。自然他们笔下的学习过程也就难免要带上“刺激-反应”的痕迹了。

二是与各种认知论有关的学习观。如果说联想主义的学习过程是简单的S-R之间的联结的话，那么认知论的学习过程中则多了一个变量“O”（即 organism，指有机体的内部变化），因而其学习的程式就是S-O-R。认知论认为学习并不是“刺激-反应”式的直接生物过程，它必须借助于有机体在学习过程中所形成的认知地图（即现代认知论所谓的认知结构）的“折射”才能得以实现，这就是学习的实质。至此，人类学习便与动物学习有了严格意义上的区别。之后，关于教学过程本质的研究便和认识活动紧密地联系在一起。

然而，如本书上卷所及，在认识论的立场上仍然存在着不同的视野，从而导致了不同的教学观。这里也有两种不同的典型理论供我们回顾。首先是实用主义哲学家杜威所倡导的“活动说”（有别于列昂节夫的“活动论”），认为教学过程就是以儿童为中心的活动过程。儿童正是在这个过程中按照自己的兴趣和需要去活动、去学习、去试着解决问题的。杜威的“活动说”在排斥间接知识学习的同时，却把“解决问题”这个教学过程的要害提到了一个极其重要的位置，因而在他的理论中学习包含了探索和发现的意义，这是值得称道的。正是杜氏首先在他的 *How We Think* 一书中应用了“问题的解决”（problem-solving）这一术语，并进行了将心理学家们关于“思维就是解决问题”的结论直接用于教育和教学实践的尝试，因而杜氏应当被看作是“问题教学”理论的先导。因为是他首先把“使之活动，使之思考”的学习活动引入了教学过程。

其次便是以凯洛夫为代表的“特殊认识过程”说。这个理论把教学过程归结为一种特殊的认识过程（这样就难免使教与学的活动在一定程度上等同于一般认识过程，从而不可避免地带上片面性），并在此基础上建立了一套繁琐的、以传授知识为核心的教学原则、方法及其组织形式的固定体系（这种体系中的学习是接受型的，几乎不需什么思考，因而就不可能有所谓“元学习”的位置）。实践证明，这个体系在理论上是唯物的，在实际操作上却是机械的。由于20世纪50年代的盲目引入和过分推崇，又难免使我们的教学模式打上了机械唯物论的烙印。至于它是不是“一言堂”的历史的渊源所在，相信有心之人自会公断。

现代意义上的“教学过程”是一个多学科、多功能、多类型的综合性课题，既与哲学和心理学有关又与生理学和教育心理学乃至伦理学及美学的基本原理等有关。如果我们把课堂教学看作是一个立体的、动态的信息交流过程，那么它一定是一个三维的空间。这个空间应当是一个由“心-媒介-物”三者所构成的教学环境——“场”。其中，“心”代表个体的存在，“物”则应当是包括教师在内的所有外在“影响”物的存在。如本研究所及，“媒介”乃是一个外在物理影响的、“活动化”的施之于外与内在心理需要“行为化”的、行之于外的二外合一。

在“传统”的认识中，总是把教材视为媒介，于是教学过程便自然而然地成为由“教师-教材-学生”三者所构成的流水线。显然，在这个流程中教师的功用只在于把“媒介”交与学生（这是不符合逻辑的），而处在“交接”过程中的学生的任务则必然在于接受“媒介”的传递了。因而在这个流程中并不需要多少“加工”的成分，一切都可以在“悄悄”中进行。由此而产生的质疑是：学生不一定非来课堂上学习不可了。

多年外语教学给我们的反馈是：传统的“语法翻译”动力欠足，结构派的句型教学也不曾使我们摆脱困境，如今功能派的交际之法仍然不能使我们在“课堂中”实际地“交际”起来。诸多的困惑曾迫使研究者“回归”到苏格拉底的“产婆术”乃至孔老夫子的“叩两端”的“原始”做法中去，以图获取某种慰藉。令人出乎意料的是，我们确乎可以从那里借来一个能量最大的“元素”，这就是那个大写着的“问”字。于是，笔者的办法便是：索性“打破葫芦问到底”，以求造成问题的氛围，以图在使之“全身心参与”（这是西方 Total Response Theory 理论的主张，笔者注）的背景下获得某种“交际”的效应和“习得”（second language acquisition）的味道，以期在“交际”和“习得”中酝酿几分“真实的情境”（real situation），从而激活课堂中的心-物“对话”。好在我们尚有马赫穆托夫“问题教学”理论足以作它的旁证。

二、设问假设

西人的读书方式是：

先 Read the line——在“字里”读书，读得其言内意义；

次 Read between the line——在“行间”读书，读得其言外意义；

终 Read beyond the line——在“字外”读书，读得其言后意义。

可见，只有第三阶段的读书，才是产生“悟性”的地方。那么，怎样才足以取得这个近似于原语读者的阅读效果呢？

大学英语阅读教学不是翻译课，大学生的学习应当具有探索性，我们的教学目的不只是为了提高学生的应试技巧，还必须注重其知识“迁移”及其素养的升华。如是，阅读教学的要领便仍然不在于怎么“述”，而在于如何“问”，这便是本研究的基本假设。

三、设问原理

教的方法来自学的模式，这应该是规律性的东西。如果我们暂且把教书的目的归结为“使之活动”“使之行”——使之自己得出结论的话，那么关于学习的实质仅仅停留在 S-O-R 的认识上是不够的，还必须对刺激与反应之间的 Organism 究竟是怎么“折射”外在“S”的刺激，又从而做出“R”反应的实质，或者主体到底是怎么样通过“O”的作用对“S”做出“R”反应的过程加以确诊。

依照认知心理学“同化”理论的观点，心理的发展乃是内因和外因相互作用所引起的心理结构的变化。因而，学习就被认为是认知结构（个体内在的知识经验，有时也称认识结构）的组织与重新组织。这个学习观强调已有知识经验的作用（当然也重视外在学习材料本身的内在逻辑关系），因为只有在具有内在逻辑结构的教材与学生原有知识经验发生实质性的、非人为的沟通的情况下，新旧知识才会发生相互作用，或者说新的材料才会在学习者头脑中产生新的意义。这，就是学习的实质。

同化理论的核心是：新的意义是新知识与认知结构中原有概念或命题相互作用的产物。相互作用既使新知识的意义发生变化,也使原有起“固定”作用的知识经验发生变化,因为认知结构是以“折射”的方式而不是以全盘接受的方式接纳新知识的。

同化理论强调:新知识的获得主要依赖认知结构中原有的适当观念,而且必须通过新旧知识的相互作用,有意义的学习(同化理论所涉及的是人的有意义学习,它与机械学习并无多大关系)才能实现。这种新旧知识相互作用的结果就是新旧意义的同化,因而“同化”就意味着形成更为高度分化的认知结构。换言之,“同化”所表示的乃是比原有知识高一层次的知识水平或者新的学习效果。

但是,新旧知识的相互作用并不是在简单的连接中发生的。在多数情况下,只有新知识与原有认知结构中的有关概念和命题相联系才会为相互作用提供机遇。为了表示新旧知识在学习过程中的相互作用这一含义,同化理论用“固定点(或锚点)”(anchorage)这一术语表示原有观念的作用。正是这个“原有观念”为新知识的学习提供必要条件,或者说新知识的学习只有建立在这个“固定点”上才会与旧知识发生实质性联系。

如果说相互作用是同化理论核心的话,那么“固定点”则是相互作用赖以发生的根据。

为论述方便并根据其复杂程度的不同,学习被划为三个不同的类型,即:代表学习、概念学习和命题学习(representative, concept and propositional learning)。那么,这三类学习的实质及其相互关系如何呢?

代表学习是指了解符号所代表的意义或者具体事物。外语学习中的词汇学习就是代表学习。词和词所代表的意义或者具体事物是约定俗成的，因而词汇学习就难免带有某种程度的机械性。代表学习的心理机制是符号和它们所代表的事物或观念在学习者认知结构中建立起相应的等值关系。

概念学习的实质是掌握同类事物所共有的关键特征。概念的获得有两种方式：一是学习者可以从同类事物的特征中独立发现共同特征从而形成概念；二是以定义的方式接受并通过认知结构中原有的观念以同化的方式获得概念。概念是以词的形式表现的。然而当词所代表的是一般观念（概念）而不是实际的、未经分类的事物时，词就成了代表这个概念的名称。因而它在意义上就只与更抽象、更概括、更分化的认知内容相联系并且相等值。可见，概念学习与代表学习既有联系又有区别，而且较为复杂。

命题学习中自然也包含着代表学习，因为命题往往是以词汇按照一定的语法关系联合组成的句子来代表的。然而组成句子的词汇一般并不代表个别的、具体的事物，而代表概念。命题学习实际上是学习几个概念所联合构成的复合意义，因而在复杂程度上更高于概念学习，同时又必须以概念学习为前提。

理解以句子形式出现的命题是比较复杂的。因为即使已经知道命题中词汇的意义和句法作用，并且能从知觉上加以理解，命题本身的意义却仍然可能是未知的。可见理解一个句子包括知觉和认知（cognition）两个过程，先以知觉的方式理解具有潜在意义的材料，然后再把知觉到的潜在意义与认知结构中原有的适当命题相联系，并以认知的方式理解命题意义。换言之，个体必须首先知觉所学材料是什么，然后才能从认知水平上理解所知觉的东西（获得新的意义）。因而，理解一个命题的意义往往需要两个步骤：一是了解词汇和句法所代表的内容；二是要把知觉到的内容与认知结构中起"固定点"作用的观念联系起来（以完成同化）。这个程序是由知觉先于认知的规律所决定的。

当然，如果在基本词汇和句法关系已经纯熟的情况下，理解命题的过程就会单一地集中在认知上，只需要把句子所包含的概念与认知结构中原有的适当命题联系起来，直接理解命题。需要指出的是：在命题学习中，一组词语在按一定句法关系联合而组成句子时，它们不仅在行文上是符合习惯的而且还同时传递着作者的思想与情感。换言之，句子中的词不仅传达着它所"代表"的概念，而且还同时传递着作者所附加的语义学信息。这种语义学信息（或者不如直接称之为"言下之意"）才是认知所需理解的意义。至此，我们便不难理解阅读学习的实质及其要解决的问题是什么了。

阅读学习的特征还在于它对口语的依赖性，因为口语乃是用以知觉书面语潜在意义的媒介。正如儿童在学习本族语的阅读时常常需要将它转换成口语那样，外语阅读也需要在新的书面语和认知结构中已有意义的口语之间建立其等值关系。需要注脚的是，把书面语转换成口头语也包含两个步骤：一是把书面语的词语转换成口头用语；二是将书面语中的词汇或词组合并起来转换成口语中的句子。这一转换的目的在于用口语相对直观的句法知识去知觉书面语的潜在意义，以降低理解的难度。可见，口语对需要在认知水平上才能理解的书面语是不可小觑的。口语之所以可以作为阅读的媒介，原因在于它便于在认知结构中建立起"等值关系"。所以凡是已经运用纯熟的句子，即便是书面语的句子自然也可充当理解的中介。

另外,这里似乎还需要粗涉一下美国心理学家奥苏伯尔(D. P. Ausubel)关于有意义学习的理论设计,因为奥氏所诠释的重点是接受学习,或者叫作"有意义的言语学习"。正是在这个学习中,他把有意义的言语学习(即书面知识的学习)分为代表学习(主要指词汇学习)、概念学习和命题学习三类(即文中所及的学习类型)。这里需要补充的是,他在划分学习类型时所提出的两个十分重要的标准,即把学习按照"有意义学习——机械学习"和"发现学习——接受学习"这样两个难度来区分,并且指出发现学习也可能是"机械的",如"试误"式发现;而接受学习也完全可以是"有意义的",如弄清概念间的关系和理解命题的学习。他虽不否认发现学习的重要性,但对布鲁纳等人片面强调发现学习、贬低接受学习的观点提出了批评。他提出的学习划分标准对我们研究教学目标的分类和问题的确定是十分有益的,可以在一定程度上起到补偏救失的作用①。

足见,这些足以成为"教"所赖以实施的原理,也足以成为"问"所由发生的基点。

四、设问艺术

从对三环节(S-O-R)学习的进一步考察中我们得到的启示是:学习乃是一个由代表学习经概念学习到命题学习的过程概念,或者说乃是一个从知其然到知其所以然,且由浅入深、循序渐进的"探索性"活动。"知"就是理解,而理解乃是原有知识经验(认知结

① 以上参见李秉德等:《教学论》,人民教育出版社,1991,第53—56页。

构)在其"固定点"上与新知识发生"碰撞"的结果。简言之,新知识的获得乃是以同化的方式进行的。

如前所述,我们已经把教学过程的执行设想为一个不仅在于"述",而且(更重要的)还在于"问"的过程。同时又把激活教学环境的希望寄托于"问",目的在于"问"出个究竟来,于是问题便集中在问的方法上来。

问是为了使其答、使其说,一问一答就会知其然,其效应便是"对话",对话的结局是要知其所以然;问的焦点则始终要保持在"对话"中所表现出来的"固定点"上。这里之所以以"问的艺术"替代"问的方法"的本意,无非是说方法的驾驭仍然有一个方法的问题,要用得得心应手、恰到好处自然就成了艺术。换言之,问绝非平常的问话,而是在"然"与"所以然"支配下的问题性"对白",因而就需要匠心的运筹。问的艺术仍然是建立在学的科学之上的。本书之所以试图把英语阅读教学的过程构划在从问题设计(question-designing)到问题解决(有别于实际上的解决问题)的动态框架之中,目的又无非是企图给问的方法提供一个参照性架构。

第二节　导入之问

既然问是为了使之答、使之说、使之参与进来以便造成"商议""对话"的氛围,那么导入之问的功用就全在于对氛围的启动了。作为外因的问能否真正地启动氛围则全在于能否真正地调动起个体内在的思考兴趣,从而造成"伸手不得,跳而有获"的悬念或者所谓“愤悱”的情境。

“传统”的做法往往是做一段引导式“独白”(introductory remarks)。这种做法无疑是建立在启发的基点上的,因而并不需要学习者的直接参与和反应。然而,“问”的视角上的导入(lead-in)乃是“对白”,其 remarks(评论)乃是期待学习者立即做出 response(回答)的问题;“对白”的指向自然是所授课文;问题的焦点只能是课文的中心思想。

“问”的关键在于“问题性”——问题的蕴含性,而不在于每每发问;寓问于述、寓问于示乃是把握“问”的奥妙所在。导入之问既可以始之以故事、示之以图片,又可以述之以课文的梗概、析之以作者的思路;既可以述中夹问又可以示中加述。然而,核心只有一个:或造成悬念,或激活“愤悱”,或搭起框架,或引起联想。

一句话,导入之问的目的全在于拉开使学习者“进入角色”的序幕。

第三节　概念之问

代表学习是要了解词代表着什么,概念学习则是要理解词在抽象、概括、分化水平上又代表着什么。可见,无论是代表学习还是概念学习,其所关注的都是“是什么”的问题。正是这一点规定了代表之问的指向:“问”,以便“知其然”。

- 示之以图,直观了解:问式要简单明了,直言所指。
- 表之以情,润物无声:学习者可以从表情语言中会意所指。
- 喧之以声,唤醒记忆:说出一半,留着一半(有待学习者补上)。

- 打一手势,并不明喧:在学习者似知而非知时,手势的作用是明显的。
- 借助语境,引以推猜:有些词的含义并不需要词典的帮助,上下文就能起到词典的妙用,引导学习者尽可能摆脱词典推知词义。
- 举其一例,诱之反三:“是什么”的问题易于引起举一反三的反应,要利用在知觉乃至认知水平理解阶段的各种机会培养学习者触类旁通的思维习惯,以便养成自我发现和探索的潜能,从而为直接在认知水平的理解打下可靠的基础。

为了区分理解特点的不同,兼顾叙述的方便,我们不得不将代表学习和概念学习与命题学习分而置之。然而需要指出的是三者乃是一个不可分割的统一体:命题一旦离开了代表事物和概念的词汇便不成其为命题,词汇只有进入以句子形式表现的命题之中时才成为命题的载体,其功用就是要传达命题的意义。交代这一点正是为了区别地而不是分割把握阅读教学,以便把教学过程从代表学习的“固定点”上引向命题学习。

第四节　命题之问

如果说代表之问要把握的是词汇分别代表着什么的话,那么命题之问所关注的则是代表的合成又意味着什么及“为什么”的问题。于是,命题之问的指向便是“问”,以便知其“所以然”。

问的艺术仍然表现在："问"在于"问题性"的蕴含，在于使之思、使之动、使之不断地与认知结构中起"固定"作用的知识经验相联系；显然，"问"，并不意味着一味地发问。

- 以新归旧，类属设问：如果命题可以以归属于学习者原有知识经验的方式理解，问题设计必须有利于学习者将新知识包摄到旧知识中去。
- 以新摄旧，总括设问：如果命题在包摄程度上高于原有观念（如对新材料进行归纳组织或者综合整体组成部分）时，问题设计必须注意到新的内容是包摄着旧的认知内容的。
- 结合背景，并列设问：如果命题既不能归属于又不能包摄原有观念（即命题之间发生并列结合现象）时，可以创设一般的和非特殊的附加内容以构成其"固定"作用的背景后设问，以便给学习者提供某种共同特征或者某种新的关系。

以上三种设问（类属、总括及并列）构成了命题之间的二条思路。

- 巧以破题，以题率文：文章的标题常常规约着文章的内容，甚至可以映射出文章的框架来。这一点虽不敢与作文中的解题相提并论，但对其统率文章的作用是忽视不得的。巧妙的破题很容易引起学习者对自己母语阅读经验的联想，因而必然起到裨益阅读的作用。
- 预拟问题，以明思路：阅读的拦路虎往往在于理不顺作者行文的思路。事先设计问题对跟着作者的思想走常常能起到拐杖的作用——思路既顺，框架岂不可以自明？

- 因以设问，以辨其果：命题的理解往往在于因果的推断，在原因上设问常常可以提醒对结果的推知。
- 果以设问，以资寻因：在结果上设问自然会提醒对原因的寻觅。
- 借以语境，玩味本意：英美人行文尚曲而少见直率，其委婉的言下之意常常需要借助于上下文的分析才能弄清。因此，应当创设商议的气氛，诱导学习者参与讨论，共谋结论。
- 反问标题，以察领悟：在阅读教学的终端，如果问问学习者能否给课文另拟一个小小的标题，就可以从整体上了解其对课文的消化程度。即便不能给出一个比较理想的标题，宽容也是欠不得的。

就问题的款式而言，如果说代表之问偏重于 yes-no question（是非疑问句）的话，那么命题之问则一定偏重于 wh-question（特殊疑问句）。

第五节　发展之问

如果说教学的终极不仅在于使之掌握知识，而且还在于使之具备知识“迁移”能力的话，那么学习活动就应当与更加广泛的认知内容相联系。于是发展之问便应当是不可缺少的问题步骤了。这一“问”，指的是在新学内容的同化过程完成之后，以类推或者透视的方式在课题之外所做的延伸性发问。

这里的问题形式可以是自由的，但话题却应当是课文学习中所派生或者引申出来的，而不应当是漫无边际的。

这一步骤的设计旨在把“对话”进一步引向 natural language（自然语言）的天地，因而即便学习者的表述多有不周之处，教师也不必横加纠正，即便在不得已而为之时，也必须以不伤害学习者的自尊心为限。如果引导得当就可以顺利地完成所学新知识的有效“迁移”，从而把语言学习逐步引向“自动化”的“习得”方向；如果能持续地延伸下去，它对大学英语考试中无以进行口试的缺憾无疑是一个补偿。

至此，笔者便完成了英语设问阅读教学全部过程的设计和审度：从“问”到“答”所构成的是一种“对话”性氛围，“对话”意味着商议，从“然”到“所以然”所内含的则是一种探索性学习过程，学习便意味着发现了什么。如果说“传统”往往失于演绎的话，本研究则是在尝试着归纳。

需要为此注脚的是：

本研究并不企图照搬以往教学体系的完整性原则，然而设问教学如果失去了对“原则”的考虑却未必不是一个缺憾；立原则于后，仅作注脚之用。

设问是为了“商议”，出发点要始终保持在“固定点”上；“问”在于启发诱导，“答”在于思考探索，其结局一定是“对话”；示范在于提示，“独白”只在必要时采用；教在于导，学贵在动，学习者参与进来才算数；导之以口语，置之于便易；启之以其然，发之以所以然，问题的解决要每每逼近课题；直观不是唯一的途径，抽象才会最终揭示命题；果真点燃了灵感之火花，乃是终极解决的问题。

“运用之妙在乎一心”，于是何愁风范不存、风格不成？

小结

本研究在提出大学英语阅读教学的要领不仅在于"述"而且在于"问"之假设的同时，反省了以往教学之所失的原因所在；在审度了认知论关于学习的同化原理之后，提出了在乎然与所以然之间的大学英语阅读设问教学方式的构想：一曰"导入之问"，二曰"代表之问"，三曰"命题之问"，四曰"发展之问"。

运筹于教与学、"问"与"答"的交错之间，研究者终于完成了在乎然与所以然之间的大学英语阅读设问教学方式的构划。其用心无非是，企图将"学"与"问"经由"问"与"答"的过程而天然地合为一体，以便验证一下"学问"的路子：时时有问题，处处找答案；试图把教学与问题熔于一炉，又无非是想把课堂搞得和谐一些，企望不要重新走上机械唯物论的老路；试图从洋与中、古与今或者理论与实践的夹缝中挤出一点属于自己的东西来，以便假于所"问"之题，成其"自得"之识而已。即便如此，恐怕仍不失为应急之作、权宜之计，不到之处，只待修订了。

参考文献

1. 辞海：教育・心理分册[Z].上海：上海辞书出版社，1980.
2. 李庭芗.英语教学法[M].北京：高等教育出版社，1983.
3. 南京师范大学.教育学[M].北京：人民教育出版社，1985.
4. 邵瑞珍.教育心理学[M].上海：上海教育出版社，1983.
5. 吴枫.中华儒学大词典[Z].海口：海南出版公司，1992.
6. 章兼中.外国外语教学法主要流派(第1版)[M].上海：华东师范大学出版社，1983.

7. Grant, N. *Making the Most of Your Textbook*[M]. Longman Group (UK) Ltd., 1987.

8. Lyons, J. *Introduction to Theoretical Linguistics*[M]. Cambridge: Cambridge University Press, 1986.

9. Nunan, D. *Language Teaching Methodology*[M]. London: Prentice Hall International(UK)Ltd., 1991.

10. Willis, J. *Teaching English through English*[M]. London and New York: Longman Group Ltd., 1981.

第十二章
由短句经长述而成文的写作教学

关于英文写作的教学，有主张命题作文的，有主张以“模仿”入门的，也有主张情景教学的，更有主张“模式”作文的，既不一而足，何划一而论？毕竟，这些观点无不各持其见，无不各显其长。

如是，本研究仍然试图于英文写作教学策略之外再添一枝，并企望于英文写作教学策划之中或有裨益。于是便不得不另走他道了。这个“道”，便是所谓“由‘短句’经‘长述’而成文”的写作方式及其流程。

需要注脚的是，既然本研究所有的学习——听、说、读、写、译及其文化学习，都是在“场”内进行的，学习语境的酝酿、学习氛围的营造，始终都是学习的前提，而在学习方式上本研究虽秉持自己的说法、自己的做法，却绝不排斥任何有益于学习的说法和做法。因为，在本研究的框架之内，无论是形而上之论“理”，形而中的建“规”，还是形而下的成“法”，均不圈定自己独有的院墙。于是，在谋划以英语成文的过程中，“命题”“模仿”乃至各种成形的“模式”，只要有可取之处，均在该写作学习的参照、借鉴之列。

第一节　短句、长问、长述兼成文的推论

按照美国著名翻译理论家奈达的研究，各种语言都具有同等发达的表现力，汉语是这样，英语自然也是这样，区别仅在于二者的叙事方式各有千秋而已。

写作的问题，从根本上看就是一个如何使用语言的问题，而如何使用语言的问题又必须从如何驾驭语言的基本形式切入。于是，我们就有必要从英汉两种语言基本表述方式的异同切入，以便把握英语写作言语形式的基本组织及其结构问题。

依据本研究的语法观，英语的语法是有外部语法和内部语法之分的。其中，外部语法的功用是解决基本句型的主干结构问题，而内部语法的功用则是解决附加在基本句型上的结构分支问题。如果将基本句型所涉及的句子成分梳理为“主语”“谓语”“宾语”和“补语”四个“基本成分”的话，附加在基本句型分支结构上的成分就必然是表现为“非基本成分”的“定语”和“状语”，而充当“定语”和“状语”的语言素材则无非是英语中的“（单）词”（words）、“短语”（phrases）和“从句”（clauses）而已；如果英汉句子结构的雷同之处集中在主干句型部分的“主语”“谓语”“宾语”和“补语”及其位置关系上，英汉两种语言表述方式的不同之处就必然集中在分支结构的“定语”和“状语”的位置及其逻辑内涵上。可见，英语行文组句的问题基本上集中在处理这些充当“定语”和“状语”的“（单）词”“短语”兼“从句”的位置及其同主干句式的逻辑关系上。

如果将由四个基本成分——“主语”“谓语”“宾语”和“补语”所

构成的主干界定为“句子”，由两个非基本成分——“定语”和“状语”所构成的就必然成为“非句子”。可见，英语组句的基本路数无非是：句子+非句子。换言之，这里所演绎的英语行文组句的问题则无非是：句子和非句子的关系及其位置问题；或者，不如说这里所讨论的问题无非是：“非句子”在英语“句子”中的位置问题。

那么，英语句子结构中充当“定语”和“状语”的“（单）词”“短语”和“从句”同主干句式的逻辑关系及其在整个句式结构中的位置，有没有规律可循呢？或者，英语句子和非句子的关系及其位置如何？一句话，英语“非句子”在“句子”中的位置究竟该在哪里？此之谓英语行文之问题所在，此之谓英语写作之路数所存。

如上卷所及，与汉语行文句子+句子的基本方式不同，英语行文的基本方式乃是句子+非句子。于是，本研究关于英文写作策略的基本思考便从这里开始，本研究关于英文写作教学方式的基本策划也得从这里起步，以见宏观推论与微观设计的呼应，以显形而上之“理”与形而下之“策”的相关。

需要备注一下的是，英语句子+非句子所形成的是一个被拖长了的“长”句。这个“长”句的结构是：主句前后所附着的不是定语就是状语，而且这些作为附加成分的定语和状语还可以“插入语”的身份、“紧缩”句的方式出现在语义表达所需要的任何地方，致使英语句式形成了带有许多附加成分的“紧缩”式“长”句。这个句式之所以“长”，是附着了尽可能多的定语和状语，这个句式之所以是“紧缩”的，是因为充当这些附加成分的“（单）词”“短语”和“从句”常常是以逻辑“核心句”的形式“紧缩”在主句前前后后的；换言之，这些被“紧缩”在主句前前后后充当附加成分的“（单）词”“短语”和“从句”往往都可以从逻辑上“舒展”（还原）为长长短短的核心句。因而，这才有了“单词不单”“短语不短”及“从句不从”的概括，也正因为如此代表英语这个既冗“长”又“紧缩”句式的符号在本研究的语法结构中是以“354-2”[①]约定俗成的，其中“354”代表主

---

① 汉语和英语同属分析语，二者句式结构的特点是：主干——主谓结构基本雷同，枝叶——定语、状语部署有别。这个区别用一个公式化的符号来表述，就是“354-2”，兹分述如下：

其中，“3”代表英语中的三类谓语动词，即及物动词、不及物动词和系动词，用以表示三类谓语动词的不同性质，(即句法要求)滋生英语的(五个)基本句型的“根”源所在；

“5”代表英语的五个基本句型，用以表示英语句式的“主干”部分的基本结构，这些结构分别是：

(1) 不及物动词句式

a. S-V(主语-谓语)，如：She died.

(2) 及物动词句式

b. S-V-O(主语-谓语-宾语)，如：He made a box.

c. S-V-O-O(主语-谓语-直接宾语-间接宾语)，如：The king gave him a medal.

d. S-V-O-Oc(主语-谓语-宾语-宾语补足语)，如：The illness made him bad-tempered.

(3) 系动词句式

e. S-V-Sc(主语-谓语-主语补足语)，如：She was a thief，以及 The weather became very stormy.

“4”代表以上(五个)句型中的四个基本成分，即：主语、谓语、宾语和补语(宾语补足语和主语补足语)，用以揭示英语主干句子的基本结构；

“2”则代表四个基本要素以外的其他成分，而四个基本要素以外的其他成分从概观上均可以用“定语”和“状语”包括。于是，“2”所代表的就只能是定语和状语——两个非基本成分，即英语句式“枝叶”部分的基本情形。

显然，“354-2”所概括的是：英语的常规表达格式，既有同汉语句式雷同的地方，也有不同的地方：

一是，“主干”语序基本雷同，如：

The man died. ＝人，死了。

The style is the man. ＝风格，就是人。

She's got better recovered. ＝她的病，好多了。

The gentleman began running. ＝(那位)先生，跑开了。

The man gave the child a full bag of sweet. ＝那个人，给了孩子满满一包糖。

We painted the wall white. ＝我们把墙刷白了。等等。

二是，“枝叶”分布大多有别——定语、状语的位置各不一般：只要语法允许，英语的定语、状语可以随时出现，随处安排；汉语的定语、状语则没有更多的自由度，因为它要受到语义的制约，更为详细的情形，则需要参阅本研究“外部与内部之间的语法观”内容。

干“句子”,“2”则代表附加在主句(主干句子)上充当枝叶的“非句子”成分——定语和状语的“单词”“短语”和“从句”。

显然,只要将构成英语句式的句子与非句子“竖”而列之,或者一旦将英语句式中主干和枝叶“树”而立之,我们所见到的英语句式便成为一棵根深叶茂的大树。这棵树(见下图)便是作为“形合”语言的英语句式所留给人们的“形”象①,认识这棵树对于拿捏英文的基本行文方式是至关重要的。

于是,基于本研究行文观的斟酌,尊重英文在“过程”上着眼的习惯,本着“用语言做事”的原则,关于英文写作的斟酌便从这里展开:

其基本设计是:以“主句”起笔,以“长问”探路,以“长述”行文——以基本句开头,以五“问题”(5Ws)牵引,以“附加”法“‘写’长”②。

其基本方式是:“前接”“后连”“整体”组句,一句拓一段,一段又一句;句句“像”段落,段段相关联,前拓、后展,浑然成文。

企望:只要临得一长句,便能摹成一段文;只要摹③成一段文,

---

① “形合”和“意合”,乃是英汉两种语言行文组句的根本区别之所在——如果说英文的“形合”是一个借助于“354-2”(句子 + 非句子)的语法手段所给予人们的一个概念的话,那么汉语的“意合”就是一种借助于“354 + 354”(句子 + 句子)的语义方式给予人们的一种概括,如果前者足以称为“外合”(语法组句)的话,后者就足以称为“内合”(语义组句)。——笔者注

② “写长法”是王初明先生所推崇、倡导的写作方法,这里的“‘写’长”只是“就句子的‘延伸’”而言的,其本意并不同“写长法”有什么直接的关联,兹谨识。

③ 临摹,是中国书画所惯用的学习之法,“临”是照着字画模仿,“摹”则是指用薄的、半透明的纸张蒙在原作上,照着写字或者画画。这里,则试图假借“临”与“摹”的基本方式,学习英文写作,因为英语学习中如果没有“模仿”,怎么会有“出新”?这个推理应该是成立的。

便能写就一篇章。毕竟，一旦树起一棵“木”，可望拓展一片“林”。这，便是本研究（关于）英文写作思路的端倪及其依据所在。

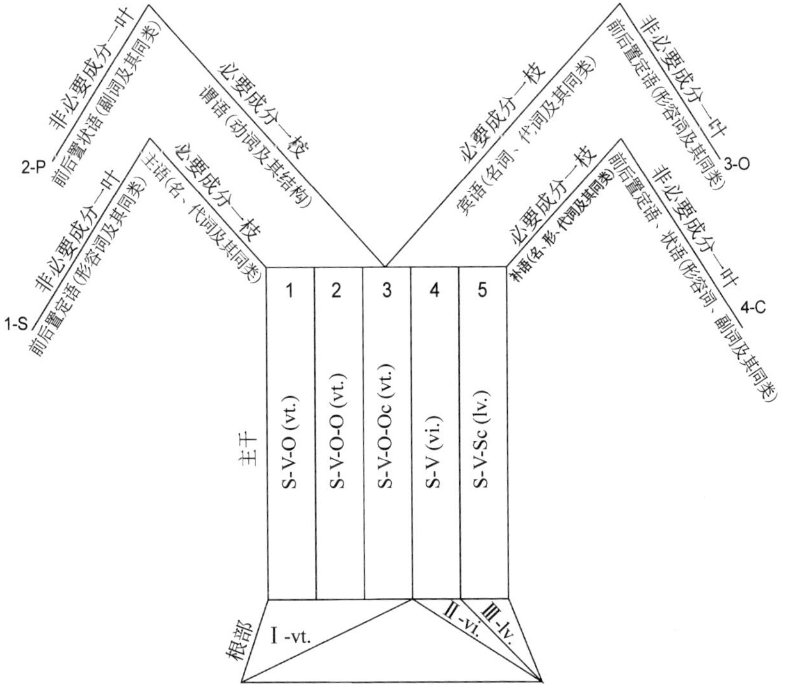

图 2　“354-2 树形”示意图

第二节　短句、长问、长述兼成文的印证

以下便是英语原文、译文及其二者所形成的行文对比，经由“短句”的“长问”“长述”而“成文”的事实给予我们的参照和启示。

一、由"短句"经"长问""长述"而"'写'文"的实例

例一：

1. 原文：

Weiss suddenly flings himself through the crowd towards the man and there is a brief, hand-to-hand fight between them broken up by Harlow who stands between them breathless.

2. 译文：

忽见，维斯穿过人群，扑向那人（亨德森），（刹那间）一场惨烈的肉搏战就此（在他们之间）开始了。哈罗（见势不妙）箭步向前，立于其间，拼命拉架——只累得他上气不接下气，好在一场肉搏战很快就被制止了。

3. 启示：

这里，我们所看到的是，一段多么生动而跃然纸上的故事。谁料，这段精彩的故事，英语只用了一个完整的句子就完成了故事的叙述。而且，这个句子仅有寥寥 28 个单词而已。或许，这正是英语感人的地方，不是吗？

如果需要对这个句子做一个基本成分的分析，我们就会发现这个故事——这场精彩的"肉搏战"，不过仅由一个"剪"短的句子——"there is a... fight"，通过诸如"Who""What""When""Where""How"一类相关问题的追踪，并将这些相关"问题"——其实，是相关"事件"，以短句"there is a... fight"相关附件的形式——以句子成分的方式粘贴（"紧缩"）在短句之中，从而完成故事的叙述的，不是吗？这里，兹以下列方式揭示这个短句的内在关系：

Weiss (Who?) {suddenly} (when?) flings himself (how?) {through the crowd towards the man} (where?) and there is a (brief, hand-to-hand) (what kind of?) fight (what happened?) between them(with whom?){(which was) broken up by Harlow (by whom?) who stands between them breathless.} (who stopped it and how?)

(1) 短句：

There is a...fight.

(2) 长问：

a. Between whom?

—between Weiss and Henderson.

b. How did it happen?

—Well...Weiss flings himself through...the crowd towards the man, and, then, it happened...

c. How long did it retain?

—Briefly, very short period of time, I mean...

d. Who stopped it?

—It was Harlow.

e. How?

—He is, just standing between them, trying to break it up...

f. How did he feel?

—Breathless, of course...

这里本来是一个"短句"，要"长述"一个故事，势必要"问长""问短"，否则便无所谓故事了，不是？换言之，一个由"短句"命题的事(event),之所以能"长述"为一个精彩的"故事"(story),乃是叙事者"问长""问短"的结局。何以"问长""问短"呢?其办法是:不断地扩展"短句"所确定的的命题,不断在"短句"诸成分的前后附加"定语"和"状语"、不断地粘贴"(单)词""短语"和"从句"、不断延伸那句被"剪"短的话(语)。足见,关于"there is a...fight"的故事,不过是句子不断延展的结果而已;显然,只要"打破砂锅问到底"——(此之谓)"长问",便足以成就一个精悍而动人的小故事。

其实,"长问"——"打破砂锅问到底"的事,并不是奇迹,我们接着看看以下的(几个)故事:

例二:

1. 原文:

Caught in a shower on his way to his house in Lioyd Road, a tall English gentleman, a teacher of English in one of the most flourishing private schools in Singapore, began running, with some books under his arm, in order to catch a bus going at full speed about twenty yards ahead of him.

2. 译文:

有一家新加坡的私立学校,可兴旺了。一天,那里的一位英语老师,家住劳伊德大街,是个英国人,个头挺高,胳膊底下(还)夹了几本书,在他回家的路上,突然下起了暴雨。(这时,)只见一辆公共汽车正在他前面20码远的地方全速行驶。(于是,)他便飞速撵去,生怕错过了车。

3. 启示：

又是一个句子，一个小故事。这个“长句”的结构又怎样呢？

{Caught in a shower}(when?) {on his way to his house } (where?){in Lioyd Road}(where?),(a tall English) gentleman (who?),(a teacher of English in one of the most flourishing private schools) (in Singapore)(where?), began running{with some books under his arm}(how?),{in order to catch a bus going at full speed}(why?){about twenty yards ahead of him.} (where?)

足见，这个长句不过是“gentleman began running”(S-V-O)的不断延伸罢了，其延伸的方式也不过是不断地附加“定语”和“状语”而已，就其所延伸的语言材料而言，其所延伸的又不过是“单词”“短语”和“从句”罢了。以步步“追问”的方式加以反证，就是了：

(1) 短句：

A tall English gentleman began running.

(2) 长问：

a. Who was the man?

—A teacher of English in one of the most flourishing private schools.

b. In which country?

—In Singapore.

c. When did he began running?

—When he was caught in a shower.

d. Where?

—On his way to his house.

e. Where's his house?

—In Lioyd Road.

f. How did he run?

—With some books under his arm.

g. What for?

—In order to catch a bus going at full speed.

h. How far is the bus going?

—About twenty yards ahead of him.

显然，"短句"（主句）的延伸，乃是"长问"的结局——"长问"引起"长述"，"长述"成就"长句"，不过如是。

例三：

1. 原文：

The poor old man from China whom we met last week and who was taken ill on Tuesday, suddenly and quite unexpectedly died of malaria fever in the hospital here before his wife could reach him.

2. 译文：

那个老人，是个中国人，上个星期我们还见过呢。不知咋的，星期二那天，突然就得了猩红热（疟疾），病死在附近的一家医院里。连他妻子都没见上他最后一面，真是没想到啊，好可怜。

3. 启示：

也是一个句子，也是一个小故事，其（"长句"）结构不过是：

(The poor old)(Who?) man (from China) (whom we met last week) and (who was taken ill on Tuesday) (when?), {suddenly} (how?) and {quite unexpectedly} (how?) died {of malaria fever} (why?) {in the hospital here} (where?) {before his wife could reach him. } (when?)

显然，这个故事，不过是一个就“短句”(S-V)——man died 的 Who、When、How、Why 及其 Where 的连续“长问”式延伸而已，其“长问”的方式又不过是：不断在“短句”的前前后后附加了相关的“单词”“短语”和“从句”，而究其语类之归属，却仍然未能摆脱“定语”兼“状语”的范畴，兹试以“长问”的形式求证如下：

(1) 短句：

Man died.

(2) 长问：

a. Who was the man?

—An old man.

b. Where was he from?

—From China.

c. Did we ever meet him?

—We met him last week.

d. When was he taken ill?

—On Tuesday.

e. How was he taken ill?

—Suddenly and quite unexpectedly.

f. Why did he die?

—He died (because) of malaria fever.

g. Where?

—In the hospital here.

h. Did his wife reach him before he died?

—No.

i. How do you think of the man?

—Poor, miserable(I mean).

可见，有问便有"述"，添"述"句拓"长"。毕竟，"长问"出"长述"，"长述"成"长句"。

例四：

1. 原文：

The smart young man near the door who was the leader of the scout kindly gave the youngest child in the class who was not crying a full bag of sweets that you bought for me before you came in[①].

2. 译文：

(哎，我说)门口那个小(伙)子，是童子军的首领。就在你进来以前，他给了班里那个最小的孩子满满一袋儿(水果)糖，就是你给我买的那种糖，孩子啊，立马就不哭了。这小(伙)子，真有两下子；他人好，心也好。

---

① 文中例2、3、4，原句均出自钱歌川编著《翻译的技巧》(*The Technique of Translation*)一书，译文则出自笔者之手。

3. 启示：

毋庸置疑，这里叙事的方式及其结句的法则同以上三例的格式没有什么不同，其分析结句依然如下。

(The smart young)(Who?) man(near the door)(who was the leader of the scout)(who?){kindly}(how?) gave (the youngest)(whom?) child (in the class) (who was not crying) (who?) a full bag of sweets (what?)(that you bought for me) (what?){ before you came in. }(when?)

可见，句不在"短"(man gave child sweets，仅四词而已)，要"延伸"；话不嫌"少"，在长问。毕竟，都是 Who、How、Whom、What 及其 When 一类"疑问"引出的"话"，兹反证如下：

(1) 短句：

Man gave child sweets.

(2) 长问：

a. How was the man?

—(Smart &) young.

b. Where was he?

—Near the door.

c. Who was he?

—He was the leader of the scout.

d. How many sweets did he give the child?

—A full bag of them.

e. Who bought them ?

—You bought them for me.

f. When did he give them to the child?

—Just before you came in.

g. What do you think of the young man?

—(He was) kind(& smart).

足见,"短句"(主句)的"长述"(延伸)在于"长问",恰如非"短句"无以"长句"一般,非"长问"无从"长述"。

其实,英语以长句叙事的例子,随处可见,在科技英语中尤其如是,只要留心,俯拾即是。

例五:

1. 原文:

The mere formulation of a problem is far more essential than its solution, which may be merely a matter of mathematical or experimental skills. To raise new questions, new possibilities, to regard old problems from a new angle requires creative imagination and marks real advances in science[①].

2. 译文:

提出一个问题往往要比解决一个问题重要得多,因为解决问题也许仅仅是一个数学或实验技能的应用而已,而提出一个新的问题、新的可能性,或者从新的角度去看待旧问题,却需要具有某种创造性的想象力,因为它们常常标志着科学的实质性进步。

---

① 以上是爱因斯坦晚年的一段话语,转引自谢超群:《礼貌与模因:语用哲学思考》,福建人民出版社,2011,第5—6页。

3. 启示：

这是一段由两句话组成的文字，其结构分析如下：

(The mere formulation of) (a) problem is {far more essential} {than its solution,} {which may be merely a matter of mathematical or experimental skills.} To raise (new) questions, (new) possibilities, to regard (old) problems {from a new angle} requires (creative) imagination and marks (real) advances {in science.}

(1) 短句 1：

A problem is...essential.

(2) 长问：

a. What kind of problem?

—The mere formulation of a problem (I mean).

b. How essential?

—Far more essential than the solution of the problem.

c. Why?

—Because the solution of the problem may be just a matter of mathematical or experimental skills.

(1) 短句 2：

Sth. requires creative imagination and marks real advances in science.

(2) 长问：

a. What requires that kind of things?

—To raise new questions, new possibilities, and, to regard

old problems from a new angle.

b. And what marks real advances in science?

—The same things, referring to raise new questions, new possibilities, and, to regard old problems from a new angle.

前句是一个主-系-表(S-V-Sc)句式的延展,其方式依然是在诸成分前后粘贴“定语”和“状语”,以资应对“长问”的事宜。需要留心的是最后一个由关系代词“which”引导的非限定性定语的实际语用功能却是状语,这里只以所谓“从句不从”的功用对待就是了。后句则是两个主谓宾(S-V-O)句式的并列,虽有头重脚轻之嫌,却仍可鉴证“单词”“短语”和“从句”的叠加方式及其“定语”和“状语”的实际功用,以企实现“长述”的目的。

例六:

1. 原文:

You have all heard it repeated that men of science work by means of induction and deduction, that by the help of these operations, they, in a sort of sense, manage to extract, from Nature, certain natural laws, and that out of these, by some special skill of their own, they build up their own theories.

2. 译文:

人们常说科学家是以归纳和演绎的方式工作的。(其实,)从某种意义上讲,他们只是借归纳和演绎的方式发现自然规律,然后再根据这些(自然)规律,(并)以他们特有的方式建立他们自己的理论。

3. 分析：

这是一个比较典型的科技英语表达方式，其结构如下：

You have {all} heard it 〈repeated〉 that man (of science) work{by means of induction and deduction}, that{by the help of these operations}, they {in a sort of sense} manage to extract {from Nature} certain natural laws, and that {out of these} {by (some special) skill (of their own)}, they build up (their own) theories.

这个"长句"，仍然是一个由主-谓-宾-宾补（S-V-O-Oc）句子——You have all heard it repeated 经由附件的拓展而写就的叙事形式，兹以"长问"的方式剖析如下：

(1) 短句：

You have all heard it repeated.

(2) 长问：

a. You have heard it what?

—Heard it repeated.

b. What repeated?

—That men of science work.

c. How?

—By means of induction and deduction, that by the help of these operations.

d. By what that they do that?

—They, in a sort of sense, manage to extract, from Nature, certain natural laws.

e. What for?

—They build up their own theories.

f. How?

—And that out of these, by some special skill of their own.

显然,"附件"的拓展都是为了回答相关的问题,因而沿着问题的踪迹既可以解读原文中的信息,又可以执行写作叙事的功能。于是,只要"Keep 5-questions in mind(记住 5 要素)"(5-Ws),便可以做好,何乐而不为呢?

可见,无论是"大句"还是"小句",也不管是 topic sentence 还是 thesis sentence,都足以通过"长问"的方式——添加定语和状语(非句子),或者都足以通过"长述"的方式——附加"单词""短语"兼"从句"(非句子),"拓"而成段落、"展"而做文章。毕竟,句子 + 非句子("354-2"),亦可推之为写作之策略。

二、由"短句"经"长问""长述"以"'画'像"的实例

从下笔的侧重点上看,英文同汉语的做法是不同的。与汉语从"结果"上着手的行文习惯不同,英文的行文常常在"过程"上做文章。谁料,英文行文的这一方式所带给我们的偏偏是某种写作行为的示范,这一示范所给予我们的又恰恰是某种"模仿"(写作)的蓝本。

20 世纪初期,英美文坛上出现了一种意象派诗歌,其行文方式具有明显的"形象"色彩。这种诗歌在试图革新诗歌创作形式的同时,努力发掘一种特殊的写作方式,以企彻底摆脱所谓格律对思想和情感表达的束缚。不过,在研究者看来,出乎创意者们意料的

是，这种特殊的写作方式恰恰给学习写作的外国人提供了一个足以"拷贝"的范本。

以下便是美国著名意象派诗人卡尔·桑德伯格(Carl Sandburg，1878—1967)的名诗《雾》。诗人用意象的手法，暗示的手段传达情感，传递信息，以期表达作者对事物瞬间的直观感受和印象，因而其最终的追寻便在于勾勒出一种特有的意象，以使假于这种特殊的意象传达言外的寄托。由于在创作手法上的刻意求新，便留下了以下诗情画意般形象的"写实"，这足够让我们"刻意"地模仿了。

1. 原文：

Fog

by Carl Sandburg

The fog comes
On little cat feet.
It sits looking
Over harbor and city
On silent haunches
And then moves on...

2. 译文：

雾

——阎佩衡 译

踩着小猫的脚步——
雾，来了。
它，悄悄地蹲在那里，

看看港口，

看看城镇，

然后，又悄悄地离去……

3. 启示：

有人说这首诗语句洗练，清晰而精确，浓缩而具体，只用了寥寥6行文字，一行一个动作，把那种雾起雾落的悄然无声，拟作一只小猫轻盈飘逸的脚步——悄然而来、悄然而去，从而留下了沁人心脾的印象：一座港口城市（诗中指芝加哥）浓缩了的印象。其描写新颖而别致，奇特而直观，瞬间便收到了意象派所谓“（霎时间）理智和情感复合”的效应，（从而）使作者内心的冲动得以全然的释怀，而其所寄托于意象的情感足以感荡读者群体的心灵。这便是仅仅用寥寥21个单词便可以传达出来的意象派诗歌的艺术境界，何乐而不“仿”之呢？

如果我们就结构的“奥妙”加以形式化的“长问”，或许会更加便于“拷贝”。

(1) 短句：

The fog comes.

(2) 长问：

a. How?

—On little cat feet.

b. What does it do, then?

—It sits.

c. Doing what?

—Looking over...

d. Over what?

—Over harbor and city.

e. How?

—On silent haunches.

f. What happened then?

—And then, it moves on...

这里，足以令人感动的是作者不是在用笔“写”作，而是在用心“画”画。一片芝加哥的晨“雾”，才足以“踩着小猫的脚步”向我们飘“来”，而那只可爱的小猫才可能“悄悄地蹲在那里”东张西望，而后，“又悄悄地离去……”，不是吗？

或许，这正是英文从过程上着眼的妙用。莫非语言真的可以用来画像不成？

以下，我们再来看一个发生在笔者生活里的真实例子：

1. 原文：

Characters for Pei-heng Yan

by Dr. Anthony O'Keeffe

The brush allows no master,
But it will bend to the ink.
The ink's dark flow is private,
But whispers to the paper.
The paper makes no reply,
But longs to be eloquent.
And all these wishes will come,
For above brush, ink, paper,

A quiet man is standing —

To these things, to me, a friend.

2. 译文：

题阎君书艺

——安东尼·欧克斐

毛笔不伺主，

逢墨偏屈从。

墨迹随自流，

是纸知多少。

纸也不宣泄，

惟见悦诚服。

笔墨纸张善，

其书方成愿；

不激不励乃斯人，风规自远而余友。（小言 译）

3. 启示：

中国书法的微妙，连国人也得敬畏几分，“洋人”居然将它刻画得如此地惟妙惟肖，莫非不懂其事，可为其“文”？何？以言勾“象”，以“象”达意，正所谓“尽意莫若象，尽象莫若言”[①]者也。

这里仍以“长问”的方式加以剖析：

(1) 短句：

the brush allows no master,

---

① “尽意莫若象，尽象莫若言”，庄子《外物》句。

(2) 长问：

a. No exceptions?

—(but) It bends to the ink.

(3) 短句：

The ink's dark flow is private.

(4) 长问：

b. No exceptions?

—(but) It whispers to the paper.

(5) 短句：

the paper makes no reply,

(6) 长问：

d. Any longing for sth. ?

—(but) Longs to be eloquent.

(7) 短句：

And all these wishes come.

(8) 长问：

e. For what?

—For above brush, ink, paper.

(9) 短句：

A quiet man is standing.

(10) 长问：

f. To what?

—To these things, to me.

(11) 长问：

g. As what?

—As a friend (to these things, to me).

另例：

It (a live oak tree) was nothing more than a sapling, so thin (that) I could wrap my hand around it and touch my middle finger to my thumb[①].

(原来)，那棵橡树还是一棵幼苗，又嫩又细，我一把就能把它紧紧地捏在手中。

举例归举例，殊不知这些例句的妙用却在于它们足以告诉我们："言"(这里专指英语中的"言")是可以用来画"象"(picture)的，因为"象"比"言"更能尽"意"(meaning 或者 the nakedness)，正所谓："尽意莫若象，尽象莫若言"(庄子《外物》语)。请看：He's running with his legs patted at his bottom(他拔腿就跑)乃至"get twisted"("扭曲")是多么形"象"的传达，或许这正是任何另外一种语言都不能与英语媲美的地方。

须知，这正是英语重"过程"和汉语重"结果"的表述方式之"比较"所揭示的"奥秘"。于是，我们就完全有理由在"言"不足以达"意"(或者"无'言'以对")的情况下，大胆地用英语"作画"(drawing a picture)，以便借"象"尽表难以"言传"的"心"中之"意"。"老外"可以这样做，"老内"也就一定可以这样办，不是吗？

---

① 此例句引自马克斯·卢卡多(Max Lucado)，*No Wonder They Call Him The Savior*，第 19 页。

至于用汉语更可以“作画”(drawing a picture,像王维、马致远等那样)的事,则另当别论了。

可见,“洋人”的做法不过是:既然不能以其“所知”写文,索性就以其“所见”画像。这便是英文及其作者的高明之处,毕竟:We have to learn from them,don't we?

不过,“老外”能做到用英文描写中国抽象的书法,“老内”为什么不能用英文勾勒自己具体的事物?

此,或可谓模仿写作之所指,或可为临摹写作之所谓——“临”而“摹”之,以企成文者也。

第三节　短句、长问、长述兼成文的示范

一、“由‘短句’经‘长述’而成文”例文之一

以下赫胥黎(Thomas Henry Huxley,1825—1895)的英语语段组织与严复(1854—1921)翻译的汉语语段安排两相对照,便可再次领略英语形态组合(形合)与汉语意念组合(意合)的行文规范:

It may be safely assumed that, two thousand years ago, before Caesar set foot in southern Britain, the whole countryside visible from the windows of the room in which I write was in what is called “the state of nature”. Except, it may be, by raising a few sepulchral mounds, such as those which still, here and there, break the flowing contours of the downs, man's hands had made no mark upon it; and the thin veil of vegetation which over-spread the broad-backed heights and the shelving sides of the combs was unaffected by his industry. The native grasses and weeds, the scattered patches of gores, contended with one another for the possession of the scanty surface soil...

赫胥黎独处一室之中，在英伦之南，背山而面野，槛外诸景，历历如在几下。乃悬想两千年前，当罗马大将恺撒到来时，此间有何景物。计惟有天造草昧，人工未施，其借征人境者，不过几处荒坟，散见（于）坡陀起伏间，而灌木丛林，蒙茸山麓，未经删治如今者，则无疑也。怒生之草，交加之藤，势如争长相雄，各据一管壤土[①]。

赏析与小结：

显然，面对英语"葡萄串"一般的"形合"式行文，严复只好打乱重来(recasting)。然而，读罢上文，我们只有"形散而神聚"的感觉。这便是汉语"竹节"式"意合"式行文的规矩，也足以证明严复由"信"经"达"而"雅"的高明之处了。

汉语句子的扩展方式有："双双并举的并列式；有事事相因的承接式；有环环相扣的递进式。"而且，汉语句子还讲究"长短相间，单复交替（错）"；而英语句子的基本扩张式，却不外乎递进、并列与环扣——主从相连、修饰与被修饰相扣等附加或粘贴的方式，其所附加或粘贴竟离不开"单词""短语"和"从句"——"定语"和"状语"。值得留意的是，正是这些方式的交错使用，最终导致了英语句子的"长述"，而我们的办法则是以"长问"的方式加以破解。

---

① 此例句及其译文参见刘宓庆：《当代翻译理论》，第30—31页。

另例：

(1) This is a thought-provokingly different explanation[1].

这个解释，很独到，颇能发人深省。

(2) A notion has been taken hold in the United States to the effect that the only people who should be encouraged to bring children into the world are those who can afford them.

在美国，有一个根深蒂固的理念，那就是：只有那些养得起子女的人，才鼓励他们生儿育女。

二、"由'短句'经'长述'而成文"例文之二

关于英语"从过程上着眼"和汉语"从结果上下手"的问题：

I wish I could be acquainted with the feelings and thought which must agitate the heart and present themselves to the mind of an enlightened Englishman, when he first lands on this continent. He must greatly rejoice, that he lived at a time to see this fair country discovered and settled; he must necessarily feel a share of national pride, when he views the chain of settlements which embellishes these extended shore. When he says to himself, this is the work of my countrymen who, when convulsed by fictions, afflicted by a variety of miseries and wants, restless and impatient, took refuge here.

译文：一位大不列颠的有识之士，当他初次登上这块美洲大陆

① 参见叶子南：《高级英汉翻译理论与实践》，清华大学出版社，2008，第 67 页。

的时候，必定会心潮澎湃、浮想联翩乃至欣喜若狂——庆幸自己能够在有生之年亲眼目睹这块为人所发现的、有人所居住的、富饶的美洲大陆；当他亲眼看到那一排排绵延不断的居所点缀着伸向远方的海岸线时，一份难以割舍的民族自豪感便会油然而生；而当他情不自禁地自诩"这些全是出自我同胞之手的杰作"时，他便会自然而然地意识到那是国民在幻想的驱使下，在诸多奇想异谈的启发下，在焦虑不安乃至焦急无奈情况下，为了"避祸""逃难"而来到这里的。于是，我多么渴望自己也能有这个福分，去体验一遭那样的感触和思绪。

另例：

海明威(Ernest Hemingway，1899—1961)萧散简远、意在言外的风格常常是通过简短而省去全部连接词的句子表现出来的。下面就是《印第安人的营房》中的一段文字：

The sun was coming over the hills. A bass jumped, making a circle in the water. Nick trailed his hand in the water. It felt warm in the sharp chill of the morning.

太阳刚刚露出山头，一条鲈鱼跳了出来，水面泛起了一圈圈的涟漪。尼克把手伸进水里，在清晨凛冽的寒气里，水摸上去倒是暖烘烘的。

三、"由'短句'经'长述'而成文"例文之三

He took all his pain and what was left of his strength and his long gone pride and he put it against the fish's agony and the fish came over onto his side and swam gently on his side, his bill almost touching the planking of the skiff and started to pass the boat, long, deep, wide, silver and barred with purple and interminable in the water.

于是,老人振作了故有的傲骨,忍着浑身的疼痛,竭尽所有的力气,准备一举击败那只已经受了(重)伤的马林鱼。只见(这时),马林鱼慢悠悠(地)朝他游来,一直游到了小船的旁边,在逼近小船的时候,它(马林鱼)的嘴几乎贴在了小船的壳板上,它(马林鱼)开始顺着小船游动——身子长长的,个头高高的,口面宽宽的,银光闪闪的,身躯间还夹有几条紫色的条纹——在水中,(那条纹)似乎还在无限地延伸。

四、"由'短句'经'长述'而成文"例文之四

The old man dropped the line and put his feet on it and lifted the harpoon as high as he could and drove it down with all his strength, and more strength he had just summoned, into the fish's side just behind the great chest pin(fin) that rose high in the air to the altitude of the man's chest. He left the iron go in and he leaned on it and drove it further and then pushed all his weight after it.

老人搁下钓索,踩在脚下,(然后)将鱼叉高高地举起——那高度已经无以复加,老人使出他浑身的力气连同他刚刚鼓起的勇气,将鱼叉一下子(就)扎进了马林鱼的腰窝眼儿,被刺伤了的马林鱼一跃而腾空(立起),那高度足足够得着老人的胸膛。只见(说时迟,那时快),老人将整个身子都靠在了鱼叉的握柄上,好(以便)借

全身的重量再将鱼叉扎得更深、更牢一些。

也许细心的读者早已发现，以上两个句子都很长，明显不符海明威标志性的“电报体”风格。因为，《老人与海》原著每个句子的平均长度约为14.7个单词（“谈谈《老人与海》的三种译本”一文中的文字）。

五、“由‘短句’经‘长述’而成文”例文之五

First Snow

by Gilean Douglas

(1) One evening/I look out the window of my secluded cabin,/and there are soft languid flashes falling/in the golden lamplight. They fall all night,/while the voice of the Teal River becomes more and more hushed/and the noises of the forest/die away. By dawn,/the whole world of stream and wood and mountain has been kindled to a white flame of beauty.

初雪

吉丽安·道格拉斯

那天夜里，我打独居的小（木）屋里往窗外望去，只见金色的灯光下，柔弱的雪花慢悠悠飘个不停。雪，下了整整一夜，奔腾的梯尔河竟愈发安静，喧嚣的森林竟变得死一般静谧。到黎明（时分），那溪流、森林和山峰全都披上了银装，（似乎）整个世界都闪烁着一道（道）白色的光芒，看上去美极了。

(2) I go out in the early morning and there is such silence that even breath is a profanation. The mountain to the north has

a steel-blue light on it, and to the west the sky still holds something of the darkness of the night. To the east and the south a faint pink is spreading. I look up and see the morning star keeping white watch over a white world.

一大早，我便来到屋外，(外面的)世界是那样静谧，连轻微的呼吸似乎都会打搅了那份(难得的)安宁。北边，山脉披上了铁灰色的素装；西边，天空还残留着夜幕的余晖；东边和南边，天空却已经布满了粉红的霞光。举目眺望，只见那(悬挂在)天上的晨星，依然用她们银(白)色的目光瞭望着那一片银色(白)的世界(注：似有“异化”之嫌，却有“异化”之必要)。

(3) Soon the whole sky is azure and flaming. Every branch of every tree is weighted with cold and stillness; every stump is crowned with crystal; every fallen log is overlaid with silver. The wild berry bushes have puffballs of jeweler's cotton here and there along their branches, and the stark roots of hemlocks and cedars have become grottoes of quartz chrysalis.

不一会儿，蔚蓝色的天空(在朝霞的映衬下)，变得通红通红(azure and flaming 两词展开〈并补上逻辑或缺〉——从过程上着眼)。所有的树枝，都(无一例外地)顶负着寒冷，沉浸在静默之中(weighted with cold and stillness“展开”翻译)；所有的残桩，都戴上了水晶般的王冠；所有的秃木，都穿上了(覆盖着)厚厚的(积雪)银装。野浆果丛的枝条上，爬满了珠光宝气般的石松蘑菇，一触即会抖落；铁杉和雪松光秃秃的根部，布满了石英和金绿色化石堆砌的洞穴，好生光彩夺目。

(4) After heavy snowfalls,/ it is the evergreens that are the loveliest,/ with their great white branches weighted down/ until they almost parallel with the trunks. They seem like giant birds / with their wings folded/ against the cold.

大雪后,最好看的要数那些常青的树木了,大雪压弯了它们宽大的树枝,紧贴在树干的周围,活像一只只巨鸟,收紧了翅膀,抵御着严寒。

(5) But after a light fall,it is the deciduous trees that are the most beautiful. They are so fragile,so ethereal,that it seems even the sound of the rivers might shatter them,as they appear to drift like crystal smoke along the banks. The bushes are silver filigree,so light,so much on tiptoe in this enchanted world. Even the slightest breeze sends the snow shimmering down from them,leaving the branches brown and bare and rather pitiful.

不过,如果是在小雪后,最宜人的(恐怕)要数落叶类树木了。它们是那样的脆弱,那样的轻盈,宛如晶莹的烟雾沿着河岸飘动,好似潺潺的流水都会惊碎(破)它们的美"梦"。低低的灌木丛林里,就像撒满了银丝般的装饰物,(它们)似乎踮着脚尖在这个令人迷惑(着迷)的世界上尽情地跳舞,其(它们的)动作是那样的轻盈,似乎连最小的微风都会吹落了它们身上漂亮的雪花;露出赤裸裸的褐色枝条来,常常令人怜悯。

(6) The sky is clear blue now and the sun has flung diamonds down on meadow and bank and wood. Beauty, the virgin, walks here quietly, no sign upon the immaculate snow.

The silence is dense and deep. Even the squirrels have stopped their ribald chattering. And faint snowbird whisperings seem to emphasize the stillness.

一瞬间，天空变得湛蓝湛蓝，(太)阳(光)把数不清的宝石撒向草地，撒向河岸，撒向森林。美，就像一位天真的少女，脚步轻盈地走来，丝毫没有给纯洁无瑕的雪世界里留下任何的脚印。此刻，静谧显得那般厚重，那般深沉，就连松鼠的窃窃私语也显得多余，只有那雪鹜的(低声细语)啼鸣却反而加重了这宁静的分量。

(7) Night comes, and the silence holds. There is a feeling about this season that is in no other—a sense of snugness, security and solitude. It is good to be out in the bracing cold, which clears the mind and invigorates the heart. It is equally good to come in and feel the warmth wrap around the body like a soft fluffy blanket. Fire is a first-rate companion. The coffee is full-bodied fragrant; shadows dance on the walls and the world outside my windows is very still. I am more than content to begin and end a day like this amid all the calm clarity of wintered earth.

夜幕坠落的时候，天地之间一片寂静。于是，便有冬来无比的感觉——一种舒适、安逸而略带与世隔绝的感觉。室外的冷气足以使你亢奋而惬意——(倍觉)头脑清醒、精力充沛；室内的温暖又足以使你全身都有被裹进毛茸茸毛毯的感觉——岂不同样安逸和舒适？炉火是最好的伴侣，咖啡增添了浓郁的香味，灯影在墙上翩翩起舞；外边的世界，依然是那么寂静。冬天的世界，清澈而宁静，在这样的氛围中度过一个完整的日子，我感到无比地满足（谁人还会遗憾呢）。

(8) Outside the moon is high with a dark-blue sky behind it and with mountains, plains, and forests of silver lying below. The trees, the bushes and the tall ferns are carved with alabaster. The river runs like quicksilver between the porcelain of its banks.

窗外，明月高悬在深蓝色的天空，银白的山峦、平川和森林都在（天幕下）大地上安逸地栖息。树木、灌木丛和高大的蕨树，全（都）好似用石膏雕成一般；梯尔河水就像水银，流淌在陶瓷筑成的河岸之间。

(9) Earth and heavens glitter, and the sword-fern clumps are diamond sunbursts pinned to the silver-sequined ground. But it is all in silence. There are shadows from the stars. They are white, sharp lights in the midnight blue sky and appear literally to spark with coldness. I feel as though I can see every star in the universe.

天地都在闪光，突然洒落（sunburst＝the sudden appearance of sunlight, as through a break in clouds）在剑蕨树丛中，珠光宝气般的光彩宛如别在银光（装点过的）大地上的胸针。好一个寂静的世界：星星投下的影子——在子夜深蓝色的天空中显得那样明亮，格外地耀眼，简直和地表的寒气有异曲同工之妙。（此刻）我似乎看见了宇宙间的每一颗星星。

(10) It seems impossible/for one human heart to contain all this loveliness/without breaking. Perhaps the ache that is in

mine/comes from the knowledge that all this beauty is so ephemeral, that it will be gone almost before I have done more than touch it with my fingertips.

（我想）让一个人的心中一下子盛载如此之多的奇妙，或许是一件不堪重负（奢侈）的事情，或许我心中的隐痛，正在于我知道（意识到）美景的降临是如此的短暂，（以至于）（常常使）人（我）来不及多碰它一下，就已经消失殆尽了。

六、"由'短句'经'长述'而成文"例文之六①

A Three-Dimensional Contextualization Established for an English Language-Learning-and-Teaching to Get along with in the Classroom②

Abstract: If language is supposed to be the text, the question then comes to "what is the context within which language lives rather than die?" What context to language-learning is what water to plant-surviving. Questionably, what is thought of previously as the context or linguistic environment, especially that for classroom situation, remains still a problem to be dealt with and, what this paper is trying to do is therefore to establish kind of three-

① 这是一篇英文论文。

② 此文发表于《中美外国语》(*US-China Foreign Language*)2015年第5期。

dimensional contextualization, which is hypothesized as being verbal and non-verbal, cultural and non-cultural as well as linguistic and non-linguistic for language teaching-and-learning to be carried out inside the classroom and, if possible, for English teachers to get along with.

Key-words: text, verbal and non-verbal, cultural and non-cultural, linguistic and non-linguistic, three-dimensional contextualization

Introduction

If a language is viewed as a tool for the users to convey cultural information including "our ideas, our knowledge, our thoughts, our culture" (Halliday & Hasan, 1989), the content to be shared with is nothing but culture. English education is therefore nothing more than an inter-cultural classroom communication, or, English is to be instructed more culturally than linguistically, or rather, language and culture is to be dealt with more as a whole than separately done from one another, as being listening, speaking, reading, and writing "plus culture" (Kramsch, 1993), which should have been a cardinal principle for a teacher to keep in mind and to follow in practice; yet, the problem is that language and culture are to be found, as if a rule, being taught always in a separate way, or rather, English language is taught, especially in China, far away from its culture in schools or classrooms time and time again and, what we have actually found in the classroom are such things as sound, word, and grammar with little more culture being left for students to enjoy and, perhaps, also for the teachers themselves to share and, in the end, the classroom itself by no means culturally attracted or fascinated to the students at all.

If, however, language is seen as a social practice, culture becomes the very core of language teaching. Cultural awareness must then be viewed both as inabling language profiency and as being the outcome of reflection on language profiency (Kramsch, 1993:8).

And, "By its very nature, foreign language teaching is predicated that because we are all humans, we can easily understand each other provided we share the same code; all we have to do is to learn that code and use it accurately and appropriately" (Kramsch, 1993:1).

Consequently, language and culture should be viewed as a whole where language is the carrier of the culture, while the culture is the content for the carrier to hold in, which brings about language proficiency inside the classroom and, which also serves as the reflection on language proficiency of the classroom.

Therefore, what this paper attempts to do is to return to the place where English education should be or has to be, but not used to be. In other words, English language and culture are to be combined together as one thing in order that it be conducted both theoretically and practically inside the classroom in a inter-cultural linguistic environment, which is hypothesized, in this paper, as being a three-dimensional system, covering firstly verbal and non-verbal context; secondly, cultural and non-cultural context; and thirdly, linguistic and non-linguistic context, for English communication to occur both inter-linguistically and inter-culturally inside the classroom.

What is Language?

Multiply defined as such things as knowledge, habit, etc., as it has ever been, language can be culturally considered as the principal means by which people convey information of their cultural aspects or, in other words, which is used as kind of container for people to carry their cultural things, i.e., "our ideas, our knowledge, our thoughts, our culture" (Halliday & Hasan, 1989), etc. Simply, language is just a tool to be used both linguistically and culturally to convey cultural information which is dominant of a feature of a language and what a language teacher is to be aware of and, he or she has to keep it in mind that "The key to understanding language in context is to start not with language, but with context". (Hymes, 1972: xix)

What is the Context for a Language to be Learned about?

Linguistically, culture, a very complicated "central code" (Nostrand, 1989) of society as it has been, can be regarded as what people have to share or enjoy from beneath or behind the language. That is, culture is what is hidden beneath or behind the linguistic signs used in a conventional way, which is, again, something for a language teacher to be conscious of.

Obviously, language as text and culture as background are inseparable from one another, as Halliday and Hasan (1989) put it: Text is language operative in a context of a certain situation and contexts are ultimately construed by the range of the texts produced within a community... One commonsense conception is...that our ideas, our knowledge, our thoughts, our culture are all there—almost independent of language and just waiting to be expressed by it (Kramsch, 1993: 10).

Obviously, context is something by means of which language or text convey cultural information pragmatically. What context to text or language is, in other words, what water to plant-surviving.

What is the Relationship Between Context and Text?

Language, as text (code), reflects cultural preoccupations

and constrains the way people think, which relates to culture as semantically encoded in the language itself on one hand; and, on the other hand, we recognize how important context is in complementing meanings encoded in the language, which concerns culture as expressed through the cultural use of the language (Kramsch, 1998). But, the question is—What kind of means is the language or in what way is context so important to complement meanings encoded in the language?

According to Kramsch, "language is the principal means whereby we conduct our social lives. When it is used in contexts of communication, it is bound up with culture in multiple and complex ways" (Kramsch, 1998:3).

Then, how complex and multiplex is the text or language bound up with culture within the context?

According to Kramsch (1998), first, text or "language expresses cultural reality". In what way? The linguistic materials i.e., language, that people use refer to common experiences, which express facts, ideas, or events that are communicable since they refer to a stock of knowledge about the world that other people share and, the linguistic materials (language) also reflect their authors' attitudes and beliefs, their point of view, which are also those of others either linguistically or non-linguistically.

Secondly, text or "language embodies cultural reality". How? Members of a community or social group not only express experience, they also create experience through language. People give meaning to language through the medium they choose to communicate with each other when, for example, speaking on the telephone or face-to-face, writing a letter or sending an e-mail message, reading the newspapers, or interpreting a graph or a chart. And the way in which people use the spoken, written, or visual medium itself creates meanings that are understandable to the people they communicate with, for example, by means of a speaker's tone of voice, accent, conversational style, gestures, and facial expressions, etc., i.e., either in a verbal way or in a non-verbal way.

And thirdly, text or "language symbolizes cultural reality". Language is a system of signs, which is regarded as having itself a cultural value. Speakers identify themselves and, usually, through the using of language—they view their language as a symbol of their social identity and, the prohibition of its use is often perceived by its speakers as a rejection of their social group and their culture either culturally or non-culturally (Kramsch, 1998).

Kramsch is quite right in finding the three aspects of the relationship between language and culture and something more mentioned above. But, when it comes to language teaching and learning, how can English teachers get aware of them both theoretically and practically, or rather, under what kind of circumstances can they master the situation they have to meet with inside the classroom? This is what has to be eventually found out throughout the paper.

A Three-Dimensional Context Designed for Classroom Proficiency

As mentioned above, language is regarded as the text, which lives within the context. But how does language live within a context and, again, how should the very context or contexts be formed for the text or language to live, not to die?

According to Kramsch, "... the notion of a context is a relational one... it is shaped by people in dialogue with one another in a variety of roles and statuses. Because language is at the intersection of the individual and the social, of the text and discourse, it both reflects and construes the social reality called 'context'"(Kramsch, 1993:67).

So, here, the question is: How do people give meanings to the language they use, or rather, how do we have the dialogue with the text in order to get the meaning intentionally according to the author and, finally, how are the contexts being shaped to mean differently in line with the author's intention? Those are the questions we have to answer and, the very contexts as are hypothesized to be established in this paper is to be a three-dimensional linguistic environment, which goes as follows:

Context Shaped as Verbal and Non-verbal

Here, we have, as an example, to show that a visitor to a city, carrying his luggage, looking very much lost, stops a passer-by:

Visitor: Excuse me, do you know where the Ambassador Hotel is?

Passer-by: Oh sure, I know where it is (and walks away) (Yule, 1985).

Here, the visitor uses a form which is related to a yes-no-question (Do you know...) to give his request, while the passer-by, quite unexpected to the visitor, answers the question as literally as he understands it (I know...), i.e., instead of responding to the very request, the passer-by replies the question, treating, as he does, the indirect speech act in real life as if it were a direct speech act in the classroom, which leads to his misunderstanding of the visitor.

In this scene, we find that the language the visitor, especially, the passer-by uses in the dialogue is rather "died" than otherwise, since the communication failed to be successful within the context of situation, because of misunderstanding from the passer-by which is being literal rather than il-literal, i.e., he understands it quite verbally but not non-verbally or something and, which reminds us of something "bookish" or "stupid" about him.

One more example, adapted from Widdowson (1978) is

taken here to indicate that, in a conversational interaction, a great deal of what is meant non-verbally is, sometimes, not actually present in what is said verbally.

Nancy: That's the telephone.

Ron: I'm in the bath.

Nancy: O. K. (Yule, 1985)

In view of the brief conversation above, we could characterize in the following way:

Nancy requests Ron to answer the telephone;

Ron just states the reason why he cannot answer it;

So Nancy undertakes to answer the telephone herself.

Why does this happen in the discourse? It is, perhaps, because the language-users have kind of knowledge about how conversational interaction takes place, which is not really something of literal or "verbal" knowledge but actually anything of il-literal or non-verbal logic. And also, perhaps, it is the case with which listener could ordinarily anticipate the speaker's intention that makes this whole complex process seem so understandable and unnecessarily remarkable, and from which we know the users' way being both literal and il-literal, or both verbal and non-verbal to convey information, which is to be regarded logically as the dialogue, being also both literal and il-literal, or verbal and non-verbal, between the readers and the text in the process of the interpretation of the discourse.

Obviously, in order to make language live rather than die within a context, we need to make it distinguishable between verbal context and non-verbal context so as to get the meaning which is given "bythe way the participants perceive the context of situation and shape it through their verbal and non-verbal behavior" (Kramsch, 1993: 49-50), or rather, either in a literal or in an il-literal way.

Context Shaped as Cultural and Non-cultural

Here we have an African-American student who has been sent to interview a black housewife in an inner city neighborhood, which serves as an example to show his failure in communicating with the husband who opened the door for him, smiling originally.

Husband: So y're gonna check out ma ol lady, hah?

Student: Ah, no. I only came to get some information. They called from the office.

(Husband, dropping his smile, disappears without a word and calls his wife.) (Gumperz, 1982)

Failing, more culturally than linguistically, to infer from black husband's stylistic cues (the intonation, pronunciation typical of Black English Vernacular, as well as the lexical choice of "old lady" for "wife", "check out" for "visit", etc., i.e., the husband's offered a solidarity from one African-American to another), yet the visitor, the student responds, quite opposite to what the husband expected, in "White Standard English" ("I" for "a"), thereby showing that he is from an academic culture rather than the husband's "black" culture, which leads the interview to be quite stiff and unsatisfactory (Kramsch, 1993), which could, if necessary, be regarded as the way behind which the author hides his intention and, at the same time, which could also serve as kind of dialogue cultural and non-cultural between readers and the text to get the "deep structure" from beneath or behind the "surface structure" (Chomsk, 1957) both from "inside" and "outside" of the language.

Again, we have a sentence taken from the very beginning of the novel *David Copperfield* by Charles Dickens, which reads as:

"... I was remarked that the clock began to strike, and I began to cry, simultaneously." (Dickens, 1917: 1)

If the sentence needs translating into Chinese, the problem we have to face is: What is the ideal Chinese version for the word "clock"—is it an ordinary clock? No, culturally not at all. It has to be a "Church" Clock to strike; otherwise the story will remain western-culturally meaningless in Chinese. So the translation of the above sentence goes as: "听人家说，教堂的钟声一响，我便呱呱地来到了人间", which must be a better interpretation of Charles Dickens, because we've got it from the "author" through the dialogue with the text both beyond and beneath an intercultural contextual relationship.

Similarly, as next case, we have the following to consider:

And Jesus said, Suffer little children,

And forbid them not to come onto me;

For of such is the kingdom of heaven (Bridges & Weigle, 1960, p. 333)①.

For the interpretation of the verse above, a little girl asked her mother, "Why does Jesus want little children to suffer?" The mother replied, "He doesn't. What makes you think so?" The child said, "That is what they taught us in Sunday school today."

Here, the child's problem remains, on one hand, something linguistic, which refers to the use of the word "suffer" in sense of "let" or "permit", and retains it only when it is used in sense of "undergo" or "endure". It thus removes an ambiguity for which there is no warrant in the original language. While, on the other hand, what the child said leaves us Chinese a cultural problem, i.e., what should be the Chinese version for "Sunday school"? "星期天学校" or "主日学校"? It is, of course, the latter, for which there is no choice in target language that refers to the source language culturally.

Accordingly, we have to be always careful, while having the dialogue with text, not to make mistakes either culturally or non-

① 选自 Bridges, R. and Weigle, L. A. *The King James Bible*, Word Book Nashville, Tennessee: Thomas Nelson, Inc. 1960:333。

culturally.

What the above examples remind us of is that the non-cultural context must be separated from the cultural context in which nationally recognized things are included so that such internationally recognized things as mood, intonation, pronunciation, logic, etc., are included for us to get the true sense of the text within a context not only culturally but also non-culturally.

Context Shaped as Linguistic and Non-linguistic

For the third kind of context, we have, as an example, a husband who is of middle class American background sitting in his living room one day, addressing his wife who is British and, the couple have been married and living in the United States for a number of years:

Husband: Do you know where today's paper is?

Wife: I'll get it for you.

Husband: That's O. K. Just tell me where it is, I'll get it.

Wife: No, I'll get it. (Gumperz, 1982)

In this scene, the husband is using a question, which could be literally interpreted as inquiring of his wife about the location of the paper, while the wife does not reply directly and only offers to get the paper. Her "I'll" is so accented that it could be interpreted as "I will if you do not". The husband counter suggests that he had intended to ask for information, not to make a request. So, he also stresses "I'll". And the wife then reiterates her statement to emphasize that she intends to get it. The "I'll" is, by that time, highly stressed to suggest increasing annoyance. That is how, to some extent, the couple give meanings "by the way the participants perceive the context of situation and shape it through their verbal and non-verbal behavior" (Kramsch, 1993: 49-50), or rather, by using both their linguistic and non-linguistic ways, to his or her interlocutor, isn't it?

And again, we have a mother who is asking her eleven year old son that is about to go out in the rain:

Mother: Where are your boots?

Son: In the closet.

Mother: I want you to put them on right now (Gumperz, 1982).

Here, the mother is asking a question, which mightbe literally interpreted as concerning the location of the boy's boots. So the boy, making use of it, gives his mother the response with a statement about the location and, immediately his mother retorts with a direct request stressing on "right now", which is asking the boy to put on the boots immediately. Apparently, the mother is actually annoyed at her son for not responding her initial question as a request in the first place.

And, at first glance, one might think that what is at issue here is the boy's failure to respond appropriately to his mother's indirect request. But here the directness itself is, in fact, a matter of social-cultural convention. And therefore, we find few people treat the American request, i.e., "Have you got the time?" as an indirect request. Consequently, the interpretative differences of this type in these two examples could have been found to be patterned in accordance with differences in gender and ethnic origin, or rather, culture, which makes linguistic aspects less attentive than non-linguistic ones in communication, which is, perhaps, why Susan Bassnett said that "... the process (of translation) involves a whole set of extra-linguistic criteria also" (Bassnett, 1980:13).

And therefore, as for the third kind of context, we have to draw a clear distinction between something linguistic and something non-linguistic anyway in case there is something left out of consideration.

Needless to say, there must be something overlapped among the three kinds of contexts deliberated throughout the paper.

Classroom Atmosphere Shaped as a Three-Dimensional Context

If the three aspects of language interpretation mentioned above were made to be contextualized, we could have a contextualization system, or rather, contextualization cues (Kramsch, 1993), which could, naturally and logically, be defined as a three-dimensional context for the classroom proficiency, i.e., for teachers to deal with all the problems they meet with verbally and non-verbally and, culturally and non-culturally, as well as linguistically and non-linguistically, and which could also serve as the designing made in this paper for the cognitive structure of the learners under the so-called three-dimensional circumstances of English education.

Conclusion

What we have attempted in this paper is actually to set up a three-dimensional context for language teaching-and-learning communication to be held on inside the classroom, or what we have hypothesized is to let it be not only directly linguistic and cultural, but also indirectly verbal and non-verbal, and cultural and non-cultural, as well as linguistic and non-linguistic, in order that we can let our classroom atmosphere be either cross-culturally or inter-culturally established, which could lead us to be nearing the target we've set forward for our English education and, through which we could develop our students not only into culturally competent, but also cross-culturally qualified learners.

Reference

Attinasi, J., & Friedrich, P. (1994). Dialogic breakthrough: Catalysis and synthesis in life-changing dialogue. In B. Mannheim & D. Tedlock (eds.), *The Dialogic Emergence of Culture* (pp. 33-53). Urbana: University of Illinois.

Bassnett, S. (1980). *Cultural Issues, Translation Studies* (revised edition). London & New York: Methuen.

Chomsky, N. (1957). *Syntactic Structures*. The hague: Mouton.

Dikens, C. (1917). *David Corpperfield*. The F. M. Lupton Publishing Company.

Ellis, R. (Ed.). (1987). *Second Language Acquisition in Context*. Englewood Cliffs, N. J.: Prentice-Hall International.

Ellis, R. (1992). The classroom context: An acquisition-rich or an acquisition-poor environment?. In C. Kramsch & S. McConnell-Ginet (Eds.), *Text and Context* (pp. 171-186). Lexington, MA: D. C. Heath and company.

Gumperz, J. J. (1982). *Discourse Strategies*. Cambridge: Cambridge University Press.

Hughes, G. H. (1986). An argument for culture analysis in the second language classroom. In J. M. Valdes (Ed.), *Culture Bound: Bridging the Culture Gap in the Language Teaching* (pp. 162-169). NY: Cambridge University Press.

Howatt, A. P. R. (1984). *A History of English Language Teaching*. Oxford: Oxford University Press.

Halliday, M. A. K., & Hassan, R. (1989). *Language, Context and Text: Aspects of Language in a Social-semiotic Perspective*. Oxford: Oxford University Press.

Hymes, D. H. (1972). *Introduction in Cazden*, John, and Hymes(eds.) 1972.

Kramsch, C. (1993). *Context and Culture in Language Teaching*. Oxford: Oxford University Press.

Kramsch, C. (1998). *Language and Culture*. Oxford: Oxford University Press.

Knowles, G. (2004). *A Cultural History of the English Language*. Beijing: Peking University Press (First published in Great Britain in 1979 by Arnold, a member of the Holdder Group).

Yule, G. (1985). *The Study of Language*. Cambridge: Cambridge University Press.

小结

如上文所及，在英文写作中，常常是会“写”不如会“问”，因为会问必然会想，会想则必然会写。

可见，“由短句经长述而成文”的写作，其实是一个“由‘短句’经‘长问’而成文”的学习，只要懂得“短句”，就能拓为“长述”，只要善于“长问”，就能展出“长文”，这个推演应该是成立的。

然而，说归说，做归做，毕竟“纸上得来终觉浅，绝知此事要躬行”（陆游句）。毕竟，“读了书”却也“未识字”的事，是时有发生的[①]。本研究主张，“学”来的东西，必须经得起“习”的检验，也正是在强调“躬行”“实践”的“验证”功用。

其实，本研究所主张的实际上是一种在“分析”、解读基础上，在“知其然”的前提下的一种“临摹”性写作，因为只要临得其“形”，必然写成其文。

自然，如果语言的使用果真地包含了三个境界——“得法”“得体”兼“得宜”，那么，这里只能在“得法”层面讨论写作问题，最多解决的是写作“策略”的问题。企望假于此“物”，足以行远，至于由“得法”经“得体”而“得宜”的问题，只能留给学习者“自得之”了。

相信只要你情愿动笔，或新来、或旧动、或修正、或润色，笔下无论生辉与否，纸面无论是黑是白，它们都是你的成果、你的劳动。

---

① “读了书”却也“未识字”，这是李贽（1527—1602，号卓吾，福建泉州人）的观点，他主张：读书不只是明义理，更重要的是“须有证验始可”。他认为如果没有“证验”，即使读了书，也还是“未识字”。所以，他本人不但以读书为乐，而且要求读书必须见其筋骨，就是彻底理解书的内容，不能停留在皮肤上，也不可只深入到五脏，而必须深入到筋骨，参见毛礼锐等编《中国古代教育史》相关介绍，人民教育出版社，1979，第454—458页。

文化人，最可宝贵的就是一支笔，最要紧的就是用好那支笔。

参考文献

1. 费里斯(Ferris,D. R.). 外语写作(*Writing in a Second Language*)(第1版)[M]. 上海：上海外语教育出版，2013.
2. 海兰德(Hyland,K.). 学术写作英语(*Academic Written English*)(第1版)[M]. 上海：上海外语教育出版，2014.
3. 李正栓. 英语专业本科毕业论文设计与写作指导(第2版)[M]. 北京：北京大学出版社，2013.
4. 盛炎. 语言教学原理[M]. 重庆：重庆出版社，1990.
5. 王俊菊. 认知心理与社会文化视角下的英语写作教学与研究[C]//第八届中国英语写作教学与研究国际研讨会论文集(第1版). 北京：高等教育出版社，2014.
6. 王立非. 英语写作教学与研究(第一辑)[M]. 北京：高等教育出版社，2014.
7. 王宗炎. 英汉语文问题面面观[M]. 北京：高等教育出版社，2006.
8. 西稹光. 语境研究论文集[M]. 北京：北京语言学院出版社，1992.
9. Wilkins, D. A. *Linguistics in Language Teaching* [M]. London: Edward Arnold, 1972.
10. 阎佩衡. 英汉与汉英翻译教学论(*A Conversational Framework for English-Chinese and Chinese-English Translation*)[M]. 北京：高等教育出版社，2005.
11. 杨连瑞，张德禄，等. 二语习得研究与中国外语教学(第1版)[M]. 上海：上海外语教育出版社，2007.
12. Yule, G. *Pragmatics* (语用学) [M]. Oxford: Oxford University Press, 1996. 上海：上海外语教育出版社，2000.

第十三章
由言内经言外而言后的翻译教学

翻译学概念的提出给人们的启示是：在从一种语文到另一种语文的"方式"转换中，是没有"直线"（式）捷径可行的；仅在语言的一个层面上周旋，是不足以解决问题的；仅靠前人的经验，仍以"增""减""拆""合"的技术办事，是赶不上需要的。解决语文方式的转换问题，必须既深入语言形式的内涵又跨出语言形式的外延，进行多层面、多方位、综合而细致的考察和分析。

本研究关于翻译概念的基本界定是："翻"（理解）出来，"译"（表达）过去；关于教学方式的基本设计是：始将翻译流程——"'翻'出来，'译'过去"，限定在由原语形式到原型，又由原型到译语形式的"一条折线"之内，中以"两度对话"的方式规约"理解"与"表达"的执行，终以"三维语境"的架构制约由一条折线、两度对话所产生的结局，最终达成：用一条折线监察"'翻'出来、'译'过去"的是否"得法"；用"二度对话"管控"'翻'出来、'译'过去"的是否"得体"；用三维语境规约"'翻'出来、'译'过去"的是否"得宜"。其操作方式是"对话"，其对话结果是通过语内翻译和语际翻译的两度转换实现的，其"'翻'出来、'译'过去"的基本流程则是：由理解的"得法"经表达的"得体"至结局的"得宜"。

第一节　二度对话教学模式及其应用

一、问题之所在

20世纪80年代初，教育部指定教材（张培基等编著的《英汉翻译教程》和吕瑞昌编著的《汉英翻译教程》）一直沿用至1994年（甚至更晚）不变，这本身就是需要反省的。其弱点在于：一是，两种教材都以"增减拆合"式的经验传授和技巧训练贯穿始终，不利于学生想象力及其创造性思维能力的养成，也无助于学生综合素质及其跨文化能力的提高；二是，二者将英汉和汉英翻译两个流程区而别之，分而对待，无意中将一个问题的两个侧面对立起来，这是不符合翻译及其教学的本然律的。

二、路数之确定

语言学、应用语言学、文化学、跨文化学及文化语言学或者语言文化学等给我们的意识是：解决两种语言内部的问题，常常需要跨出两种语言形式的制约，到语言形式之外去寻找答案。于是，翻译及其教学就不能总是滞留在某一个变量的周旋中谋求问题的解决，而应该在诸多变量的综合考察中，合理其运作流程，优化其运作结局。

三、假设

如果把翻译设定为一种语文同另一种语文的(语文)"关系学",那么翻译及其教学需要解决的问题,就是如何处理好两种语文之间的各种关系,使它们在改变了各自的"形式"之后,"依然故我"而不失原有的"风姿"。如果从甲语言到乙语言的直线式运作流程是翻译结果发生误差的根源,那么就应该有一条折线型转换流程,与之相比较而择优、相区别而存在;如果一次性"语际"转换不足以"达意",那么就需要增加一个"语内"预备型过渡转换流程,与之相比较而补遗、相区别而增益。既然一次不能到位,只好"二度"解决问题;如果平面的、单一的文本上下文不足以解决理解与表达中的问题,那么就需要给翻译添置一个立体的、超出文本的周边环境——三维语境,以期制约翻译的基本效果。

四、推理

如果可以将翻译运作设定在一条折线型流程之间,那么这个流程就一定是一个经由两度转换而完成的过程:一个是语内(逻辑)转换——语内翻译;二是语际(形式)转换——语际翻译;如果语内翻译需要在同作者的"对话"中完成的话,语际翻译则需要在同读者的"对话"中来完成。显然,前者——语内(逻辑)转化——语内翻译,或者同作者的"对话",就应该是本研究为翻译流程所增补的预备性过渡转换"程序"。

如果语境尚需要超出文本去设定,那么这个语境就一定是一个既包含语内因素又包含语外因素的(大)语境，一个包括作者生平、阅历、人生观及其文风诸多因素在内的广义语境，而不仅仅是传统意义上的狭义(文本)上下文语境。于是，问题就需要沿着三条思路去考察：一是语言的和非语言的路线；二是文本的和非文本的路线；三是文化的和非文化的路线。这三条思路及其所涉猎的内容，就是本研究所图建构的语境体系——三维语境之内含；而由以上三条思路所分割的两个侧面，则构成了本研究所图寻找的两个语义(分析)渠道：一是语内渠道，即语言的、文本的和文化的渠道；二是语外渠道，即非语言的、非文本的和非文化的渠道。

以上两个渠道所延伸的语义走势则可以按如下的分支被设定为：一、语内意义及其子类，即概念意义和命题意义；二、语外意义及其子类，即表征意义、表达意义、社交意义、祈使意义和联想意义。

如果以上推理是符合逻辑的，笔者的假设就是可行的。于是，这里的结论就是：

1. 一条由语内翻译和语际翻译两度转换所完成的“折线”型翻译流程。

2. 三条思路所明确的语义走势：一是语言的和非语言的语义层面；二是文本的和非文本的语义层面；三是文化的和非文化的语义层面。

以及：

3. 由三个语义走势所区分的两个语义(分析)渠道，即语内分析(渠道)和语外分析(渠道)。

进而,还得到:

4. 由三个语义走势及其两个渠道整合而成的语境体系,即本研究所建构的"三维语境":一是语言的与非语言的语境;二是文本的与非文本的语境;三是文化的与非文化的语境。

如果以上命题是成立的,笔者囊括在一个语境体系(大语境)——"三维语境"中的折线型翻译及其教学构架,就是可行的(参见附于本文后的教学模式运作示意图一和图二)。

五、内涵

1. 将翻译流程界定在一条折线之内,以资揭示:翻译是一个由原语形式(原话)到深层语义(原型)——语内翻译,再由原型到译语表层形式(实话)——语际翻译之两度转换的行为,而不是由原语直接到译语的一次性直线活动;其运作程序是,先由表及里同作者"对话"——语内转换,再由里及表同读者"对话"——语际转换;由表及里就是理解过程,由里及表则是表达过程。

2. 将折线型流程囊括在一个语境体系(大语境)——"三维语境"的约束之中,以资保证整个翻译及其教学过程始终都能保持在语内、语外两个主渠道上,沿着三个语义走势运作:既做语言分析又做非语言分析;既做文本分析又做非文本分析;既做文化分析又做非文化分析。

3. 将三条子线所指示的语义走势划分为语内、语外两个方面。语内意义及其子类包括:概念意义和命题意义;语外意义及其子类包括:表征意义、表达意义、社交意义、祈使意义及联想意义，从而将语言所承载的信息——意义兼功能（也是意义）尽揽其中。

4. 还为语内转换（翻译）设计了一个可以直接操作的（解读）步骤，即通过奈达的七个核心句（kernel sentences）和四个"语义范畴"（semantic categories）之间的逻辑语法内涵，对原语中非直观性语言（形式）——单词、短语及其从句，即"非句子"，进行逻辑（语法）转换，即做（核心）"句子化"处理，以资化隐为显——化"非句子"为（核心）"句子"，以便于语际翻译的"直观"进行。奈达的7个核心句（有别于常规的"句型"）是：

（1）John ran quickly；

（2）John bit Bill；

（3）John gave Bill a ball；

（4）John is in the house；

（5）John is sick；

（6）John is a boy；

（7）John is my father.

奈达的四个"语义范畴"（有别于常规的"词类"）是：

（1）物体词（objects）——相当于"名词"并在核心句的转化中充当其所对应的句子成分的词；

（2）活动词（events）——相当于"动词"并在核心句的转化中充当其所对应的句子成分的词；

（3）抽象词（abstracts）——相当于"形容词"和"副词"并在核心句的转化中充当其所对应的句子成分的词；

（4）关系词（relations）——相当于"介词"和"系词"并在核心

句的转化中充当其所对应的句子成分的词。

将模式的运作方式拟定为“对话”，以资揭示翻译活动的心理过程。理由是：理解，是一种特殊的心理阅读，其实质无疑是与原语作者“对话”，其目的是弄清作者的言外之意；表达，则是一种蕴含着“创”新意味的特殊写作，无疑需要与译语的读者“对话”，以期令译文的效果符合译语的文化方式和语言习惯。翻译，既需要替作者负责——使理解“达真”，又需要替读者负责——使表达“至善”。因此，本模式就是一个既替作者负责又替读者负责的“双观”式构架，需要通过一个两度“对话”的基本方式来完成。

将模式中的作者本意（深层语义）拟定为“原型”，以便将翻译活动在某种程度上的创造性暗含其中。

将模式中的翻译单位拟定为“话语”，即“一连串连贯的‘话’”，或者一个大于句子的语言现象，以便区别于以往的做法。

第二节　语内翻译

语内翻译，即语内转换，是一个由表及里（在图式中用“由 SS 到 DS”的第一度“对话”表示）的必要的理解过程。

依据奈达的理论，英语句子中的一个短语，甚至一个“复杂”的词汇，都相当于一个或者几个（完整）的句子（逻辑语句）。翻译必须将它们从语内“释放”出来，变为“核心句”的形式，从而使之“接近”于译语的基本语序，使语际转换变得直观而可行，其规律是“单词不单”“短语不短”乃至于“从句不从”，其例释如下：

(1) his arrest=He was arrested 或者=Someone arrested him.

(2) our agreement=We agreed (with each other).

(3) We saw him go=We saw him 和 He went.

(4) I'm the resurrection and the life=I'm the one who causes people to rise from the dead and who causes people to live.

(5) John... preached a baptism of repentance for the forgiveness of sins.

=〈1〉John preached sth.;

〈2〉John baptized people;

〈3〉People repent;

〈4〉God forgives sth.;

〈5〉People sin.

将上面五个核心句合而为一,则:

=John preached that the people should be baptized and repent in order that God would forgive their sins.

(6) In my fridgeless fifties childhood, I was fed well and healthy.

=〈1〉It was in the 1950s;

〈2〉I was a child;

〈3〉There was no fridge (at all);

〈4〉(But) I was fed well and healthy.

第三节　语文翻译

语文翻译，即语文转换，乃是一个关于语言与文化异同之“翻”与“译”的中间过程。

有人说，翻与译的成功与否常常取决于译者如何逐一排除两种语言表达方式上的差异所带来的困扰，这是非常精到的论点；不过，如果再加上两种文化的差异所带来的干扰及其补救方式，那么翻译中的遗憾就会减少许多。显然，要排除这个作为表达方式的语言及其作为表达方式成因的文化所带来的麻烦，除了比较之外，绝招恐怕是不多见的。

在本研究的视域中，“比较”也是翻译。毕竟，翻译需要通过两种语言和文化“由此及彼”兼“由彼及此”的比较，将两种语文（语言和文化）中的“异”和“同”统统地“翻”（uncover）出来，“译”（transfer）过去，以便按照对方语言和文化的“可接受性”（receptibility）“移植”到异域语文（语言和文化）的“花盆”中去。

可见，“比较”乃是一种关于语言和文化的“翻”与“译”，本研究谓之“语文翻译”。毕竟，只有“比较”足以发现区别，只有了解了“区别”才会找到对策；毕竟，无论是两种语言上的差异，还是两种文化上的区别，要了解并拿捏它们，又非得从“比较”入手不可。

既然“比较”是一种“语文翻译”，比较的内容就一定是“语言”和“文化”两个方面了。恰如“此文化与彼文化之间，无不有差异，亦无不有雷同”(梁漱溟,1987)一般,此语言与彼语言之间,亦无不有差异,无不有雷同。于是,“比较”就必然是一把“双刃”之剑。毕竟,比较既得关照相“异”之点,又得关照相“同”之处。

好在关于两种语言与文化之异同,笔者已经在“行文观”“语文观”及其他相关章节中做了必要的涉猎,如果以上(第二节“语内翻译”)的例释可作语言区别的注脚,可作参照之用,这里需要列举的就是从模式应用的维度上,仅就文化区别及其翻译的几则示例而已。

(1) You look blue.

语际翻译:你怎么情绪不好?(不译为“你看上去是蓝色的”)——文化意义。

(2) She is a cat.

语内翻译:She is a nasty woman.

语际翻译:她是一个讨厌的女人(不译为“她是一只猫”)——文化含义。

(3) He's a lion.

语内翻译:He's very brave.

语际翻译:他是个勇敢的男子(不译为“他是一头狮子”)——文化含义。

(4) 车到山前必有路。

语际翻译:I'll cross the bridge when I come to it.(不直译为:When my car comes to the mountain,there must be a way.)——方式不同,习惯各异。

(5) Can you pass me the key?

语内翻译:Could you please pass me the key?

语际翻译:请把钥匙递给我,好吗?(而不是:"你会递钥匙吗?")——祈使(功能)意义,等等。

第四节　语际翻译

语际翻译,即语际转换,是一个由里及表(在图式中用"由 DS 到 SS"的第二度"对话"表示)的终极表达过程。

完成了语内及其语文翻译程序的必然结论是:相对于原有"直线"翻译的结局,(上文)经由语内及其语文转换的句子译文便更加地贴近了译语的基本语序,因而其语际翻译的效果就是:

(1) 他被捕了。

直(线翻)译,只能是"他的被捕"。

(2) 我们达成了协议。

直(线翻)译,只能是"我们的同意"。

(3) 他走了,我亲眼看见的(或译为"我亲眼看见他走了")。

直(线翻)译,只能是"我看见他走了"。

(4) 我有回天的本事。

如果直(线翻)译,就是"我是拯救和生命",则读者不知所云;

(5) 约翰劝诫说,人们应该接受洗礼,进行忏悔,以便得到上帝的宽恕。

如果直(线翻)译,读者就可能无法理解。

(6) 五十年代,我还是一个孩子,那时还没有冰箱。但是,我一样过得舒心、健康。

于是，关于 Wet paint. 一句的翻译推敲就是：

(1) 语内翻译：The paint is wet.

语际翻译：油漆未干（不译为“油漆是湿的”）——习惯表达。

(2) 语内翻译：No touching!

语际翻译：不得触摸！——祈使（功能）意义。

无疑，应该说只要语内解读的格局“得法”，语际表达的方式就可能“得体”，而经由语文翻译调整的意义表述就会终究“得宜”，抑或恰到好处。

相信对于中国学生难于理解兼表达的英语表述（尤其是恰如上述几个典型的难句），经由语内、语文的转换，其语际的表述都会一目了然的。

需要备注的是，这个做法的理论依据，即“二度对话”模式所依据的语言学及其应用语言学原理乃是：

1. 依据乔姆斯基的表层结构与深层结构说，建构折线型翻译流程。

2. 依据奈达的语义“四范畴”(semantic category)及其七个核心句的理论诠释，为模式设立语内（逻辑）转换步骤，使（第）一度对话——理解，借助于一个逻辑语法（解读）的程序，使原语变为接近于译语且直观的表述形式。

3. 依据奈达的语义分类思路及其符号学基本原理，从语内、语外两个维度上，分别为二者的语义走势划分母类和子类，以使语义分析尽其所能。

4. 依据话语分析的理论，将翻译的基本单位确定为一个大于句子的言语现象——话语，即“一串连贯的话”，以便区别于以往的做法。

第五节　实际翻译

实际翻译，即实际的操练，是一个由熟及巧的操练过程，其实际操练的步骤，在教程中的实际表述是：经“一条折线”“二度对话”兼“三维语境”之后的“四番翻译”（可参见文后注脚），是一个不可或缺的补充。毕竟，即便前面的原理及其规则再有说服力，翻译的实践——反复的练习，都是必须到位的，否则再好的设计都会功败垂成、半途而废，这是自不待言的。何况，本研究关于意义翻译流程的逻辑推演是：由“言内意义”经“言外意义”至“言后意义”。既如是，不经实际操练安能达其目标？不由反复推敲焉能成其结局？

毕竟，“二度对话”（模式）所揭示的翻译教学原理是：

必须充分释放原语中所内含的逻辑语义（语内意义）和功能语义（语用意义）——原语作者的本意，并且以译语读者认同的方式传达这些信息，同时应该尽可能保留解读中所获得的原语文化特色。

其翻译学原则是：求理解之同——替作者负责，存文化之异——替读者负责。

其教（与）学原则是：

1. 以语言现象为主，兼析非语言因素；

2. 以文本内容为主，兼授非文本背景；

3. 以文化素材为主，兼述非文化现象。

其方法论原则是：

示之以“然”，述之以“所以然”，不预设规定、预定框框，引导学生得出自己的方式、方法、技巧、经验及其观念来。

这个构架给翻译教学内容、教材编纂乃至教学方式都提供了一个理论性参照，其中关于语境体系（三维语境）的设计，实际上已经囊括了对学生语言能力及其语言文化涉猎的基本涵盖，即：语内、语外的基本素养和双语言双文化的基本修养，因而足以为建立学生科学的、合理的认知（知识）与能力结构做好必要的准备。

其教学目的是：

通过“二度对话”的教与育，最终为建立学生科学的、合理的知识与能力结构，打下良好的翻译（学）基础。

其授课方式是：

或以例释导入，组织讨论，引出结论，或以概念引入，例释佐证，归纳概括；或以问题开头，组织讨论，导出结语；或以假设开始，例释求证，推出结论；或以归纳法授课，或以演绎式讲述，或归纳、演绎兼而并用。

其内容编排是：

1. 以语言现象为主，兼析非语言因素；2. 以文本内容为主，兼授非文本背景；3. 以文化素养为主，兼述非文化现象。

其试题设计是：

1. 设计语内翻译板块，考核学生的语内解读能力及其方式，同时检查其掌握语言(尤其英语)内在逻辑(关系)的实际情况;2.设计语际翻译板块,既考核(英语)理解的最终效果,又检查(汉语)表达的实际水准;3.间或拟定有关已授观念的理论测试题目。做法是:给出实例,要求学生通过独立分析得出结论,允许学生持有与教师不同的观点。

其实践效果是:

自1996年起至今,二度对话方案及其讲义在西北民族大学外语学院本、专科翻译教学中试行,效果明显优于此前的"技巧训练"式教学。及格率突破了96%,优良率提高了7个百分点。

其推广情况是:

2001年,"模式"介绍到山西大学、山西师范大学、江南大学等高等学校外语学院,并有论文发表;2002年,介绍到罗马尼亚,取得与锡比乌大学Eric Gilder教授的合作,并在(欧洲第12届)蒂米什瓦拉国际会议上做了学术陈述,论文(二度对话中)"英语的语内翻译问题"被收入该届会议论文集,之后"二度对话教育观"为《欧洲高等教育》(2002年第3期)所刊用;2003年年初,与山东大学孙迎春教授协定,向全国推广。

模式的构建,先后得到北京大学辜正坤先生,西北师范大学教授黄席群先生、张儒林先生,西北民族大学教授郝苏民先生、杨才铭先生和兰州大学教授张致祥先生的一致好评;模式所由派生的教学理念及其方式,得到克罗地亚里耶卡大学哲学系教授Bill Candler先生的高度推崇;介绍到国外后,先后得到(美国)路易斯维尔大学教授Anthony O'Keeffe先生及(罗马尼亚)锡比乌大学(美籍)教授Eric Gilder先生的高度赞赏。自然,"二度对话"问世后，也引起了一些同志的关注和质疑，想必都是好意。

以“二度对话”理论模式为框架的教科书《英汉与汉英翻译教学论》分别于2005、2007年两次由高等教育出版社出版，使用至今，效益不衰。

小结

“两度对话”是本研究对理解与表达的特殊表述。其目的在于：通过理解——“第一度对话”，尽可能逼真地把握原语中的信息内涵；通过表达——“第二度对话”，用译语读者所能接受的方式尽可能完善地传达原语中的信息内涵，最终以教育者的综合（杂家式）修养，拓宽受教育者的语言与文化素养，为翻译的实施打下足以解决问题的基础。

再度“对话”，则构成对翻译结果的检验；折线流程，可以逆向操作，自然地将英汉与汉英翻译统一于一体。

译者与作者的“对话”——第一度对话，在于“求真”，译者与读者的“对话”——“第二段对话”，在于“求善”。模式力图将“真”与“善”统一在两度对话之间，以便免去关于“标准问题”的争论。构架所暗含的翻译标准是：译者留给读者的整体感受必须与译者解读原文时的感受基本相同，这样的翻译结果一定是“美”的；翻译过程所需遵循的原则是：摆脱原语语言（表层）形式的束缚，站在译语的文化氛围中传递原语所承载的信息。

译事中，理解逼“真”了，表达趋“善”了，翻译的结果能不向“美”吗？可见，真善美，乃是翻译的境界所在，也是“二度对话”的追寻所在。

附图：

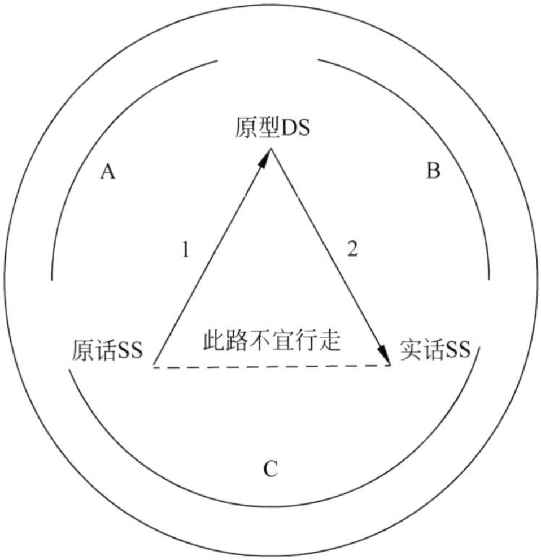

图 3　二度对话翻译教育模式图解(一)：剖面运作示意图

注释：

1. 箭头线 1：一度对话(理解过程——求真)

   箭头线 2：二度对话(表达过程——求善)

2. 弧线 A：语言的和非语言的语境

   弧线 B：文本的和非文本的语境

   弧线 C：文化的和非文化的语境

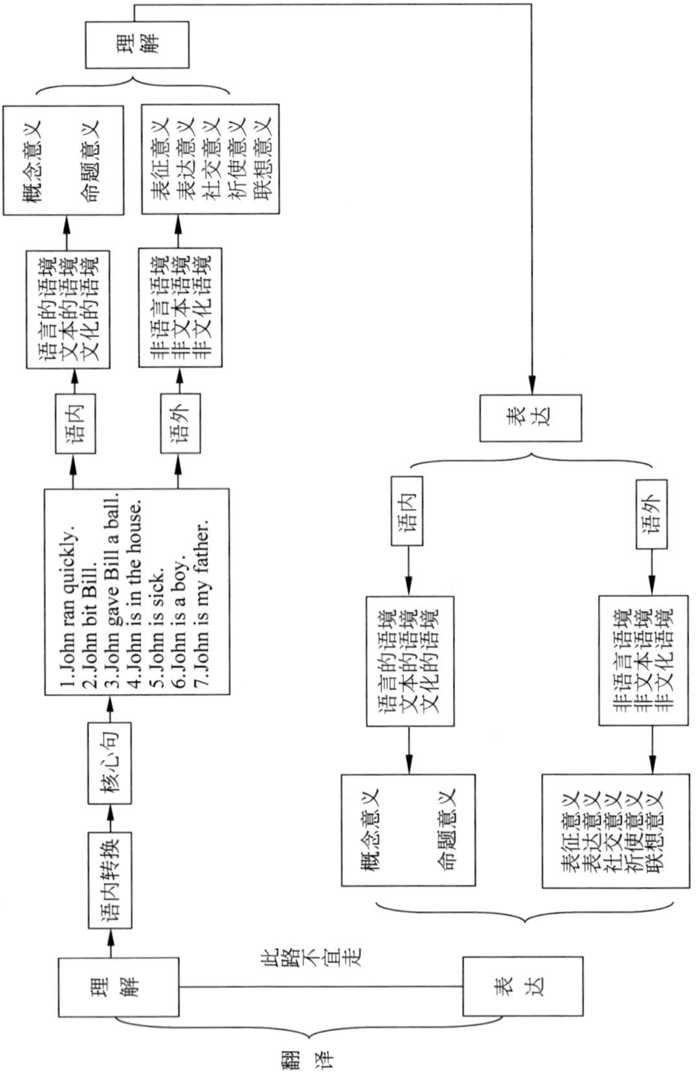

图 4 二度对话翻译教育模式图解（二）

几点关于模式的注脚：

• 关于“一条折线”：

有人（曾仕强，2012）认为“V”（victory，“胜利”）就是：先跌倒，然后再设法爬起来，才算“胜利”。其实，这也是一种“翻译”的方式——跌倒了再爬起来，最终才可以做好事情；只是，在实际“翻译”中，我们把这个“V”（victory，“胜利”）形象颠倒了而已，但是意思仍然不变——只是反其“方向”而用之罢了。这样一来便恰中了乔姆斯基的“下怀”——虽迎合了乔氏转换生成语法的主张，但我们语内转换的手法却不再是乔氏所发明的通过句型的语法转换，而是奈氏所倡导的“四个语义范畴”和“七个核心句”的内部结构（逻辑内在）关系转换。

显然，用一条折线统筹翻译之流程，是必要的。

• 关于“二度对话”：

如果说“一条折线”是本模式为翻译所拟定的基本路线（流程），“二度对话”就是本模式为翻译所策划的基本方式，其实际内涵是：第一度“对话”，指译者同原语作者的“交流”，即所谓“语内翻译”（intra-lingual translation）——理解；第二度“对话”，指译者同译语读者的“交流”，即所谓“语际翻译”（inter-lingual translation）——表达。毕竟，理解需要比当下文本更多的原语语文知识；毕竟，表达需要比译语语言形式更多的语文修养。

可见，用二度对话的方式去组织翻译教学，是应然的。

• 关于“三维语境”：

“三维语境”，系指语言的和非语言的语境、文本的和非文本的语境及文化的和非文化的语境三者所合而蕴含的、立体的而不是平面的语境概念，是本研究为英汉与汉英翻译所策划的运筹环境，其出发点是为语言的应用提供一个足够生态化的氛围，其目的是，令旨在解决语言为人所用问题的翻译所"创造"的新的语言尽可能地接近两种语言在原语中的语用效果。

足见，"三维语境"是一个小小的"社会"，是一个"大大"的环境——用它所构成的氛围去规约翻译的行为，是本然的。

• 关于"四番翻译"：

"四番翻译"，所蕴含的无非是操作层面的反复斟酌和体验，所强调的又无非是不能单靠理论的"聪明"办事，基本操作的"历练"要基本够用才行。

• "意义"的补遗：

乔治·莱可夫(生成语义学派的领袖人物之一，从20世纪60年代至今一直是乔姆斯基对立派的一员骁将)对意义做了重新定义，认为：事物本身是无所谓意义的，(因为)意义不(应该)是一种事物，而(应该)是事物同我们所发生的某种联系，(于是)意义就必然同一定语境(环境)下人们对事物的体验直接相关①。可见，意义实际上是在特定的语境下，人们同语言功用的关系，这就是本模式所持"意义在于关系"的基本概念所在。

• 关于语用方式的几个例释：

(1) 英语用以表达生气的方式，其实说的是某种生理的反应：

He lost his cool.(他缺乏冷静。)

---

① 这是一个很好的定义，是很值得认真借鉴的，以上基本概念转引自华中师范大学石毓智《〈女人·火·危险事物〉——范畴揭示了思维的什么奥秘评介》一文。

I almost burst a blood vessel.（我肺都快气炸了。）

He was foaming at the mouth.（他气得嘴冒白沫。）

You make my blood boil.（你让我怒火中烧。）

Try to keep a grip on yourself.（情绪要尽量控制。）

He was red with anger.（气得他面红耳赤。）

He suppressed his anger.（他克制着心头的怒火。）

He was blue in the face.（气得他脸色发青。）

He was quivering with rage.（气得他浑身发抖。）

She was blind with rage.（气得她失去了理智。）①

（2）上厕所的诸多方式，其实应该看作是一种实际语用的“示范”：

Well, I, erm, I, I want to go to water closet（W. C.）.

I want to wash my hands.

I want to go to the restroom.

I want to go to the wash room.

I want to go to the sanitation room.

I want to go to the comforts room.

I want to go to the powder room.

I want to go to the bathroom.

I want to go to the little girl's room. 以及：

I want to go to Mr. Jones.

I want to go to my aunt.

① 同第492页注，第21页。

I want to go to John.

I want to go to gent's (or gentlemen's).

I want to answer nature's call.

I want to do my business.

Where can I use powder?

I want to wash my hands.

I'd like to powder my nose, etc.

但是：

She spent an hour on her toilet. 却是：她化妆用了一个小时。

于是，如果就 I want to go to somewhere 的回应果真是：

All right, you can go anywhere as you like, we have nothing to hide (from you).

那就大错而特错了，不是吗？

如果尚需要就模式做一个提要性概括的话，这个概括就是：

本模式关于英汉与汉英翻译教学的基本设计是一个融“语内翻译”（“翻”）、“语文翻译”（“比”）、“语际翻译”（“译”）和“实际翻译”（“练”）四个部分——四个有机环节为一体，并将四个环节始终置于一个两度对话式的三维语境之中，从而尽可能接近英汉与汉英翻译在言内意义、言外意义和言后意义上的“真”“善”“美”结局，即在语言形式上的“得法”，在表述方式上的“得体”兼语用效果上的“得宜”的翻译学最终追寻。

于是，模式所达成这个结局及其所追寻的基本方式便是：

语内翻译——“入于里”，求真；

语文翻译——“介于中”，明理；

语际翻译——“出于外”，求善；

实际翻译——“务于实”，常练。

而这个模式所要求的运作规范则必然是：

既尊重作者，又尊重读者——要理解人家，也要让人家理解。

最后，需要再注一笔的是：

如果说技术性的东西是可以重复的，那么非技术性的东西就是不可以重复，甚至是不可能重复的，恰如艺术的创作是不能重复的一般，这个道理是显而易见的。

尽管技术性翻译乃至机器翻译都是不可或缺的，然而我们还是宁愿将翻译看作艺术，也不愿将它列为技术，因为技术性的翻译、机器翻译都是注定不会产出高品质作品的。毕竟，翻译不是重复，也不可能重复，对吗？

翻译的一头足以上升到哲学，翻译的另一头则需要用自己的方式“下降”为“技术”或者技巧(skills)。切记，这种足以称之为技术或者技巧的东西，却应该是翻译者本人从他自己的思考和实际操作中“抽象”得来的东西(自己的经验)，而不应该是直接从别人那里得来的实惠——别人的经验及其经验性的东西，否则翻译就可能变成机器一般的重复劳动。

于是，翻译在走向科学的路上，必须向哲学，向艺术诸类的“学科”汲取必要的营养。毕竟，“他山之石”是“可以攻玉”的；毕竟，翻译教学过去的教训是，将它作为技术来对待，将它作为技术去教授，其结果只能培养出“技术”(机器)一般的人才来。

参考文献

1. 刘宓庆. 当代翻译理论[M]. 北京:中国对外翻译出版公司,1999.

2. 刘润清. 西方翻译流派[M]. 北京:外语教学与研究出版社,1995.

3. 盛炎. 语言教学原理[M]. 重庆:重庆出版社,1990.

4. 王宗炎. 英汉语文问题面面观[M]. 北京:高等教育出版社,2006.

5. 阎佩衡. 英汉与汉英翻译教学论[M]. 北京:高等教育出版社,2005.

6. Austin, J. L. *How to Do Things with Words*(The William James Lectures delivered at Harvard University in 1955)[M]. Oxford: Oxford University Press, 1962.

7. Katan, D. *Translating Cultures: An Introduction for Translators, Interpreters and Mediators*(文化翻译——笔译、口译及中介入门)[M]. Manchester: St. Jerome Publishing, 1999. 上海外语教育出版社, 2004.

8. Nida, Eugene A. *Language and Culture: Context in Translating*(语言与文化——翻译中的语境)[M]. 上海:上海外语教育出版社,2001.

19. Wilkins, D. A. *Linguistics in Language Teaching* [M]. London: Edward Arnold, 1972.

10. Yule, G. *Pragmatics*(语用学)[M]. Oxford: Oxford University Press, 1996. 上海:上海外语教育出版社,2000.

第十四章 由参照经对比而入门的文化教学

在跨文化交流中，总是依着“洋人”的程序办事，常常会有尴尬的局面，乃至往往会令人们有所谦卑不及的心理，偶然间还会听到诸如“中国没有语言学”“没有语法学”之类的“谦辞”，有时真的令人哭笑不得。或许，这些多同英语教学中的文化教学，尤其是同母语文化教学的失语症(Chinese Cultural Aphasia)有关。

如上卷所及，恰同脱离了文化的语言是僵化的语言一般，脱离了文化(包括母语文化)教学的语言教学必然是机械的、缺乏生机的语言教学，因而必须尽早克服，以便给外国语文教学的运作建构一个良好的语文生态养护。毕竟，人们要做的是“文化人”，不是要做什么“语言人”之类。

文化，乃是人类文明的结晶；文化，又是一个民族特有的精神财富。如果经济一体化是世界发展的必然，那么文化全球化就是文明进步的必然。“一体化”的过程，需要“跨文化”交流，才足以将地球村里的事情办好；在“跨文化”交流能力的栽培上讲，要走向世界的后生，只懂得语言，不懂得文化是不行的。毕竟，语言是交流乃至生存的方式，文化才是这些方式所由发生的根源，没有必要的了解、学习和拿捏，仅知其然，不知其所以然，怎么行？

本研究，只从文化涉猎的基本流程上加以必要的提醒就是了。

第一节 勤于辨识初感觉

以下，我们先来辨识几个与文化相关的例子：

在西方，尤其是在美国，那是没有“白吃的午餐”的；然而，在东方，尤其是在中国，午餐不仅可以白吃，甚至还可以白拿。这些，或许都与东西方文化观念的区别有关。

西方人办事，讲究“差一点儿也不行”（因为：It matters a lot——关系大了去了），而中国人办事则讲究“差不多就行了”（因为：It matters nothing——没一点关系）。有些西方人是眼见为实，有些中国人则是眼不见亦为实。自然，眼见了仍有不为实的情形，何足为怪呢？“差不多”就是了。

西方人说：“Why and when your hair turns gray?”——意味：你怎么头发都变“灰”了，老了呀；中国人说：你头发都变“白”了——意味：“您头发都（变）白了，真是岁月不饶人啊”。显然，这里所透露都是文化赋予言语的“情感”的色彩。

西方人说：“Dogs refuse to leave (the) man's grave”，说的是宠物的“忠诚”之所“贵”，纵然是主人的“坟墓”，也半步不离；中国人说：“The dog refuses (wen't) to leave the Baozi”，指的则是（天津）“狗不理”包子！你瞧：The dog，at the same time，has already left the man, its own master, because of the Baozi which is famously delicious. 不是吗？可以理解的是，这里说的是：“包子”滋味之“美”，而不是主人之可“爱”。包子，香气扑鼻，价廉物美，无人可比，无食可及，乃至于连“狗”之于“人”的“忠诚”，都大可忽略不计了。

显然，在文化的特殊环境中，即便是“狗”对主人的“忠诚”也会发生微妙的变化，乃至于尚可以索性地忽略不计了。可见，文化这东西有时候真的有趣。

诸如，西方人喜欢喝咖啡，中国人喜欢喝“茶叶”的那些事儿，虽然都是生存环境使然，却无一不同文化相关。不过，诸如英国人还喜欢在茶水中加点牛奶再喝，乃至于开放后的中国人也要来点咖啡面包之类的事儿，则完全表现出一种包容、学习和汲取的襟怀，学术界谓之“中西合璧”。这大概是地球村里所必然要发生的文化现象，谁都会欢迎的。当然，有人说：“中国人喜欢生活在历史的成就中，而西方人则更乐于生活在未来的梦想中。”这或许是传说，或许也与事实相关，总之全都有待于考究。

有人说，中国人好面子，所以“馅儿”总是包在里面，包子、饺子、粽子都一样，毫无例外；于是，外国人便“不顾面子”，因而连他们“皮萨”的“馅儿”都搁在外面了，好不有趣。

英文里（西方人）的“主席”，是坐在椅子上的人，叫 chairman；中文里的“主席”偏偏是坐在主要的“席子”上的人，所以叫“主席”。

结婚的事儿，在西方人看来，只是两个人的事儿；在中国人看来，则是两家人的事儿。这个区别是有趣的，也是有意思的。不过，不少的国人也慢慢染上了这个“病”，总觉得人家的东西好，于是便不分青红皂白，统统地都拿来，有时候也弄得原有的家反而不大像个“家”的样子了。毕竟，文化的相融也好，合璧也罢，都得有个相互尊重、适应、消化和吸收或者接受的过程。自然，文化原本是没有好坏之分的。

西方人读书为的是掌握知识，中国人读书为的是明白道理（曾仕强，2008）。但是，明白道理又是为了什么呢？自然是为了做人、做事。可见，读书除了明白道理以外，还应当同时寻找方式、方法和路子，以便将事情办好才对。于是，读书的目的就在于：一是要明白做人、做事的道理，二是要找到做人、做事的途径、方式和方法。这或许才是文化合璧要解决的事儿。

西方人多用眼睛读书（默读），因为用眼睛读书，读得快；中国人主张用嘴巴读书（朗读），因为用嘴巴读书，体味深，足以借助于（有表情的）朗读所能产生的情感而渐入角色，以资体悟出书中言内、言外及言后的全部意义来。

西方人喜欢说一是一，说二是二，绝不“绕弯子”，因此常常可以有话直说；中国人喜欢讲“客套”，话说第一遍，绝不知道真与假，第二、三遍后才知道是真是假（比如，给客人让饭就是一例），所以绝不敢一有话就直说（曾仕强，2008）。

可见，有时文化知识是可以俯拾皆是的，然而这绝不意味着文化是可以唾手可得的，那么文化又怎么可以涉猎呢？或许，依据以下的提醒，还是足以见识见识文化的究竟的。

英国的麦考莱（T. B. Macaulay）说过：“假如所有用英文写的东西都毁了，只剩下英译《圣经》一部书，那这部书本身就足以把英文里的美与力量显示出来。”

还有人说，是《圣经》催熟了西方的文化，抽去了《圣经》，西方的世界就会倾斜。足见，《圣经》的威力之大。

雨果说："英格兰有两本书，一本是《圣经》，一本是莎士比亚，是英格兰造就了莎士比亚，但造就英格兰的却是《圣经》。"[①]所以，不朽之著《天路历程》(*The Pilgrims Progress*)的作者——17 世纪的英国作家班扬(Bunyan)一生就只读"一本书"，这本书就是《圣经》。

可见，《圣经》乃是了解西方文化的最佳切入口，学英文而不涉猎《圣经》，那肯定是一个不小的遗憾。

毕竟，《圣经》并不仅仅是一本书而已，它是一部由 30 多位作者，历经 1000 多年才完成的、包含了 66 卷著作的宏伟巨制，是基督教的经典，也是一部内容丰富的文学作品。其中包括小说、历史、诗歌、戏剧、书信等不同体裁，记叙了不同人物的困惑、祈望与朝圣的心路轨迹。

而且，《圣经》还是一部属于东方的书，因为它记叙的几乎都是中东一带的人与事(因此，伊斯兰教和犹太教同尊《旧约》为经典)。《圣经》又称为《新旧约全书》，"约"字来源于希腊语，意思是"盟约"或者"遗嘱"。旧约是上帝通过以色列民族的缔造者摩西与以色列所订的"约"，而新约则是上帝通过耶稣基督与信从他的人另立的"约"。《圣经》原著文字并不是英语，《旧约》是用亚兰文及希伯来文写成的，《新约》是用希腊文写成的。希伯来文是古代东方文

---

① 参见《译学大词典》"《圣经》与西方文化"词条。孙迎春：《译学大词典》，中国世界语出版社，1999，第 110 页。

明的结晶，它继承了上至巴比伦下至古埃及的文化遗产；希腊文则昭示着现代西方文明的渊源，而古希腊和继承古希腊文化的古罗马却可以说是今日西方文化的摇篮。

《圣经》还被看作是西方人灵魂的导航。无论是西方的哲学、文学、艺术、伦理学等，还是他们的生活方式、思维模式等，离开了《圣经》就难寻其文脉的经纬。

再说，《圣经》已被译成世界各种文字，如1611年英王詹姆士颁发的钦定英译本《圣经》，德国马丁·路德的德译本《圣经》及中国太平天国所用《圣经》中译本《新旧遗诏书》（早在唐代贞观年间，某些经卷已被译成中文，如敦煌文献中的《尊经》）等。其中的语言，尤其是成语、典故在各国的文学乃至政论（作品）中都被广泛引用，谁又可以对这些视而不见呢？

显然，如果说学习异国的语言，而不涉猎异域的文化是可叹的，那么关照异域的文化，而不涉猎《圣经》的内涵则是可悲的。

有人说，莎士比亚如果不接触意大利文学，人们就不会看到奥赛罗，也不会看到罗密欧与朱丽叶，更不会有那个威尼斯的银行家——一个饱经屈辱又不甘屈辱的汉子。

同样，在中国文学中，如果没有印度文化的“施舍”，我们就很难有李白的豪放和王维的飘逸，很难拥有那些内圣外王的诗人。毕竟，他们总是“善于”从异域的文化中自然地透露出精神的异化来[①]。这种所谓“精神的异化”（alienation），乃是一种不可多得的

① 以上观点为许国璋在介绍邓炎昌、刘润清著《语言与文化》时提到的观点。

创造，不是吗？

著名学者季羡林先生，曾在为《中国翻译词典》撰写序言时把中国文化比作一条永不枯竭的河流。他说："中华文化这一条长河，有水满的时候，也有水少的时候，但却从未枯竭，原因就是有新水注入。注入的次数大大小小是颇多的。最大的有两次，一次是从印度来的水，一次是从西方来的水。而这两次大注入依靠的都是翻译。"他还说："中华文化之所以能常葆青春，万灵药就是翻译。"[①]这些都是没有人可以否认的事实，也是一种不可抗拒的规律，中外概不例外，谁又敢对它们敬而远之呢？

企愿学子们：

家国的《经书》与西人的《圣经》影响同在；自身的努力与学习的效力共存，尽量把人类文化学习的事情办好。

第二节　宽作参照知其然

西方人主张改造自然，追寻用科学改造自然的结果（如笛卡尔就强调科学的目的在于征服自然）；中国人则主张顺应自然，讲究从哲学上追寻"天人合一"的结局。其实，"天人合一"中的"天"，就应该是我们需要加以探索、加以认知的客观事物及其发展、变化的规律，而我们的责任仅在于发现"天"的存在并与之"合一"就是了，免得违背事物发生、发展及其变化的"天"意。可见，"天意"就是有赖"人情"去"认知"、去"体验"、去"领悟"的客观事物及其发展变化

① 参见孙迎春主编《译学大词典》之序言一（张今序言）。

的规律。依《周易》所云，“天意”之于“人情”所图者开化也，“人情”之于“天意”所能者寄托也。总之，“天意”非从他人那里求得，也不能从“洋人”那里求来，“天意”只能从自家对“天理”的“领悟”中得来。毕竟，不是“天”在变，不是事物在变，乃是人们自家对“天”的感悟在变、人的认知境界及其做法的高低在变。此可谓“天”“人”之关系者也，是耶？非耶？

在笔者的视域中，“天人合一”所说的无非是“造化”与“人为”的关系，或者不如直接说无非是“天意”与“人情”的关系而已。比如，在教学领域，“教”，意味着发现并顺应“学”之“天性”以“呼”之；学，则意味着自觉“我”之“个性”并由此而“应”之。古人所谓“先其天性，后其学习”（盛唐张怀瓘语），或者“性是天，习是人”（晚唐吴融语）所涉及的都是这个“天人合一”的哲理。可见，“天人合一”的本义是，人要先走“入”天，而后方能够跃“出”天，最终才可能造就一个既同于“天”，又合于“人”的东西，谓之“天人合一”。可见，“合一”就是合乎规律，能与“造化”合一者，乃是“人为”的最高境界之所在。

“场”论所谋者，不过“教”与“学”之“合一”而已，然而欲达“合一”，谈何容易？

如果就思想的发展而言，新旧思潮之间总是离不开某种意义上的血脉联系的。比如在西方，思想史的发展，每一步都会在相当程度上依赖于对《圣经》一次又一次的重新阐释；而在中国，思想史的发展，则反映为每一代哲学思想的建立和发展都在实际上离不开“五经”（《易经》《诗经》《尚书》《礼记》和《春秋》）的基本架构，比如：老庄哲学在魏晋的兴起不过是魏晋人拿来对付“五经”的一个办法而已。魏晋人是用老庄的眼睛来看“五经”的[①]。问题在于：我们应该以何种眼光看待“经书”？以什么方式对待“经书”？这本身恐怕就是一个基本文化态度的问题，后人需要汲取“五四”一阵风的失却，认真反省，以便从传统与现代的结合点上将后来的事情办好。

R. Kalan 提出了文化思维影响话语模式的观点，认为西方人的思维是直线形的（其实不如说西方人的思维是直而不断线的，笔者），而东方人的思维是螺旋形的（不如说东方人的思维是螺而盘旋式的，笔者）[②]。从思维态度上看，西洋发问一般都先问“是什么？”可谓之“‘是什么’在先的态度”（What priority attitude）。中国人则一般都先问“将怎样？”可谓之“‘怎么样’在先的态度”（How priority attitude）。

中国文化，注重“悟（性）”，认为只有通过文化的“修”和“炼”才足以把握自然、人生和社会的“道”理，即所谓“求善”（张岱年用语）；西方文化，则注重“研究”，以为只有通过“研”和“究”才能找到自然、人生和社会的规律，即所谓“求真”（张岱年用语）。于是，中国人便重“道”，重“说”，而西方人则重“理”，重“论”，前者要比后者简约而玄妙，后者则比前者繁复而系统。

比如，在天与人的关系上，东方与西方的理念是大相径庭的：

建立在科学观上“求真”的西方文化，对待天与人的关系只用一条“直线”切分，一半对一半便是了；

---

① 参见戴燕：《玄意幽远——魏晋玄学风度》，云南人民出版社，1997，第 5—9 页。

② 以上观点参见刘红梅《对联的语用翻译》，转引自《中国翻译》，2008 年第 3 期，第 60—63 页。

建立在“哲学”(老、庄、易三玄之学)观上“求善”的(东方)中国文化,处理天与人的关系则是用一条“曲线”分割:或而天的成分多,或而人的比例大,全在于一个“中庸”之“域”的把握,要做到恰到好处,自然是不容易的。

其实,做到“真”并不难,直截了当就是了;做到“善”就不那么容易了。毕竟,人家总能挑出个刺来的。

“求善”的文化,讲“含蓄”,总要给人家留个有余地,好让人家联想、发挥,因而“空白”就不在一处。显然,“善”,就是中庸文化的结局。

“求真”的文化,讲“暴露”,不给人家留余地,好就是好,坏就是坏,“暴露”无遗,不留“空白”,因而别人是没有空子可钻的。

如果“真”是一个“点”的话,“善”就是一个“域”——“善”本来就是一个不够确定的概念,所以常给人家钻空子。“善”与“不善”,常常归于“仁者见仁,智者见智”,不一而足。

不过,中庸不是折衷,而是取之于优——选优,其“初衷”,当与西人之“0.618”法相差无几又不尽相同。这个“不确定”性,大约正是中国文化妙不可言的地方。西方人好一举成功,中国人则讲“多举”成事。

西方文化是理性的,中国文化是性理的(辜正坤,2006)。有人曾借用“阴柔”和“阳刚”的概念来区分中国文化和西方文化,这是有一定道理的。而如果站在老子哲学的立场上,我们就可以大胆地说中国文化是“处下”(老子哲学用语)式的“谦受益”的文化,而西方文化(在某种意义上)则是张扬式的“满招损”型文化。如果“无执”便是中国文化的特质,那么“有执”就一定是西方文化的特质;如果说中国文化是“通达”的,那么西方文化便是“执著”的;如果说中国文化是向主观用功的,是“主观”型文化,自古就主张“克己复礼”“上善若水”“吃亏是福”“退一步海阔天空”及其“和为贵”“反省”“自责”“让人”,乃至于尚有所谓的“精神胜利”之法则等,无一不是“向内用功”(梁漱溟语),那么西方文化就是向客观用功的,是“客观”型文化,一切都是“向外用功”的[①]。比如,中国人善于以诗“抒情”,西方人则长于以诗“叙事”;在艺术观上,如果说中国艺术尚“虚”(也有人说中国艺术务虚),因而中国人的透视是散点式的,而西方艺术尚“实”(也有人说西方艺术务实),因而西方人的透视是焦点式的。于是,我们就可说中国艺术注重主观世界的表达,而西方艺术则注重客观世界的描写;中国人讲学习大自然,所谓“外师造化”,但还得“中得心源”;西方人讲模仿大自然,实可谓师造化、得造化;在绘画上,中国人讲究“写心”——写内,写主观,因而他们的眼中之物、胸中之物、意中之物和画中之物均不一般,甚至认为“心外无物”(王阳明语),西方人则讲究“写生”——写外,写客观,因而他们的眼中之物、胸中之物、意中之物和画中之物必然一般,差一点也不容许;中国画“写虚”,常常要留下许多“不明确”的东西,西方画“写实”,不容许在任何地方留下不明确的东西。

---

① 不仅如此,梁漱溟还认为:“中国式的人生,最大特点莫过于他总是向里用力,与西洋人总是向外用力者恰恰相反。”他进一步说,“盖从伦理本位职业分途两面所构成的社会,实无时无刻不要人向里用力”,而且所有“对人的问题,却与对物的问题完全两样,它都是使人向里用力,以求解决的”,“乃至中国皇帝在这里也不例外。他一样地要向里用力才行”。以上观点,参见梁漱溟:《中国文化要义》,上海人民出版社,2005,第171—174页。

在艺术效果上，中国画追寻“古意”，因为“去陈则古，古则新”（以为似古而不同者便是“新意”），西方画则追寻“今意”，必须在前人（其实也是“古”人）的基础上有所超越，才谓之“今意”。二者看似相去不远，实有本质的区别：前者所追寻的是“神似”，后者所蕴含的则是“形似”，因为西方艺术看重客观的“物象”——“物”一定要“像”，而中国艺术虽主张“师造化”，却不主张“袭造化”，因而就看重主观的“心象”。中国书画所追寻的不是外物的逼真，而是客体所传达的“意向”，谓之“心”中之“象”。其实，这些都是文化使然的事，恰如梁漱溟先生所谓“中国文化向内用功，而西方文化向外用功”的基本规律一般。

在语言研究上，近代的西人将关于语音、语法及其词汇规律的涉猎划归为一路，统称为“语言学”，而中国人则从上古就将关于文字、声韵及其训诂格律的学问合为一流，通谓之“小学”（问），以便同作为“大学”（问）的四书五经乃至六经、十三经之学加以区分。可见，《小学》虽属语言学一类，然而其范畴及其奥妙却绝非西人之语言学、语法学一类可以媲美——中国文化的蕴含要比西方文化深刻得多。

在学术上，中国人主张“述而不作”（孔子、朱子都是如此），因为只要“述”了，“作”便在其中了，而西方人大概完全可以说是“作而不‘述’”了，因为只要“作”了，“述”便不在话下。

如果说《论语》是一部“述而不作”的著作，那么孔子所做的就是一种不言而喻的“翻译”工作，只是夫子之“翻译”留给后人的乃是先秦文化中简单朴素、惟妙惟肖的道理而已。如果用西方翻译史“阐释，也是翻译”的眼光，来看待《论语》的成就，即便在“阐释”

这一点上，孔子也是中国文化史上最早的“翻译”大师，只是他的“翻译”乃是在“述而不作”的状态下完成的罢了。

中国文化讲“差不多”，西方文化讲“一点儿都不差”；中国人讲出新——而且，这种出新的结果是无法预知的，因而就会引发某种悬念，吸引人们去想象、去奋斗；西方人讲创新——这种创新的结局是可以预测的，因而其结果必然要求准确无误。

从文化区别约定俗成的视域中，推演语言教学中的发现，常常是有启发意义的。比如，中国画的“写意”是一种点到为止的主观表现，恰恰从文化的维度上印证了汉语“意合”行文的合情的话，西洋画的“写实”就是一种面面俱到的客观再现，偏偏从文化的维度上佐证了西语“形合”叙事的合理。二者的区别是显而易见的，前者的取向是主观化——“向内用功”，而后者的取向是客观化——“向外用功”。显然，这正是英语重“形合”，汉语重“意合”的文化学依据。其实，如果说英语重“外合”更为恰当的话，那么或许说汉语重“内合”则更为贴切。文化上的区别，最终都会反映在语言的表达方式上去。毕竟，语言是传达信息的方式所在，而文化才是那些言语方式所由发生的原因。归根结底，语言是“然”，文化是“所以然”。

研究证明，以英语为母语和以汉语为母语的人群，在思维——心理结构上的差别是：前者把最重要的东西放在一个句子的最前面，而后者则把最需要说的东西放在句子的最后面；前者多用后置定语，后者多用前置定语①。

① 以上参见辜正坤：《译学津原》，文心出版社，2005，第70—71页。

关于文化的涉猎，本研究主张用中国文化的方式诠释中国语言的形式，用西方文化的方式消化西方语言的形式，这正是基于语文属性的区别而言的；而关于语言的学习，本研究主张不仅能从语言方式上将一种语言同另一种语言区别开来，而且能从语言所由发生的文化背景上将它们区别开来，则是基于两种语文内涵的不同而言的。

第三节　尽早入门所以然

西方人说“生”，意味是父母将“生命”带到了人间，即：It is for parents to bring the child into the world，因为乃是上帝给了他们生命。因而，永远都要感恩的就是上帝，因而即便是自己亲生的父母他们都可以直呼其名。毕竟，在上帝面前他们都是子民，都是弟兄姊妹；而东方（中国）说的“生”则是父母“给了他们生命”（It is the parents who give life to a child），所谓“身体发肤，受之父母，不敢毁伤”（《孝经》语），所以一辈子要都感恩的就是父母，在父母面前他们总是晚辈，总是后生。

西方的“死”，是到极乐世界去（go to the paradise，或者 go to the west 等），所以毫无“痛楚”可言；而东方（中国）的“死”，则意味着“生命的终止”，因而是一件痛苦的、可悲的事，人人都会为之哀伤的。

东西方的文化何以相去如此之远？或许，国学之蕴含足以说明这个问题：

在中国，“释”家的追寻是要让人成“佛”，“道”家的追寻是要让人成“仙”，而“儒”家的主张，则是要让人成“圣”，而不管是“佛”，是“仙”，还是“圣”，都跟“人”相关，都跟“人”相联。可见，中国哲学乃是“人学”，丝毫没有西方哲学的“神学”的味道。或许，这便是东西哲学的渊源及其区别之所在。

梁漱溟(1893—1988)先生说中国文化是“向内用功”的文化，而西方文化则是“向外用功”的文化。严复(1854—1921)在高度赞扬西方的果断和活力，批评中国的消极和虚弱之后，曾将西方文明描述为动的文化，将中国文明描述为静的文化[①]。其实，这同梁漱溟先生骨子里的文化观是一致的。

有学者(范曾，2010)说“国学是一种心灵的建构”。于是，国学又何以同心灵的建构发生了关系呢？或许可以这样说：国学既由我中华之先人所初创，则理当成为一种“天”(意)与“人”(愿)的“呼应”经由心灵的会意——“心”与“物”的“对话”而“合一”的学问(小言，2010)。

从某种意义上讲，中国文化就是一种养“心”的文化，养“心”是要建构人格德行；西方文化则是一种养“学”的文化，养“学”则是要创造世界(改造自然)。“养心”，是要“顺”天意，“尽”人事——基于对“天理”(规律)的认知而完成“人事”(意愿)的圆满。毕竟，“养心”便足以促使天意与人愿的“合一”，而养“学”则是要“知”规律、“造”自然——基于人(主观)的认知而改造乃至重建世界，因而养“学”就未必要求天(规律)与人(人愿)的“合一”。

或许我们可以这么说：

---

① 此见，参见徐中约：《中国近代史》(第6版)，第423—428页。

如果中国文化是一种尚天地而法祖先的集体型(道德)家国文化,讲究"极高明而道中庸",那么西方文化则是一种尊上帝而法宗教的个体型(宗教)人本文化,讲究"极个体而问自由"[①]。

古人(孔子、朱子)对待文化的态度是"述而不作",他们对文化的注疏都是出于对文明的认知和敬畏的释怀,而不是出于对什么创造的期愿。这便是先贤超然于文化的高明之处,终究是需要后人借鉴的。文化讲的是尊重,讲的是敬畏而不是创造,认识这一点是重要的。

不管怎么说,传统都是无罪的。这样说还不够,应该说传统是有功的、有劳的。毕竟,在某种意义上,文化就意味着传统,传统则孕育着文化,正是先人所创造的文化及其传统或者传统及其文化为后人的成功提供着起点乃至契机,好让后人踩着"她"的肩膀走上通往彼岸的大道,否则一切都无从谈起。

然而,对外来的东西却有一个"我化"的问题,正如西来的"观音"可以一改勇猛的男相而成一位慈善、亲和的东方圣母一般,对西来的"传统"也有一个"疑"而"问"之,"融"而"化"之,乃至改而变之的问题,以便使西方的文化足以成活在东方的土壤之中。足见,学习文化也得讲点"中学为体,西学为用"的实用原则,以便将我们

① 有学者(孟建,2014)则将西方文化归结于逻各斯(logos)文化,说它就是"逻辑文化"。或许,这里不如说西方文化是一种"基督"文化更好;接着,又随将中国文化定义为"书写文化",恐也不甚妥当,毕竟西方文化也是离不开书写的,不是吗?笔者以为,中国文化原本就是一种"象徵"文化,即以"象"(形)趋"徵"(义)的文化,而中国艺术才是一种书写性"如"字艺术,即以形寓义的艺术,所谓"远取诸物,近取诸身"正是她的源头,否则中国艺术又何以完成其"观物取象""以象臻义"的文化取向兼"借题发挥"的使命呢?

自己的事情做好。

一旦将中国文化归结为一种哲学性文化，那么西方文化就必然地成为一种科学性文化。这样，或许我们需要关注的问题就会严峻一些。毕竟，“科学性”的东西是可以看得见、摸得着的东西，因而它就有“跨文化”、跨地域、跨国界的先天性优势，而“哲学性”的东西则可能因其形而上的天性，突出了她民族性（特殊性）的特点，反而增加了她跨文化、跨地域、跨国界的难度。于是，要想让中国文化（如中国书法等）进一步变为世界文化的一部分，就需要做更大的努力。因为，“科学性”具有国际的一面，从而具有了跨文化的“主动”性，而“哲学性”的文化则更多具有家国的味道，因而具备了跨文化的“被动”性。虽然这一点多半是基于艺术语言的质地而言的，但是东西文化的对比仍然是基本如是的，因而进一步留心于此仍然是十分必要的。

有学者（张荫麟）认为，中西文化还有一个根本差异，这就是中国人对实际活动的兴趣远在其对纯粹活动的兴趣之上，因为在中国人的意识价值里，实际价值压倒了观念的价值。这恐怕也是中国文化的民族性弱点所在。

总之，恰如第二章“语文观”所及，同两种语言在表达方式上的区别一样，两种文化上的区别归根结底也要上升到哲学的高度上去认知，也要从思维模式的视域上去寻根，还要从生存环境的根源中上去审度。这些自然不是本课题足以办好的事情，然而它们却是英语教学者所应该尽力做好的事情。

这里试做如下的示范，比如说：从哲学上考虑，如果说中国文化尚“整”、尚“合”、尚“一”的话，西方文化则是尚“拆”、尚“离”、尚

“析”、尚“分”。毕竟，中国文化属于一种哲学性文化，西方文化则属于科学性文化。

据研究，从思维模式上去考察，西方的思维模式中逻辑的成分多，因而在语言形式上就重理性、重分析、重形合；而东方的思维模式中则是“整体”的成分多，因而在语言表达上就重直觉、重领悟、重意合[①]。

至于地理环境对人文的影响则是毋庸置疑的。比如，涉猎西方人喜欢用咖啡，中国人善于喝茶水一类的地缘文化，一定会给我们提供必要的乃至意料之外的启发的。

大概正是基于以上三方面的综合分析，东西方文化的宏观区别曾被归结为：东方文化是“求善”的文化，而西方文化是“求真”[②]的文化；杨振宁先生也说“中国的文化是向模糊、朦胧及总体的方向走，而西方文化则是向准确而具体的方向走”[③]；东方文化尚“虚”（比如国画中的“留白”）而西方文化则尚“实”（比如西画中的“严实”）等，都需要有志于文化研究的人们去延伸、去佐证、去归纳、去梳理。

足见，由“初识”经“参照”而“入门”，从而形成自己的文化观，既不是一件高不可攀的事，也不是一件轻而易举的事。然而，一切都得从脚下起步，只要勤于涉猎，多做比较，宽于梳理，随机归纳，文化高度的入门终究会离我们不远的。不过，要达到一定的理论

---

① 参见阎佩衡著《英汉与汉英翻译教学论》中“语言比较”部分相关内容。

② 这是国内学者张岱年先生的研究成果，参见《中国文化概论》（第2版·修订版）相关部分，北京师范大学出版社，1994。

③ 参见《杨振宁访谈录》，科学出版社，2007。

高度，却终究不能单靠什么“背景知识”一类的传授来实现，这是不言而喻的。

小结

正如知识都会有偏见那样，文化也会有偏颇的，然而只有承认或者容忍偏颇乃至偏见的存在，东西文化才有走向合璧的可能，而要走向合璧的前提，却应该是尊重偏颇乃至偏见的存在，因为只有尊重“不同”，才可能走向“合璧”，此之谓“和而不同”的国人（跨）文化观。

从某种意义上讲，文化与知识中都有某种主观意志的存在，因而都会带有某种“缺憾”、偏颇或者“偏见”，而把握世界的本源，所需要的则是容不得丝毫主观的“客观”态度，所以老子便主张“绝学”与“弃智”（《老子》第十九章），以便领悟宇宙的真相。这显然是一种主张“以物观物”的态度。

D. H. 劳伦斯也认为，未受过西方文明感染的人要比受过这种文明熏陶的人更能接近大自然，更富于生命力，这是不无道理的。因为未受过某种文明熏染的人，免去了一个“心智意识”的过程，因而他便可以直接进入大自然，直接显出生命力。

这是一个关于文化问题的“悖论”，只好留待有志于此学的高人去诠释了。不过，那只是问题的（另）一个侧面。毕竟，只有受过西方文化感染的中国人，才会更深刻地、身临其境地感悟西方文明，反之也是一样。

要知道，不是我们的基本感觉出了问题，而是我们对感觉的“翻译”出了差错，而这种对感觉在“翻译”上的差错，对感觉对象在理解与表达上的差错,往往都来自主体文化知识的欠缺,因而我们必须学习。

事物发展的事实,常常给人们的印象是:(似乎)事物本身发生了变化,其实事物的本体(本身)始终都保持着固有的样子,是不会也不应该发生变化的。毕竟,变化了,就不再是同一事物了。足见,所变化的乃是人,乃是人对事物的认知及其对待同一事物的态度、方式和方法,而不是客观事物本身(本体)发生了变化——事物从来都保持着原有的固然状态,只是人们对同一事物的"理解"和"表达"方式不同了而已。我们常说的"事物在发展、在变化",其实应该说是人们对事物的认识及其对待同一事物的态度、方式和方法发展了、变化了。于是,人们常常需要改变"观念",改变"方式""方法",以便应对固有的事物,而这一应对所需要的则是文化知识。

有道是"比较增进知识,分类形成系统",认识这一点并不难,做到这一点却并不容易。从跨文化能力养成的意义上讲,在文化的比较中,重要的是尊重对方(文化)的"不同",因为涉猎文化就是涉猎不同文化对同一事物的不同诠释,继而涉猎滋生这些不同的缘由。文化修养,一旦走上系统化的路子,学识、见识和胆识就不会离我们过远了。

参考文献

1. 十三经(第 2 版)[M]. 陈铁民,译注. 西安:三秦出版社,2004.
2. 陈原. 语言与社会生活[M]. 北京:生活·读书·新知三联书店,1980.
3. 邓炎昌,刘润清. 语言与文化[M]. 北京:外语教学与研究出版社,1989.
4. 冯天瑜. 中国文化史纲(第 1 版)[M]. 北京:北京语言学院出版社,1994.
5. 高一虹. 语言文化差异的认识与超越[M]. 北京:外语教学与研究出版

社,2000.
6. 高长江.文化语言学[M].沈阳:辽宁教育出版社,1992.
7. 辜正坤.中西文化比较导论(第1版)[M].北京:北京大学出版社,2007.
8. 郭建中.文化与翻译[M].北京:中国对外翻译出版公司,1999.
9. 胡文仲.跨文化交际学概论[M].北京:外语教学与研究出版社,2005.
10. 胡文仲.英美文化词典(*A Dictionary of British and American Culture*)[M].北京:外语教学与研究出版社,1995.
11. 来安方.新编英美概况[M].郑州:河南人民出版社,1994.
12. 梁漱溟.中国文化要义(第1版)[M].上海:学林出版社,1987.
13. 罗常培.语言与文化[M].北京:北京大学出版社,1950.
14. 毛利可信.英语语用学[M].何自然,译.北京:世界图书出版公司,2009.
15. 邵敬敏.文化语言学中国潮[M].北京:语文出版社,1995.
16. 沈锡龙.中国传统文化和语言[M].上海:上海外语教育出版社,1995.
17. 苏丁.中西文化学比较研究论文集[C].重庆:重庆出版社,1988.
18. 谭家健.中国文化史概要(增订版)[M].北京:高等教育出版社,1997.
19. 邢福义.文化语言学[M].武汉:湖北教育出版社,1990.
20. 许鲁元.新编英美概况[M].青岛:中国海洋大学出版社,1995.
21. 王秉钦.文化翻译学[M].天津:南开大学出版社,1995.
22. 王福祥.英美文化与英汉翻译[M].北京:外文出版社,2003.
23. 王克非.翻译文化史论[M].上海:上海外语教育出版社,1997.
24. 王福祥等.文化与语言[M].北京:外语教学与研究出版社,1994.
25. 王建辉,等.中国文化知识精华(第1版)[M].武汉:湖北人民出版社,2007.
26. 王宗炎.英汉语文问题面面观[M].北京:高等教育出版社,2006.
27. 王佐良.英语文体学论文集[M].北京:外语教学与研究出版社,1980.
28. 谢超群.礼貌与模因:语用哲学思考(第1版)[M].福州:福建人民出版社,2011.
29. 徐行言.中西文化比较(第1版)[M].北京:北京大学出版社,2004:142.
30. 薛永武.从格式塔视域看《乐记》中的心物同构[J].中国文化研究,2008(4):170—175.

31. 杨金鼎. 中国文化史词典(第1版)[M]. 杭州:浙江古籍出版社,1987.
32. 吴建平. 英国文化辞典(第1版)[M]. 北京:中国科学技术大学出版社,2006.
33. 郁龙余. 东西文化同异论[M]. 北京:生活·读书·新知三联书店,1989.
34. 张岱年. 文化与哲学[M]. 北京:教育科学出版社,1988.
35. 张岱年. 中国文化概论(第2版)[M]. 北京:北京师范大学出版社,2004.
36. 张奎武. 英美概况[M]. 长春:吉林科技出版社,1996.
37. 钟明善. 中国传统文化精义(第1版)[M]. 西安:西安交通大学出版社,1997.
38. Hymes, D. H. On Communicative Competence. In Pride and Holmes (eds.), *Sociolinguistics*[M]. UK: Penguin Books, 1972: 269-293.
39. [英]Knowles, G. 西方语言学原版影印系列丛书 12: 英语语言文化史(*A Cultural History of the English Language*)[M]. 北京:北京大学出版社,2004.
40. Kramsch, C. 语言教学的环境与文化(*Context and Culture in Language Teaching*)[M]. 上海:上海外语教育出版社,1999.
41. Nida, E. A. *Language and Culture: Context in Translating*(语言与文化——翻译中的语境)[M]. 上海:上海外语教育出版社,2001.
42. Ogden, C. K. *The Meaning of Meaning*[M]. London: Routledge/Thoemmes Press, 1994.
43. Scollon, R. 跨文化交际:语篇分析[M]. 北京:外语教学与研究出版社 & Blackwell Publishers Ltd., 2000.
44. Widdowson, H. G., Claire Kramsch. 牛津语言学入门丛书:语言与文化(*Language and Culture*)[M]. 上海:上海外语教育出版社,2000.

第十五章 由感觉经反省而顿悟的艺术增益[①]

这里的话题，似乎已经离开了英语教学的本体，因而文章就得走一个由“翻译”经“教育”而“教学”的路线，以便绕过一个弯子再回到教学本体上来。

继翻译的“艺术”本体论之后，翻译的“科学”本体论也日益站不稳脚跟，也陆续地遭到“落后于时代”的数落。这自然同由“前现代”经“现代”而“后现代”的哲学思考有关，当然更同“后现代”思潮的直接冲击有关。但是，其根本原因应该还在于：人们对于事物自身（包括理论与实践两个方面）的“反省”与“顿悟”总是在不断地加深。人们似乎已经开始意识到事物未必总是像以往所看到、以往所揭示的那样。

于是，研究者便试图在“艺术”和“科学”本体论之外寻找另外一条可行的路子。毕竟，语言的学习及其“翻译学既不属于（严格的）逻辑本义所要求的证实与证伪的问题之集结和作用之合成，也

① 这里的主要观点，1996 年曾以“在感觉的反省中把握艺术”为题发表在《西北师大学报》（社会科学版）教学·科研·管理专辑（总第 32 期）上。

不应归入偶然兴起时灵感涌动出来的经验总结或技术课程训示”[1]。

不管这条路到底应该怎么走下去，研究者总是：

试图留守在“翻译与语言学习及其意义的‘翻’与‘译’应该是一门哲学意义上的应用语用学”（小言，2009）的视域中，谋求问题的解决，然而这里具有哲学意义的应用语用学却无论如何都是离不开艺术、艺术手法及其效果之弥补的。毕竟，社会科学问题不大可能由单一的“科学”观所单一地解释，自然也不大可能由单一的“艺术”观所单一地诠释。

于是，经历过“既是科学又是艺术”阅历的教育、教学，便不得不和艺术再一次扯上关系。毕竟，科学不及的地方是需要艺术或者以艺术的方式去补遗或者补充的，虽然艺术常常并不怎么讲“理”，然而在科学之“理”偏偏不足以解决问题的时候，艺术却常常可能救“驾”于无理可循之际。

第一节　远近见高低

为了找到某种足以表达“生命的丰满与颤动”乃至足以“感荡心灵”的精神语言，以资释放隐匿在灵魂深处的理解与寄托，从艺术诞生的那一天起，人们——艺术的追随者们，便开始了创造与突破的尝试。

---

① 此观点，参见蔡新乐“翻译学研究的一个盲点：翻译哲学的形而上之维——从翻译学的方法论到本体论刍议”一文的基本论述，原文载于《中国翻译》，2002 年第 5 期。

于是，除了探索用什么样的“语言”方式达到这个目的之外，关于艺术是什么的课题就始终是一个萦绕在艺术理论与实践中的问号。这既是艺术的深奥所致，又是艺术创作的困惑所在，自然也是笔者试图弄清的疑问之一了——教事之余无不斟酌，茶余书后总在推敲。然而，有意识的、无意识的乃至下意识的都未曾给笔者留下一个明朗的结局。无奈间，曾回避过这个神秘莫测的问号，一味地画，一味地书，期盼着或许能从创作的结局上，在临摹的过程中直观地或者直觉地把握那个属于艺术本质的内涵所在。几十年的光景过去了，仍不敢说有了一个大致理想的结论在胸，无奈便选择了那条“旁通”的路，以资调整“远近”乃见“高低”，期望着他山可遇奇峰，他树可见奇枝。

第二节 他树见奇观

有道是：“兼学（有别于杂家），旁通乃是有所作为的必然。”（小言，1989）

于是，笔者便与原本属于工艺美术范畴的根艺与奇石打上了交道。对于这样一个兼学或者旁通的启示，笔者似乎足以做如下的表述：天然的东西是无法模仿的，即便是再“理性”的模仿也罢，哪怕是多高明的“直觉”也好；只要是天成的东西，最好不要做什么人为的“改变”，因为那是“天上掉下来”的“关系”。需要我们做到的，只是保留其中关键的“象征”或者叫作“总体的特征”就够了。如果说美依然在于关系的话，剩下的事情就是把这种“天成”的作品设计到恰当的位置上去，使之与其他的“关系”结成一个总体上的和谐就是了。可见,艺术常常在于"无为",以便让作品"自为"。

自然,客体不为,令主体自为,却也不是绝对的概念。毕竟作品尚需要人们的一去一留、一摆一布的调度,之后"艺术品"才足以给你一个突如其来的感觉:那种类似于古代希腊与罗马时期的朴素壮实、宏伟端庄、宁静和谐,乃至那种哥特式的变化、玲珑和向上的动态等,似乎全可以从中找到它们的影子了。

于是,笔者便不由自主地回到那个颇大的问号上去——艺术到底是什么?莫非这里的感觉在暗示着什么?一件精到的根艺作品,其如书似画的"笔触",若明若暗的纹理及其巧夺天工的"构成"与天姿妩媚的意趣,何以会引起人们奇异的联想与遐思呢?这些都足以构成笔者所神往的问号。

大自然生就了树根自然美的"天姿"。然而这种神奇的"天姿"却并非"命中注定",必定会来到艺术创作的自由王国,只是由于那些独具慧眼的人们给了它们登上大雅之堂的机遇而已。显然,发现才是"天姿"成为作品的前提。因而,与其说根艺作品的创作开始于"天姿"的发现,不如说它发端于有心之人的慧眼之中。足见,大自然中不是缺少"天姿",而是缺少发现"天姿"的人。问题在于:人究竟发现了"天姿"的什么?又凭借着什么才发现了"天姿"呢?

笔者以为,其所发现的乃是大自然对艺术家头脑中"构象"的预设,或者乃是天工对艺术家某种"预设"的苟同。这种"构象"或者"预设"乃是艺术家头脑中某种观念的反映,而这种观念的反映则是以某种文化意识的形成为前提的。正是凭借着这种"预设"的观念或者意识,并通过感觉(这里主要是指视觉)的媒介作用,"构象"的载体或者"预设"的"模型"——"天姿",才足以为人们在偶然的机遇中必然地发现。这便是“心”与“物”的沟通，这便是“客”与“主”的完形。显然，“发现”乃是一种观念或者意识与“天姿”的巧逢，即所谓“格式塔”的形成，其中感觉的敏锐起着将二者在一瞬间沟通的作用，而这一过程所揭示的事实是：依据格式塔心理学的原理，生理过程之所以能够同心理过程沟通乃至完形，只是因为生理过程和心理过程的结构形式是完全相同的而已①。

一件理想的根材，几乎不需要多少人为的加工或改变，就可以同艺术家头脑中的观念或者意识相吻合，而成为一件精到的艺术品——这无疑是天工在作美了。毕竟，对于一件举世无双的根材，人的能力常常是无济于事的，因为它只需要一个显现的机遇就足够了，它只需要被摆放在适当的“场”境中就足够了；然而观念或者意识的作品化则需要艺术家以“再现”的方式去显现它们的存在。

于是，我们就可以说根的自然美乃是大自然对艺术家观念或者意识的“翻译”，在这里乃是感觉起着微妙的“中介”作用。

在艺术作品的创作中，艺术家是依据自己的观念或者意识（即对事物的“理解”）将事物加以必要的“改变”，而以某种艺术特有的“语言”形式显现（表达）出来的。可见，艺术家所要表达的乃是观念的真实，其作品就只能被视为就意识的显现、对理解的表达。可见，艺术创作也是翻译。毕竟，创作也得“翻”（理解），也要“译”（表达）。

由是，艺术作品中的事物就未必是现实的或者实际存在的。

① 这一观点，参见《辞海》（缩印本）“格式塔心理学原理”条。

艺术给人的错觉从来都是:生活中似乎都有,生活中又仿佛全无。艺术家为什么不以真实的面目而要以"改头换面"的方式去反映现实呢?其目的无非是将他所把握的事物之"关键特征"概括地(有时尚需夸张地)表现出来,并且常常需要将这种特征置于某种理想的而不是现实的环境或者关系中去。于是艺术作品中的事物便自然而然地与我们生活中的原型之间产生了某种"自由"的距离或者反差。艺术家正是通过这种非真实的、"自由"的距离或者反差来谋求那种"生命的颤动"或者心灵的"感荡"之效应的,而这种距离或者反差的恰到好处却依然需要凭借其感觉的敏锐去捕捉。足见艺术创作的妙境并不在于一味的模仿或者写真,而恰恰在于观念地、理想地"改变"或者改造。艺术家们也常常为不能恰到好处地将自己的观念或者理解表达出来而困惑乃至恼火。这种"物壮则老"的焦虑往往会迫使一些艺术家回归到对原始的追溯中去,以便培养自身的感觉,力图有所发现,有所省悟。琼·米罗就曾说:"最原始的往往就是最现代的,最幼稚的往往是最成熟的。"这大概是艺术之所以崇尚返璞归真的原因所在。然而,这个返璞归真的"真"则无疑是观念之真、反差之真,归根结底乃是感觉之真,而不是客观事物之真。

第三节 他山见奇石

艺术家毕生寻求的正是足以承载其观念或者理解的某种恰到好处的艺术语言,因而艺术的创造在某种意义上是不择手段的。那么,什么才是艺术家观念或者意识最忠实的"翻译"呢?让我们再来考察一下奇石给我们的启示。

由于某种心境的驱使，把对生活的体验、人生的感受以及对事物的理解，以感觉“洞察”的方式，在认知的“折射”之后迁移到某种物体的自然形象上去，乃是人类精神活动的微妙之处。在上古，人类就有将贝壳、兽骨、石块等稍作加工便披戴在身上作为装饰的习惯。出人意料的是，这些天然的东西除了可以用作艺术创作的原始材质之外，其中有些材质（缤纷的石头）尚可以直接拿来作为一种艺术的语言形式。这显然是人类观念或者意识“发而郁勃”的表现，或者说是人类对自身感觉的妙用。

可见，人们除了从丹青笔墨中寻求慰藉之外，还常常从大自然的怀抱中寻找寄托。难怪艺术的信徒们往往会“心情不由自主地潜入到自然之中”去。在他们的“心”中，这个“自然”乃是“人化了的自然界”，而那个原本就生长在“自然”中的“物”又常常成为他们可以用来显现其“观念”或者寄托其“理解”的艺术品，因为他们已经“把自己对象化”到自然物中去了。这个“对象化”的实现所依赖的媒介仍然是感觉、观念或者意识，这是一种心理的“折射”现象。需要注意的是，当艺术家把自己的观念或者理解通过感觉和认知的作用“折射”到奇石之类中去之后，奇石已经不再是原有的自然物，而是艺术家观念或者理解的“化身”了。艺术家只是借这一流程完成了一个“物”理过程同“心”理过程的沟通或者完形而已，自然“心”与“物”之所以能够发生乃至完成这一沟通或者完形，乃是以生理结构与心理结构的同形为前提的，否则物理结构是不会发生作用的。

正因为这样，艺术家眼中的“奇石”已经构成了艺术家思想和情感的“化境”，而不再是客观世界里的“顽石”。因而在笔者看来，“奇石”乃是艺术家观念或者意识最忠实的“翻译”，不是吗？

第四节 心物见沟通

虽然艺术的表现离不开“物”，然而艺术所要表达的却不是“物”而是“心”，“物”不过是心象得以显现的方式而已。用这个理据来说明奇石所特有的意境是再恰当不过的了。如果借古语的句式来表达奇石的妙境，那便是：石，在野为石，在心为象；得识则奇，得主成艺。有具慧眼者，曾在秦岭脚下发现一块形似耶稣的奇石。有报道说，那块奇石从形到神都活像耶稣，而且色泽合理，天然成趣，实属难得之奇。有雕塑大师曾深有感触地说，与其说那块奇石来得像耶稣，倒不如说那个耶稣来得像奇石才够痛快。其本意无非是说，无论多么高明的艺术家也不会雕塑出那般奇妙的石头来的。这正是艺术家对自己感觉最坦诚的表白，最恰当的述怀。或许，这里的表述便是雕塑大师心中的“完形”。

艺术的出路在于寻，艺术的“语言”在于“真”，艺术的大门在于“撞”，艺术的感觉在于省；艺术所创造的是境界，所传达的是观念，所概括的是意识的“形象”，所显现的是感觉的微妙；艺术的信徒们所追寻的是困惑的解脱，所造化的是天地人情，所图达到的是自我的超越——理想的释怀。因而，他们需要锲而不舍地“开垦”自己、战胜自我，从而潜入到形而上的自我的感触中去，以便证实形而下的自我存在。或许，这就是艺术之神赐予她的信徒们的辩证法所在——所谓“可以神遇，不可以目视”（庄子语）。果真如此的话，我们大可以尝试一下庄子所谓的“山林欤，皋壤欤，使我欣欣然而乐欤”的那般超然的境界。

在自然美的欣赏方面，庄子学派有着极其精到的见地。他们主张“法天贵真，不拘于俗”。认为只有“真”的才足以动人，使人的个性情感得以“真实而自由”地释放；失去了“真”，就失去了人的天然的本性，从而使一切都成为虚伪造作的东西。萌生于华夏文化的庄子学派之“真”，自然免不了对伦理道德的蕴含，因为它多少与中国古代艺术中“比德”“言情”和“喻志”的美学思想有关。然而，如果我们将这里的“真”放在一个更为广阔的文化背景中去透视，那么这个大自然所孕育的天成之“真”就其本来的意义而言，就应当是一个与儒家的文化之“真”所截然不同的观念之“真”、意识之“真”、个性之“真”、情感之“真”、自由之“真”，而其最终的归结乃是感觉之“真”。正是凭借着这个感觉之“真”的敏锐，又通过诸多“真实”的意识，艺术家才得以发现那诸多的天成之“真”，从而恰到好处地披露其七彩的内心世界。否则，“真实”就会停留在大自然的怀抱之中，永远不会“自由”起来，无以“使我欣欣然而乐欤”，于是庄子学派的“真实而自由”便只好流于虚无了。可见，庄子“真实”意识的储备，庄子感觉之“真”的敏锐，乃是一种常态化的心理准备，只要遇到物理刺激的“施之于外”，这种常态化的心理准备就会不失时机地“行之于外”——以完成“心”与“物”的沟通（同构）——“完形”。

那么，“真实”的观念或者理解又何以能“自由”起来呢？这里试借华夏文化的“情以景生”“景以情合”的成文来阐明这个道理。“情以景生”“景以情合”是一个“情景交融”的现象，而“情景交融”

乃是在主观世界与客观世界交相呼应的过程中实现的。在这个过程中,感觉(包括视觉、听觉等)以反馈的方式激活着内在的认知(即认识,包括有意识的、无意识的和下意识的)活动;认知依据感觉的反馈以“折射”的方式判断着外在的事物情形。认知是一种智力活动,因而从感觉到认知的过程往往需要多次“加工”才能完成。足见人们对“真实”的识别常常需要不止一次的“情”与“景”的交融才能实现。这既是感觉反馈的能动性所致,也是认知判断的“自由”性所由。“折射”的实质是判断,判断的根据是观念,而观念的激活却无法摆脱感觉对外在“真实”的感触。艺术家正是在外在物的“感召”中凭借感觉的敏锐,“自由”地判断“真实”的分寸的,然而这里的“自由度”却无法超越其本人所能感觉和认知的限度。换言之,艺术家只有在不断“耕耘”其本身的观念或者养成其在抽象程度上把握事物的禀赋,才会通过“准确”的感觉反馈,使其对“真实”的判断合情合理地“自由”起来。显然,观念、意识及其禀赋的储备乃是一种必要的心理准备,以便在一旦有物理刺激施之于外的情况下随时随地地行之于外。

自然,准确的表现未必是“真实”的存在,“真实”的存在又未必是“准确”的表现。这既是感觉反馈的“真实”,又是认知判断的“准确”。有趣的是,在某种特定的环境中,艺术家对“真实”的驾驭却又可以不经由认知的判断而随心所欲地“自由”起来。这是一种心理过程的升华,因为它超越了需要对感觉反馈的“真实”加以观念判断的心理流程,从而使“真实”的分寸在直觉水平上下意识地“自由”起来。这大概可以称之为灵感的到来。但是,正如灵感乃是一种对积累的补偿一样,升华的本质仍然是一种认知对感觉的反省,只是这个反省乃是在一瞬间以顿悟的方式完成的，艺术家无以觉察罢了。

不言而喻，这里诸如感觉与反省、触动与认知乃至“外”刺激与“内”反应，以及外部世界与内部世界的相互关系，无一不同本研究所求证的“心”与“物”之关系及其相互作用遥相呼应。

第五节　异曲见同工

至此，笔者似乎方才揣摩到了那个属于艺术本质的东西。艺术是什么呢？我们姑且说，艺术乃感觉之反省耳。自然，感觉本身是需要人文的栽培的。

艺术的魅力或许就在于假得得当，虚得真切，空得灵巧，灵得有趣；艺术之路或许应当如是地走来：在文化的氛围中塑造观念，在观念的塑造中培养感觉，在感觉的反省中把握“真实”及其“自由”的分寸，以资同外部的世界合拍。这似乎同心理学由“外”经“内”而“内外完形”的阅历有点神似；这似乎同语言学习由“刺激反应”经“认知加工”而“社会认知”的发展有点形似；这似乎同语言教学由“得法”经“得体”而“得宜”的路数有点相似，乃至同哲学视域中由“内因决定”经“外因决定”而“内外因共同决定”的步履有点雷同。

一言以蔽之，这里的艺术性诠释，毕竟同本研究“场”中“物”之“造化”的“施之于外”与“心”之“能动”的“行之于外”两者所成就的“对话”设定，有着异曲同工之妙。

小结

艺术的"真实"来自天成的"完形",笔者的"自由"则出于天然的变化,其概括是:艺术乃是某种通过感觉的反省而自由地把握本真的直觉活动。毕竟,"感觉是认识的基础,感觉本身总是真实的,因为它是从客观实在出发的;而错误则产生于人们对感觉的解释"①。

毕竟,教育教学也有过"既是科学,也是艺术"的身份认定。毕竟,称得起艺术的教育教学,不是一般的教育教学。

但愿东方乐土的文化足以养成教育教学上有心之士的诸多灵性——由"手"经"脑"至"心"地酝酿他们自己的感觉、拿捏他们自己的解释、顿悟他们自己的追寻,终而能从艺术抑或也从艺术哲学的高度上将课堂里的事情办好。

参考文献

1. 布鲁纳. 教育过程[M]. 邵瑞珍,译. 北京:文化教育出版社,1982.
2. B. 英海尔德,H. 辛克莱,M. 博维尔. 学习与认知发展[M]. 李其维,译. 上海:华东师范大学出版社,2003.
3. 常任侠. 中国根艺论文选(上)[M]. 北京:文化艺术出版社,1992.
4. 辞海编辑委员会. 辞海[M]. 上海:上海辞书出版社,2010.
5. Claire Kramsch. 语言教学的环境与文化(*Context and Culture in*

① 这是希腊哲学家伊壁鸠鲁(Epikouros,前 341—前 270)的基本观点,引自罗森塔尔、尤金:《简明哲学辞典》,但是,以上文字同魏伟《悖论》所引用文字有所不同,其文如下:"感觉是认识的基础,感觉本身总是真实的,因为它是从客观实在出发的,而错误则是由于解释感觉而发生的",见魏伟:《悖论》(内部铅印本)第 13 页。

Language Teaching)[M]. 上海:上海外语教育出版社,1999.
6. 戴本博. 外国教育史[M]. 北京:人民教育出版社,2001.
7. 丹纳. 艺术哲学[M]. 傅雷,译. 北京:人民文学出版社,1963.
8. 丁子江. 思贯中西[M]. 北京:中国工人出版社,2003.
9. 方展画,颜丙峰. 后现代视野中的高等教育[J]. 教育研究,2003(8):68—72.
10. 高宣扬. 后现代论[M]. 北京:中国人民大学出版社,2010.
11. 胡化凯. 爱因斯坦坚持场纲领的原因[J]. 大学物理,1999(8):30—35.
12. 胡文中. 跨文化交际学概论[M]. 北京:外语教学与研究出版社,2005.
13. Karl Popper. 猜想与反驳(*Conjectures and Refutations*)[M]. 北京:中国美术学院出版社,2003.
14. 勒温. 拓扑心理学原理 [M]. 高觉敷,译. 北京:商务印书馆,2004.
15. 勒温. 形势心理学原理 [M]. 高觉敷,译. 南京:正中书局,1944.
16. Л. Д. 朗道,E. M. 栗弗席兹. 场论(第 1 版)[M]. 北京:人民教育出版社,1959.
17. 李志才. 方法论全书(II)[M]. 南京:南京大学出版社,1998.
18. 皮亚杰. 发生认识论原理[M]. 王宪钿,译. 北京:商务印书馆,1997.
19. 申荷永. 论勒温心理学中的动力[J]. 心理学报,1991(3):84—90.
20. 申荷永. 勒温心理学的方法论[J]. 心理科学通讯,1990(2):41—44.
21. 谢超群. 礼貌与模因:语用哲学思考[M]. 福州:福建人民出版社,2011.
22. 吴枫. 中华儒学大词典[Z]. 海口:海南出版公司,1992.
23. 杨建民. 艺术感觉论[M]. 北京:人民文学出版社,1989.
24. 朱狄. 当代西方美学[M]. 北京:人民出版社,1984.
25. 宗白华. 美学散步[M]. 上海:上海人民出版社,1981.
26. 邹英. 西方古典美学导论[M]. 长春:东北师范大学出版社,1989.

第十六章
由得法经得体而得宜的原理锤成[①]

这里曾提出一个关于学习的基本假设，那就是“学习，也是翻译，因为学习也得‘翻’，也得‘译’”，因为学人家的东西，必得先“翻”出来，弄懂了，消化了，再用自己的方式“译”过去——说出去，让人家也懂了。或许，这才是学习——毕竟，学人家的，是为了有自己的——否则，即便是自己的东西，也会变成机械的、僵硬的东西。

人们要学习英语，乃是因为英语有用；人们使用英语，乃是为要将英语用好。毕竟，英语需要在语用的实际流程中去把握、去学习，这是毋庸置疑的。然而，人们却未必学会了英语，未必用好了英语。莫非这里还隐藏着什么“窍门”“巧道”或者“原理”不成？

---

① 这里的主要观点，曾以“译者何以模仿作者的手笔——翻译研究中的语用学维度问题”为题发表在张文主编的《翻译理论与教学研究论丛》上。此著由中国对外翻译出版公司于2010年首次出版。

第一节　语言使用在方式

研究语言，所要回答的三个所谓柏拉图式的问题：

一是，语言是什么(How is the language to be defined)？二是，语言是怎么获得的(How is it to be acquired)？三是，语言是何以为人所用的(How is it to be used)？

那么，语言是什么呢？

其实，我们只要将语言看作某种做事的工具就是了。

语言是怎么获得的呢？

依据二语习得的理论，语言的获得有许许多多的方式和方法，因为人们有许许多多不同的资质和凭据。如前所述，假于不同的“缘”，就会有不同的“由”，的确是这样。

不过，我们还可以守就一个既有的老办法。这个办法就是“模仿”，其做法是：人家怎么做，我们就怎么来。毕竟，在所有的方式、方法中模仿，虽不及其他方式和方法来得高明、来得直接，它却总是最靠得住的。

以下，我们就从“语言使用”的视域中来讨论这个问题。

“语言使用”究竟是怎么回事呢？或者，雅而言之，语言究竟是何以为人所用的呢？

于是，我们就不得不考察一下：

人家(native-born people)是怎样使用他们自己的语言的——看看他们用语言(FL)在做什么？怎么做的？效果怎样？以便先将“理解”的事情办好。这样做的好处在于，足以提醒我们在“表达”之前就能明白，应该如何使用他们的语言——用语言（FL）做什么？怎么做？乃至于应该达到什么样的效果？以便在原语（FL）语用方式的规约下，尽力使自己的话语也能获得同原语在原语文化氛围中大致相同的社会文化效应，从而最大限度地收获学习进步的满足感。毕竟，外语学习是用另一种语言去做与人家一样的事情，传一样的信息，并期望收到一样的效果；毕竟，“做与人家一样的事情”就是何以使用语言的问题，或者就是语言何以为人所用的问题。

研究者以为，只有以同原语操持者基本相同的语用方式“使用”外语——进行外语学习，或“翻”——理解（intra-lingual translation），或“译”——表达（inter-lingual translation），才可能收到玄奘所谓“既须求真，又须喻俗”的学习效应。毕竟，既理解人家，也让人家理解的外语学习，才是真正意义上的外语学习。足见，在某种意义上，学习外语就是“使用”外语，就是在“使用”中将人家的意义“翻”出来——理解了，又将所理解的意义“译”过去——让人家也理解了。这便是本研究关于（外语）“学习就是翻译”之假设的内涵所在。

就这样，我们便完全可以在语言何以为人所用的视域中，从“翻”与“译”的两个维度上讨论外语学习的问题了。

讨论语言学习的问题，必得从语言的功能谈起，必得从人们该用语言做什么的问题谈起，因为语言功能的本质就是语言可以拿来做什么的问题。依据布希勒（Karl Bühler）的说法，语言所能发挥的功能无非是三个方面：一是语言本身“所传达的信息”；二是语言使用者“（所使用的）手法”（即语言使用者所赋予语言的信息，笔者)；三是语言的使用“所获得的效果”(即言语行为所引起的结果，笔者)[①]。可见，学习中的“理解”实际上就是一个考察人家是用原语做什么的问题，而学习中的“表达”则无疑成为学习者应该怎样使用外语才能够收到与外语操持者基本相同的效果的问题，正是在这一点上外语学习便和语言何以为人所用的问题扯上了须臾不可分离的关系，而这个学问又被人们约定俗成地称为语用学(pragmatics)。

第二节　交际流程在自觉

讨论语言的使用，离不开意义的拿捏。这里，自然需要从翻译——“翻”与“译”的两个维度上讨论问题。

依据以上的推理，外语学习的本质就是“辨义”，即所谓“意义的协商”(negotiation of meaning)。毕竟，无论是“翻”还是“译”都离不开“辨义”。如是，则不难推见，外语学习的事，乃是寸步不离意义分寸的拿捏的。那么，意义究竟该怎么拿捏呢？

依据布希勒的诠释，意义首先是文本(或者说话人)“所传达的信息”，然而信息的“理解”绝不是一件易如反掌的事，何况学习者要“协商”的本来就是别人“所传达的信息”呢？试看以下的例子：

Visitor：Excuse me，do you know where the Ambassador Hotel is?

---

① 此处布希勒的观点，转引自王宗炎编著《语言问题探索》中“P. Newmark 论翻译理论和翻译技巧”一文。此著由上海外语教育出版社于2003年首次出版。

Passer-by：Oh sure，I know where it is(and walks away)[①]。

显然，Passer-by 曲解了 Visitor 的本意：人家在问路，路人却像学生对答老师的考问一般"虚晃"一招。于是，问路人的"交际"只好自讨没趣了。

研究者曾就这里交际为什么失败的问题抽问学生，有学生说：是 Visitor 的问法(question)出了问题。比如，他应该这样问：Excuse me，can you tell me where the Ambassador Hotel is? 才好；显然，在学生的眼中并不是 Passer-by 的接话(answer)出了问题。

一些学生以书本教给他们的方式对待问题，乃至养成了用书本规则去规约人家说话方式的习惯。其实，书本又何曾教给他们语言"何以为人所用的"道理和方式呢？

请看，在汉语中，如果有人说，"请问，你知道车站在什么地方吗？"相信没有人会说"知道"，然后扭身就走的。毕竟，人们使用语言的实际方式和书本告诉他们的规则是有区别的，区别何在呢？

原来，在实际使用中，语言除了表现出某种外在的语音、语法或词汇规则外，还表现为某种内隐的言语行为(speech act)的力量(illocutionary force)。换言之，语言除了通过其外在的语言形式传递字里的信息外，还需要通过内隐的言语力量传达行间的意图，以便实现其字外的打算，从而完成交流的基本过程，这就是布希勒所谓语言使用者"(所使用的)手法"，即语言使用者所赋予语言的额外信息。

---

① 此例句引自 Yule，G.，*The Study of Language*：*An Introduction*. Cambridge：Cambridge University Press，1985：101。

可见，我们除了看到语言是一种人们用来传递思想、情感和信息的工具外，还应该懂得语言的使用乃是一种人们用来暗示思想、情感和意图的行为。在语言学家的眼中，前者是语言（langue），表现为“材料”的用途，后者则是言语（parole），表现为“行为”的功能。于是，人们就用语言材料的手段来传达字里的含义，而用言语行为的力量去暗示行间的意图，以期达到字外的效果。在“老外”说“I want to go somewhere”时，“老内”绝不能做出“You can go anywhere as you like”的反应。“老外”是要去方便，不是请你告诉他“任何地方都可以方便”。这便是语言为人所“用”的真实情形，也是语言为人所“学”的微妙之处。

那么，当语言学习同“翻”与“译”相联系的时候，情形又怎样呢？

走过了漫长的思辨性经验之路，在进入了20世纪七八十年代以后，“翻”与“译”的研究才开始突破传统美学和语言学（实为语法学）的框架，力图从语用学、心理学、社会学，乃至文化学的视角上讨论问题。换言之，随着语言学从微观考察进入宏观研究的同时，“翻”与“译”的研究便顺理成章地完成了从单纯的语言活动考察到跨文化交际行为研究的过渡。毕竟，在“翻”与“译”的实践中，并不存在两种语文完全对等的问题。这或许正是外语学习为什么要将“语言能力培养”改为“跨文化交际能力培养”的“奥妙”所在。

一是跨文化，二是交际，三是行为，三者所构成的正是一个完整的语言（怎样）为人所用的语用过程：一个以交际为目的，以跨文化为方式，以（言语）行为效应为结果的语用过程。这个过程在给外语学习打上交际烙印的同时，也将学习行为自然地引入了一个跨文化的大语境。

可见，外语学习所面对的问题实际上就是：在一个跨文化的“大语境”（大“场”合）中，语言究竟是何以为人所用的？因为学习者需要跨越的雷池是：如何用人家的语用方式驾驭人家的语言，以便使自己的“理解”和“表达”在目标语文中收到与外语在外语文化中基本相同的效果。使外语文化氛围中活生生的“话语”在被移植到自己的口中、自己的笔下后，也能“依然故我”（钱锺书语），从而既对得起外语，又对得起自己。

从语言的角度看文化，语言是文化的载体；从文化的角度看语言，语言是文化的符号；从“语”和“文”的两个角度上考察“翻”（和）“译”的言语活动，它们都是传递文化的方式，而且文化本身往往构成了这些方式所由发生的原因所在。可见，学习的优劣常常并不在于语言形式的对等，而在于文化内涵及其语用方式所由引起的直接后果如何。毕竟，离开了内容的载体，内涵的符号和原因的方式是无所表达的，因为这个表达已经失去了社会文化的效应，岂不“译犹不译”？乃至于“学犹不学”“翻犹不翻”“习犹不习”也（小言，2009）？

其实，“翻”与“译”中所有的问题，概括起来就是一个如何追寻效果“近似”的问题（辜正坤，2006）；而语言的“学”与“习”中所追寻的“近似”归根结底又无非是学习者在语言使用效果上的近似。

于是，问题就成为：这种近似的效果又从何而来呢？

其实，从语言是何以为人所用的视角来考虑问题时，我们所要关心的是：跨文化的交际行为所图实现的文化效应或者这一交际过程所要达到的社会效果，乃至两者的整合所造成的结果作为最终结局的社会文化效应。毫不夸张，这才是外语学习所要追寻的最终效果。

行为常常表现为过程，过程不能没有结果，这个结果就是交际行为的跨文化效应。如果“跨文化交际”为言语学习所添置的是一个人文的“大语境”或者大“场”合的话，那么这个“大语境”或者大“场”合所要求的交际结果则始终都有赖于学习者言语方式的合情与合理。否则，外语学习的实际意义就无从发生。

恰如离开了人，语言就不会有什么意义那样，离开了语言的为人所用，无论外语学习的“翻”与“译”还是“协”与“商”都不会再有人类交际的实际意义——无以“语用”，何谈“交际”？不究“方式”，何来“效应”？这种表述虽然理想了一点，然而它却离语言为人所用的言语事实——外语学习的实际靠近了一些。

那么，语言究竟应该以什么样的方式为人所用呢？

第三节　三三推演在境界

本研究涉足语用行为及其意义的程序是：以符号三关系切入，以语义三层次分野，以言语三结构深入，以语言三功能把握，以语境三维度规约，以语用三境界结局，兹分述如下。

一、符号三关系

语言学家们总在努力，以便从哲学、心理学、社会学、逻辑学及语言学的角度去认识语言符号，以便给语言符号学勾勒出一个比较清晰的框架来。莫里斯(C. W. Morris)和卡纳普(R. Carnap)曾从语言符号的逻辑哲学意义上概括了语言符号学的三个分支，并对三者各自的研究范畴分别做了规定性的划分，这个划分是：（一）语用学，研究人是怎样运用符号去进行交际的；（二）语义学，研究符号与符号所指代的事物之间的关系及其意义；（三）符号关系学，研究符号与符号之间的关系以及各种关系所揭示的语内、语外意义。

符号学或者符号关系学，所感兴趣的乃是处在言语交际中的符号。毕竟，交际原本就不是一种纯语言学现象，因而符号学便偏重于从跨语言学的维度上研究符号、符号关系及其符号所折射的意义。换言之，在符号学中，意义是在关系中求证的，或者在符号学中，乃是关系决定着意义的是与否。

由是，莫里斯便将符号诸关系区分为三个方面，并就其各自所揭示的意义分别做了对应性划分：

（一）符号同它所指代的事物之间的关系，即所谓的代表关系，这种关系所反映的只是符号的“指称意义”，即符号的“言内意义”。

（二）符号同符号之间的关系，即所谓的语法关系，不过这种关系所反映的仍然是符号的“言内意义”。

（三）符号同符号的使用者（人）之间的关系，即所谓的语用关系，亦即：符号在为人所用的情况下，符号同它的使用者（人）之间所发生的关系，这种关系所反映的才是符号的语用意义，即符号的“言外意义”。这种语用意义或者“言外意义”，又被进而区分为：表征意义、表达意义、联想意义、祈使意义和社交意义。

其实，如果我们将跨学科的视域再度地扩大一下就会发现：哈贝马斯（Jürgen Habermas）的理论在完成其语用学转型的过程中，关于“生活世界”和“交往行动”的范畴概念也是建立在某种关于言语及其理解观念基础上的，而且这种关于言语及其理解的观念也必须借关于意义的理论来阐明。哈贝马斯认为，形式语用学的意义理论是可以充分揭示意义与有效性之间的关系的。毕竟，在语言为人所用的过程中，意义及其有效性是两个不可分离的维度，因而语言表达的意义就与：(1)语言表达的意图；(2)语言表达的内容；(3)言语行为的语用方式(三重关系)[①]直接相关。这里，无意追踪这个三重关系的究竟，只图梳理出一个意义并不是一个孤立地由语言或者文本可以单独决定的结论来。

语言符号的意义是有“内”“外”之分的，换言之，语言为人所用的意义并不是翻翻词典就可以对号入座的。只是依据符号学的原理，意义只能在符号所处的关系中来决定。毕竟，离开了语言在为人所用中所发生的实际“关系”，言语是无所谓实际意义的。

那么，决定意义的“关系”在语言为人所用的流程中还可以演绎出怎样的情形呢？以下就是透过语言(符号)与语言(符号)的使用者之间的关系，才足以辩正几层言语“关系”的。

二、语义三层次

20世纪60年代，奥斯汀在他的系列讲座 *How to Do Things with Words* 中提出了著名的言语行为理论(speech acts)。依据这个理论，一个完整的 speech act 应该一分为三，分别是：言内行为、言外行为和言后行为。之后，言语行为便成为实际交际中的言

---

① 参见王庆丰《哈贝马斯生活世界理论的语用学转型》一文，载于吉林大学哲学研究中心“反思与奠基”微信公众号，2007年8月13日。

语功能单位，一般用话语(utterance)——“一串连贯的话”(盛炎，1990)来表示[①]。

与此相匹配的是，话语的意义便被顺理成章地一分为三：(一)言内意义(locutionary meaning，也叫命题意义，即 propositional meaning，或者叫字面意义，即 literal meaning)；(二)言外意义(illocutionary meaning，也叫言行之力，即 illocutionary force，亦即说话人的意图)；(三)言后意义(perlocutionary meaning，即话语对听众或读者所发生的作用，亦即话语所产生的结局)。比如，在 I am thirty 这句话中，语法形式所传达的意义——渴的生理感觉，就是言内意义；跟人家要水喝的意图，就是言外意义；而是否要到水喝的结果则是言后意义[②]。显然，忽视言外意义，忽略言后意义的做法是失策的。上文中 Passer-by 对 Visitor 的误解乃至(口)译者对“老外”的失解，都是失策的表现。

依照这里的推理，外语学习及其作为方式的“翻”与“译”本来就是一门关于语言是何以为人所用的学问，其中：“翻”——就外语理解的方式是，透过言内意义，透视言外意义，透解言后意义——在意义的三个层面上用功，以便搞清作者字里、行间和字外的全部意义；“译”——用外语表达的方式则是，努力模仿外语的基本方式——通过言内意义，通达言外意义，通现言后意义，以便在言内、言外、言后三个层面上了解外语的脾气，以便从字里、行间和字外三个维度上把握外语的意义，尽可能逼近既与外语“不隔”

① 参见盛炎：《语言教学原理》，重庆出版社，1990 年，第 1 版。

② 同上。

(nothing-in-between)又同“语用”不离的实际效果。

三、言语三结构

在语言学的发展史上，如果说布龙菲尔德(Bloomfield)是由于只讲表层结构不讲深层语义[①]而被乔姆斯基所超越的话，乔姆斯基则是由于其所谓 I-语言(internalized language)只讲表层结构(surface structure)和深层结构(deep structure)，不设“外层结构”(external structure)所引起的社会文化效应(阎佩衡，2007)而为 D. 海姆斯(D. Hymes)等 E-语言(externalized language)学家所质疑。

在海姆斯看来，语言是一种社会现象，并不仅仅像乔姆斯基所见的那样，是一种内部的心理现象而已。因而，研究语言就不能置其外部的(社会)文化效应于不顾。正是出于这个考虑，社会语言学的创始人海姆斯一派才确定了语言不仅仅是自然科学，而更重要的是社会科学的性质[②]。笔者以为，正是在跨语言学或者在社会科学的意义上，海姆斯实际上已经认真地关注了语言外层结构的问题，虽然他并没有提出这个概念；换言之，社会语言学家所关注的(社会)文化意义及其言语功能之所在，却恰恰是本研究所关注的语言为人所用的结局之所存。这个结局则需要以表层结构(surface structure)和深层结构(deep structure)以外的另外一个言语结构去指代，这个结构就是本研究所拟名的“外层结构”

① 参见王宗炎：《英汉语文问题面面观》，高等教育出版社，2006，第 126 页。

② 同上书，第 115 页。

(external structure)。

乔姆斯基之所以关心语法结构之间的转换，其本意是从心理学的视域中关照语言学习的机制，于是他仅仅关注了言语结构的内部转换问题——表层结构和深层结构的置换问题，而不必涉及言语活动的外部影响，即语言的使用对外部世界(听众或读者)所发生的作用问题。可见，只有外层结构所关心的外部影响——社会文化意义，在宏观上只能属于社会语言学的范畴，而绝不属于乔姆斯基心理语言学的某个部分。

然而，当研究者将语义层次同言语的结构，从语言为人所用的层面上加以实质性对应的时候，我们的发现是：乔姆斯基的表层结构所折射的正是言内意义，而深层结构所对应的才是言外意义。于是，言后意义所折射或者对应的，便只能是“外部结构”(post structure)。这应该是乔姆斯基所始料未及的。

显然，只有从理论上弥补了这个“外部结构”的空白之后，我们才可以顺理成章地通过语义的三层次去把握言语的三结构，或者通过言语的三结构去置换语义的三层次，以便进一步涉猎语言为人所用的实际功能之所在——从而求得语言为人所用的实际追寻之所存。

四、语言三功能

由语言的表面深入语言的内部，由语言结构的研究转向语言功能的考察，又由将语言作为纯粹对象来考察转向就语言与人脑、语言与社会、语言与文化等的关系来研究。这些都是语言研究所走过的路，因而也应该是曾被归属于应用语言学范畴的外语教学所不能回避的事实。甄别符号的关系，区分意义的层次，完善言语的结构，目的无非是要查明语言为人所用的基本路数，而进一步区分语言的基本功能，目的又无非是要进一步弄清语言为人所用的初衷。

韩礼德(Michael Halliday)之所以从语言材料的角度，将语言的功能区分为工具功能(instrumental function)、调节功能(regulatory function)、表征功能(representation function)、相互作用功能(interactional function)、表达个人功能(personal function)、启发功能(heuristic function)和想象功能(imaginative function)，乃是因为句子的语法标签和它的社会功能常常发生不一致的情况，比如：Do that and I'll knock your teeth in. 一句在语法上是祈使句，在功能上却有威胁、警告的作用；I insist that you do it. 一句在语法上是陈述句，在功能上却有命令和威胁作用[①]。这些都是以往的语法学所回避的问题——语言的功能，即言语行为的问题，一句话，即语言可以拿来做什么的问题。

在宏观语言学中，功能实际上是言语的内部结构(表层结构和深层结构)对外部世界所产生的作用。其实，这正是外层结构所关心的问题，即言语行为对听众或者读者所产生的实际影响，亦即言后意义的问题。

正是基于以上考虑，本研究主张从语用行为的视角上，将言语的三结构同它们的三功能及其所对应的三意义联系起来，以资概

---

① 这里的例释，参见王宗炎：《英汉语文问题面面观》，高等教育出版社，2006，第144页。

括：表层结构传达言内意义，深层结构传达言外意义，外层结构传达言后意义之言语活动的语用本质，从而使跨文化交际中的外语学习及其“翻”与“译”的方式得以语用学维度上的诠释。

实际上，奥氏的研究正是基于语言何以为人所用的基本事实查明问题的，语言到底可以拿来做什么呢？奥氏的结论是：先以言指事（locutionary）——以工具指示意义；再以言行事（illocutionary）——以行为暗示意图；最后以言成事（perlocutionary）——以交际的成败显示效果[①]。显然，这便是语言的三功能之所谓了。

可见，功能就是意义，而且是更重要的意义：在言内，它是一种明确的工具——语言材料；在言外，它是一种暗含的意图——言语力量；在言后，它则是一种外在的社会文化效应，反映着语言为人所用的直接效果。

毕竟：言内有意义，言外有意义，言后亦有意义；表层有结构，深层有结构，外层亦有结构；指事在得法，行事贵得体，成事看得宜——孰敢忽略？

五、语境三维度

以上行文的逻辑趋势：

乃是符号的三关系牵引着语义的三层次，乃是语义的三层次牵引着结构的三分野，乃是结构的三层次对应着功能的三涉猎。

---

① “以言指事”“以言行事”兼“以言成事”乃是王宗炎先生分别就 J. L. 奥斯汀的 locutionary act、illocutionary act 和 perlocutionary act 的汉译，笔者以为译得其所，故毅然采纳了先生的汉译，原译见王宗炎：《语言问题探索》，上海外语教育出版社，2003，第 229 页。

问题在于：一旦为人所用（交际）的言语离开了人文的“大语境”（大“场”合），无论是符号的三关系、语义的三层次，还是结构的三分野乃至功能的三涉猎都将沦为脱缰之马，都会终因无所制约而无以确定。

于是，势必要给予可能“脱缰之马”设置一个“大语境”（大“场”合）的规约，这个“大语境”（大“场”合）便是本研究于形而上卷中所建构的三维（生态）大语境，其构成是：文本的和非文本（verbal-and-nonverbal）的语境、文化的和非文化的（cultural-and-noncultural）语境兼语言的和非语言的（linguistic-and-non-linguistic）语境。

毕竟，有了这样一个“大语境”（大“场”合），语言的学习者——其实不如直呼作“语言的使用者”，才足以达成由同表层结构及其言内意义相关的“指事”经同深层结构及其言外意义相关的“行事”至同外层结构及其言后意义相联的“成事”。

六、语用三境界

毕竟，这个同表层结构及其言内意义相关的“指事”、同深层结构及其言外意义相关的“行事”和同外层结构及其言后意义相联的“成事”，各属于不同的境界：如果同表层结构及其言内意义相关的“指事”的语用结局在于“得法”的话，同深层结构及其言外意义相关的“行事”的语用结局就在于“得体”，而同外层结构及其言后意义相联的“成事”的语用结局，则一定在于“得宜”。显然，三者的境界是不同的。

第四节 语用结局在缘由

以下，我们先来品读几则英文学习的结局：

例 1. "It was one clear and calm day in mid-January..."

这句话，被译为："那是一月里一个天气晴朗、风平浪静的日子……"有译评说：clear 和 calm，虽为两个顶普通的词语，要译出味道来却不是易事一桩，因为它直接影响着译文的效果。但如果从学习就是"翻"（理解）与"译"（表达）的视域中看问题，clear 和 calm 恐怕不仅仅是两个单词的问题，而是两个完整"句子"的斟酌：毕竟，从"翻"出来的意义上解读这句话，英文的原义应该是："It was one day; it is in mid-January; that day was clear and calm ..."；于是，再"译"过去，这句话就应该是："那是元月里的一天，那一天，天高气爽、风平浪静……"

译文形式相去不是甚远，而意味相隔却不是甚近，不是吗？

例 2. "Gradually the river grows wider, the banks recede, the water flows more quietly, and, at the end, without any visible break, they became merged in the sea, and painlessly lose their individual being."

这是哲学家罗素（Bertrand Russell）*How to Grow Old*（《人生谭》）中的一段文字，它以"river"之"流"与"逝"暗喻人生的沧海和桑田，大有"滚滚长江东逝水"的味道，只是在文化上充满了西方文化的宗教色彩——painlessly lose their individual being 而已。有译文是："其后河面逐渐展宽，两岸相距愈远，水流也愈趋平缓，最后则流入大海，与海水浑然一体，看不出两者有任何界限，自然而然地结束其单独存在的那一段历程。”有评论说：“译文中那几个词和词组的表达都比原文的出色。”但如果稍加语用色彩（文体）的斟酌，同时也关照一下这里文化效应的问题，是否可以进一步推敲为：“于是乎，河面尺寸渐宽，两岸相去渐远，水流速度渐缓——然则，终不免流入大海，融入人洋，不留痕迹，不觉痛楚，楚楚乎西去也，安安然而终亦。”

这里的考虑是，如果拘泥于文字的形式就不可能有流畅的译文，如果离开了文化背景的考虑就容易欠译作者的本意，而如果双管齐下、“得意”而“忘形”，语言的使用就有可能产生在乎情理之中、出乎意料的效果。或许，这正是外国语文学习的要旨所在。

例 3. The sun was coming over the hills. A bass jumped, making a circle in the water. Nick trailed his hand in the water. It felt warm in the sharp chill of the morning.

这是海明威《印第安人的营房》中的一段文字。如果对其中最后一句风格化了的言语方式来一个内部结构的“翻”与“译”，人们就会察觉到紧缩在句中的语用方式，总是在或明或暗或逻辑地“提醒”着读者：

客观上：It is in the morning; and it is clear; the morning is chilly; 并且：the chill is sharp; 而主观上却是：It felt (is) warm。于是，这里便将其大胆地译为：“太阳刚刚爬上山头，鲈鱼便跃出水面，泛起一圈圈的涟漪。清晨的气候，还是透心儿地凉，时而还会透出丝儿刺骨的寒意。尼克将手探了进去，水里的温度摸上去，却是暖烘烘的。”

独特的语用方式(风格)是有意义的,因此也是可以在译语中还原为意义的,因为那是作者的手笔所在;手笔是可以模仿的,而且从形式到内容,都可以做到和海明威“萧散简远、意在言外”的风格及简短而不用连词的句子节奏相近似。只是这些都需要外语学习者由言内而言外、由言外而言后地去“翻”——体味,去“译”——传达罢了。

许渊冲先生主张,“翻译不单是译词,还要译意;不但要译意,还要译味”。因为,译词是浅化,可以使人知之;译意是等化,可以使人好之;译味是深化,可以使人乐之。这些显然都是从外语学习——“翻”与“译”的最终效果上讨论问题的。其实,在语言何以为人所用的维度上,外语学习中的“翻”(理解)与“译”(表达),由于运作方式的不同及其操作步骤的推进,在理论上原本就应该有三个不同的阶段性境界:一则“得法”;二则“得体”;三则“得宜”。毕竟,在语言为人所用的过程中,意义总是在实际语境中发生着微妙的变化——由言内而言外,由言内、言外而言后;毕竟,表层结构是传递信息的工具,充当“指事”(locutionary)的符号;深层结构是隐含意图(言下之意)的地方,旨在“行事”(illocutionary)——以言语行为的方式影响对方;而外层结构则是反映言语行为所引发(即信息的传达所引起的)实际效果的地方,因而正是语言使用者所“成(之)事”(perlocutionary)的结局。毋庸讳言,只顾语法的“翻”是鹦鹉学舌,不顾意图的“译”只是一堆大白话,而失去了效果(文化效应)的学习,无论是“翻”还是“译”,都是注定没有境界可言的。

相反,一旦做到了外语学习中“翻”的三层次语义理解之“真”

及其“译”的三结构言语表达之“善”，却足以实现语用三功能的效果之“美”。可见，外语学习的实质乃是就言语意义的“经营”，其“经营”的方式是：“翻”出来，以便逼“真”；“译”过去，以资尽“善”；审度后，以企近“美”。

如是，外语学习的妙诀便在于：在指事上见文字的功底，以便“得法”；在行事中见用心的良苦，以资“得体”；在成事后见境界的高低，以企“得宜”。这便是符号三关系、语义三层次、语言三功能、言语三结构及其语境三维度和语用三境界，给予我们的语言为人所用的语言学原理所在。毕竟，它们都跟语言为人所用之流程的监察与反馈直接相关。

小结

本研究从外语学习就是对外文意义的“翻”（理解）与“译”（表达）及其“协”与“商”的基本设定出发，直接介入就语言“何以为人所用”的语用（学）问题考察，从符号三关系切入，经由对语言及其使用方式的斟酌、学习及其行为流程的反省、言语及其内外关系的演绎、效果及其语用缘由的审度，还原了意义及其传递方式的究竟，兹小结如下：

在意义三层次的格局中，意义传递的方式是：“通过言内意义，传达言外意义，实现言后意义”；在语言三功能及其言语三结构的框架下，意义传递的方式是：“以表层结构‘指事’，以便‘得法’；以深层结构‘行事’，以资‘得体’；在外层结构‘成事’，以企‘得宜’。”其意义运作（经营）的规约则是：无论“指事”“行事”还是“成事”，都需要在一个三维生态大语境中“翻”，都需要在大语境中“译”。这个语境就是:文本的和非文本的语境、文化的和非文化的语境兼语言的和非语言的语境——或曰“场”境、“场”合均可。

在就意义的“翻”和“译”、“协”与“商”的表现方式进行了关系、层次、结构、功能及其语境兼境界的考察之后,其结语是:外语学习乃是在一个跨文化交际的大语境——大“场”境、大“场”合中的意义“斟酌”和“运作”,其方式是:由“言内”经“言外”而“言后”;其“经营”流程是:由“指事”经“行事”而“成事”;其结局是:由“得法”经“得体”而“得宜”。

需要备注的是:这些都是语言为人所用的原理所使然,绝非吾辈之意志所能左右。

参考文献

1. 布鲁纳. 教育过程[M]. 邵瑞珍,译. 北京:文化教育出版社,1982.
2. B. 英海尔德,H. 辛克莱,M. 博维尔. 学习与认知发展[M]. 李其维,译. 上海:华东师大出版社,2003.
3. 陈菊,熊宜勤. 论对话教学的交往性特征[J]. 广西师范大学学报(哲学社会科学版),2007(1).
4. 陈新仁. 语用学术语汉译问题刍议[J]. 中国翻译,2003(5).
5. 高一虹. 语言文化差异的认识与超越[M]. 北京:外语教学与研究出版社,2000.
6. 辜正坤,等. 国际翻译学新探[M]. 天津:百花文艺出版社,2006.
7. 胡文中. 跨文化交际学概论[M]. 北京:外语教学与研究出版社,1999.
8. 刘宓庆. 当代翻译理论[M]. 北京:中国对外翻译出版公司,1999.
9. 刘略昌,黄斐. 被忽视的大学英语课堂教学功能[J]. 江西师范大学学报(哲学社会科学版),2007 (6):126—129.
10. 刘润清. 西方翻译流派[M]. 北京:外语教学与研究出版社,1995.
11. 盛炎. 语言教学原理[M]. 重庆:重庆出版社,1990.

12. 王宗炎. 英汉语文问题面面观[M]. 北京:高等教育出版社,2006.
13. 西稹光. 语境研究论文集[M]. 北京:北京语言学院出版社,1992.
14. 阎佩衡. 英汉与汉英翻译教学论(*A Conversational Framework for English-Chinese and Chinese-English Translation*)[M]. 北京:高等教育出版社,2005.
15. Barbara M. H. *Modern English Structure*(second edition)[M]. London: Edward Arnold,1974.
16. Howatt,A. P. R. 牛津语言学入门丛书:英语教学史(*A History of English Language Teaching*)[M]. 上海:上海外语教育出版社,1999.
17. Katan, D. *Translating Cultures: An Introduction for Translators, Interpreters and Mediators* (文化翻译——笔译、口译及中介入门) [M]. Manchester:St. Jerome Publishing,1999. 上海外语教育出版社,2004.
18. Kramsch,C. *Language and Culture*(语言与文化)[M]. Oxford: Oxford University Press,1998. 上海:上海外语教育出版社,2000.
19. Knowles,G. *A Cultural History of the English Language*(英语语言文化史)[M]. London:Edward Arnold,1979. 北京:北京大学出版社,2004.
20. Nida,Eugene A. *Language and Culture:Context in Translating* (语言与文化——翻译中的语境) [M]. 上海:上海外语教育出版社,2001.
21. Popper, K. *Conjectures and Refutations: The Growth of Scientific Knowledge* (猜想与反驳)[M]. London and New York:Routledge,1963. 杭州:中国美术学院出版社,2003.
22. Wilkins,D. A. *Linguistics in Language Teaching* [M]. London: Edward Arnold,1972.
23. Yule,G. *Pragmatics* (语用学) [M]. Oxford: Oxford University Press, 1996. 上海:上海外语教育出版社,2000.
24. Yule, G. *The Study of Language: An Introduction* [M]. Cambridge: Cambridge University Press,1985.

总　论

在教育及教学的沿革中，完成了由教学向教学，由教学向学学，由学学向效学、由效学向助学的过渡，将教学界定为某种“激活”学习的方式，即以学学、“效学”的方式“助学”的方式。随以“场”为大环境，以“学习”为生长点，以解决学习问题为归结处，长途跋涉，其收益和感触都是良多的。

其所由途径是：在文化的机理中，找到了“场”思维的端倪；在哲学的发展中，看到了内因、外因合而成就的机遇；在心理学的审度中，察觉了心境与环境完形的奥秘；在语言学的脉络中，摸到了机制与语境关系的存在；在学习概念的延伸中，发现了社会与认知协同的原理。终究，在“场”的建构和运营中，成全了“心”（心理环境）与“物”（物理环境）“对话”的基本方式。

其结论是：个体的发展，乃是在“场”前提下，心与物对话的函数，乃是教与学相互作用的结果，企望裨益于英语语言的学得兼习得而已。

一、形而上梳理——“理”的辩正

本研究的预案设计是：以环境的建构和经营谋划学习，以“心”

与“物”的对话介入学习，以“场”的设计和运作，解决英语学习的问题。

1. 将教学环境拟定为一个“心”理环境和“物”理环境合而成全的整体之“场”，以资构成心-物“对话”的前提，从而确定以“场”的方式——以“物”呼“心”应的方式激活教与学相互作用的立论。

其内涵是：(1)学习是在人与环境的对话中发生的，对话是在教的“活动”与学的“行为”的合一中完成的；(2)方法论是效学；(3)操作规程是建构经营环境；(4)经营方式是心-物“对话”；(5)对话空间则是一个“心”与“物”相互依存的整体之“场”。

2. 将教学关系调整到平行且相向而行的维度，以期适应心-物对话的要求，以便化解心物间的隔障。

3. 将环境外延至生态内涵中，用一个作为生态环境的“场”为学习设定语境前提。

其做法是：(1)将单纯的语言观调整到语文关系的概念上来，以期还原语文教学的本义；(2)将单一的文本语境(上下文)梳理为：文本的兼非文本的、文化的兼非文化的和语言的兼非语言的“三维语境”，以期适用实际教学的需要。

4. 将语言(language out of use)教学的定势矫正到言语(language in use)活动的设计上来，以期解决课堂教学中语言使用的问题，从而使教学实践贴近语言交际的真实性(true-to-life)。

其做法是：(1)建立了一个与外部语法的常式“354-2”式树形相区别、相匹配的内部语法变式，即“4-7”式逻辑语法格局，以期解决英语“句子+非句子”和汉语“句子+句子”的句式结构转换问题；(2)依据句子与非句子的内在关系，演绎出从句子到非句子又从非句子到句子的英汉行文基本路数，同时(3)将英语动词分类规整为：a. 谓语动词及其子类；b. 助语动词及其子类；c. 非谓语动词及其子类，以资诠释教学中的句子生成问题。

5. 将翻译界定为一个借指事而行事，假行事而成事的跨文化交际行为，这个作为语言为人所用的行为流程是：由指事经行事而成事，即由言内意义经言外意义至言后意义；进而提出了作为意义协商的学习也是翻译的基本假设，学习行为的实质也是：将别人的东西“翻”出来，用自己的话语“译”过去，其流程也得由指事经行事而成事——由言内意义经言外意义而言后意义，其效果的取得也是由得法经得体而得宜。

求证这一预案的路径是：

(1) 沿着由心理习得经社会习得至社会-认知习得的认知途径，上溯由内因决定经外因决定到内、外因共同决定的哲学路线，中及由人格论 B＝f(P)经环境论 B＝f(E)至人与环境依存论 B＝f(PE)＝f(S)的心理(学)轨迹，终归由他动经自动至互动的学习结论，并由此演绎出：

(2) 沿着由教师中心论经学生中心论到心-物“对话”“场”论的逻辑思路，追寻符合“对话”需要的教学平行关系；由感性经理性至悟性的基本学习路子，演绎由手经脑至心的顿悟式学习方式，以期找到符合“场”运营、“场”对话的学习论及其操作路线。

这个求证所依附的心理学事实是：

(1) 沿着由人格论经环境论而“场”论的路线，足以走出一条区别于以往的学习路子。

(2) 借助勒温内外合作的心理学原理，先由外而内，以“物”牵

“心”——由 tension 而 attention，由 attention 而 intention；再由内而外，以“心”随“物”——由 intention 而 behavior，由 behavior 而 release——两步相反相成，相向同行，既是“场”运作的必要前提，也是“场”运作的充分条件，既是完形的前提，也作整体的条件。

(3) 借助格式塔原理确定整体（完形）理念及其动力心理（学）原理：除了勾勒（一个）整体环境——生活空间（心理动力场）以外，还为这个整体之“场”的激活找到了动力（心理）学渊源，即个体心理张力（紧张）系统。

(4) 场力何缘？缘于个体的紧张系统；场力何由？或由客“呼”而主“应”、或由物“激”而心“动”，以心-物对话的方式，解决“场”运作之动力心理学原理及其教与学相互作用的问题。

6. 在课堂学习的干预上，将偏重有形之手的管，调整为偏重无形之手的放；将偏重教调整为偏重育；将偏重教学调整为偏重效学；将偏重教化调整为偏重养成；将偏重学得调整为偏重习得。

7. 在理论与实践的关系上，本研究主张：

(1) 理论旨在矫正实践，其妙诀在于具象地化约；实践旨在验证理论，其操作在于抽象地升华。

(2) 理论之于实践在乎经由方法而矫正，实践之于理论在乎经由操作以验证。

二、形而中化约——“规”的建立

1. 基于理论的梳理，规整了由形而上经形而中至形而下的各类应用性规约、规则一类，如教育学规约、心理学规约、语言学规约、语用学规约、文化学规约等半理论形式，以资满足教学实践的直接需要。

2. 其方法是：

就理论做具象的"化约"，对实践做抽象的升华，以资完成由理论经半理论（规则、规约一类）至实践的过渡，使理论以规约、规则一类的形式接近、接触实践，最终达成理论联系实际的目的。

三、形而下干预——"法"的策划

1. 基于经由梳理及其化约的理论、半理论，设计教学策略，干预课堂教学，以资完成理论及其半理论就实践的矫正兼实践对研究的验证。

2. 其方法是：

基于梳理、化约及其策略的布局，在语用中检验理论及其规则，在教学中运用规则及其策略，在课堂中升华策略及其经验，将研究转化为可资操作的技术，以资直接干预教学，并直接检验研究成果之于课堂教学的应用实效。

（1）设计：由听话经听音而会意的听力教学。毕竟，听话不是听词、听句，得听出音来才足以会意，才足以交流。

（2）设计：由结结巴巴经跌跌撞撞而流流利利的口语教学。毕竟，说话得经由预制板块——废话、套语、填料的过渡，才足以介入正题，完成话语的流程。

（3）设计：由概念经命题而超越的阅读教学。毕竟，阅读得超越文本，才算读出了作者的本义。

（4）设计：由短句经长述而成文的写作教学。毕竟，作文得既长问又长述才可能写出成文来。

(5) 设计：由得法经得体而得宜的翻译教学。毕竟，理解及其表达要始在乎字里，仅得乎其法；中关乎行间，才得乎其体；终及乎字外，竟得乎其宜。

(6) 设计：由参照经对比而入门的文化教学。毕竟，文化的学习要多由乎参照，中经乎对比，才不愁乎入门。

(7) 设计：由感觉经反省而顿悟的艺术补偿。毕竟，艺术的领略要始在乎感觉，中通乎反省，才知乎境界。

(8) 设计：由言内经言外而言后的原理修炼。毕竟，原理的修成要欲得乎其法，先关乎言内；欲得乎其体，须涉乎言外；欲得乎其宜，必及乎言后。毕竟，由言内而言外，由言外而言后，实乃英语教育之原理所在者也。

但愿：

(1) "场"的设计、建构及其运营，足以涵盖和兑现以上的梳理、化约及其策划，终以"心-物"对话的方式解决英语学习的问题。

(2) 由教师中心论经学生中心论到"心-物"对话说的逻辑衔接、平行且相向而行的教学关系及由感性经理性至悟性乃至由手经脑至心的学习规则，终能诠释英语学习的疑难。

(3) "场"的设计、建构和运营的建议及其所确立的教学相互作用的方式及其流程——客呼主应式"心-物"对话，以及或由言内经言外至言后，或由指事经行事而成事，或由得法经得体而得宜的动态流程，终能在英语教学的实际过程中得以实际应用。

毕竟：

(1) "场"论及其人的发展乃是心-物对话的函数的结论，是一个经由严格论证的理论方案，其结论是经由哲学、心理学、语言学及二语习得理论推敲的，其学术参考和应用价值是看得见的。

(2)"场"论涉及的形而上理论梳理，形而中规则化约及其形而下教学设计，对教学理论及其实践的影响乃至对教学政策制定的参考价值都是有目共睹的。

(3)"场"论所涉及的理论、半理论及其课堂教学策略，除了对英语课堂教学发生直接影响之外，还对课堂教学的后续研究提供必要的启示，其基本路数及方式、方法是用得上的。

另外：项目阶段性成果及其论文，多在相关国际、国内学术研讨会上交流，有的已在国内外发表，其社会影响及其效益是可以估计的。

不管怎样，开始于问题之时，运筹于范畴之间，化约于理论之后，策划于理论兼规则之际，企图心全在于：

于实在之外，显出虚在的印象；于所见之外，发觉未见的存在。或许，这便是社会科学，乃至自然科学所蕴含的"创造"性之意味所在。其实，社会科学是无所谓创造的，因为其本质不过是让事物本然的状态经使然的处理得以应然的显现而已；反之，则是令应然的理论经使然的化约得以固然的反映罢了。如是，些许的"出新"便足够了；况且，刻意的"创造"常常有凭空造就的意味。因而，尚有摆脱巨人之肩膀而臆造的嫌疑；足见，回避"创造"，对社会科学的发展，常常是必要的。

比如，在乔姆斯基的语言分类中，相对于I-语言，E-语言就是一种显现，相对于E-语言，I-语言就是一种凸显，其中绝没有什么创造的意味。纵然是乔氏所力图揭示的内部机制(universal grammar)，也是在发现什么，绝不在创造什么。至于本研究所谓的“内部语法”(或称隐形语法、逻辑语法亦可),则实在是基于外部语法(或称常规语法、显形语法亦可)一类的法则及其英语语言形式所隐含的逻辑关系,即奈达所谓“四个语义范畴”及其“七个核心句”所揭示的形式逻辑,而抽象出来的一种内部(逻辑)语法关系(规则)而已。于奈达并没有创造之意,对笔者更无编纂之心。可见,相对于常规语法,内部语法只是一种非常规格式的存在,而相对于“显形语法”,内部语法只是一套(英语)隐形存在的内在关系罢了——如此而已,谈何创造?

如是,研究之所完成者,不过是一个“由是而知之焉”(孔子语)的演绎而已;而研究之所出新者,不过是假于有形就无形的凸显,假于已知就未知的推知罢了,其中绝没有执意创新的意味。

需要对此注脚的是:

作为“心”与“物”合成的整体,作为“活动”与“行(为)”合一的“完形”,或者作为“心理环境”与“物理环境”合而成就的学习之“场”,都不能以其中任何一方的独立或者分离而成立、而存在,因为“独立”意味着“场”的分裂,而一旦分裂,便会发生教学概念上的错误乃至教学效果上的事与愿违。

“场”,因为具有动力的内含,而成为一种实实在在的存在;然而,“场”又因以方式的面目出现,又确乎不能以静态的方式而存在。因为,静态是不能产生动力的,况且,静态未必蕴含着必然的潜移和默化。

“场”,作为一种教学的方式,其本质蕴含是:需要维持“场”状态的存在与持续。正是在这个意义上,“场”的存在是需要建构的,需要经营的,毕竟。有经营才有动力,有动力才会“对话”。

至于“场”的建构与经营之理念与方式，尽管研究者已尽可能在形而上的视域中做了最大的努力，恐怕仍然是一个不敢划一的问题。恰如张立文先生所言：“学无缺解。无论是中国哲学、中国思想，还是中国学术，真所谓‘仁者见之谓之仁，智者见之谓之知，百姓日用而不知，故君子之道鲜矣’。”①

不过，果真“一阴一阳之谓道”，必然“一虚一实可为道”，或“一隐一显亦为道”(小言，2012)。毕竟，道乃一“可”一“非”之合体②，一“隐”一“显”之合一：“道”，既可一分为二，亦作合二而一；若“道”乃器之所隐，则“器”乃道之所显，是耶？非耶？

如是，则“物”为显，“心”为隐，“物”“心”合一体，方见整体之两翼；“教”为显，“学”为隐，“教”“学”成一事，才显教学之两侧。

若夫，“物”似隔而有所待，“心”如离而有所应——施之以“活动”，应之以“行”，安得“二外”不“合一”？

作为人与环境关系学的勒温心理学，正是因为在看到人是环境产物的同时，并没有否认环境又是由人来建构和经营的事实，从而为学界所称道；作为教与学关系(学)的“场”论，则或趋理想化之偏。不过，真的失去了一丝理想的意味，岂不流于实用化而偏向经验？或偏书生气之嫩。不过，真的缺失一点书生的味道，岂不流于市场化而趋于俗气？

始于学习，又终于学习——始终追寻一个“方式”，这个方式便

---

① 见张立文先生为《中国学术通史》所作“总序”。张立文：《中国学术通史》，人民出版社，2004。

② 此，“一‘可’一‘非’之合体”的说法，实为笔者由《老子》第一章之“道可，道非，常道”的主观断句推演而来，如仍有贻误之嫌，则必属于笔者自己的责任。

是一个英语学习的"场"方式——一个"心理"和"物理"合成的"整体"及其建构兼运营的方式而已；始以方式，又终以方式——终究获得某种有形兼无形的策略可资作用于学习，这些策略无非是认知的与玄认知的、情感的与非情感的以及习惯的与非习惯的罢了。这就是物理"活动"施之于外和心理"需要"行之于外的"二外合一"式教学"对话"方式。

如是，本研究仅以"场"的方式，以"对话"的策略，求得"学习"的效果便是了。可见：

研究者所寻者，与其说是一种教学观兼教学法的并存，不如说是一种学习观和学习法的兼在；

研究者所见者，与其说是一种教学的方式，不如说是一种效学的思路；

研究者所显者，与其说是一种效学的方案，不如说是一种学习的参照；

研究者所供者，与其说是一种助学的策略，不如说是一种辅学的渠道。

于是，在"有条件发生"(conditional genetic)的意义上，"场"不过是学习赖以发生的地方而已，而其形而上之学"理"、形而中之学"规"兼形而下之学"法"，又不过是学习所以发生的前提及其条件罢了，"场"是学习所"缘"发生的场所，"理""规""法"则是学习所"由"发生的理由及其方式——自然，不管是场所还是"理""规""法"都是研究者的策划与建构所致，企望：能在"穷理，尽性，以至于命"(《周易》"说卦传"语)及其"上""中""下"的求索中，裨益于主体与客体之间的相互作用，就是了。

无疑，研究者所见者，不过沧海之一粟；研究者所知者，不过事物之一面；研究者所拔者，不过九牛之一毛；研究者所摸者，不过大象之一域——此所谓山外有山，天外有天者也，自古如是耳——只要收到一丝儿“多歧为贵，不取苟同”[①]的意味，便足够了。

由是，场论作为一个解决英语学习问题的理论方案或者偏重基础研究的课题，常使研究者疲于应付，其缺陷是必然的，其结局是有待后补的：

1. 理论的抽象尚欠到位，尤其是心理学理论的借鉴尚待进一步强化。

2. 规则的化约尚有经验的味道，尤其是基本规律的规整尚待进一步化约。

3. 策略的拟定，虽有心志、艺术和原理教学的补偿，仍然有欠于操作尤其是学习策略的到位，听力、写作策略的设计尚有待进一步提炼和升华。

总之，始终以宏观的应然、中观的使然兼微观的固然为追寻，直面教事的疑难，真的未有发明、创造的企图，果真能落个问题的得法、过程的得体兼结局的得宜便自足了——缺憾是难免的，后续的工作是必然的。

有待同仁、同志后续的补充了。

---

① “多歧为贵，不取苟同”，是蔡元培（1868—1940）先生就不同学术观点的基本态度，其含义大约是：即便有很多的分歧也得要包容，也是可贵的现象，因为在学术上是不主张雷同的，也是不可能雷同的。于是，就不必要求人家的见地一定要同自己的雷同。这是多么高尚的风骨，这是多么高大的形象。笔者虽然从事教事已若干年，却也绝不敢言说自身已经有了什么施之灵验的法则，至于书中所录者，都是那些不得已而为之的尝试而已。

后　记

——从在乎法内走向出乎法外

一如本研究最初的设想，教学论所有的努力都要集中在解决何以将个体潜在之能量转化为现实之能力的问题上。毕竟，这才是教育、教学的终极追寻所在。

人不是神，自然需要“假于物”而做事；人又可以“通神”，因而又可以不“假于物”而成事。可见，“假于物”者，手段也；不“假于物”者，终极也。

缺少知识，缺失文化，会影响我们的视野，会阻隔我们的发现，这是不言而喻的。然而，恰如这里某种知识的缺失、缺陷，常常会从某一方面影响我们对新知识、新信息的获取一般，有时候对某种知识的占有又往往会形成一种固定的看法、定式的思维，从而影响我们开拓某个新领域的胆略。恰如一位法国科学家曾经所言的那样，有时候“构成学习最大障碍的是我们已知的东西，而不是我们未知的东西”。就此，人们所熟知的经典例证是：

18 世纪，著名化学家席勒等人就已经发现了氧气，只是由于当时“燃素说”大行其道，而未能得出最终的结论；

卢瑟福(Ernest Rutherford，1871—1937)曾对原子核的研究

做出了卓越的贡献，可他偏偏嘲笑通过原子转化获取能源的做法，说那是“空谈”。

这些大概都是属于不善“假于物”者，遭遇前人所谓“标准答案”的干扰而未能达成理想的真实例子，真乃“僧是愚氓犹可训”。

与此相反，爱因斯坦（Albert Einstein，1879—1955）则正是因为不受牛顿（Isaac Newton，1643—1727）古典力学理论框架的约束，才提出了相对论的学说；哥白尼（Nicolaus Copernicus，1473—1543）又正是因为摆脱了“地心说”的制约，才提出了“日心说”的新见。

而这些却都是因为不“假于物”者，直接通往“神灵”的例子。

前人留给我们的启示，是历史的，是深刻的，是可以参照的。

正是在这个意义上，“知其学”，须“守其疑”；“知其教”，须“守其学”；知其前，须慎其后，以便始终行走在逼近真理的大道上。

愿学子们：在学习之“场”中，保持学问的态度，坚守存疑地“对话”，恰如释子们在“宇宙”中，不断地修炼，不时地觉悟一般，以便取得“学如蜕”的自觉，以资达成“常迁而不返其初，则化矣”[①]的结局。

须知：“化人之心固甚难，自化之心更不易。……性是天，习是人。莫轻河边羖攊，飞作天上麒麟。但日新，又日新。李太白，非

① “学如蜕”为《荀子·大略》语，原句是“君子之学如蜕，幡然迁之”，付山的解释是“君子学问，不时变化，如蝉蜕壳”，“场论”借此比喻，以指教学相互作用——“对话”给个体带来的变化；“长迁而不返其初，则化矣”为《荀子·不苟》语，这是荀子就教育教学功用的描述，意思是教育教学的最终功用在于使个体经过长期的“变”与“化”，不再回复其原来的面目，谓之教育教学之成功耳！以上观点，参见毛礼锐等：《中国古代教育史》，人民教育出版社，1979，第112—120页

通神。”①

须记："假于物"之终极应该是"不假于物"②，换言之"假于物"是手段，是所谓"在乎法内"的学习；而"不假于物"则是追寻，是所谓"出乎法外"③的境界，而从"在乎法内"走向"出乎法外"，才是教学的长远追寻之所在，从"假于物"到"不假于物"，乃教育教学的终极成功之所望，是所谓"教是为了不教"（叶圣陶语）、"学是为了会学"（小言，2006）。

愿后生们：

畅达于"宇"之空间与"宙"之时间合而成就的"场"际，经由"假于物"的方式，到达"不假于物"的"彼岸"——享受"学而时习之，不亦说乎"所带来的乐与趣。

如果能通过本研究"假于物"所蕴含的必然王国，走向"不假于物"所指向的自由王国——以"场"的方式，在对话的过程中，经由课堂里"施之于外"的教事兼"行之于外"的学业，在某种意义上真实地取得一点"止于至善"（《大学》语）的意味，研究者便心觉安

① 这里所引，系晚唐吴融《赠广利大师歌》中文字，见王镇远：《中国书法理论史》，上海古籍出版社，2009，第127页；读之，其励志之功效足见一斑。

② 郭象注《庄子·大宗师》"况其真乎"云："真者，不假于物而自然也。"转引自王镇远著《中国书法理论史》。大意是，待有"真知灼见"的自由时，当然就"不假于物而自然"地"真"、自然地"悦"了。自然，这应该是一个："归真返璞"之"真"，或者"学而时习之，不亦说乎"之"说"所指向的（成功）境界；换言之，此乃一个由"必然王国"走向"自由王国"的境界。其实，不如准确地说"真者，非假于物而自由者也"，笔者谨识。

③ 这里的"在乎法内"与"出乎法外"也是本教学论所力主的方法论思想，"在乎法内"是指初而对方式、方法、原则及其策略的依赖，所谓"假于物"的表现；"出乎法外"，则指终而摆脱对方式、方法、原则及其策略的依赖，以便以自己的方式、方法，自如地行事，所谓"不假于物"的状态。

慰了。

自然，在一般意义上，就一件具体事情而言，我们要做的无非是：尽可能完成一个理论上的诠释，尽力做出一个方法上的抉择。毕竟，“中吾矩者，谓之方；不中吾矩者，谓之不方。是以方与不方，皆可得而知之。此其何故？则方法明也”①——便是了。

谁晓得，仅仅将教育教学界定为一件具体的事务，那是一件于心不忍的事情，因为教师虽是一般人，教学不是一般事。毕竟，“她”与人的生命发展直接相关；毕竟，“她”同家国的情怀及其人文的前景间接地相联。虽不言“救”国之逸事，却可谓“救”人之善举，或可谓“救”己之良策。

于是，果真将其“事”推升为其“业”者，抑或将教“事”推向宏“业”者，乃旷世之“才”也。

期望有志者之感召与养志者之灵魂共鸣之——是之谓场论“假场教学”“二外合一”之本心兼本意所在者也。

谬误及其疏漏之处，有待同仁、同志的指点了。

阎佩衡

2015 年 10 月 6 日

于陇上半学屋

① 此为墨子《天志》语，系“方法”与“圆法”之所在，前者为度量方形之法，后者为度量圆形之法，自然也是“方法”的出处了。